WordPress pour les nuls

WordPress pour les nuls

Lisa Sabin-Wilson

FIRST
> Interactive

WordPress pour les Nuls, 2e édition

Titre de l'édition originale : *WordPress For Dummies, 7th Edition*

Éditions First, un département d'Édi8
12, avenue d'Italie
75013 Paris – France
Tél. : 01 44 16 09 00
Fax : 01 44 16 09 01
Courriel : firstinfo@editionsfirst.fr
Site Internet : www.pourlesnuls.fr

ISBN : 978-2-412-02085-2
Dépôt légal : janvier 2017

Imprimé en France
Traduction de l'anglais : Patrick Beuzit
Mise en page : Pierre Brandeis

Sommaire

Introduction

WordPress est considéré comme la plateforme de publication de blogs la plus populaire, que ce soit pour les blogs personnels, de commerce ou d'entreprise.

Le recours au mot « blog » est d'ailleurs péjoratif. On pourrait penser que WordPress n'a d'intérêt que pour la création de blogs personnels. En réalité, de plus en plus de sites Web, pas uniquement des blogs, sont développés sous le CMS WordPress. Aujourd'hui, 25 % du Web mondial est sous WordPress !

Un CMS (*Content Management System*) est un système de gestion de contenu. C'est une application Web permettant de séparer le contenu de la mise en forme pour des sites Web, et fournissant des moyens simplifiés d'éditer ce contenu. De cette manière, il est possible de maintenir et faire vivre un site Web sans la moindre connaissance technique dans les métiers du Web.

Là où autrefois il fallait de fortes connaissances en programmation pour développer un site Web (HTML, PHP, CSS, *etc.*), créer un site Web aujourd'hui est à la portée de n'importe quel utilisateur débutant.

WordPress présente quelques aspects qui peuvent être un tant soit peu intimidants. Toutefois, à regarder de près, vous constaterez ô combien ce logiciel est intuitif, convivial et extensible.

Ce livre traite en détail des deux versions populaires de WordPress :

- la version hébergée disponible sur WordPress.com ;
- la version auto-hébergée sur WordPress.org.

Ce livre présente un aperçu de WordPress et couvre la gestion et la maintenance de votre site WordPress *via* des extensions, des thèmes, et l'intuitif panneau d'administration pour gérer votre contenu. Si vous êtes intéressé par l'outil de création de sites Web qu'est WordPress, vous avez le bon livre entre les mains !

À propos de ce livre

Ce livre traite tous les aspects importants de WordPress que tout nouvel utilisateur doit connaître avant d'utiliser le logiciel pour son propre site. Ce livre explique comment :

- configurer et utiliser un site auto-hébergé ;
- trouver le meilleur service d'hébergement pour la version auto-hébergée du logiciel (disponible en téléchargement sur WordPress.org) ;
- installer et configurer le logiciel de WordPress ;
- parcourir l'interface d'administration de WordPress ;
- ajouter des fichiers multimédias sur votre site ;
- trouver et installer des thèmes gratuits pour votre site WordPress ;
- modifier le code source pour concevoir vos propres thèmes WordPress ou personnaliser ceux que vous utilisez ;
- personnaliser les modèles et utiliser les fonctions ;
- installer, activer et gérer des extensions WordPress ;
- comprendre le défi que vous relevez lors du lancement de votre site WordPress, comme éviter les commentaires ou les rétroliens indésirables ;
- explorer les flux RSS de syndication ;
- découvrir la puissance de WordPress en tant que système de gestion du contenu pour créer un site Web complet ;
- trouver des supports, des trucs et astuces, des ressources consacrées à l'utilisation du logiciel WordPress.

Grâce à WordPress, vous pouvez réellement créer un site Web sur mesure qui correspond à vos goûts et vos besoins. Tous les outils sont là. Certains sont préinstallés dans le package du logiciel WordPress tandis que d'autres sont des extensions et des compléments créés par les membres de la communauté des utilisateurs de WordPress.

Quelques hypothèses

Je vous fais part de quelques hypothèses de travail :

- Vous savez ce qu'est un ordinateur. Vous savez l'allumer et l'éteindre, et êtes conscient que si vous renversez du café sur votre clavier, il faudra le remplacer !
- Vous savez vous connecter à Internet et utiliser de manière basique un navigateur Web pour surfer sur les sites.
- Vous connaissez les bases sur les blogs et avez envie d'en créer un avec WordPress. Ou vous avez déjà créé un blog et souhaitez mieux comprendre le logiciel afin de faire des choses encore plus évoluées.
- Vous savez ce qu'est un message électronique et une adresse électronique. Vous avez votre propre adresse électronique et envoyez et recevez régulièrement des messages.

Si, lorsque vous approchez un ordinateur, vous avez des sueurs froides, êtes décontenancé et pensez que rien ne se passe avant même de vous être assis devant votre écran, nous vous conseillons de revoir les bases avant de commencer la lecture de ce livre ;)

Comment ce livre est organisé

Première partie : Introduction à WordPress

Dans cette première partie, je vous donne un aperçu général de WordPress et vous présente les avantages de cette plateforme. Considérez WordPress comme une glace à deux parfums : vanille (pour la version hébergée de WordPress.com) et chocolat (la solution auto-hébergée de WordPress.org). Dans cette partie, vous découvrirez quelques aspects conviviaux de la publication de blogs, comme la syndication de flux RSS ou l'interaction des lecteurs par les commentaires.

Deuxième partie : Configurer WordPress

Dans la deuxième partie, je vous présente la version du logiciel WordPress disponible gratuitement en téléchargement sur WordPress.org. Comme vous devez installer ce logiciel sur votre propre serveur Web, je vous donne quelques informations sur l'enregistrement de noms de domaines, les hébergeurs Web et sur les outils de base (comme FTP), bref tout ce que vous devez savoir pour installer et configurer un site WordPress. Je vous présente également le panneau d'administration qui vous permet de personnaliser, gérer et maintenir votre site WordPress.

Troisième partie : Étendre les fonctionnalités de WordPress

Dans cette partie, vous apprendrez à ajouter des images à vos pages ainsi qu'à créer une galerie de photos. Cette partie vous révèle également comment trouver, installer et utiliser diverses extensions de WordPress pour étendre les fonctionnalités de votre site. Je vous explique également où trouver des thèmes WordPress gratuits, comment les installer et les utiliser.

Quatrième partie : Personnaliser WordPress

Dans cette partie, je vous présente plus en détail la structure d'un thème WordPress en vous expliquant chaque modèle et fonction pas à pas. Vous découvrirez les bases des feuilles de styles (CSS) et du code HTML qui vous permettront de personnaliser les thèmes gratuits que vous utilisez, voire de créer votre propre thème.

Cette partie est également consacrée à WordPress comme système de gestion de contenu (CMS, *Content Management System*) afin de créer un site Web ou un blog complet. Vous apprendrez également à héberger plusieurs sites avec la même instance WordPress et découvrirez comment la mettre à jour, automatiquement ou manuellement.

Cinquième partie : Les dix commandements

Dans cette incontournable partie qui termine chaque titre de la collection *Pour les Nuls*, vous trouverez dix extensions utiles pour votre site WordPress, que vous pouvez utiliser afin de fournir à vos visiteurs (et à vous-même) de super fonctionnalités ! Enfin, je présente également dix thèmes gratuits que vous pouvez installer sur votre propre site.

Icônes utilisées dans ce livre

Les icônes sont les petites images dans la marge qui soulignent une information à retenir, qui vous avertissent d'un danger ou toute autre information qui me semble utile.

Les trucs correspondent à de petites informations utiles, généralement des procédures qui ne sont pas forcément évidentes pour un utilisateur débutant ou lambda.

J'utilise cette icône pour signaler des situations dangereuses ou complexes.

Même si l'utilisation de WordPress est entourée d'une atmosphère « de mordu d'informatique », je me suis surprise à très peu utiliser cette icône. Je l'emploie à certains moments, lorsque j'aborde un aspect technique qu'il faut que vous compreniez.

Lorsque vous rencontrez cette icône, lisez le texte deux ou trois fois afin de bien graver dans votre mémoire son contenu !

Et maintenant ?

Comme nous l'avons déjà dit, lisez ce qui vous intéresse et laissez le reste. Ce livre est une véritable source d'informations, d'idées, de concepts, d'outils, de ressources et d'instructions sur WordPress. Certains d'entre vous appliqueront directement dans leur site WordPress ce qu'ils liront ; d'autres testeront des techniques plus poussées tandis qu'une partie d'entre vous sautera ces pages.

Par exemple, si vous avez déjà installé WordPress sur votre serveur Web, vous pouvez sauter le Chapitre 3. Si vous n'êtes pas intéressé par le code source d'un modèle WordPress, et ne voulez pas savoir comment utiliser CSS ou HTML, vous pouvez passer les Chapitres 9 à 12.

Je n'ai pas l'intention de vous demander de lire cet ouvrage du début à la fin (sauf si vous êtes ma mère – alors je ne vous pardonnerai pas si vous ne l'avez pas fait). Au contraire, parcourez la table des matières et l'index de ce livre pour trouver l'information dont vous avez besoin.

En résumé : prenez ce dont vous avez besoin et mettez de côté le reste !

1

Introduction à WordPress

DANS CETTE PARTIE…

- Découvrir les avantages de WordPress.
- Participer à la communauté WordPress.
- Connaître les deux versions de WordPress.

Chapitre 1

Quelle version de WordPress choisir ?

DANS CE CHAPITRE :

- **Découvrir les avantages de WordPress.**
- **Connaître les deux versions de WordPress.**

Dans un monde où les technologies progressent très vite, WordPress rend la publication de sites Web facile et gratuite ! Vous pouvez bénéficier d'une audience de millions de personnes et ce, sans dépenser un seul centime !

Outre sa gratuité, ce logiciel est facile d'emploi et permet rapidement de créer et lancer votre site à des fins personnelles ou commerciales. Mais la principale raison de le choisir demeure son incroyable communauté d'entraide et de passionnés. Dans ce chapitre, je vous fais une courte présentation de WordPress, outil de création de blogs et de sites Web.

Découvrir WordPress

Par mon travail, je suis en contact permanent avec des blogueurs néophytes, des personnes qui ont des idées et veulent les publier sur Internet. La question qui revient le plus souvent est : comment créer un site Web si on ne connaît absolument rien en programmation et en design ?

Avec WordPress, vous n'avez pas à vous soucier du code, car le logiciel s'en charge à votre place. Lorsque vous vous connectez à l'interface d'administration de votre site, il suffit de deux choses pour publier :

1. **Écrire votre texte.**
2. **Cliquer sur un bouton pour le publier.**

C'est tout !

WordPress offre les avantages suivants qui en font le CMS le plus populaire du moment :

- **Choix de la plateforme :** Les deux versions disponibles de WordPress correspondent à deux types d'utilisateurs : une solution hébergée clés en main et une version à installer sur le serveur Web de votre choix ; chacune de ces versions est présentée dans la section « Choisir une plateforme WordPress », un plus loin dans ce chapitre.
- **Facilité d'emploi :** L'installation et l'utilisation du logiciel sont simples et rapides.
- **Extensibilité :** WordPress est très extensible, autrement dit vous pouvez aisément installer des extensions (ou plug-in) qui vous permettront de personnaliser votre site.
- **Communauté d'utilisateurs :** WordPress a une très grande communauté d'entraide entre membres, avec des forums publics, des listes de diffusion, des blogs dédiés à l'utilisation de WordPress, *etc.*

Les sections suivantes présentent en détail ces fonctionnalités et vous indiquent où vous reporter dans le livre pour obtenir de plus amples informations.

Facilité d'installation et d'utilisation

WordPress peut se vanter d'être installée en cinq minutes chrono ! Sa version auto-hébergée nécessite approximativement le même temps.

Attention ! Cinq minutes, c'est une ***durée moyenne*** qui ne tient pas compte du délai requis pour obtenir un nom de domaine, un hébergement Web ou encore paramétrer les options du panneau d'administration.

Une fois l'installation terminée, le monde de WordPress s'ouvre à vous. Le panneau d'administration est intuitif, bien structuré, tout est clair et logique, ce qui permet à tout nouvel utilisateur de facilement trouver les paramètres et les options.

WordPress comprend suffisamment d'options pour satisfaire les attentes d'un développeur expérimenté tout en restant convivial pour un novice. À chaque utilisation, vous ferez de nouvelles découvertes fascinantes !

Étendre les capacités de WordPress

Pour ma part, la particularité de WordPress qui m'a paru la plus intéressante est sa grande flexibilité. Des centaines d'extensions et de thèmes sont disponibles, ils vous permettent de créer un site qui *vous* ressemble.

Si vous considérez votre site Web comme un appareil ménager, un aspirateur par exemple, les extensions sont les accessoires. Les accessoires ne fonctionnent pas seuls. Et lorsque vous les branchez sur votre aspirateur, vous l'équipez d'une fonctionnalité qui améliore ses performances.

Les sites WordPress sont quasi tous identiques. Aussi, en installant des extensions, vous différencierez réellement votre site et apporterez des fonctionnalités et des outils supplémentaires à la grande joie de vos lecteurs et de vous-même. Si vous visitez un site WordPress complètement différent qui présente une fonction intéressante, il y a 99 % de chances que vous puissiez la reprendre à votre compte à l'aide d'une extension WordPress existante. Si vous n'arrivez pas à déterminer l'extension WordPress utilisée, n'hésitez pas à envoyer un courriel à son auteur ou à laisser un commentaire. Les webmasters partagent avec joie les outils qu'ils découvrent et utilisent.

La plupart des extensions sont gratuites. Reportez-vous au Chapitre 7 pour savoir où et comment installer des extensions WordPress, ainsi qu'au Chapitre 15 dans lequel vous trouverez la liste des extensions les plus populaires.

Outre les extensions, vous pouvez également embellir votre site grâce aux modèles et thèmes WordPress. WordPress contient trois thèmes prédéfinis et installés par défaut. La Figure 1.1 représente le thème Twenty Sixteen qui s'affiche une fois que vous avez installé et configuré votre site.

Le modèle par défaut de ce thème est blanc et noir, mais une application intégrée aux préférences vous permet de changer les couleurs et d'insérer une image à utiliser comme image d'en-tête.

Bien qu'un peu austères, les trois thèmes installés en standard dans WordPress comprennent tous les éléments de base dont vous avez besoin pour découvrir l'ensemble des fonctionnalités de WordPress. Vous pouvez développer votre site de centaines de façons différentes grâce aux extensions et améliorer le design en changeant de thème.

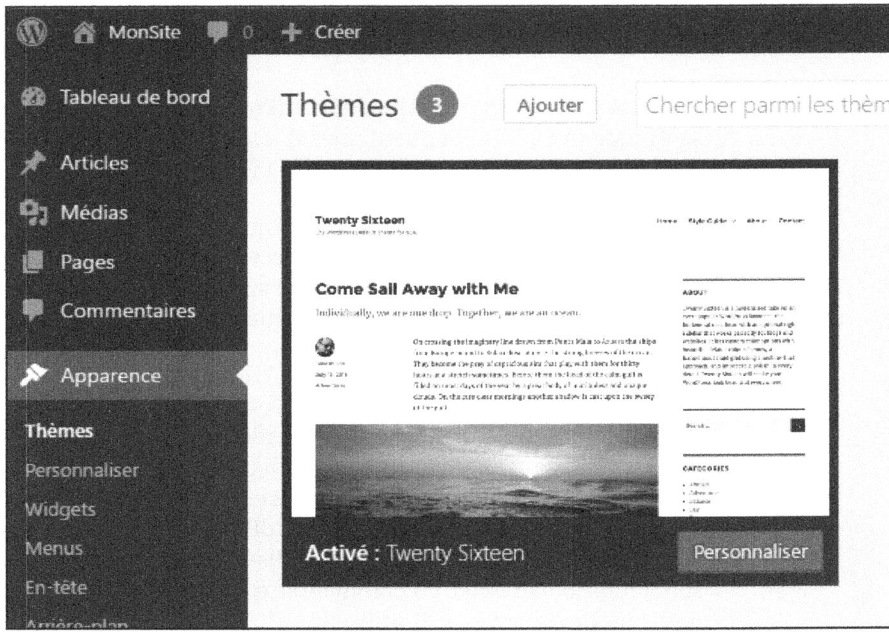

Figure 1.1 : Le thème par défaut de WordPress, Twenty Sixteen.

En ayant recours à certains des milliers d'extensions et de thèmes disponibles, vous pouvez vraiment gérer différents types de contenu sur votre site Web. WordPress n'est pas seulement destiné à la création de blogs, bien qu'il excelle toujours dans ce domaine ! Même si WordPress est connu comme étant une plate-forme de blogs, vous pouvez l'utiliser pour créer de vrais sites Web diversifiés et dynamiques, comme développer un site de commerce électronique (vendre des produits en ligne), créer un site réservé aux membres où votre contenu est destiné uniquement à ceux qui se sont inscrits et devenus membres, ou concevoir un site pour de grandes entreprises comme celui de Microsoft, le Centre des nouvelles Microsoft (`http://news.microsoft.com`).

Participer à la communauté

Permettez-moi de vous présenter les farouches et loyaux anonymes qui forment les utilisateurs de base, mieux connus sous le nom de la vaste communauté WordPress. Cette bande de joyeux lurons vient des quatre coins de la planète, de la Californie au Caire en passant par la Floride et Florence.

En mars 2005, Matt Mullenweg a fièrement annoncé que le nombre de téléchargements de WordPress avait atteint 900 000, une étape importante dans l'histoire du logiciel. Aujourd'hui, le nombre de téléchargements moyen hebdomadaire est proche du million. Près de 25 % du Web mondial est sous WordPress !

Ne soyez pas impressionné par le nombre d'utilisateurs, WordPress peut se vanter de posséder la plus grande communauté d'aide à la publication de blogs dans le monde. Vous rencontrerez des utilisateurs qui s'aident mutuellement sur les forums de support comme `http://wordpress.com/` ou sur sa version française `http://fr.wordpress.com/`. Vous trouverez également des utilisateurs qui contribuent au très utile Codex de WordPress (un ensemble de documents « How to ») sur `http://codex.wordpress.org/fr:Accueil pour la version française et sur http://codex.wordpress.org/Main_Page` pour la version originale. Enfin, vous trouverez de nombreux sites dédiés à WordPress, avec des utilisateurs qui partagent leur expérience et leurs récits d'anciens combattants dans l'espoir d'aider tout nouveau membre un peu perdu.

Vous pouvez aussi vous abonner à de nombreuses listes de diffusion. Ces listes vous offrent l'opportunité de vous impliquer dans divers aspects de la communauté WordPress ou dans le développement du logiciel.

LES ORIGINES DE WORDPRESS

Il était une fois une simple plateforme de publication de blogs, fondée sur PHP, qui s'appelait b2. Ce logiciel, développé en 2001, gagna lentement une certaine reconnaissance auprès des mordus de l'informatique comme étant un bon moyen de publier du contenu sur Internet. Michel Valdrighi, son créateur, poursuivit activement son développement jusqu'en 2003, moment où les utilisateurs de ce logiciel constatèrent que Michel Valdrighi semblait avoir disparu mystérieusement. Ils s'inquiétèrent alors quant à l'avenir de b2.

Quelque part au fin fond du Texas, un jeune homme se sentit particulièrement affecté par ce mystère, car il utilisait b2 pour publier son propre contenu sur le Web. Il ne voulait pas que son outil de publication préféré échoue dans les mains d'inconnus qui le supprimeraient ou le modifieraient de manière inopportune. Il rédigea alors un article sur son propre blog dans lequel il se demandait ce qu'il fallait faire. Article que vous pouvez lire à l'adresse suivante : `https://ma.tt/2003/01/the-blogging-software-dilemma/`. Dans cet article, Matt Mullenweg parlait brièvement d'un autre logiciel de l'époque et lança l'idée d'utiliser le logiciel b2 pour créer une variante, intégrant toutes les fonctionnalités sur lesquelles Michel Valdrighi travaillait jusqu'à sa disparition.

Il créa donc une variante. En l'absence du développeur de b2, le jeune homme conçut une nouvelle application de publication de blogs, fondée sur le code de b2, qu'il nomma WordPress.

Cet article fut envoyé en janvier 2003, son auteur était Matt Mullenweg. Le 26 décembre 2003, avec l'aide de quelques développeurs, il annonça la parution de la première version officielle de WordPress. Ce fut le début d'une longue histoire que ce seul livre ne suffirait pas à raconter, celle de la plateforme de publication de blogs la plus populaire à l'heure actuelle.

Vous n'êtes pas encore membre de la communauté WordPress ? La rejoindre est facile : il vous suffit de créer un site en utilisant l'une des deux options du logiciel, à savoir *WordPress.org* ou *WordPress.com*.

Choisir une plateforme WordPress

L'une des premières choses à faire est de choisir entre WordPress.com et WordPress.org. Votre choix se fera en fonction de vos propres besoins. Vous devez vous assurer que la plateforme pour laquelle vous opterez inclut toutes les options que vous recherchez. WordPress est la seule plateforme qui propose deux « versions » de son logiciel, ou plus précisément deux façons d'héberger WordPress :

- » la version hébergée de WordPress.com ;
- » la version auto-hébergée et auto-installée, disponible en téléchargement sur WordPress.org (cet ouvrage s'intéresse tout particulièrement à cette version).

Ces deux versions, hébergée et auto-hébergée, ont certaines fonctionnalités communes dans la configuration d'un site WordPress. Ces fonctionnalités comprennent notamment les éléments suivants :

- » une installation et une configuration faciles et rapides ;
- » une offre complète permettant de publier un contenu sur le Web *via* une interface Web facile d'emploi ;
- » un classement de vos articles par catégories ;
- » un archivage mensuel de vos articles avec la possibilité de fournir un listing de ces archives pour faciliter la navigation dans votre site.
- » des outils de commentaires et des rétroliens ;
- » une protection contre les spams automatiques via Akismet ;
- » la création de galeries pour présenter des images et des photos ;
- » un gestionnaire de médias pour les fichiers audio et vidéo ;
- » le support de la communauté ;
- » un nombre illimité de pages statiques vous permettant de sortir du cadre du blog et accéder ainsi à l'univers d'un site Web pleinement fonctionnel ;
- » la possibilité de créer des flux RSS, avec la prise en charge des flux RSS 2.0 et Atom.

Le Tableau 1.1 présente la comparaison de ces deux versions.

Tableau 1.1 : Comparaison des deux versions de WordPress

Fonctionnalité	WordPress.org	WordPress.com
Prix	Gratuit	Gratuit avec option payante
Télécharger le logiciel	Oui	Non
Installer le logiciel	Oui	Non
Hébergement Web requis	Oui	Non
Contrôle CSS personnalisé	Oui	Payant
Accès modèle	Oui	Non
Outils pour les colonnes latérales	Oui	Oui
Syndication flux RSS	Oui	Oui
Accès au code	Oui	Non
Possibilité d'installer des extensions (plug-in)	Oui	Non
Possibilité d'installer des thèmes WordPress	Oui	Partiellement
Prise en charge multiauteur	Oui	Oui
Nombre illimité de configurations de sites avec un seul compte	Non	Oui
Forums de support de la communauté	Oui	Oui

Choisir la version hébergée de WordPress.com

WordPress.com est une plateforme d'hébergement dont le but est d'héberger votre site et vous fournir des outils pour l'administrer.

WordPress.com est un service gratuit avec toutefois une option payante. Si, pour vous, télécharger, installer et utiliser un logiciel sur un serveur s'apparentent à du chinois, alors la version hébergée de WordPress.com est faite pour vous.

WordPress.com est une solution dite « hébergée ». Autrement dit, vous n'avez aucun logiciel requis, ni téléchargement, ni installation, ni aucune configuration de serveur à faire. Tout se passe dans les coulisses, derrière votre écran. Vous n'avez pas non plus à vous soucier de la procédure. Elle est très rapide, et avant même que vous ne le compreniez, vous aurez créé votre premier site avec la solution WordPress.com.

WordPress.com présente toutefois quelques limites. Vous disposerez d'un nom de domaine sous la forme ***http://xxx.wordpress.com*** où ***xxx*** correspond à ce que vous voulez, dans la mesure où ce sous-domaine ***xxx*** n'est pas déjà utilisé ! Vous ne pourrez pas installer d'extensions en dehors de celles proposées et serez limité en nombre de thèmes disponibles ; vous ne pourrez pas non plus personnaliser les fichiers de code de base ni supprimer la publicité.

WordPress.com s'avère un excellent point de départ pour tout néophyte en publication de blogs un peu effrayé à l'idée de configurer le logiciel auto-hébergé de WordPress.org.

WordPress.com offre la possibilité de souscrire à une offre payante (de 37 à 99 euros/an) pour lever les restrictions de l'offre gratuite. Vous disposerez alors d'un domaine personnalisé (`http://www.`*`monsite`*`.com`), d'une personnalisation avancée du design et de 13 Go d'espace pour les fichiers et les supports.

Mais, fort heureusement, si votre site WordPress devient trop gros, vous pourrez très bien migrer vers une configuration auto-hébergée WordPress.org. Vous pourrez même importer très facilement tout le contenu de votre blog hébergé dans une nouvelle installation du logiciel WordPress.org. Bref, vous ne serez pas limité.

En résumé, Wordpress.com convient parfaitement aux blogs ou sites personnels, surtout si vous ne souhaitez pas dépenser d'argent. En revanche, ce type de sites ne convient pas aux associations, TPE ou PME.

La version auto-hébergée de WordPress.org

WordPress.org (et non .com) est le site officiel sur lequel télécharger les fichiers nécessaires à l'installation d'un site WordPress. Un site WordPress « auto-hébergé » signifie que votre site est hébergé sur votre propre serveur.

La version auto-hébergée de WordPress.org (présentée en détail dans la troisième partie) nécessite que vous téléchargiez le logiciel depuis le site Web WordPress.org et que vous l'installiez sur un serveur Web. À moins que vous en disposiez d'un, vous devrez en louer un ou louer un espace sur un serveur.

L'utilisation d'un serveur Web requiert de trouver un ***hébergeur Web*** : si vous ne connaissez personne, vous devrez payer ce service. Mais vous ne dépenserez pas une fortune ! Vous pouvez bénéficier de bons services d'hébergement à partir de 5 à 10 euros par mois (reportez-vous au Chapitre 3 pour de plus amples informations sur la location d'un service d'hébergement). Assurez-vous néanmoins que le service d'hébergement que vous avez choisi est comptatible avec les prérequis WordPress. En général, la configuration logicielle minimale requise de WordPress nécessite :

- » une version PHP 5.6 ou ultérieure ;
- » une version MySQL 5.6 ou ultérieure.

Une fois WordPress installé sur un serveur Web (reportez-vous aux instructions du Chapitre 3), vous pourrez l'utiliser immédiatement après. Vous pourrez installer des extensions qui permettent d'étendre les fonctionnalités de WordPress, comme vous l'explique le Chapitre 7. Vous avez également le contrôle des fichiers source et du code source WordPress. Si vous avez des rudiments de PHP et MySQL, vous pourrez apporter, directement dans le code de WordPress, les modifications que vous jugerez intéressantes pour votre site.

Inutile de vous pencher sur le design de votre site, les membres de la communauté WordPress mettent à disposition de nombreux thèmes, gratuits ou payants, que vous pouvez télécharger sans limitation, contrairement à WordPress.com (voir Chapitre 8). De plus, si vous avez un esprit créatif et que vous connaissiez les feuilles de styles (CSS), vous disposerez d'un accès total au système de modèles de WordPress et pourrez ainsi laisser courir votre imagination pour concevoir vos propres thèmes (voir la quatrième partie).

En résumé, héberger soi-même son site WordPress requiert certaines compétences qui ne sont pas nécessairement à la portée d'un utilisateur néophyte et engage des frais inéluctables.

Toutefois, de nombreux hébergeurs professionnels, tels que OVH et 1&1 pour ne citer qu'eux, proposent une formule « tout en un » qui vous permet d'installer une instance WordPress en un clic de souris ! Vous disposerez alors d'un véritable site WordPress, dit « auto-hébergé », avec le nom de domaine de votre choix et sans aucune limitation, contrairement à la solution WordPress.com.

Chapitre 2

Les bases de WordPress

DANS CE CHAPITRE :

- » **Choisir un type de site.**
- » **Choisir la technologie.**
- » **Dessiner les grandes lignes de votre projet.**

Il se passe beaucoup de choses en coulisses avant la création d'un site WordPress. C'est en cela qu'éclate la beauté de WordPress : vous n'avez pas à vous occuper de tout ce qui est technique pour gérer et maintenir un site WordPress, sauf si vous en éprouvez un désir irrépressible. Dans ce chapitre, vous allez néanmoins plonger un petit peu dans la technologie de la plateforme WordPress, ainsi que jeter un œil sur PHP et MySQL, les deux composants logiciels requis pour exécuter WordPress.

Ce chapitre traite également de diverses technologies qui vous permettent de lancer un site avec succès, comme l'utilisation des commentaires et de la technologie de flux RSS, sans oublier les techniques pour lutter contre les spams.

Aperçu de WordPress

La publication d'un site WordPress est un processus évolutif. J'ai même l'étrange impression que les blogs sont passés du simple journal intime à des outils de journalisme, de commerce et d'édition.

Un blog ou un site Web est un fabuleux outil de publication de vos pensées et idées personnelles. Toutefois, ils peuvent être d'excellents outils de commerce, des éditoriaux pour la presse, des sites d'actualités et de divertissement. Différentes raisons conduisent les personnes à créer et maintenir un site Web :

- **Personnelle** : Le webmaster crée un site comme un journal intime. Vous appartenez à cette catégorie de personnes si vous utilisez principalement votre site pour discuter de sujets personnels qui ont trait à votre vie privée, à votre famille, à votre chat, à vos enfants ou encore à vos centres d'intérêt (comme la politique, les technologies, le sport, l'art ou la photographie).
- **Commerciale** : Le webmaster utilise la puissance d'un site Web pour faire la promotion des produits et services de son entreprise. Les sites Web s'avèrent de redoutables outils de promotion et de marketing. Ils proposent souvent des informations très utiles aux lecteurs et aux consommateurs, tels que des trucs et astuces, des critiques de produits, par exemple. Ils donnent également aux lecteurs la possibilité de livrer leurs impressions et leurs idées, ce qui permet à l'entreprise d'améliorer ses services. Les moteurs de recherche comme Google ou Yahoo! apprécient les sites Web qui sont mis régulièrement à jour et dont le contenu et les informations sont faciles à trouver. Du coup, vous pouvez augmenter votre placement dans les moteurs de recherche en fournissant un contenu régulièrement mis à jour.
- **Média/presse** : De plus en plus de médias intègrent des blogs à leurs sites Web pour donner des informations sur les événements, la politique et les actualités, que ce soit au niveau régional, national ou international. Ces nouvelles organisations ont souvent des éditorialistes.
- **Le journalisme citoyen** : J'aurais pu ranger ces webmasters dans la catégorie des sites privés. Ce type de sites Web offre réellement l'opportunité aux citoyens ordinaires de peser sur l'analyse et la diffusion des informations et de l'actualité, autant sur le plan national qu'international.

  En raison de la popularité des sites Web et des millions de blogueurs qui ont envahi Internet, les médias traditionnels ont senti le vent tourner. Les citoyens ordinaires, se servant de la puissance de leur voix sur le Web, ont changé la donne grâce à tous ces blogueurs qui vérifient l'information et soulignent les incohérences, toujours dans le but de vérifier le contenu des informations.
- **Professionnelle** : Cette catégorie de webmasters ne cesse d'augmenter chaque jour. Le business de ces professionnels est de créer et publier des sites au nom des entreprises. Les réseaux de blogs engagent des blogueurs pour écrire sur certains sujets. De plus, plusieurs services associent publicitaires et blogueurs pour poster des messages sur leurs produits. Peut-on gagner de l'argent en tant que blogueur ? Oui, et cela devient de nos jours monnaie courante.

Plonger dans le monde WordPress

Le logiciel WordPress est un système de publication personnel qui utilise la plateforme PHP et MySQL, laquelle vous fournit tout ce dont vous avez besoin pour créer votre propre site Web et publier le contenu de manière dynamique sans savoir comment programmer la moindre de ces pages. Bref, tout votre contenu est stocké dans une base de données, appelée MySQL, sur votre serveur Web.

PHP (*HyperText Preprocessor*) est un langage de script côté serveur dédié à la création de pages Web dynamiques. Lorsqu'un visiteur ouvre une page en PHP, le serveur traite les commandes PHP, puis envoie les résultats au navigateur du visiteur. MySQL est un système de gestion de bases de données relationnelles (SGBD) *open source* qui utilise SQL (*Structured Query Language*), le langage le plus populaire pour ajouter, accéder et traiter les données d'une base de données. Si tout cela vous paraît être du chinois, contentez-vous de considérer MySQL comme un immense classeur dans lequel vous rangez tout le contenu de votre site.

Chaque fois qu'un visiteur consulte votre blog, il effectue une requête qui est envoyée à votre serveur. Le langage de programmation PHP reçoit cette requête, trouve l'information demandée dans la base de données MySQL, puis présente l'information demandée au visiteur *via* son navigateur Web.

Lorsque j'emploie le mot *contenu* pour les données qui sont stockées dans la base de données MySQL, je fais référence aux articles, commentaires et options que vous avez définis dans le panneau d'administration de WordPress. Le thème (le *design*) que vous choisissez, que ce soit le thème par défaut ou le thème que vous avez créé vous-même ou encore celui d'une tierce personne, n'est pas compris dans le contenu dans ce cas. Ces fichiers font partie du système de fichiers et ne sont pas stockés dans la base de données. Aussi, je ne peux que vous conseiller vivement de faire une sauvegarde de tous les thèmes que vous utilisez. Reportez-vous à la quatrième partie de ce livre pour de plus amples informations sur la gestion des thèmes WordPress.

Pour trouver un service d'hébergement, recherchez des sociétés qui proposent des sauvegardes quotidiennes de votre site. Ainsi, tout le contenu, toutes les données ne seront pas perdus en cas de problème. Les fournisseurs d'hébergement Web qui proposent un service de sauvegarde quotidienne peuvent vous sauver la mise en restaurant votre site à sa forme originelle.

Archiver l'historique de vos publications

Est incluse dans le logiciel WordPress une option automatique pour tenir à jour des archives chronologiques et catégorisées. WordPress utilise PHP et MySQL pour trier et organiser tout ce que vous publiez afin que vous et vos lecteurs puissiez y accéder par date et par catégorie. La procédure d'archivage se fait automatiquement dès que vous publiez un article sur votre site.

Lorsque vous rédigez un article, vous pouvez le classer dans une catégorie que vous spécifiez. Cette fonctionnalité rend pratique le système d'archivage dans lequel vous et vos lecteurs pouvez trouver facilement les articles que vous avez classés dans cette catégorie.

WordPress vous permet de créer autant de catégories que vous voulez pour classer vos articles par sujets. On rencontre des sites qui n'affichent qu'une seule catégorie ; d'autres qui en proposent plus de 1 000 ! WordPress vous permet de faire un choix personnel et d'organiser votre contenu comme bon vous semble. D'un autre côté, l'utilisation des catégories est une question personnelle. Si vous n'en voyez pas l'utilité, ignorez cette fonctionnalité.

Interagir avec les internautes *via* les commentaires

L'un des aspects les plus agréables de la publication de sites *via* WordPress est de voir les commentaires de vos lecteurs au moment où vous postez un article. Les commentaires constituent en quelque sorte un livre d'or. Les internautes notent leurs impressions et réactions par rapport à ce qui est publié sur votre site. Vous pouvez leur répondre et engager ainsi une conversation sur le sujet de l'article (voir les Figures 2.1 et 2.2). Cette fonctionnalité crée l'opportunité de développer les pensées et idées que vous avez présentées dans votre article en donnant l'occasion à vos lecteurs d'ajouter leurs opinions.

Dans le panneau d'administration WordPress, vous avez le contrôle absolu du contenu qui peut faire l'objet ou non de commentaires. De plus, si une personne laisse un commentaire dont le contenu est douteux, vous pouvez le modifier ou le supprimer. Vous êtes libre de choisir de ne pas autoriser de commentaires sur votre site.

Figure 2.1 : Les lecteurs passent par ce formulaire pour laisser leurs commentaires.

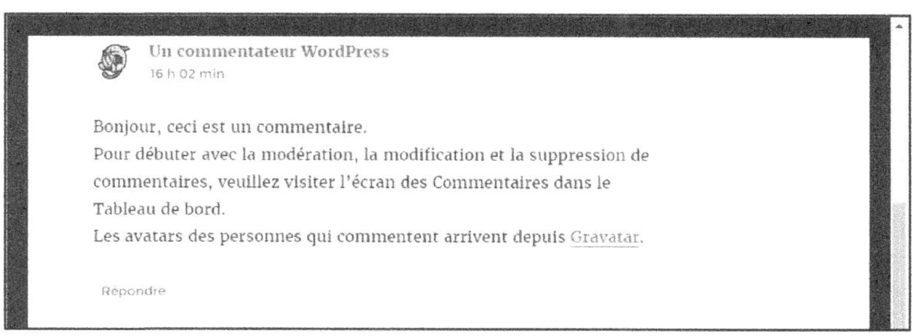

Figure 2.2 : Exemples de commentaires postés sur un site.

Certains webmasters prétendent qu'un blog sans commentaires n'est pas un blog. Ce point de vue est très courant dans la communauté. Car la réaction des visiteurs, *via* leurs commentaires, est ce qui a fait en partie le succès de la publication de blogs. C'est un choix personnel. Publier un blog ou un site sans possibilité de commentaires le rend passif. Autoriser les commentaires invite les visiteurs à s'impliquer davantage *via* une discussion et un dialogue. D'un côté comme de l'autre, les lecteurs estiment que déposer un commentaire sur un site est une expérience positive, car ils ont l'impression de participer à la discussion.

Les flux RSS

RSS est l'acronyme de *Really Simple Syndication*. Un *flux RSS* est une fonctionnalité standard que les lecteurs sont en droit d'attendre. Qu'est-ce au juste ?

Wikipédia définit un flux RSS comme « un contenu qui est produit automatiquement (sauf cas exceptionnels) en fonction des mises à jour d'un site Web ».

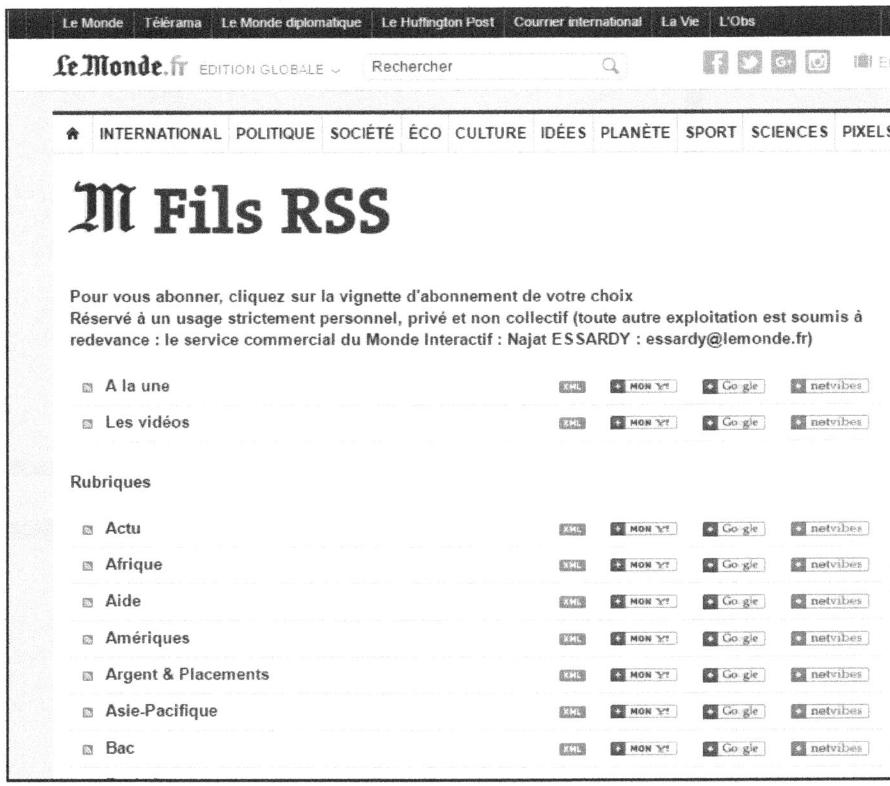

Figure 2.3 : Le site Web du quotidien *Le Monde* propose au lecteur de s'abonner à ses flux RSS.

Les flux RSS constituent un moyen simple et pratique d'être alerté en permanence sur l'actualité qui vous intéresse. Les flux RSS s'actualisent automatiquement sans que vous soyez obligé de vous connecter sur vos sites d'informations préférés. Ils permettent donc d'apporter du contenu à votre site Web, sur un sujet de votre choix, mais également d'apporter aux internautes du contenu issu de votre propre site Web.

Les internautes utilisent des outils appelés *lecteurs de flux* pour télécharger le flux, c'est-à-dire que ces *lecteurs de flux* sont configurés pour détecter automatiquement de nouveaux contenus (comme des articles ou des commentaires) sur votre site de sorte à les télécharger.

WordPress dispose d'un générateur de flux RSS dans plusieurs formats. Comme les flux sont embarqués dans la plateforme logicielle, vous n'avez aucune procédure à suivre pour proposer un flux RSS à vos lecteurs. Reportez-vous au Chapitre 5 pour de plus amples informations sur l'utilisation des flux RSS dans le programme WordPress.

Les rétroliens

La meilleure façon de comprendre ce que sont les rétroliens est de les considérer comme des commentaires, à l'exception près que les rétroliens sont des commentaires laissés sur votre site par d'autres sites, et non par des personnes réelles. Suis-je claire ?

Pour simplifier, on appelle *rétrolien* un article que vous avez posté sur votre site, si, dans cet article, vous donnez un lien d'un autre article posté par quelqu'un d'autre sur un site différent. Lorsque vous publiez cet article, votre blog envoie une sorte de mémo électronique au site dont vous avez fait référence par un lien. Ce site reçoit le mémo et envoie un avis de réception dans un commentaire de l'article auquel il est lié.

Ce mémo est envoyé par un utilitaire *ping réseau* (outil utilisé pour tester ou vérifier si le lien est atteignable *via* Internet) de votre site au site auquel vous vous liez. Cette procédure fonctionne tant que les deux blogs prennent en charge le protocole des rétroliens. WordPress le fait, tout comme la plupart des plateformes de publication de blogs.

Envoyer un rétrolien vers un site est une façon sympathique d'indiquer au webmaster que vous appréciez les informations qu'il publie sur son site. Les webmasters apprécient généralement de recevoir des rétroliens dans leurs articles venant d'autres sites.

Lutter contre les commentaires et rétroliens indésirables

Aïe ! Les commentaires et les rétroliens indésirables constituent le fléau auquel sont constamment confrontés les webmasters. Lorsqu'un site devient très populaire sur Internet, les spammeurs saisissent l'opportunité de l'envahir. Si vous avez déjà reçu des spams dans votre messagerie électronique, sachez que le principe est le même et tout aussi frustrant.

Avant l'émergence des sites Web, vous avez dû voir les spammeurs remplir les livres d'or par leurs liens publicitaires sans laisser réellement de mot pertinent. La raison est simple : les sites Web obtiennent un placement plus élevé dans les moteurs de recherche s'ils ont plusieurs liens entrants vers d'autres sites. L'arrivée de logiciels de publication de sites Web couplés aux technologies de commentaires et de rétroliens s'est avérée une aubaine pour des millions de spammeurs.

Comme les commentaires et les rétroliens sont publiés sur votre site, avec généralement un lien vers le site du commentateur, les spammeurs ont récupéré les liens envoyés sur des millions de sites en créant des programmes qui recherchent automatiquement des sites Web intégrant un système de commentaires, puis ont inondé ces systèmes de tonnes de commentaires qui contiennent des liens vers leurs propres sites.

Aucun webmaster n'aime les spams. En fait, les services de publication de sites comme WordPress ont passé un nombre incalculable d'heures à tenter de bloquer ces spammeurs et, dans la plupart des cas, ils ont réussi. Toutefois, les spammeurs parviennent à contourner la sécurité, car bon nombre d'entre eux sont offensifs, ce qui est d'autant plus frustrant qu'ils ne contribuent nullement au débat et à la discussion qu'offre le blog.

WordPress offre une excellente extension, appelée Akismet, qui permet de lutter contre les spams. Reportez-vous au Chapitre 7 de ce livre pour obtenir de plus amples informations sur Akismet, conçu par Automattic, le créateur de WordPress.com.

Utiliser WordPress comme un CMS

Vous avez dû entendre plusieurs fois cette remarque si vous parcourez des sites sur WordPress : « *WordPress est plus qu'une plateforme de blogs, c'est un véritable système de gestion de contenu.* » Un système de gestion de contenu (ou *Content Management System*, CMS en anglais) est une plateforme qui vous offre la possibilité de créer un site Web complet. Cela signifie que, en plus de l'hébergement du site, vous pouvez construire des pages et disposer de fonctionnalités supplémentaires intégrées à votre site Web qui vont bien au-delà des fonctions du simple blog. Les CMS :

- permettent de travailler à plusieurs sur un même document ;
- séparent la mise en forme du contenu ;

- structurent le contenu (FAQ, documents, blogs, forums de discussion, *etc.*) ;
- attribuent des rôles et des permissions aux utilisateurs (abonné, contributeur, auteur, éditeur, administrateur) ;
- incluent la gestion de versions des articles et documents.

Différence entre blog et site Web

Un site Web et un blog sont vraiment deux choses différentes. Un site Web peut contenir un blog alors qu'un blog ne peut pas contenir un site Web. Je sais que cela semble confus.

Un blog est un affichage chronologique du contenu, le plus souvent des articles ou des pages écrits par l'auteur du blog. Ces articles sont publiés et, en général, classés en thèmes et archivés par dates. Les articles d'un blog peuvent recevoir des commentaires, ce qui signifie que les lecteurs d'un article peuvent laisser leurs impressions et l'auteur peut y répondre, créant ainsi un dialogue permanent entre l'auteur et les internautes.

Un site Web est plutôt constitué d'un ensemble de pages qui offrent au visiteur une information plus ou moins intemporelle, pas nécessairement liée à la date de publication. Un site Web peut inclure les fonctionnalités suivantes :

- **E-commerce** : Ce type de sites propose un panier intégré dans lequel placer des produits à vendre. Vos visiteurs peuvent acheter vos produits via votre boutique en ligne.
- **Forums de discussion** : Cette fonctionnalité permet aux visiteurs de se rejoindre, de créer des fils de discussion et de répondre à des questions posées par les internautes.
- **Communauté** : Cette section d'un site Web permet aux visiteurs de devenir membres, de créer des profils, de devenir amis avec d'autres membres.
- **Portfolio** : Si vous êtes un photographe ou réalisez des sites Web (webmaster) par exemple, vous pouvez afficher votre travail dans une section spécifique de votre site, appelée Portfolio.
- **Contacts** : Vous pouvez proposer sur votre site Web une page avec un formulaire de contact que les visiteurs peuvent remplir pour vous contacter.
- Pages statiques, telles qu'une FAQ (foire aux questions) ou une page Services qui décrit l'activité d'une entreprise. Ces pages ne changent pas aussi souvent qu'un article de blog. Les articles sont modifiés chaque fois que vous publiez un nouveau post, tandis que les pages statiques ont un contenu qui change plus rarement.

Se lancer dans la publication

Avant de vous lancer dans l'aventure de la publication d'un site Web, prenez le temps de considérer le plan de ce dernier. Un conseil : organisez un plan d'attaque avant de commencer. Quel type d'informations souhaitez-vous publier ? Comment allez-vous les présenter et les structurer ? Quels types de services et d'interaction envisagez-vous de proposer aux internautes ?

Peu importe que vous commenciez par un blog personnel comme un journal intime ou un site commercial pour donner des informations utiles aux lecteurs intéressés par votre secteur. Tous les webmasters savent à peu près quelles informations ils vont publier. Ne vous donnez pas la peine de commencer un nouveau site si vous ne voulez pas partager ces informations (quelles qu'elles soient) avec le reste du monde. C'est pourquoi il est nécessaire de mettre en place une stratégie.

Demandez-vous ce que vous souhaitez publier. Vous avez la réponse ? Peut-être oui, peut-être non. Il n'y a pas de recette miracle. Vous souhaitez écrire sur votre vie privée, vous allez alors sans doute penser à partager quelques photos accompagnées de petites légendes. Si vous êtes chef d'entreprise, maintenir un site vous permettra d'informer vos clients sur les services et les nouveautés de votre entreprise.

En connaissant le sujet que vous allez aborder dans votre site, vous pourrez mieux définir les informations que vous y traiterez. Mon blog de design, par exemple, me permet d'écrire sur des projets de webdesign, des études de cas de clients et des nouveautés relatives au design. Vous n'y verrez pas de photos de mon chat, vous les trouverez sur mon blog personnel ! Je tiens deux blogs distincts et je fais la différence entre vie privée et vie professionnelle, quel que soit le domaine d'activité.

Une fois le sujet choisi, posez-vous les questions suivantes :

- À quelle fréquence dois-je publier de nouveaux articles sur mon blog ? Tous les jours ? Toutes les semaines ?
- Est-ce que je veux ouvrir la discussion en permettant à mes lecteurs de poster des commentaires sur mes articles ?
- Chaque article doit-il être visible à tout le monde ? Est-ce que je veux bien que mon patron ou ma famille ait accès à mes articles ?

- Comment vais-je classer mes articles ? Par catégories ?
- Est-ce que je veux que tous mes articles soient publiés dans mon flux RSS ou seulement quelques-uns ?
- Est-ce que je veux que mes articles soient faciles à trouver dans les moteurs de recherche ?

Vous avez un sujet ? Un plan ? Il est temps de passer à la configuration de votre site WordPress !

2

Configurer WordPress

DANS CETTE PARTIE...

Si cela vous paraît compliqué d'installer un logiciel sur un serveur Web et d'héberger votre site, WordPress.com est la solution qui vous convient. Sinon, orientez-vous vers WordPress.org qui vous permet de gérer seul votre site Web. Nous reviendrons sur ces notions dans cette partie.

Chapitre 3

Configurer un site WordPress

DANS CE CHAPITRE :

- **Trouver et acheter un nom de domaine.**
- **Trouver un hébergeur Web.**
- **Réviser les bases de FTP.**
- **Installer WordPress**

Avant de commencer à publier un site sous WordPress, vous devez vous poser quelques questions préalables. L'installation de WordPress nécessite bien plus que de télécharger et installer le logiciel en tant que tel. Vous devrez mettre en place un domaine (une adresse Web) et choisir un service d'hébergement (l'endroit qui héberge votre site). Même si vous avez téléchargé initialement WordPress sur votre disque dur, le service d'hébergement est l'endroit où vous l'installerez sur Internet.

Obtenir un serveur Web et y installer un logiciel s'avèrent bien plus contraignants que de créer un compte sur la version hébergée WordPress.com. Vous devez tenir compte de plusieurs critères pour concrétiser ce projet, tout comme vous devrez apprendre à connaître de nombreuses technologies avec lesquelles vous ne vous sentez pas nécessairement à l'aise. Ce chapitre reprend toutes les bases de ces technologies afin que vous réussissiez à installer WordPress sur un serveur Web avec le nom de domaine de votre choix.

Choisir un nom de domaine

La toute première étape de l'installation et de la configuration d'un site WordPress consiste à choisir un nom de domaine, puis réserver ce nom auprès d'un bureau d'enregistrement de noms de domaine (aussi appelé *registrar*). Un nom de domaine est l'adresse Web *unique* (URL) que vous entrez dans la barre d'adresse de votre navigateur pour visiter un site Web. *WordPress.org* ou *Google.com* sont des exemples de noms de domaine.

J'ai mis en italique le mot « unique », car il ne peut pas y avoir deux noms de domaine identiques. Si une personne a déjà enregistré le nom de domaine que vous voulez, vous ne pourrez pas l'utiliser. C'est pourquoi le choix d'un nom de domaine peut prendre un peu plus de temps que prévu, car vous devrez vérifier que le nom auquel vous pensez est disponible.

L'extension du nom de domaine : mode d'emploi

Lorsque vous enregistrez un nom de domaine, portez une attention particulière à son extension. Les extensions comme *.com*, *.net*, *.org*, *.info* ou *.biz* que l'on trouve à la fin d'un nom de domaine sont des extensions dites *de premier niveau*. Réfléchissez bien à l'extension que vous souhaitez accoler à votre nom de domaine au moment de son enregistrement.

Dans un nom de domaine (par exemple, www.afnic.fr), l'extension, ou *top-level domain*, est la partie la plus à droite de l'adresse, soit « .fr » dans cet exemple.

Une précision s'impose ici : ce n'est pas parce que vous avez enregistré votre nom de domaine en *.com* que son nom sera disponible en *.net*. Si vous avez enregistré le nom de domaine *monchienadespuces.com* et qu'il devienne le site incontournable pour tous les propriétaires de chiens qui ont des puces, une personne peut très bien enregistrer *monchienadespuces.net* et faire un site quasi identique au vôtre dans l'espoir de bénéficier de votre trafic et de votre popularité.

Vous pouvez enregistrer un nom de domaine avec toutes les extensions disponibles pour éviter ce type de problème. Néanmoins, cela semble peu probable car il existe aujourd'hui beaucoup trop d'extensions disponibles (*.asia, .mobi, .travel, .job, .bzh, etc.*). *A minima*, il est recommandé de déposer le nom de domaine choisi dans l'extension nationale du pays visé (un nom de domaine en *.fr* pour la France) et en *.com* (extension générique).

NOMS DE DOMAINE : ÊTES-VOUS PROPRIÉTAIRE OU LOCATAIRE ?

En réalité, lorsque vous « achetez » un nom de domaine, vous n'en êtes pas vraiment propriétaire. En fait, vous achetez le droit d'utiliser ce nom de domaine pour une période donnée. Vous pouvez enregistrer un nom de domaine pour un an ou dix ans.

Mais attention, si vous ne renouvelez pas un nom de domaine qui arrive à expiration, vous le perdez et prenez le risque qu'il soit récupéré par des personnes qui espèrent en tirer profit en vous le revendant plus cher, ou qui espèrent jouir de la popularité du nom de domaine que vous avez oublié de renouveler.

Le coût d'un nom de domaine

L'enregistrement d'un nom de domaine varie entre 3 et 30 euros HT par an, tout dépend des options que vous avez choisies (type d'extension, données confidentielles, services DNS ou promotions !).

Au moment de l'achat, vous payez l'enregistrement de votre nom de domaine, mais vous devrez repayer dans un, deux ou cinq ans au moment de la date d'expiration du domaine (voir l'encadré « Noms de domaine : êtes-vous propriétaire ou locataire ? »). La plupart des *registrars* (bureaux d'enregistrement des noms de domaine) vous proposent un service de renouvellement automatique. Ce service renouvelle automatiquement votre nom de domaine et débite votre carte bancaire du montant du renouvellement. Ils vous envoient quelque temps auparavant un e-mail pour vous rappeler que la date de renouvellement du contrat approche. Si vous n'avez pas opté pour cette tacite reconduction, vous devrez penser à renouveler votre nom de domaine par vous-même.

Déposer un nom de domaine

Les *registrars* sont des bureaux d'enregistrement auprès desquels enregistrer votre nom de domaine. Les *registrars* sont certifiés et approuvés par l'Internet Corporation for Assigned Names and Numbers (ICANN), organisme qui coordonne les noms de domaine à l'échelle internationale.

Pour déposer un nom de domaine, il faut donc passer par un de ces bureaux. Des centaines de bureaux d'enregistrement de domaines existent aujourd'hui ; ceux de la liste suivante sont populaires en raison de leur longévité dans l'industrie, de leurs prix compétitifs et de la variété des services qu'ils offrent en plus des noms de domaine :

- OVH : `https://www.ovh.com`
- 1and1 : `https://www.1and1.fr`
- Gandi : `http://www.gandi.net`

Quel que soit le bureau d'enregistrement que vous aurez choisi, suivez les étapes ci-dessous pour déposer un nom de domaine :

1. **Choisissez un nom de domaine.**

   Prenez le temps de la réflexion. Bon nombre de personnes considèrent le nom de domaine comme une marque, celle du site Web. Songez à tous les noms possibles avant d'arrêter votre choix. Il est simple pour une entreprise de choisir un nom de domaine : il s'agit le plus souvent du nom de l'entreprise, de la marque ou d'un produit particulier. Pour un particulier, le nom de domaine se fera à sa libre appréciation !

2. **Vérifiez la disponibilité du nom de domaine.**

   Depuis votre navigateur Web, saisissez l'URL du bureau d'enregistrement que vous avez choisi (par exemple, `www.ovh.com`). Recherchez la section du site qui vous permet d'entrer le nom de domaine pour vérifier sa disponibilité. Si le nom de domaine n'est pas disponible en *.com*, essayez *.fr* ou *.net*.

3. **Achetez le nom de domaine.**

   Suivez les instructions du bureau d'enregistrement pour acheter votre nom de domaine. Une fois la procédure terminée, vous recevrez un message électronique de confirmation de votre achat. Vérifiez que vous avez saisi correctement votre adresse électronique lors de la procédure d'enregistrement.

La plupart des *registrars* proposent d'acquérir, en même temps que le nom de domaine, l'hébergement associé. C'est sur cet hébergement que nous installerons WordPress (voir section suivante). Vous n'êtes pas tenu d'associer à votre nom de domaine un hébergement Web, vous pourriez décider de le prendre ailleurs. Toutefois, il est généralement beaucoup plus simple de choisir nom de domaine et hébergement en même temps.

Choisir un hébergeur

Nous l'avons vu précédemment, après avoir enregistré votre domaine, vous devez trouver un hébergement, c'est-à-dire un « endroit » sur Internet où placer les fichiers WordPress. L'hébergement est la deuxième pièce du puzzle dont vous avez besoin avant de commencer à travailler avec WordPress.

On peut définir un hébergeur comme étant une société spécialisée dans l'hébergement de sites Web sur ses serveurs. En général, les services d'hébergement font payer un abonnement, mensuel ou annuel, à moins que vous ayez la chance de connaître une personne qui vous rende ce service à titre gracieux. Le tarif varie d'un hébergement à l'autre, comptez approximativement 50 euros par an pour un service d'hébergement Web mutualisé de qualité.

Les services d'hébergement Web considèrent WordPress comme une *application tierce*. Autrement dit, l'hébergeur ne fournit pas de support à l'utilisation de WordPress (ou toute autre application logicielle), et la prise en charge n'est pas incluse dans le package de l'hébergeur. Même si certains hébergeurs essaieront de vous assister dans l'utilisation de WordPress, la responsabilité de son bon fonctionnement vous revient. C'est pour cette raison que bon nombre d'internautes choisissent la version hébergée WordPress.**com**. Si vous préférez la version autohébergée WordPress.**org**, consultez l'assistance et le support en ligne des forums de discussion sur `http://wordpress.org/support` (en anglais) et sur `http://www.wordpress-fr.net/support/` (en français).

De plus en plus d'hébergeurs, tels que OVH ou 1&1 par exemple, proposent un module qui vous permet d'installer WordPress en un clic de souris ! L'installation de WordPress ne nécessite, de fait, aucune connaissance technique particulière ! (voir section suivante).

Les hébergeurs fournissent en général les services suivants :

- de l'espace disque pour y stocker votre site WordPress ;
- de la bande passante (on estime qu'un 1 Go de trafic mensuel permet de supporter jusqu'à 100 visites par jour) ;
- des adresses e-mail associées à votre nom de domaine, accessibles depuis un webmail ;
- un accès FTP pour transférer vos fichiers sur votre hébergement Web ;
- des statistiques d'accès à votre site ;
- des bases de données MySQL avec un nom d'utilisateur et un mot de passe ;
- PHP.

Compte tenu que vous projetez d'installer WordPress sur votre hébergement Web, vous devez vous assurer que votre hébergeur propose *a minima* les prérequis suivants :

- PHP en version 5.6 (ou ultérieur) ;
- MySQL en version 5.6 (ou ultérieur).

La meilleure façon de trouver les réponses à vos questions sur un service d'hébergement Web reste de consulter la FAQ (foire aux questions) du site Web de l'hébergeur, s'il en a une. Ou encore de lui adresser une série de questions sur ce qu'il prend réellement en charge *via* le lien Contact de la société. N'importe quel service d'hébergement Web aura intérêt à vous répondre. Comptez environ 12 à 24 heures pour recevoir une réponse.

Installer WordPress en 1 clic

La popularité de WordPress a donné naissance à des services d'hébergement adaptés au logiciel. Nombre de ces hébergeurs offrent une gamme complète de fonctionnalités et services autour de WordPress, comme une installation automatique de la toute dernière version de WordPress, un nom de domaine inclus, un espace disque, des adresses mail, une base de données MySQL, un trafic mensuel souvent illimité, *etc.*

Si vous débutez avec WordPress et que ces questions d'hébergement et de nom de domaine vous dépassent, je vous conseille vivement de recourir à ce type de services qui vous simplifieront grandement la vie.

Voici une liste non exhaustive de ces hébergeurs :

- OVH : `https://www.ovh.com`
- 1and1 : `https://www.1and1.fr`
- WPServeur : `https://www.wpserveur.net`
- Amen : `http://www.amen.fr`
- 1 Hébergement : `https://www.1hebergement.com`

Un mot sur les services d'hébergement Web et l'enregistrement de noms de domaine : certains hébergeurs proposent l'enregistrement de noms de domaine gratuitement. Si vous vous abonnez à leurs services, lisez bien les conditions d'utilisation car ce type d'offre est généralement soumis à certaines conditions. Bon nombre de mes clients ont choisi cette solution, mais ils s'en sont mordu les doigts lorsqu'ils ont essayé de changer d'hébergeur au bout de quelques mois. Le service d'hébergement Web avait les pleins pouvoirs sur leur nom de domaine et il leur était quasiment impossible de changer le serveur de leur nom de domaine pendant une certaine période (un ou deux ans), voire pour toujours. Il vaut mieux avoir le contrôle de son hébergement au lieu de le déléguer à un tiers. C'est pourquoi je vous conseille vivement d'enregistrer votre nom de domaine dans l'un des bureaux d'enregistrement que nous avons cités précédemment.

Espace disque et bande passante

Les services d'hébergement fournissent deux services importants :

- l'espace disque ;
- la bande passante.

Considérez un hébergeur comme un parking que vous payez pour garer votre voiture. Le parking vous donne une place pour garer (stocker) votre voiture (l'espace disque). Il met à votre disposition la voie qui mène au garage (la bande passante) pour entrer ou sortir votre voiture du garage. Mais il ne réparera pas la stéréo de votre autoradio (WordPress ou toute autre application logicielle tierce) que vous avez installée à moins que vous ne lui payiez un extra.

Gérer l'espace disque

L'espace disque est équivalent au disque dur de votre ordinateur. Chaque ordinateur a une capacité (ou un espace) de stockage d'une certaine quantité de fichiers. Un disque dur de 500 Go (gigaoctets) peut contenir 500 Go de données (pas plus). Il en va de même pour le service d'hébergement Web qui vous fournit une quantité limitée d'espace disque. Si votre service d'hébergement Web vous fournit 100 Go, vous serez autorisé à stocker un certain nombre de fichiers. Vous devrez donc être attentif à la taille de vos fichiers. Si vous souhaitez disposer de davantage d'espace disque, vous devrez mettre à niveau votre espace disque. La plupart des hébergeurs Web proposent des options pour augmenter votre espace disque.

La création d'un site WordPress consomme assez peu d'espace disque. Un espace disque de 3 à 5 Go est tout à fait satisfaisant pour commencer. Si vous constatez au fil du temps que vous avez besoin de plus d'espace disque, contactez votre hébergeur.

Tout bon hébergeur propose un système d'alerte vous informant (*via* un message électronique) que vous avez atteint 80 % des capacités d'espace de stockage. Ce message vous permet de gérer par anticipation vos besoins en espace disque. Deux possibilités s'offrent à vous : vous vérifiez vos fichiers et vous vous débarrassez de ceux qui sont désormais inutiles et occupent trop d'espace disque, bref vous faites le ménage, ou vous contactez votre hébergeur pour mettre à niveau votre compte.

Plus votre site Web est gros, plus vous aurez besoin d'espace. En outre, plus vous aurez de visiteurs, plus vous aurez besoin d'une bande passante suffisante.

Dimensionner la bande passante

La bande passante correspond à la capacité totale d'une ligne à transporter des données informatiques. À titre d'exemple, la bande passante est une autoroute sur laquelle les voitures représentent les données. Plus la route est large, plus les voitures peuvent passer plus vite ou en plus grand nombre. Plus il y a de voitures qui passent, plus ça ralentit.

C'est la même chose avec la bande passante associée à votre hébergement. Chaque hébergeur limite la bande passante qui vous est accordée. Une bande passante limitée à 50 Mo permettra de faire passer deux fois moins d'informations qu'une bande passante à 100 Mo.

Les hébergeurs sont assez généreux en bande passante, elle est d'ailleurs souvent illimitée. Tout comme l'espace disque, la bande passante est mesurée en gigaoctets (Go). Une bande passante de 10 à 50 Go est généralement une quantité suffisante pour un site WordPress.

Les sites Web qui exécutent de lourds fichiers – audio, vidéo, photo – doivent bénéficier d'un espace disque plus grand que ceux qui n'ont pas de gros fichiers. Tenez-en compte lorsque vous souscrirez à un abonnement auprès d'un hébergeur Web. Vous éviterez ainsi d'importants problèmes.

Comprendre les concepts de FTP

Cette section vous présente les bases de FTP (*File Transfer Protocol*). L'option FTP est quasi intégrée dans toutes les offres des hébergeurs Web.

FTP est une méthode qui permet de déplacer des fichiers d'un emplacement à un autre :

- **Upload :** Opération qui consiste à transférer les fichiers de votre ordinateur vers votre hébergeur Web.
- **Download :** Opération inverse, qui consiste à transférer les fichiers de votre hébergeur Web vers votre ordinateur.

FTP permet également d'effectuer différentes opérations sur les fichiers :

- **Visualiser les fichiers :** Après vous être connecté avec FTP, vous pourrez voir tous les fichiers de votre serveur.
- **Voir la date de modification :** Vous pouvez voir la date de la dernière modification d'un fichier, ce qui peut être utile pour résoudre d'éventuels problèmes.

- **Voir la taille des fichiers :** Vous pouvez voir la taille de chaque fichier sur votre serveur Web, ce qui est utile si vous devez gérer l'espace disque de votre compte.
- **Modifier des fichiers :** Presque tous les clients FTP vous permettent d'ouvrir et de modifier des fichiers à travers l'interface graphique, ce qui est très pratique.
- **Changer les permissions :** Communément appelée CHMOD, cette commande modifie le type d'autorisations de lecture/écriture/exécution à appliquer sur les fichiers de votre serveur Web.

SFTP (*Secret File Transfer Protocol*) correspond à FTP en mode sécurisé. SFTP fournit une couche de sécurité supplémentaire car il utilise SSH (*Secure Shell*) et chiffre les informations sensibles, les données et les mots de passe qui sont habituellement transférés en clair. Le cryptage des données garantit que quiconque surveille le réseau ne soit pas en mesure d'intercepter les données et, par conséquent, ne puisse obtenir certaines informations, telles que les mots de passe et les noms d'utilisateur, qui doivent être sécurisées. Je recommande fortement l'utilisation de SFTP au lieu de FTP, s'il est disponible auprès de votre fournisseur d'hébergement.

Transférer des fichiers avec FTP

Pour transférer des fichiers avec FTP, vous devez disposer d'un programme appelé « client FTP ». Voici une liste de quelques clients FTP, disponibles gratuitement sur Internet (dans ce chapitre, j'utilise FileZilla) :

- FileZilla : `http://sourceforge.net/projects/filezilla`
- SmartFTP : `http://www.smartftp.com/download`
- FTP Explorer : `http://www.ftpx.com`

Au début de ce chapitre, vous avez vu comment obtenir un service d'hébergement Web. Votre hébergeur vous communique un nom d'utilisateur et le mot de passe de votre compte FTP, y compris l'adresse du serveur FTP (en général, l'adresse du serveur FTP est *ftp.votredomaine.com*, mais vérifiez-le bien auprès de votre hébergeur). Ce sont ces informations (nom d'utilisateur, mot de passe, adresse du serveur FTP) que vous saisirez dans le programme FTP pour vous connecter à votre compte d'hébergement Web.

La Figure 3.1 représente un client FTP non connecté à un compte d'hébergement Web. Le répertoire de gauche correspond à la liste des fichiers de l'ordinateur ; le répertoire de droite correspond à la liste des fichiers du serveur Web, vide en l'occurrence car le client FTP n'est pas connecté à votre hébergement.

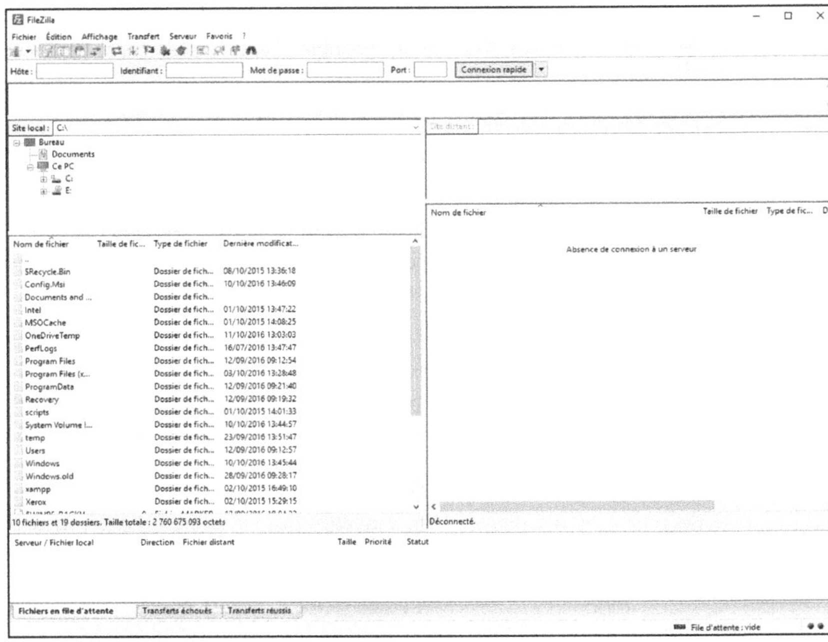

Figure 3.1 : L'utilisation d'un client FTP non connecté.

La Figure 3.2 représente un client FTP connecté à un compte d'hébergement Web. Cette fois-ci, le répertoire de droite contient la liste des fichiers du serveur Web.

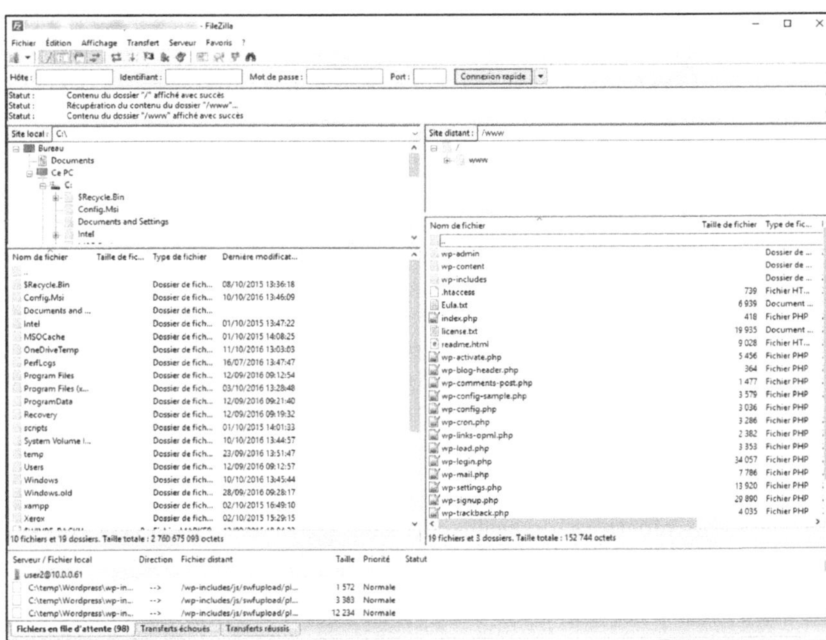

Figure 3.2 : L'utilisation d'un client FTP connecté au serveur Web.

La connexion à un serveur FTP est un processus assez simple. Il vous suffit de récupérer les paramètres de connexion FTP qui vous ont été envoyés par e-mail par votre hébergeur. Vous devriez disposer des informations suivantes, à adapter selon votre hébergeur :

- **Nom d'utilisateur** : *utilisateur*.
- **Mot de passe** : *votre_mot_de_passe*.
- **Serveur FTP** : *ftp.votredomaine.com*.
- **Port du serveur FTP** : 21

1. **Ouvrez le client FTP sur votre ordinateur.**

   Localisez le programme sur votre ordinateur et cliquez dessus (ou double-cliquez !).

2. **Cliquez sur le menu Fichier puis sur Gestionnaire de site.**

   L'utilitaire Gestionnaire de site s'affiche à l'écran (Figure 3.3).

3. **Cliquez sur le bouton Nouveau site.**

   Tapez un nom qui vous aide à identifier le site. Vous pouvez inscrire ce que vous voulez car il ne fait pas partie des données de connexion (dans l'exemple de la Figure 3.3, le nom du site est *Mon WordPress*).

4. **Entrez le nom du serveur FTP dans le champ Hôte.**

   L'hôte correspond au nom du serveur FTP qui vous a été fourni par votre hébergeur Web. Dans l'exemple, le serveur FTP est *ftp.mondomaine.com*.

5. **Entrez le port FTP dans le champ Port.**

   Dans la plupart des environnements, FTP utilise le port 21. Vous pouvez donc laisser ce champ vide sauf si votre hébergeur a spécifié un port différent.

6. **Sélectionnez le type de serveur.**

   FileZilla vous demande de sélectionner un type de serveur (comme la plupart des clients FTP). Laissez l'option par défaut, à savoir FTP – Protocole de transfert de fichiers.

7. **Sélectionnez le type de chiffrement.**

   Laissez les valeurs par défaut sauf si votre hébergeur a spécifié un réglage différent.

8. **Sélectionnez le type d'ouverture de session.**

FileZilla vous offre plusieurs types d'ouverture de session. Choisissez Normale dans la liste déroulante.

9. **Entrez votre nom d'utilisateur dans le champ Utilisateur.**

   C'est le nom d'utilisateur qui vous est donné dans les paramètres FTP. Dans cet exemple, le nom d'utilisateur est *Utilisateur*.

10. **Tapez votre mot de passe dans le champ Mot de passe.**

    C'est le mot de passe FTP qui vous a été communiqué.

11. **Cliquer sur le bouton Connexion.**

    Cette étape permet de connecter votre ordinateur à votre serveur Web. Les dossiers et les fichiers de votre ordinateur local s'affichent dans la partie gauche de la fenêtre du client FTP FileZilla et les dossiers et fichiers de votre serveur Web s'affichent dans la partie droite, comme illustré à la Figure 3.3.

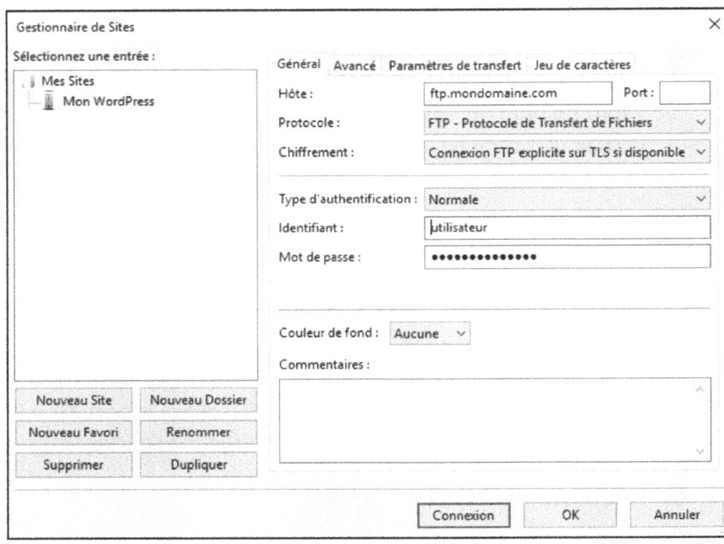

Figure 3.3 : Configuration d'un client FTP.

Le transfert de fichiers d'un ordinateur à un serveur est très facile grâce à la méthode du glisser-déposer. Il suffit de cliquer sur le nom d'un fichier listé sur l'ordinateur, puis de le glisser vers le répertoire du serveur Web en maintenant le bouton de la souris enfoncé et, enfin, de relâcher le bouton de la souris. Reportez-vous au manuel d'utilisateur pour de plus amples informations sur l'utilisation du client FTP que vous avez choisi.

Si vous utilisez un autre client FTP que FileZilla, les étapes et l'interface utilisateur du logiciel seront différentes, vous aurez alors besoin d'adapter la procédure ci-dessus au logiciel retenu.

Le téléchargement de fichiers de votre serveur Web vers votre ordinateur est une façon simple et efficace de sauvegarder vos fichiers WordPress. C'est toujours une bonne idée de conserver vos fichiers en sécurité, en particulier les fichiers de thèmes et d'extensions, qui sont traités dans la quatrième partie de ce livre.

Éditer les fichiers avec FTP

Dans certaines situations, vous devrez modifier des fichiers en direct sur votre serveur Web. Vous pourrez utiliser les méthodes décrites dans la section précédente, c'est-à-dire récupérer un fichier de votre serveur, l'ouvrir sur votre ordinateur, le modifier, l'enregistrer et le replacer sur votre serveur Web.

Une autre façon est de recourir à la fonctionnalité d'édition intégrée qui existe dans la plupart des logiciels clients FTP, en suivant ces étapes :

1. **Connectez le client FTP à votre serveur Web.**
2. **Recherchez le fichier que vous souhaitez modifier.**
3. **Ouvrez le fichier à l'aide de l'éditeur FTP interne.**

   Cliquez avec le bouton droit sur le fichier et choisissez Afficher/Éditer. Rappelez-vous que je travaille avec FileZilla : FileZilla, comme la plupart des clients FTP, utilise un programme pour éditer les fichiers texte (par exemple, le Bloc-notes Windows, ou Notepad++ ou TextEdit pour Mac). Dans certains cas, votre client FTP aura son propre éditeur de texte interne.

4. **Modifiez le fichier à votre convenance.**
5. **Enregistrez les modifications apportées au fichier.**

   Cliquez sur l'icône Enregistrer.

6. **Téléchargez le fichier sur votre serveur Web.**

   Après avoir enregistré le fichier, FileZilla vous avertit que le fichier a changé et vous demande si vous voulez le télécharger sur le serveur. Cliquez sur Oui. Le fichier nouvellement modifié remplace l'ancien.

Lorsque vous modifiez des fichiers directement depuis le serveur, comme indiqué précédemment, vous modifiez les fichiers « en direct », ce qui signifie que lorsque vous enregistrez les modifications et téléchargez le fichier, celles-ci prennent effet et affectent votre site Web immédiatement. Pour cette raison, je recommande vivement de télécharger une copie de votre site Web sur votre ordinateur avant d'apporter des modifications. De cette façon, si vous faites une faute de frappe sur le fichier enregistré et que votre site se « plante », vous aurez une copie de secours sur votre ordinateur.

Modifier les permissions des fichiers

Chaque fichier et dossier d'un serveur Linux dispose d'un ensemble d'attributs, appelés *permissions*, qui indiquent au serveur Web trois choses à propos du dossier ou du fichier en question. De manière très simpliste, ces autorisations portent sur les droits suivants :

- **Lire (read) :** Ce paramètre détermine si le fichier/dossier est lisible par le serveur Web.
- **Écrire (write) :** Ce paramètre détermine si le fichier/dossier peut être écrit par le serveur Web.
- **Exécuter (execute) :** Ce paramètre détermine si le fichier/dossier est exécutable par le serveur Web.

Chaque fichier et chaque dossier possède une liste de droits représentés par un code numérique. Il y a beaucoup de combinaisons possibles. Voici les plus courantes que vous rencontrez lors de l'exécution d'un site WordPress :

- **644 :** Les fichiers dont les permissions sont définies sur 644 sont lisibles par tous et ne peuvent être écrits que par le propriétaire du fichier/dossier.
- **755 :** Les fichiers avec les autorisations définies sur 755 sont lisibles et exécutables par tous, mais ils ne peuvent être écrits que par le propriétaire du fichier/dossier.
- **777 :** Les fichiers dont les permissions sont définies sur 777 sont lisibles, écrits et peuvent être exécutés par n'importe qui. Pour des raisons de sécurité, vous ne devez pas utiliser cet ensemble d'autorisations sur votre serveur Web, sauf si cela est absolument nécessaire.

En règle générale, les dossiers et fichiers de votre serveur Web disposent des autorisations 644 ou 755. Vous verrez donc des fichiers PHP (fichiers qui se terminent par l'extension *.php*) avec les permissions définies sur 644.

Il s'agit d'un aperçu très rudimentaire des autorisations sur les fichiers. *A priori*, vous n'aurez pas besoin de vous plonger dans ces notions d'autorisations sur votre serveur Web. Si vous souhaitez toutefois en savoir plus à ce sujet, consultez cet article : `https://fr.wikipedia.org/wiki/Permissions_UNIX`

Certaines situations demandent que vous modifiiez les autorisations sur un fichier particulier de votre serveur Web. C'est le cas généralement lorsque vous utilisez des extensions ou des thèmes qui nécessitent que les fichiers ou dossiers soient accessibles en écriture par le serveur Web. Cette pratique est appelée CHMOD, un sigle pour *Change Mode*. Si quelqu'un dit « *Vous devez faire un CHMOD 755 sur ce fichier* », vous saurez de quoi il parle.

Voici quelques étapes utiles pour modifier les permissions d'un fichier depuis un client FTP :

1. **Connectez le client FTP à votre serveur Web.**
2. **Recherchez le fichier à modifier.**
3. **Ouvrez les attributs du fichier.**

   Cliquez avec le bouton droit sur le fichier sur votre serveur Web et choisissez Droits d'accès au fichier (si votre client n'est pas FileZilla, il peut utiliser une terminologie différente). La fenêtre Modification des attributs de fichier s'affiche, comme illustré à la Figure 3.4.

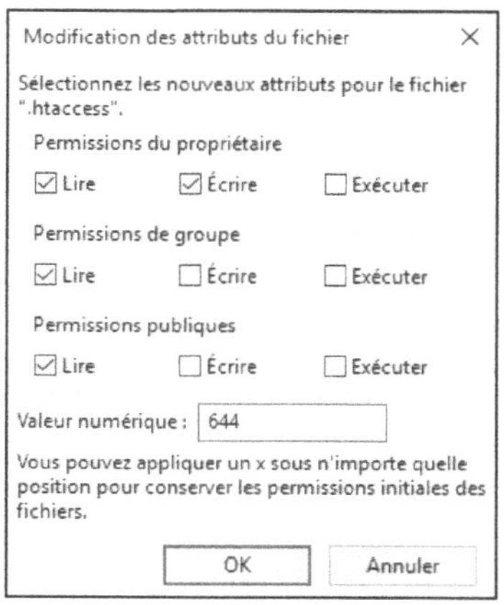

Figure 3.4 : Modification des permissions d'un fichier.

4. **Cochez les permissions requises ou tapez directement la valeur de la permission dans le champ Valeur numérique.** Il s'agit du numéro attribué aux autorisations que vous souhaitez donner au fichier. Les développeurs d'extensions ou de thèmes vous indiquent le nombre à attribuer au fichier ou au dossier ; généralement, ce sera 644 ou 755 (les autorisations de la Figure 3.4 sont 644).
5. **Cliquez sur OK pour valider.**

Installer WordPress

Certains hébergeurs Web vous proposent d'installer WordPress « en un clic de souris ». Dans ce cas, suivez les instructions indiquées par votre hébergeur Web. Les instructions données dans cette section s'adressent à tous ceux qui veulent installer WordPress manuellement.

Vérifiez bien que vous n'ayez manqué aucune des étapes ci-dessous :

- achat d'un nom de domaine ;
- achat d'un service d'hébergement ;
- réception par e-mail de votre compte utilisateur FTP, du mot de passe et de l'adresse du serveur FTP ;
- réception par e-mail de votre compte de base de données MySQL et du mot de passe associé (nous y reviendrons plus loin dans ce chapitre) ;
- téléchargement et configuration d'un client FTP tel que FileZilla, pour le transfert des fichiers sur votre hébergement Web.

Si vous avez manqué l'une de ces cinq étapes, relisez bien les précédentes sections et recommencez.

Si vous devez installer WordPress manuellement, voyez si vous parvenez à installer le logiciel en cinq minutes comme c'est annoncé. Top chrono !

Ces fameuses cinq minutes d'installation ne concernent évidemment que l'installation du logiciel WordPress ! Elles ne comprennent pas l'enregistrement du nom de domaine, l'achat et la configuration d'un compte sur un service d'hébergement Web, ni le temps de téléchargement, d'installation et d'utilisation d'un client FTP !

Sans plus attendre, téléchargez la dernière version de WordPress à cette adresse : `http://fr.wordpress.org/`

Deux formats de compression de fichier du logiciel sont proposés : zip et tar.gz. Je vous conseille le fichier zip qui reste le format le plus couramment utilisé.

Téléchargez le fichier sur votre ordinateur, décompressez-le (ou dézippez-le) dans un dossier de votre disque dur. Ces étapes constituent la première partie de l'installation de WordPress. Vous devez ensuite transférer le logiciel sur votre serveur Web (celui que vous avez obtenu dans la section « Choisir un hébergeur »). Mais avant d'installer WordPress sur votre serveur Web, vous allez vérifier que vous avez bien une base de données MySQL configurée pour permettre l'installation de WordPress.

Configurer la base de données MySQL

Le logiciel WordPress est un système de publication qui utilise une plateforme PHP et MySQL. Cette dernière vous fournit tout ce dont vous avez besoin pour créer un site et publier un contenu dynamique sans avoir à connaître une once de programmation. En résumé, tout le contenu (options, articles, commentaires et autres données pertinentes) est stocké dans la base de données MySQL sur le compte du serveur Web.

Chaque fois que les visiteurs accèdent à votre site pour lire du contenu, ils font une requête qui est envoyée à votre serveur Web. Le langage de programmation reçoit cette requête, récupère l'information demandée dans la base de données MySQL et la présente à vos visiteurs dans leur navigateur Web.

Chaque hébergeur Web a sa propre interface d'accès à la configuration et à la gestion de la base de données MySQL. Une interface d'administration très prisée actuellement est PhpMyAdmin. Si votre hébergeur présente une autre interface d'administration, sachez que les principales étapes restent les mêmes, seule l'interface est différente.

Pour configurer la base de données MySQL de votre site WordPress, effectuez les étapes suivantes :

1. **Connectez-vous à l'interface d'administration en saisissant le nom d'utilisateur MySQL et le mot de passe fourni par votre hébergeur (Figure 3.5).**

Figure 3.5 : Écran de connexion à PhpMyAdmin.

2. **Cliquez sur le menu Utilisateurs, puis sur Ajouter un utilisateur (Figure 3.6).**

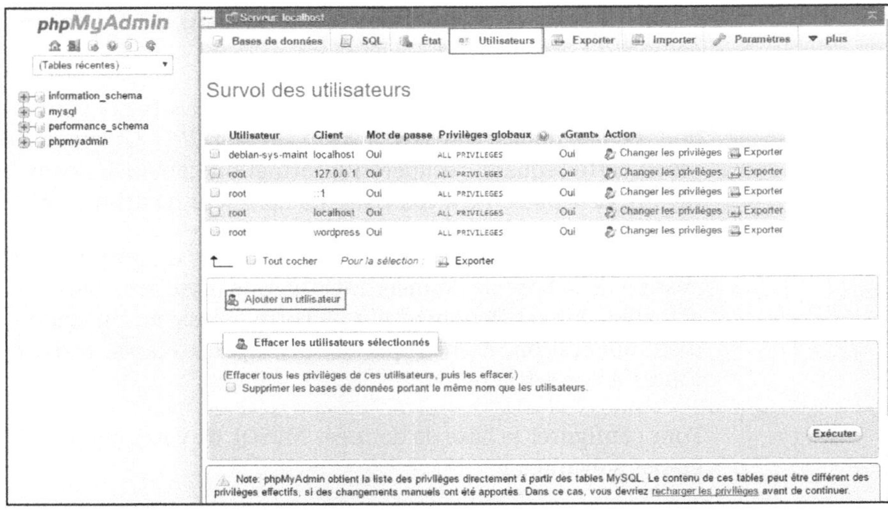

Figure 3.6 : Cliquez sur Ajouter un utilisateur.

3. **Saisissez un nom d'utilisateur de votre choix et un mot de passe dans les champs texte prévus à cet effet, puis cliquez sur le bouton Créer un utilisateur.**

   Dans cet exemple, le nom d'utilisateur est *mywordpress* (Figure 3.7). Notez bien ce nom d'utilisateur ainsi que son mot de passe, car vous en aurez besoin lors de l'installation de WordPress sur votre serveur. Griffonnez-les sur un bout de papier ou copiez-collez-les dans la fenêtre d'un éditeur de texte. Quel que soit votre choix, vous devez les avoir à portée de main.

   - **Nom d'utilisateur :** *mywordpress*.
   - **Client :** *localhost*.
   - **Mot de passe :** Ce que vous voulez, ou cliquez sur Générer pour vous simplifier la vie !
   - **Cocher l'option :** Créer une base portant son nom et donner à cet utilisateur tous les privilèges sur cette base.

Il est hors de question de choisir comme nom de base de données votre nom d'utilisateur ou d'utiliser un mot de passe simple. Pour de simples raisons de sécurité, votre mot de passe doit être difficile à deviner !

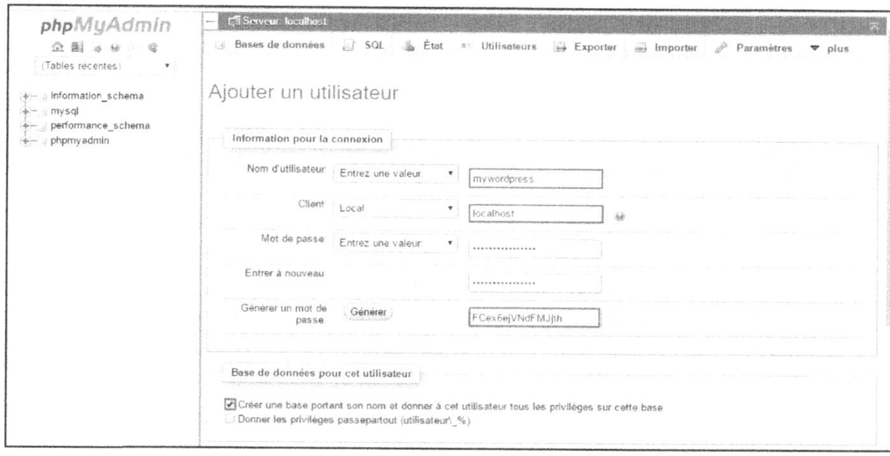

Figure 3.7 : Création d'un nouvel utilisateur et de la base de données associée.

Enfin, cliquez sur le bouton Exécuter tout en bas de l'écran. La nouvelle base de données est alors créée, comme illustré à la Figure 3.8.

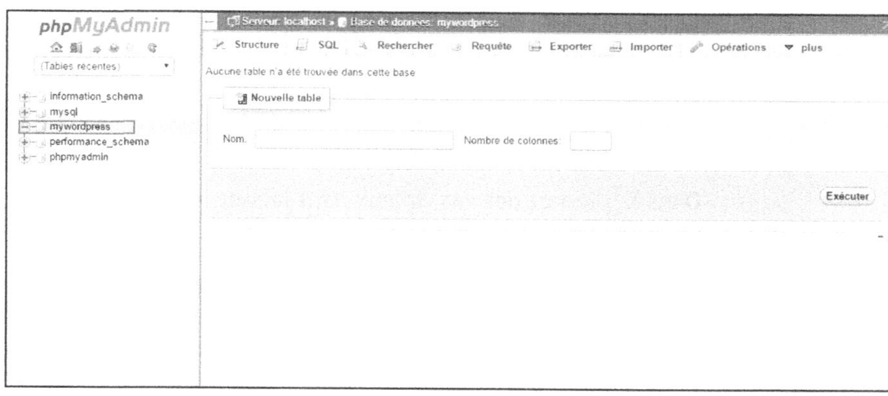

Figure 3.8 : Une base de données est créée et porte le nom de « mywordpress ».

Transférer les fichiers WordPress

Pour transférer les fichiers WordPress vers votre hébergeur, revenez au dossier installé sur votre ordinateur, dans lequel vous avez décompressé le logiciel WordPress après son téléchargement.

Avec le client FTP, connectez-vous au serveur Web et chargez tous les fichiers dans le répertoire racine (/root) de votre compte serveur.

Si vous ne savez pas où se trouve le répertoire racine, contactez votre hébergeur pour le lui demander. La configuration de chaque hébergeur est différente.

Sur mon serveur Web, le répertoire racine se trouve dans le dossier *public_html* ; quelques-uns de mes clients ont trouvé leur répertoire racine dans un dossier nommé *www*. Tout dépend du type de configuration de votre hébergeur. En cas de doute, renseignez-vous.

Tenez compte des éléments suivants au moment du chargement des fichiers :

» **Chargez le contenu du dossier /wordpress sur le serveur et non le dossier lui-même** : la plupart des clients FTP vous permettent de sélectionner tous les fichiers contenus dans le dossier et de les glisser-déplacer sur le serveur Web. Dans d'autres programmes, vous sélectionnez tous les fichiers en les mettant en surbrillance, puis vous cliquez sur le bouton Transférer.

» Sélectionnez le bon mode de transfert : le transfert de fichiers via FTP peut prendre deux formes : ASCII et binaire. La plupart des clients FTP sont configurés pour détecter automatiquement le mode de transfert. Il est important de comprendre la différence entre ces deux modes pour la suite de l'installation de WordPress : cela pourra vous épargner de gros problèmes :

- **Le mode de transfert ASCII** s'applique à tous les fichiers texte (PHP, JavaScript, .txt, .php, .css, .sql, *etc.*).
- **Le mode de transfert binaire** concerne tous les autres fichiers (.jpg, .gif, .bmp, .png, .mp3, .mp4, .PDF, *etc.*).

Dans la plupart des cas, mieux vaut laisser le client FTP détecter automatiquement le mode de transfert.

» **Vous pouvez choisir un autre répertoire racine** : Vous n'êtes pas obligé de transférer tous les fichiers dans le répertoire racine de votre serveur Web. Vous pouvez lancer WordPress dans un sous-domaine ou dans un autre répertoire de votre compte. Si vous souhaitez que votre adresse Web soit sous le format http://votrenomdomaine.com/blog/, vous transférerez alors les fichiers WordPress dans un répertoire que vous aurez préalablement créé et nommé /blog.

» **Choisissez les bonnes permissions de fichiers** : Prenez garde aux permissions de fichiers lors du transfert des données sur le serveur Web. Les permissions de fichiers indiquent au serveur comment traiter les fichiers sur le serveur, par exemple si les fichiers peuvent être modifiés ou non. En règle générale, les fichiers PHP doivent avoir une permission (chmod) de 644, tandis que les dossiers de fichiers auront une permission de 755.

Ultime étape : lancer le script d'installation

La dernière étape de l'installation de WordPress consiste à connecter le logiciel à la base de données MySQL. Pour cela, effectuez les étapes suivantes :

1. **Saisissez l'URL suivante dans la barre d'adresse de votre navigateur Web, en remplaçant votrenomdomaine**.com par le nom de votre nom de domaine.

   `http://votrenomdomaine.com/`

   Si vous avez choisi d'installer WordPress dans un autre répertoire racine, indiquez-le dans l'URL du script d'installation. Si vous avez transféré les fichiers WordPress dans le répertoire /blog, par exemple, vous devez saisir l'URL suivante : *`http://votrenomdomaine.com/blog/`*

   En supposant que vous ayez suivi scrupuleusement la procédure (pour les problèmes d'installation les plus courants, reportez-vous au Tableau 3.1), vous devez voir apparaître la page représentée à la Figure 3.9.

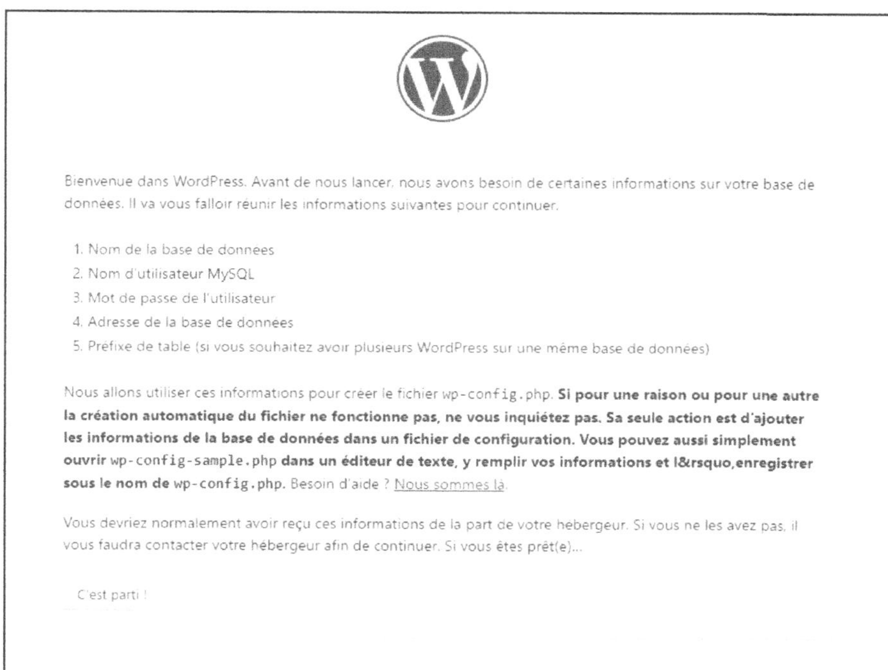

Figure 3.9 : À la première exécution du script d'installation apparaît ce premier écran.

2. **Cliquez sur le bouton C'est parti.**

   La page qui s'ouvre est un message de bienvenue qui vous donne les informations nécessaires pour poursuivre l'installation.

3. **Recherchez le nom de la base de données, le nom d'utilisateur, le mot de passe que vous avez enregistré précédemment**. Vous allez les utiliser pour remplir les champs suivants (Figure 3.10) :

   - *Nom de la base de données :* Saisissez le nom de la base de données MySQL que vous avez créée avant l'installation.
   - *Identifiant :* Saisissez ici le nom d'utilisateur que vous avez utilisé pour créer la base de données MySQL.
   - *Mot de passe :* Saisissez ici le mot de passe que vous avez utilisé pour créer la base de données MySQL.
   - *Adresse de la base de données :* Laissez la valeur par défaut, à savoir *localhost*.
   - *Préfixe des tables :* Laissez ce paramètre à *wp_*. Il est néanmoins conseillé de modifier ce champ pour des questions de sécurité. Vous pouvez, par exemple, saisir *monwp_* au lieu de *wp_*.

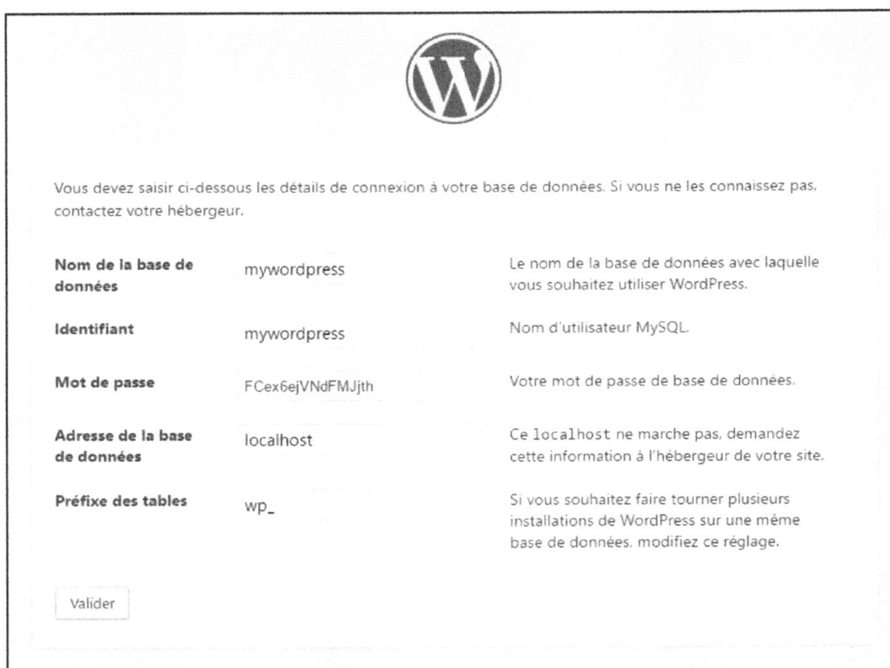

Figure 3.10 : À cette étape de l'installation, entrez le nom de la base de données, le nom d'utilisateur et le mot de passe.

4. **Lorsque vous avez rempli tous les champs, cliquez sur le bouton Valider.**

   Vous verrez apparaître le message suivant : *C'est parfait ! Vous avez passé la première partie de l'installation. WordPress peut désormais communiquer avec votre base de données. Si vous êtes prêt(e), il est maintenant temps de…*

5. **Cliquez sur le bouton Lancer l'installateur.**

   Un autre message de bienvenue apparaît avec la fameuse procédure d'installation en cinq minutes.

6. **Saisissez ou modifiez les informations suivantes :**

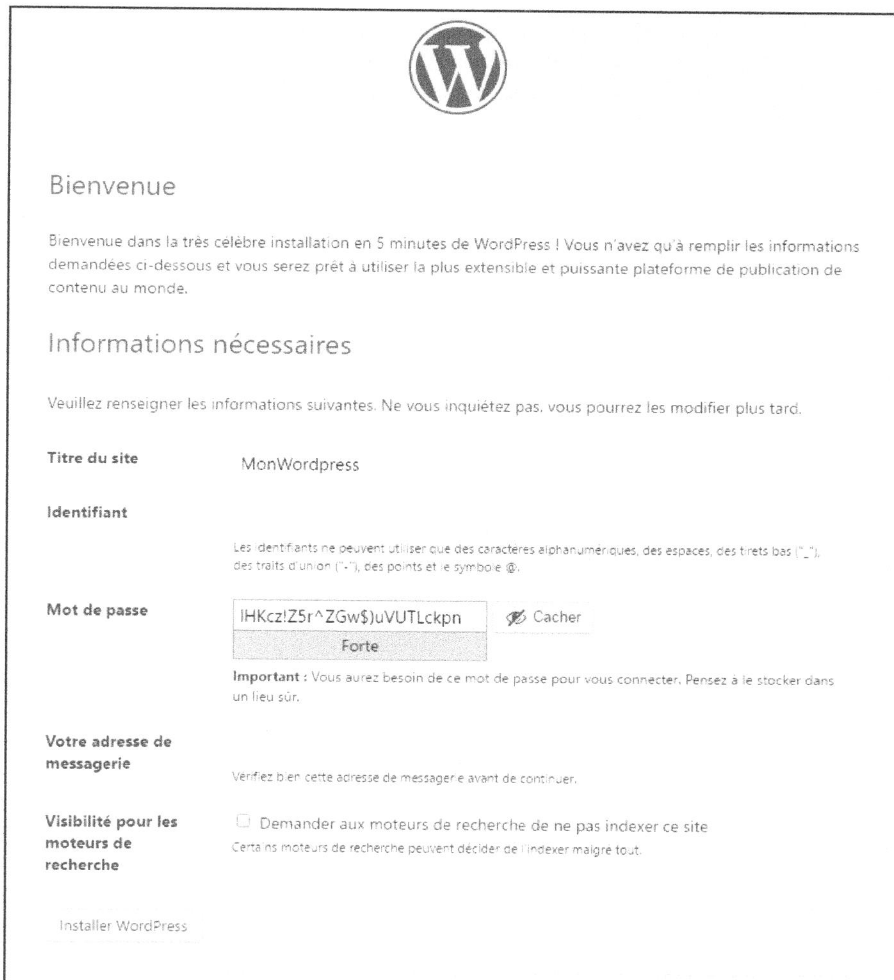

Figure 3.11 : Ultime étape avant l'installation de WordPress.

- *Titre du site :* Saisissez ici le titre du site Web. Ce titre n'est pas éternel et vous pourrez le changer plus tard.
- *Identifiant :* Choisissez un identifiant qui vous permettra de vous connecter à l'interface d'administration de WordPress. Évitez d'utiliser *admin* ou *root* qui sont bien trop communs.
- *Mot de passe :* Retenez le mot de passe de connexion à l'interface d'administration de WordPress. Notez-le sur un bout de papier !
- *Votre adresse de messagerie :* Saisissez ici votre adresse électronique afin d'être informé sur votre site. Vous pourrez également changer cette adresse plus tard.
- *Visibilité pour les moteurs de recherche :* Par défaut, cette option n'est pas cochée. Elle permet de ne pas indexer le contenu de votre site dans les moteurs de recherche (Google, Yahoo!, *etc.*).

7. Cliquez sur le bouton Installer WordPress.

La magie de WordPress s'opère et crée toutes les tables dans la base de données qui contiennent les données par défaut de votre site. WordPress vous rappelle les informations dont vous avez besoin pour accéder au panneau d'administration (Figure 3.12).

Figure 3.12 : L'installation de WordPress est terminée à cette étape !

8. **Cliquez sur le bouton Se connecter pour vous connecter à WordPress.**

Si vous avez fermé cette page trop vite, vous pourrez vous connecter à l'interface d'administration de WordPress depuis l'URL `http://votrenomdomaine.com/wp-admin`.

Vous terminez l'installation de WordPress dès que vous atteignez la page de connexion, représentée à la Figure 3.13. Reportez-vous au Tableau 3.1 qui liste les problèmes les plus courants lors de l'installation.

Tableau 3.1 : Problèmes d'installation de WordPress les plus courants

Message d'erreur	Cause	Solutions
Error Connecting to the DatabaseSaisie incorrecte du nom de la base de données, du nom d'utilisateur, du mot de passe ou de l'hôte.	Reconsulter la base de données MySQL pour récupérer le nom de la base de données, le nom d'utilisateur ou le mot de passe et resaisir ces informations.	
Headers Already Sent Error Messages	Une erreur de syntaxe s'est produite dans le fichier wp-config.php.	Ouvrir le fichier wp-config.php dans un éditeur de texte. La première ligne ne doit contenir que <?php et la dernière, ?>. Vérifier que ces lignes ne contiennent rien d'autre, pas même des espaces. Enregistrer le fichier modifié.
500: Internal Server Error	Définitions incorrectes des permissions sur les fichiers php.	Essayer de paramétrer les permissions (chmod) sur les fichiers php à 666. Si cette modification ne fonctionne pas, les mettre à 644. Tous les serveurs Web ont des paramètres différents pour l'exécution des fichiers php sur leurs serveurs.
404: Page Not Found	L'URL de la page de connexion n'est pas correcte.	Vérifier que l'URL utilisée pour accéder à la page de connexion est bien la même que celle où est installé WordPress (de type `http://votrenomdomaine.com/wp-login.php`).
403: Forbidden Access	Il y a un fichier .html ou index.htm dans le répertoire d'installation de WordPress.	WordPress est une application PHP. Par défaut, sa page d'accueil est index.php. Le rechercher dans le répertoire d'installation de WordPress sur le serveur Web. S'il y a un fichier .html ou index.htm, le supprimer.

Figure 3.13 : L'affichage de cette page vous indique que vous avez réussi à installer WordPress. Bravo !

Alors ? Combien de temps avez-vous mis pour installer WordPress ? Cinq minutes ? Vous avez réussi, c'est parfait ! Il faut encore un peu de patience et du travail !

Il est temps de découvrir le panneau d'administration, donc de lire le Chapitre 4.

Chapitre 4

Découvrir le panneau d'administration de WordPress

DANS CE CHAPITRE :

» **Accéder au panneau d'administration.**

» **Naviguer dans le Tableau de bord.**

» **Personnaliser le Tableau de bord.**

» **Appliquer ses propres paramètres.**

» **Personnaliser son profil.**

» **Choisir le look de son site.**

Une fois WordPress installé, vous pouvez explorer ce nouveau logiciel de publication de sites Web. Ce chapitre vous guide dans les premières étapes de configuration de votre nouveau site WordPress. Vous serez amené à parcourir de nombreuses fois le panneau d'administration, panneau qui permet de paramétrer les options et les paramètres comme bon vous semble.

Une bonne connaissance du panneau d'administration facilitera votre entrée dans le monde de la publication de sites WordPress. Vous y définirez les paramètres WordPress plusieurs fois tout au long de votre vie de webmaster. Dans ce chapitre, lorsque je vous présente les divers paramètres, sections, options et configurations, vous devez comprendre que rien n'est figé. Vous définissez une option que vous pouvez modifier à tout moment.

Se connecter au panneau d'administration

À mon avis, l'approche directe (plus connue sous l'expression « se jeter à l'eau ») reste la meilleure façon de découvrir un nouveau logiciel. Pour cela, effectuez les étapes suivantes pour vous connecter à WordPress et plongez dans les entrailles du panneau d'administration :

1. **Ouvrez votre navigateur Web et saisissez l'adresse de la page de connexion (ou URL) dans le champ d'adresse**.

   L'adresse de la page de connexion ressemble à ce qui suit :

   ```
   http://www.votrenomdomaine.com/wp-admin
   ```

   Si vous avez installé WordPress dans son propre répertoire, incluez le nom de ce répertoire dans l'URL de connexion. Par exemple, si vous avez installé WordPress dans un répertoire nommé *wordpress*, l'URL de connexion sera :

   ```
   http://www.votrenomdomaine.com/wordpress/wp-admin
   ```

2. **Entrez le nom d'utilisateur dans le champ Identifiant et le mot de passe dans le champ Mot de passe (Figure 4.1).**

   Si vous avez oublié votre mot de passe, WordPress peut vous aider à le retrouver. Cliquez sur le lien Mot de passe oublié ? (situé en bas de la page), saisissez votre nom d'utilisateur et votre adresse électronique, puis cliquez sur le bouton Générer un mot de passe. WordPress réinitialise le mot de passe et vous l'envoie à votre adresse électronique.

   Vous recevrez alors deux messages électroniques. Le premier contient un lien sur lequel vous cliquerez pour vérifier que vous avez bien demandé un mot de passe. Cette vérification faite, vous recevrez le second message qui contient votre nouveau mot de passe.

3. **Cochez la case Se souvenir de moi si vous souhaitez placer un cookie dans votre navigateur**.

   Le cookie indique à WordPress de se souvenir de votre identifiant à la prochaine connexion. Ce cookie installé par WordPress est inoffensif et stocke vos identifiants WordPress sur votre ordinateur. Grâce au cookie, WordPress se rappellera de vous lors de votre prochaine visite.

   Note : Avant de cocher cette option, vérifiez que votre navigateur est bien paramétré pour autoriser les cookies (dans le doute, consultez la documentation d'aide du navigateur Internet que vous utilisez).

4. **Cliquez sur le bouton Se connecter**.

Une fois connecté au panneau d'administration WordPress, vous verrez apparaître la page Tableau de bord.

Parcourir le Tableau de bord

Considérez le panneau d'administration comme un poste de contrôle car il offre plusieurs liens rapides et plusieurs sections qui fournissent des informations sur votre site, en commençant par la page **Tableau de bord** représentée à la Figure 4.1.

Vous pouvez modifier l'affichage du Tableau de bord WordPress, au moins l'ordre dans lequel apparaissent les modules. Vous pouvez déployer (ouvrir) ou réduire (fermer) les modules séparément en cliquant sur leur titre. Cette fonctionnalité est très pratique car vous pouvez ainsi n'afficher que les modules du Tableau de bord que vous utilisez régulièrement. Le principe est simple : laissez ouverts seulement les modules que vous utilisez tout le temps et fermez ceux dont vous ne vous servez qu'occasionnellement. Vous ne les ouvrirez qu'au moment où vous en aurez réellement besoin. Vous gagnez ainsi de l'espace et personnalisez le Tableau de bord en fonction de vos besoins.

Lorsque vous visualisez pour la première fois le Tableau de bord, tous ses modules sont déployés (ouverts) par défaut (Figure 4.1).

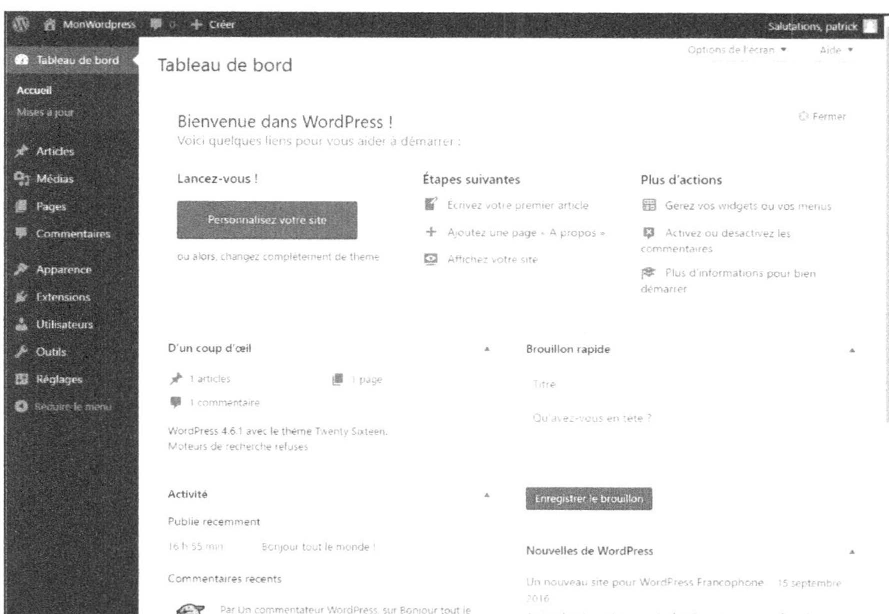

Figure 4.1 : La page du Tableau de bord de WordPress telle qu'elle apparaît lors de la première connexion au panneau d'administration de WordPress.

Le menu de navigation du Tableau de bord de WordPress apparaît dans le coin gauche de la fenêtre de votre navigateur. Si vous souhaitez revenir au Tableau de bord depuis n'importe quelle page, cliquez sur le lien Tableau de bord en haut du menu de navigation.

Dans les sections suivantes, je vous présente la page Tableau de bord telle qu'elle est affichée lors de votre première connexion au panneau d'administration de WordPress. Plus loin dans ce chapitre, nous verrons comment configurer l'affichage du Tableau de bord afin qu'il corresponde au mieux à l'affichage des modules que vous utiliserez.

Module D'un coup d'œil

Le module **D'un coup d'œil** affiche tout ce qui se passe dans votre site, maintenant, à l'instant présent ! La Figure 4.2 représente ce module D'un coup d'œil déployé sur votre tout nouveau blog WordPress.

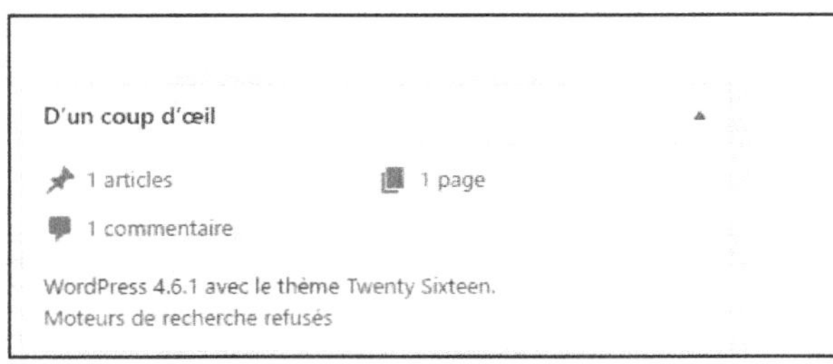

Figure 4.2 : Le module D'un coup d'œil.

Le module D'un coup d'œil affiche les informations suivantes :

- **Le nombre d'articles :** Ce nombre correspond au nombre total d'articles que vous avez actuellement sur votre site WordPress. Dans cet exemple, il n'y a qu'un seul article (il s'agit d'un exemple fourni par WordPress pour illustrer ce qu'est un article). Le nombre est en bleu et, si vous cliquez sur ce lien, vous accédez directement à la page Modifier des articles, page dans laquelle vous pouvez modifier les articles de votre site. Nous reviendrons sur la modification des articles au Chapitre 5.
- **Le nombre de pages :** Il s'agit du nombre actuel de pages que compte votre site. Ce nombre varie selon que vous ajoutez ou supprimez des pages (*pages*, dans ce contexte, désigne les pages statiques que vous avez créées sur votre site). La Figure 4.2 montre qu'il n'y a qu'une seule page.

  Un clic sur ce lien vous redirige vers la page Modifier les pages, dans laquelle vous pouvez visualiser, modifier et supprimer les pages actuelles (reportez-vous au Chapitre 5 pour connaître la différence entre articles et pages WordPress).

- **Le nombre de commentaires :** Il s'agit du nombre actuel de commentaires sur votre site. La Figure 4.2 montre qu'il n'y a qu'un seul commentaire, il s'agit d'un exemple fourni par WordPress pour illustrer ce qu'est un commentaire.

  Un clic sur ce lien vous redirige vers la page Commentaires, dans laquelle vous pouvez gérer les commentaires de votre site (voir un peu plus loin dans ce chapitre).

La dernière section du module D'un coup d'œil affiche les informations suivantes :

- **Le thème WordPress que vous utilisez :** La Figure 4.2 montre que le thème WordPress par défaut, à savoir *Twenty Sixteen*, est utilisé. Le nom du thème est un lien vers la page Gérer les thèmes, dans laquelle vous pouvez visualiser et activer les thèmes de votre site.
- **La version de WordPress que vous utilisez :** La Figure 4.2 montre que la version 4.6.1 est utilisée. Cette version évoluera dans le futur. Lorsque WordPress est mis à jour, cette option vous indique que la version utilisée est dépassée et vous encourage à installer la version la plus récente.
- **Moteur de recherche refusé :** Ce message apparaît uniquement si vous avez indiqué que nous ne souhaitiez pas que votre site soit enregistré dans les moteur de recherche (nous en reparlerons un peu plus loin).

Module Activité

Le module suivant est appelé **Activité**. Dans ce module, vous trouverez :

- **Les commentaires récemment publiés sur votre blog :** WordPress affiche les derniers commentaires dans cet encadré.
- **L'auteur de chaque commentaire :** Le nom de la personne qui a laissé un commentaire apparaît juste au-dessous. Cette section affiche également la photo (ou l'avatar) de l'auteur s'il en a un(e).
- **Un lien vers l'article sur lequel on a laissé un commentaire :** Le titre de l'article apparaît à droite du nom du commentateur. Un clic sur ce lien vous permet d'afficher cet article dans le panneau d'administration.
- **Un extrait du commentaire :** Il s'agit d'un petit aperçu du commentaire laissé sur votre site.
- **Des liens de gestion des commentaires :** Lorsque vous placez le curseur de la souris sur le commentaire, apparaissent six liens sous le commentaire qui vous permettent de gérer ces commentaires directement depuis le Tableau de bord : Désapprouver (ce lien n'apparaît que si vous avez activé la modération de commentaires), Répondre, Modifier, Indésirable, Corbeille et Afficher.

Vous en apprendrez davantage sur la gestion des commentaires dans la section « Commentaires », plus loin dans ce chapitre.

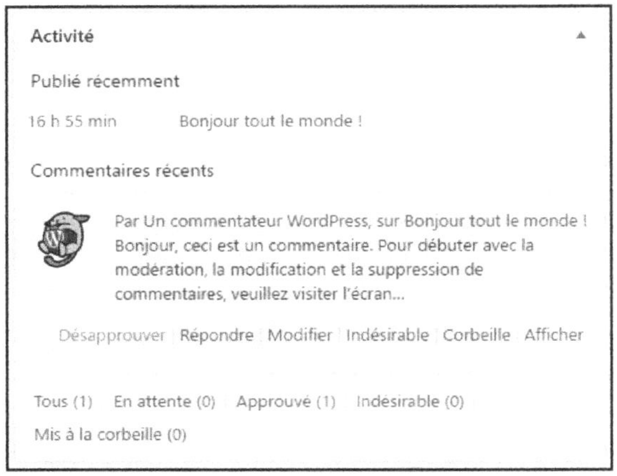

Figure 4.3 : Le module Activité.

Module Brouillon rapide

Le module **Brouillon rapide** vous permet d'écrire un article très rapidement à partir du Tableau de bord et liste les articles récents. Si vous venez tout juste de créer votre site, ou s'il s'agit d'une nouvelle installation, ce module n'affichera aucun brouillon. Toutefois, au fil du temps, lorsque vous écrirez des articles, peut-être en enregistrerez-vous quelques-uns comme des brouillons afin de les modifier et les publier un peu plus tard. Ces brouillons seront alors affichés dans le module Brouillon rapide.

Figure 4.4 : Le module Brouillon rapide.

WordPress affiche jusqu'à cinq brouillons, en incluant le titre de l'article, la date du dernier enregistrement et un court extrait. Cliquez sur le lien relatif à un article donné pour visualiser, modifier et gérer les articles de votre site. Reportez-vous au Chapitre 5 pour obtenir de plus amples informations.

Module Nouvelles de WordPress

À la première installation de WordPress, le module **Nouvelles de WordPress** affiche par défaut les cinq nouvelles les plus récentes du très officiel Blog développement de WordPress (`https://wpfr.net/`). Vous pourrez y voir le titre du dernier article, sa date de publication, ainsi qu'un court extrait. Cliquez sur un titre pour accéder directement à l'article sur le Blog développement de WordPress.

Le suivi des mises à jour du Blog développement de WordPress est très utile et je ne peux que vous conseiller de le consulter. Pourquoi ? Dès que vous vous connectez à votre Tableau de bord WordPress, un simple coup d'œil sur cette section suffit à vous informer des nouveautés, mises à jour ou alertes des créateurs de WordPress. Vous dénicherez également de nouvelles versions du logiciel, des patches de sécurité ou toute autre nouveauté importante qui vous permettront d'enrichir votre blog.

Figure 4.5 : Le module Nouvelles de WordPress.

Adapter le Tableau de bord à votre travail

Vous avez la possibilité d'adapter l'ordre des modules du Tableau de bord. WordPress met l'accent sur l'expérience utilisateur et une grande partie de cet effort s'illustre dans la possibilité de créer un Tableau de bord personnalisé. Changer l'affichage des modules et leur ordre est très facile.

Voici comment déplacer le module D'un coup d'œil dans le coin droit de la page Tableau de bord :

1. **Placez le curseur de la souris sur la barre de titre du module D'un coup d'œil.**

   Lorsque vous placez le curseur de la souris sur le titre, le curseur se transforme en croix de déplacement (une croix fléchée sur un PC ou une main sur un Mac).

2. **Cliquez et maintenez enfoncé le bouton de la souris, et déplacez le module vers la droite de l'écran.**

3. **Relâchez le bouton de la souris une fois le module placé à l'endroit désiré.**

   Le module D'un coup d'œil est maintenant bien placé à droite de la page Tableau de bord, comme à la Figure 4.6.

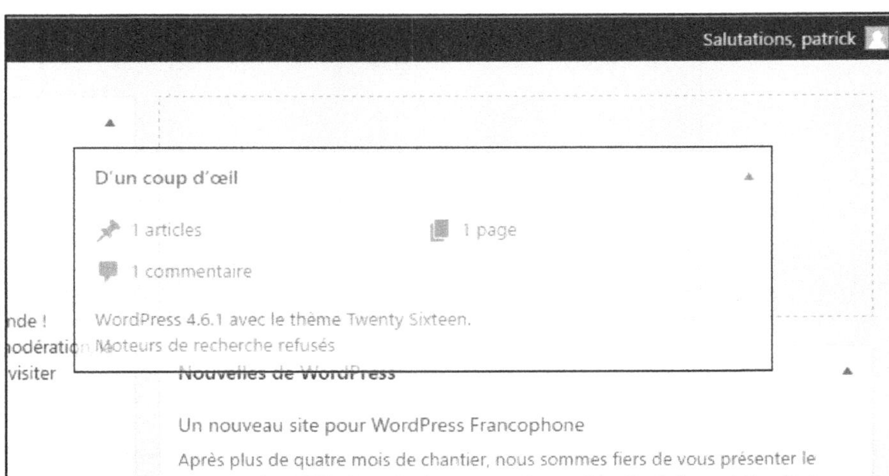

Figure 4.6 : Le module D'un coup d'œil est glissé dans la partie droite du tableau de bord.

Les autres modules de la partie gauche du tableau de bord ont maintenant changé de place.

4. **(Facultatif) Cliquez une fois sur la barre de titre du module D'un coup d'œil.**

   Le module se déroule. Recliquez sur la barre de titre pour fermer le menu du module. Vous pouvez ouvrir ou fermer le menu du module comme bon vous semble.

Répétez ces étapes pour tous les modules que vous souhaitez glisser-déplacer afin qu'ils apparaissent dans l'ordre de votre choix.

Lorsque vous parcourez le Tableau de bord, WordPress enregistre les modifications que vous avez faites. Quand vous vous reconnecterez, vous verrez apparaître le même Tableau de bord personnalisé et vous n'aurez pas besoin de reproduire la personnalisation.

Si vous estimez que le Tableau de bord contient des modules que vous n'utiliserez pas, vous pouvez vous en débarrasser en effectuant les étapes suivantes :

1. **Cliquez sur le bouton Options de l'écran en haut du Tableau de bord.**

   Le menu Options de l'écran apparaît, affichant le titre de chaque module précédé d'une case à cocher.

2. **Décochez le module que vous souhaitez masquer dans le Tableau de bord.**

   La coche est supprimée, le module disparaît du Tableau de bord. La Figure 4.7 représente un exemple de Tableau de bord personnalisé.

Figure 4.7 : Un Tableau de bord personnalisé.

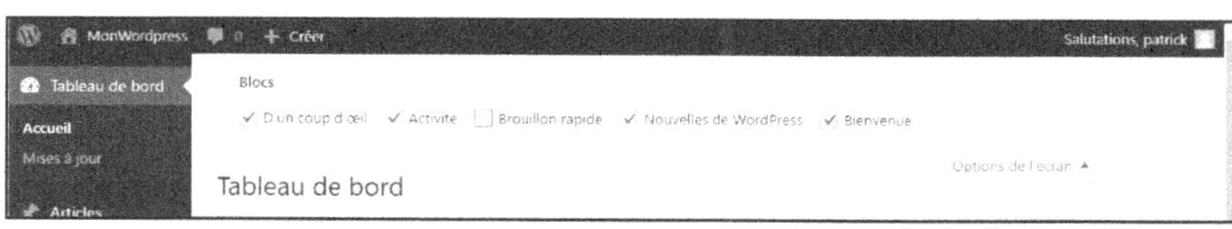

Pour réactiver un module que vous avez masqué, il suffit de cocher ce module dans le menu Options de l'écran.

Trouver l'aide en ligne

Une chose que j'apprécie vraiment sur WordPress est le temps passé et l'effort fourni par les développeurs pour offrir aux utilisateurs une documentation riche de plusieurs trucs et astuces au sein même du Tableau de bord. Vous pouvez généralement trouver de la documentation en ligne sur à peu près toutes les fonctionnalités WordPress.

La documentation en ligne correspond aux petites phrases que vous voyez à côté ou au-dessous d'une fonctionnalité WordPress. Elle donne une courte mais très utile explication sur une fonctionnalité donnée.

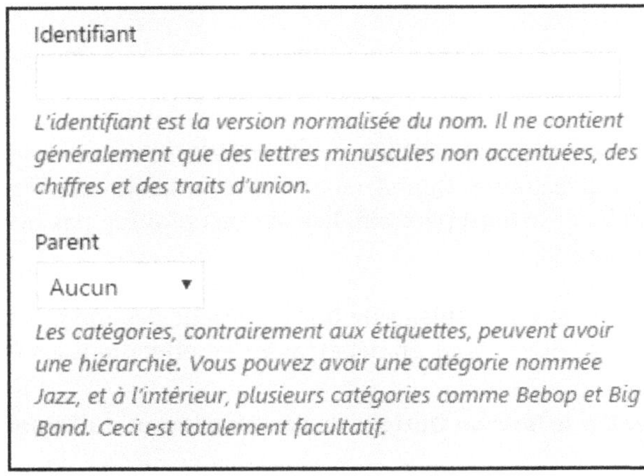

Figure 4.8 : Exemple de documentation en ligne.

En plus de la documentation en ligne dispersée un peu partout au sein du Tableau de bord, vous trouverez un onglet utile dans le coin supérieur droit de votre de l'écran appelé « Aide ». Cliquez sur ce menu pour afficher un panneau déroulant qui contient de la documentation contextuelle, relative à la page sur laquelle vous êtes actuellement.

Par exemple, si vous consultez la page Réglages, l'onglet Aide affiche la documentation relative à cette page Réglages, comme le montre la Figure 4.9. De même, si vous ajoutez un nouvel article, en cliquant sur le menu Aide, vous obtiendrez la documentation relative aux fonctionnalités d'ajout d'articles.

Cliquez de nouveau sur le menu Aide pour fermer le panneau contextuel lorsque vous avez terminé.

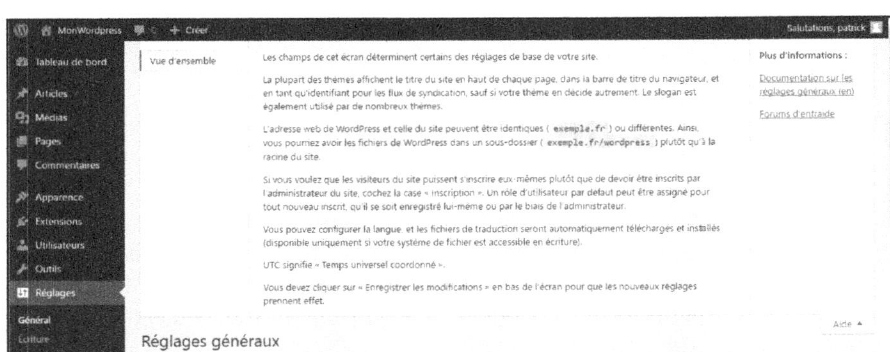

Figure 4.9 : Menu contextuel Aide.

La documentation en ligne que vous trouverez sous l'onglet Aide vous guide dans la compréhension et l'utilisation de WordPress. Vous pouvez également trouver de l'aide sur les Forums WordPress à l'adresse `https://wordpress.org/support/`.

Vous pouvez personnaliser les différentes pages de votre Tableau de bord WordPress comme indiqué précédemment, à l'aide d'un glisser-déplacer.

La Figure 4.10 représente la page Articles qui permet de composer de nouveaux articles (la création d'articles sera étudiée en détail au Chapitre 5). Sur cette figure, le menu Options de l'écran affiche les options de personnalisations suivantes :

» des cases à cocher pour afficher l'auteur, la catégorie, les étiquettes, les commentaires et la date des articles affichés ;

» un champ texte pour indiquer le nombre d'articles à afficher sur cette page.

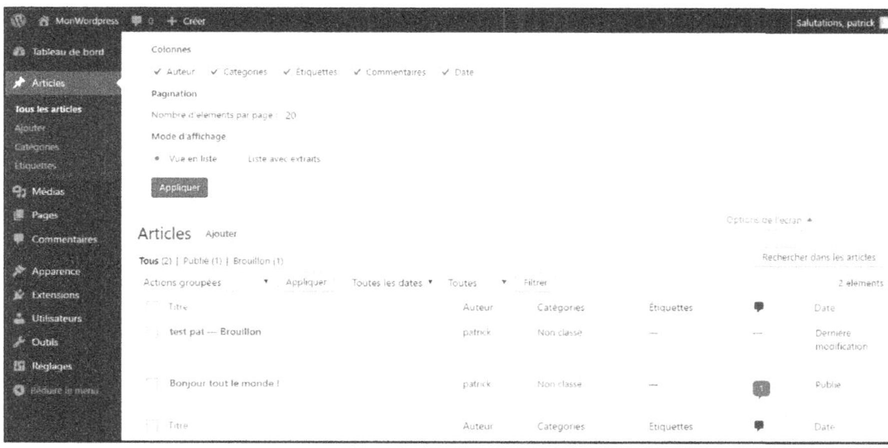

Figure 4.10 : Les écrans WordPress sont personnalisables.

La Figure 4.11 représente l'aide contextuelle qui est affichée lorsque l'on clique sur le menu Aide de la page des articles. Les liens hypertexte sur le côté droit, qui vous mènent vers des ressources complémentaires sur Internet, sont une autre caractéristique de ce menu.

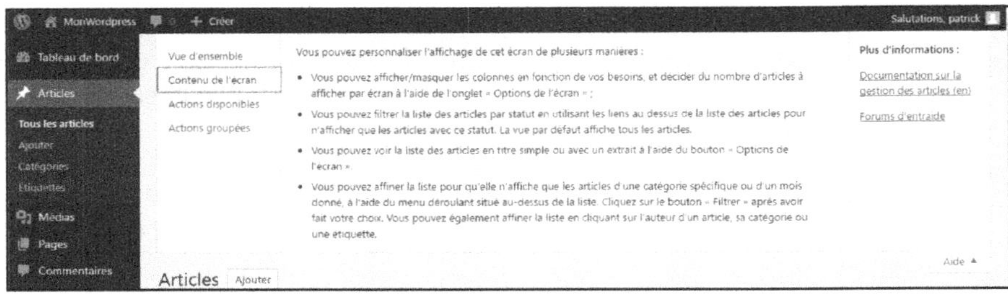

Figure 4.11 : Liens vers des ressources en ligne sur Internet.

Définir des options du panneau d'administration

Le menu de navigation se situe dans la partie gauche de chaque page du panneau d'administration de WordPress. Vous le retrouverez partout, où que vous soyez, tel un ami fidèle, toujours là quand vous avez besoin de lui !

Le menu de navigation est composé de neuf sous-menus (sans compter le menu Tableau de bord vu précédemment). Placez le curseur de la souris sur un menu pour faire apparaître un sous-menu. Les sous-menus vous redirigent vers des pages du panneau d'administration pour effectuer certaines tâches, comme publier un nouvel article, ajouter un lien ou encore gérer les commentaires.

Les paramètres qui vous permettent de personnaliser votre site sont présentés dans la section suivante. Certains de ces menus, comme la création et la publication de nouveaux articles, seront abordés plus en détail dans d'autres chapitres, mais je les mentionne malgré tout (chaque section comporte une note vous indiquant où vous pouvez trouver davantage d'informations sur le sujet en question dans ce livre).

Configurer les Réglages

Tout en bas du menu de navigation se situe le menu **Réglages**. Cliquez sur le lien Réglages pour afficher un sous-menu déroulant qui contient les liens suivants :

- Général ;
- Écriture ;
- Lecture ;
- Discussion ;

» Médias ;

» Permaliens.

Général

Une fois que vous avez installé WordPress et que vous vous êtes connecté à l'interface d'administration, vous pouvez personnaliser votre site en lui donnant un titre et une description, en indiquant votre adresse électronique et en vous identifiant comme étant l'auteur de ce site. Tout cela, vous le faites dans la page **Général** des Réglages.

Pour personnaliser votre site, commencez par remplir les paramètres généraux en suivant ces étapes :

1. **Cliquez sur le lien Réglages puis sur Général.**

   La page Réglages généraux apparaît (Figure 4.12).

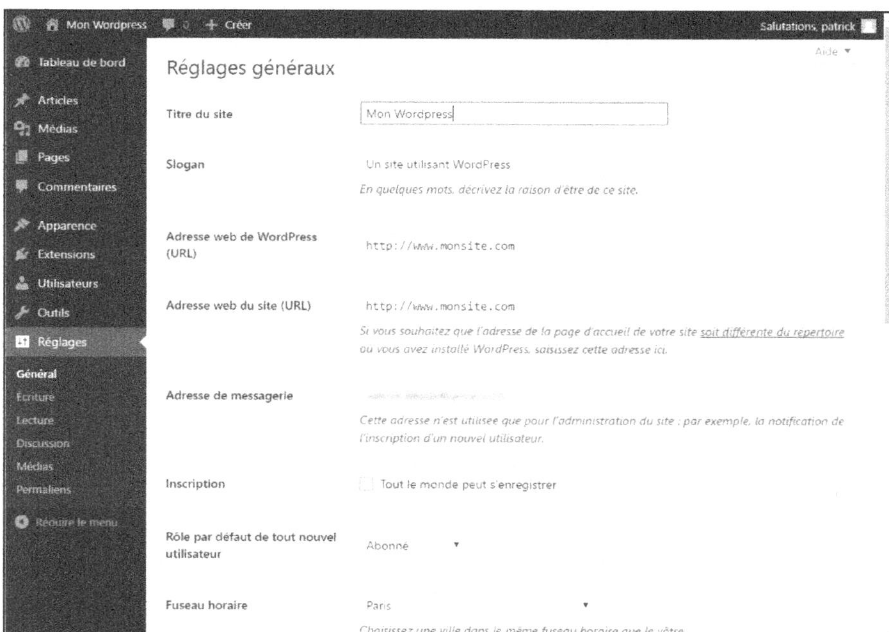

Figure 4.12 : Personnalisez les paramètres de votre site WordPress dans la page Réglages généraux.

2. **Saisissez le nom de votre site dans le champ Titre du site.**

   Le titre que vous saisissez ici est celui que vous avez donné à votre site. À la Figure 4.12, le site porte le nom de « *Mon* WordPress », titre qui apparaît sur le site ainsi que dans la barre de titre du navigateur Web.

Donnez un nom percutant et identifiable à votre site ou blog. Vous pouvez le nommer *Beignets de tomates vertes* par exemple, si vous consacrez votre blog à ce sujet, au livre ou au film, ou toute autre chose qui se rapporte à la délicieuse cuisine du sud des États-Unis.

3. **Dans le champ Slogan, saisissez une phrase de cinq à dix mots qui décrit votre site**.

   Comme vous pouvez le voir à la Figure 4.12, le slogan est « *Un site utilisant WordPress* ».

   Le public surfant sur Internet peut visualiser le titre de votre site et son slogan dans divers moteurs de recherche (comme Google ou Yahoo!). Aussi gardez bien ce fait à l'esprit lorsque vous choisirez les mots de votre slogan.

4. **Dans le champ Adresse Web de WordPress, saisissez l'emplacement où vous avez installé WordPress**.

   N'oubliez pas de bien inclure la partie *http://* de l'URL ainsi que le chemin complet vers l'installation de WordPress, par exemple `http://www.`*`monsite`*`.com`. Si vous avez installé WordPress dans un dossier – un dossier appelé *wordpress* –, vous devrez ici l'inclure. Dans ce cas, l'adresse Web de WordPress serait `http://www.`*`monsite`*`.com/wordpress`.

5. **Dans le champ Adresse Web du site, saisissez l'adresse Web où les internautes peuvent trouver votre site avec leur navigateur Web**.

   En règle générale, vous entrez ici la même chose que votre nom de domaine, c'est-à-dire `http://www.`*`monsite`*`.com`. Si vous souhaitez que l'adresse de la page d'accueil de votre site soit différente du répertoire où vous avez installé WordPress, saisissez cette adresse ici.

6. **Dans le champ Adresse de messagerie, saisissez votre adresse électronique**.

   WordPress envoie des messages concernant votre site à cette adresse. Par exemple, lorsqu'un nouvel utilisateur s'enregistre, WordPress vous envoie un message d'avertissement.

7. **Cochez l'option Inscription**.

   Cochez l'option Tout le monde peut s'enregistrer si vous souhaitez que tout le monde puisse s'enregistrer en tant que membre de votre site. Laissez la case vide, si vous ne souhaitez pas que l'on s'y enregistre. Si vous avez un doute, ne cochez pas cette option pour le moment.

8. **Dans le menu déroulant Rôle par défaut de tout nouvel utilisateur, sélectionnez le rôle que doit avoir tout nouvel utilisateur enregistré sur votre site**.

   Il existe des différences entre chaque rôle que vous devez connaître avant de faire votre choix, car à chaque rôle d'utilisateur est attribué un niveau d'accès au site :

   - *Abonné :* Il s'agit du rôle par défaut. Le mieux est de garder ce rôle par défaut, notamment si vous ne savez pas qui s'enregistre. Les abonnés ont accès à la page Tableau de bord et peuvent visualiser et modifier les options de leur profil dans la page Modifier mon profil (ils n'ont pas accès à votre propre compte et à vos options, mais uniquement aux leurs). Chaque utilisateur peut modifier son identifiant, son adresse électronique, son mot de passe, sa biographie et autres éléments du profil utilisateur. Les informations du profil des abonnés sont stockées dans la base de données WordPress et votre site enregistre chaque visite. Ainsi, ils n'auront pas à compléter leur profil chaque fois qu'ils laisseront des commentaires.
   - *Contributeur :* En plus des droits d'accès du rôle Abonné, le Contributeur peut charger des fichiers, écrire, modifier et gérer leurs propres articles. Il peut écrire des articles, mais n'a pas l'autorisation de les publier. L'Administrateur relit tous les articles des Contributeurs et décide de leur publication. Cette option est un moyen pratique de modérer le contenu écrit par de nouveaux auteurs.
   - *Auteur :* En plus des droits d'accès du rôle Contributeur, l'Auteur peut publier et modifier ses propres articles.
   - *Éditeur :* En plus des droits d'accès du rôle Auteur, l'Éditeur peut modérer les commentaires, gérer les catégories, les liens, modifier les pages et les articles des autres Auteurs.
   - *Administrateur* : L'Administrateur peut modifier tous les paramètres et options du site WordPress.

9. **Dans la section Fuseau horaire, sélectionnez le temps universel de votre choix dans le menu déroulant**.

   Cette option fait référence à la différence du nombre d'heures entre l'heure locale et le temps universel (UTC, *Coordinated Universal Time*). Cela vous garantit que les articles et commentaires laissés sur votre site sont à la bonne heure.

   Si vous ne connaissez pas le temps universel qui vous concerne, vous le trouverez sur le site Web Greenwich Mean Time (`http://wwp.greenwichmeantime.com`). GMT est en général le même que UTC.

10. **Dans la section Format de date, cochez le format dans lequel vous souhaitez afficher la date sur votre site.**

    Cette option définit le format de la date. Le format par défaut est déjà sélectionné et affiché : j F Y (j = le jour sur deux chiffres, F = le mois, Y = l'année sur quatre chiffres). La date par défaut s'affiche ainsi : par exemple, 1 janvier 2018.

    Cochez le bouton radio du format qui vous plaît. Vous pouvez également personnaliser l'affichage de la date en cochant l'option Personnalisé et en saisissant le format de votre choix dans le champ prévu à cet effet. Vous saurez comment personnaliser cet affichage en vous connectant à `https://codex.wordpress.org/fr:Modifier_Date_et_Heure`.

11. **Dans la section Format d'heure, cochez le format dans lequel vous souhaitez afficher l'heure sur votre site.**

    Cette option est identique à celle de l'affichage d'une horloge électronique. Le format par défaut est déjà coché : G\hi où G = l'heure sur deux chiffres, h = les deux chiffres des minutes. Ce qui donne 14 h 05.

    Cochez le bouton radio du format qui vous plaît. Vous pouvez également personnaliser le format d'heure en cochant l'option Personnalisé et en saisissant le format de votre choix dans le champ prévu à cet effet.

    Vous pouvez définir le format de l'heure et de la date de différentes manières. Consultez le site Web de PHP, `http://us3.php.net/manual/fr/function.date.php`, pour voir les formats possibles.

12. **Dans le menu déroulant La semaine débute le, sélectionnez le premier jour de la semaine de votre calendrier.**

    L'affichage du calendrier dans la colonne latérale est facultatif. Si vous souhaitez l'afficher, sélectionnez alors le premier jour de la semaine du calendrier.

13. **Dans le menu déroulant Langage du site, définissez la langue du site par défaut.**

    Le menu déroulant Langue du site vous offre plusieurs options de langue pour votre site. Le réglage par défaut est le français, mais le logiciel WordPress est disponible dans une quarantaine de langues. Si votre site doit être en espagnol, utilisez le menu déroulant pour passer de Français à Espagnol.

Cliquez sur le bouton Enregistrer les modifications en bas de la page. Sinon, toutes les modifications que vous venez d'effectuer ne seront pas enregistrées et WordPress se calera sur les options précédentes. À chaque clic sur le bouton Enregistrer les modifications, WordPress charge la page en cours affichant les options que vous venez de définir.

Écriture

Cliquez sur le menu Réglages, puis sur **Écriture** (Figure 4.13).

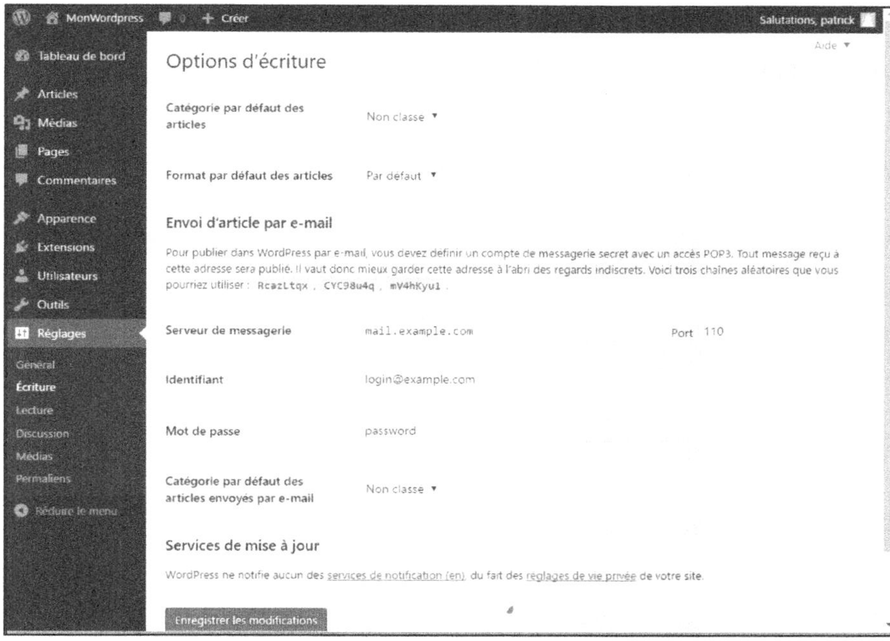

Figure 4.13 : La page Options d'écriture.

La page Options d'écriture qui apparaît vous permet de définir des options de base pour écrire vos articles. La liste suivante vous donne quelques informations sur l'aspect des articles et la manière dont WordPress traite les cas spécifiques.

- **Catégorie par défaut des articles :** Vous permet de sélectionner la catégorie par défaut à utiliser au cas où vous auriez oublié de sélectionner une catégorie au moment de la publication d'un article.
- **Format par défaut des articles :** Vous permet de sélectionner le format par défaut d'un article.
- **Envoi d'article par e-mail :** Vous permet de publier des articles depuis votre messagerie électronique. Pour cela, saisissez une adresse électronique et renseignez les champs relatifs à la connexion à votre serveur POP3.
- **Services de mise à jour :** Vous permet d'indiquer le service *ping* à utiliser pour notifier au monde entier que vous avez fait des mises à jour ou publié de nouveaux articles. Par défaut, le service utilisé est *rcp.pingomatic.com*.

Une fois ces options définies, cliquez bien sur le bouton Enregistrer les modifications ; sinon, elles ne seront pas validées.

Consultez la page `http://codex.wordpress.org/Update_Services` pour obtenir de plus amples informations sur les services de mise à jour.

Lecture

Le troisième lien du menu Réglages est **Lecture** (Figure 4.14).

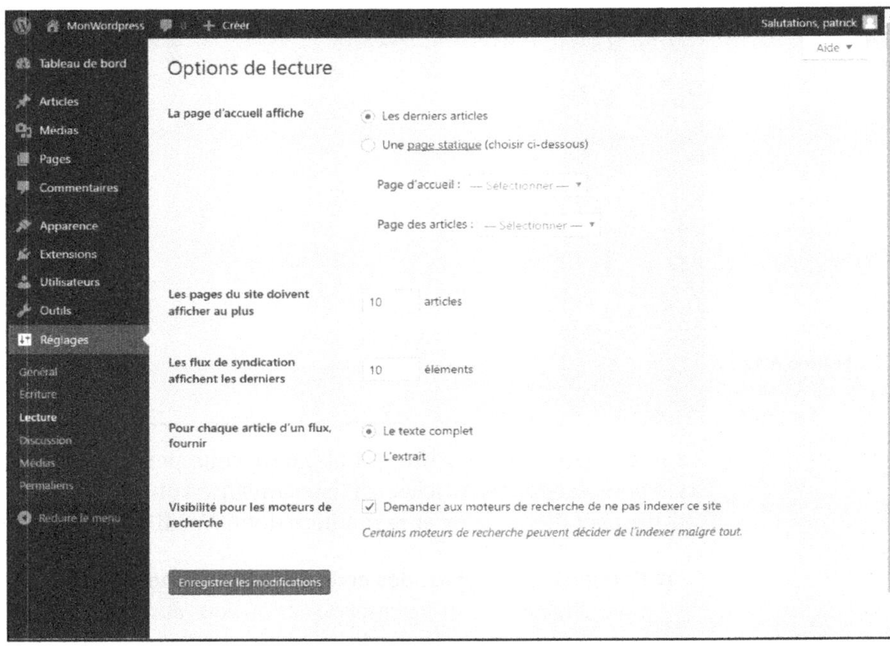

Figure 4.14 : La page Options de lecture.

Dans la page Options de lecture, vous définissez les options suivantes :

- La page d'accueil affiche : Choisissez ce que vous voulez afficher en page d'accueil : les tout derniers articles ou une page statique. Reportez-vous au Chapitre 12 pour en savoir plus sur les pages statiques.
- Les pages du site doivent afficher au plus : Saisissez le nombre maximal d'articles que vous souhaitez afficher sur chaque page de votre site.
- Les flux de syndication affichent les derniers : Saisissez le nombre maximal d'articles que vous souhaitez afficher dans un flux RSS.

» Pour chaque article d'un flux, fournir : L'option Le texte complet affiche l'article dans son intégralité, tandis que L'extrait n'en publie qu'une partie (reportez-vous au Chapitre 5 pour de plus amples informations sur les flux RSS de WordPress).

» Visibilité pour les moteurs de recherche : Si vous ne souhaitez pas enregistrer votre site dans les moteurs de recherche, cochez cette option.

Vous voulez généralement que les moteurs de recherche puissent trouver et indexer votre site Web. Cependant, dans certaines circonstances, vous ne souhaiterez pas que votre site soit connu des moteurs de recherche. Dans le Tableau de bord principal, dans le module D'un coup d'œil, figure une note indiquant *« Moteurs de recherche refusés »*. Cette note n'existe que lorsque vous avez défini vos paramètres de confidentialité pour bloquer les moteurs de recherche.

Cliquez sur le bouton Enregistrer les modifications lorsque vous avez défini ces options afin qu'elles puissent être validées.

Discussion

Discussion est le quatrième lien du menu Réglages. Cliquez dessus pour ouvrir la page Options de discussion (Figure 4.15). Les sections de cette page vous permettent de définir les options relatives aux commentaires et aux articles de votre site.

Réglages par défaut des articles

Dans la section **Réglages par défaut des articles**, vous indiquez à WordPress comment gérer les notifications des articles. Voici les options proposées :

» **Tenter de notifier les sites liés depuis le contenu des articles** : Si vous cochez cette case, votre site enverra une notification (ou un ping) à tout site auquel votre site est lié. Cette notification est également appelée rétrolien (que nous avons vu au Chapitre 2). Désactivez cette option si vous ne souhaitez pas envoyer de notification.

» **Autoriser les liens de notification d'autres blogs (pings et rétroliens) sur les nouveaux articles** : Par défaut, cette case est cochée. Votre site est prêt à accepter des notifications via un ping ou rétrolien d'un autre blog auquel il est lié. Tous les rétroliens ou pings envoyés à votre blog sont listés sur votre site dans la section Commentaires de l'article. Si vous décochez cette case, votre blog refusera tout rétrolien ou ping venant d'autres blogs.

» **Autoriser les lecteurs à publier des commentaires sur les nouveaux articles** : Par défaut, cette option est activée. Elle permet aux visiteurs de laisser des commentaires sur votre site. Si vous décochez cette case, plus personne ne pourra laisser de commentaires.

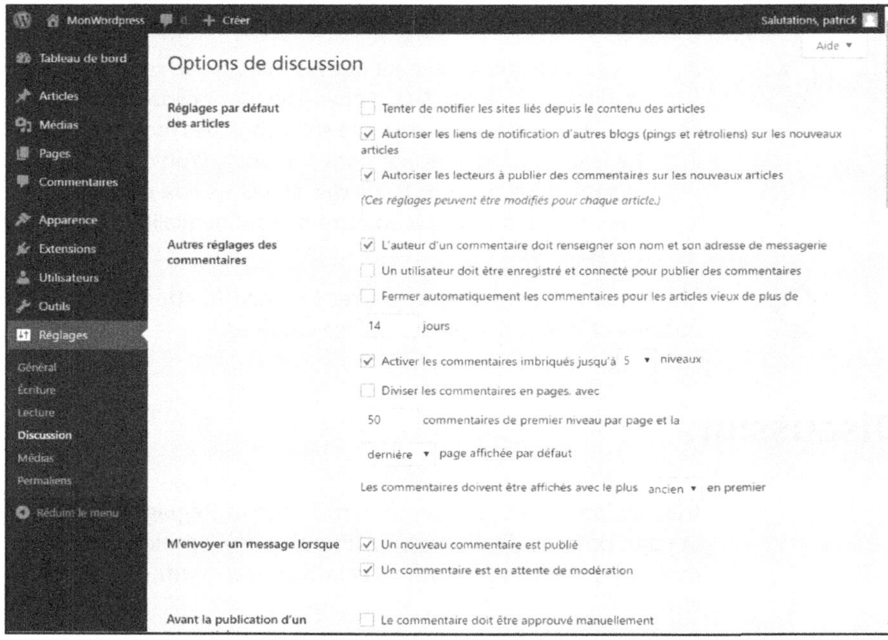

Figure 4.15 : La page Options de discussion.

Autres réglages des commentaires

La section **Autres réglages des commentaires** indique à WordPress comment gérer les commentaires :

» **L'auteur d'un commentaire doit renseigner son nom et son adresse de messagerie** : Activée par défaut, cette option nécessite que les commentateurs remplissent les champs Nom et E-mail lorsqu'ils laissent un commentaire. Cette option est très utile pour contrer les commentaires indésirables (voir les Chapitres 2 et 7 pour en savoir plus).

» **Un utilisateur doit être enregistré et connecté pour publier des commentaires** : Désactivée par défaut, cette option vous permet de n'accepter que des commentaires faits par des personnes qui sont enregistrées et qui se connectent en tant qu'utilisateurs à votre site. Si le visiteur n'est pas connecté, il verra apparaître un message lui indiquant qu'il doit être enregistré pour laisser un commentaire.

Cette technique antispam est très efficace. Bon nombre de blogueurs l'utilisent pour écarter les commentaires et rétroliens indésirables.

- **Fermer automatiquement les commentaires pour les articles vieux de plus de X jours** : Cochez cette option pour indiquer à WordPress de fermer automatiquement les vieux articles. Renseignez ensuite le champ par un nombre de jours.
- **Activer les commentaires imbriqués jusqu'à X niveaux** : Ce menu déroulant vous permet de choisir un niveau de commentaires imbriqués. Le paramètre par défaut est 5, mais vous pouvez sélectionner jusqu'à 10 niveaux. Au lieu d'afficher tous les commentaires par ordre chronologique (le paramètre par défaut), les imbriquer vous permet, à vous et à vos lecteurs, de répondre aux commentaires dans les commentaires eux-mêmes.
- **Diviser les commentaires en pages, avec X commentaires par page** : Renseignez le champ avec le nombre de commentaires que vous souhaitez afficher sur une page. Cette option est très utile pour les blogs qui reçoivent beaucoup de commentaires. Elle permet de décomposer une longue chaîne de commentaires en plusieurs pages, ce qui facilite la lecture et accélère le temps du chargement du site, car la page ne charge plus un grand nombre de commentaires en une seule fois.
- **Les commentaires doivent être affichés avec le plus Ancien/Récent en premier** : L'option Ancien affiche les commentaires du plus ancien au plus récent ; l'option Récent fait le contraire, elle affiche les commentaires du plus récent au plus ancien.

M'envoyer un e-mail lorsque

Les deux options de la section **M'envoyer un e-mail lorsque** sont cochées par défaut :

- **Un nouveau commentaire est publié** : Cette option vous permet de recevoir une notification via un message électronique si on laisse un commentaire sur votre site. Décochez cette case si vous ne souhaitez pas recevoir de notification à votre adresse électronique.
- **Un commentaire est en attente de modération** : Cette option vous permet de recevoir une notification via un message électronique lorsqu'un commentaire est en attente d'approbation dans la file de modération des commentaires (reportez-vous au Chapitre 5 pour de plus amples informations sur la file de modération de commentaires). Décochez cette option si vous ne souhaitez pas recevoir ce type de notifications dans votre messagerie électronique.

Avant la publication d'un commentaire

Les deux options de la section **Avant la publication d'un commentaire** indiquent à WordPress comment gérer les commentaires avant leur publication sur votre blog.

- **Le commentaire doit être approuvé manuellement** : Désactivée par défaut, cette option garde tout commentaire laissé sur votre site dans la file de modération jusqu'à ce que vous vous connectiez et l'approuviez. Cochez cette case pour activer cette option.
- **L'auteur d'un commentaire doit avoir déjà au moins un commentaire approuvé** : Activée par défaut, cette option nécessite que les commentaires envoyés par les tout premiers commentateurs soient dans la file de modération en vue de l'approbation de l'administrateur. Si les commentaires ont été approuvés une fois, les commentaires suivants de leurs auteurs seront automatiquement approuvés. WordPress stocke leur adresse électronique dans la base de données et tout commentaire à venir qui correspond à une adresse électronique stockée sera automatiquement approuvé. Cette fonctionnalité intégrée de WordPress est une autre mesure pour contrer les commentaires indésirables.

Modération de commentaires

Dans la section **Modération de commentaires**, vous pouvez définir des options pour spécifier quels types de commentaires doivent être mis en attente dans la file de modération.

Pour éviter une invasion de spams avec une tonne de liens, renseignez la zone de texte Garder un commentaire dans la file s'il contient plus de X liens. Le nombre de liens par défaut est 2. Laissez-le tel quel et testez-le. Si vous constatez que vous recevez régulièrement des commentaires légitimes contenant plusieurs liens, retournez à cette page et augmentez ce nombre. Tout commentaire qui présente un nombre très élevé de liens sera automatiquement mis en attente d'approbation.

La zone de texte de la section Modération de commentaires vous permet de saisir des mots-clés, URL, adresses électroniques et IP dans les commentaires que vous souhaitez mettre en attente dans la file de modération.

Liste noire pour les commentaires

Dans la section **Liste noire pour les commentaires**, saisissez une liste de mots, d'adresses Web, électroniques et/ou IP que vous voulez bannir de votre site. Les éléments saisis ici n'apparaîtront pas dans la file de modération. WordPress les filtre comme étant indésirables.

Avatars

La dernière section de la page Discussion est **Avatars** (lisez également l'encadré intitulé « *Quid* des avatars et des gravatars ? »). Dans cette section, vous pouvez sélectionner différents paramètres pour utiliser et afficher des avatars sur votre site.

1. **Dans la section Affichage des avatars, choisissez si vous affichez ou non les avatars sur votre site**.
   - *Afficher les avatars :* Cochez cette option pour afficher des avatars sur votre site.
2. **Dans la section Classement maximal, définissez le classement des avatars qui peuvent être affichés sur votre site**.

   Cette fonctionnalité est similaire au système de contrôle parental des films aux États-Unis. Vous avez le choix entre les classements G, PG, R et X. Si votre blog s'adresse à vos amis et à votre famille, vous ne cocherez certainement pas R ou X (public adulte averti !).
3. **Choisissez un avatar dans la section Avatar par défaut (Figure 4**.16) :
   - Personne mystère ;
   - Vide ;
   - Logo Gravatar ;
   - Identicon (Généré) ;
   - Wavatar (Généré) ;
   - MonsterID (Généré) ;
   - Rétro (Généré).

AVATARS ET GRAVATARS

Un *avatar* est la petite représentation graphique d'une personne. C'est une petite icône que les gens utilisent pour se représenter visuellement sur le Web lorsqu'ils participent à des forums de discussion ou laissent des commentaires sur un site. Les *gravatars* ressemblent aux avatars. Ce sont en fait des avatars que vous pouvez emmener partout avec vous. Ils apparaissent à côté des commentaires, des articles et dans les forums de discussion, bref sur tous les sites qui acceptent l'interaction avec Gravatar. En octobre 2007, Automattic, le groupe qui gère la plateforme WordPress, a acheté le service Gravatar et l'a intégré dans WordPress afin que tout le monde puisse en bénéficier. Gravatar n'est pas automatique. Vous devez vous créer un compte sur Gravatar et choisir votre avatar que vous recevrez *via* votre adresse électronique. Consultez le site `http://fr.gravatar.com/` pour en savoir plus.

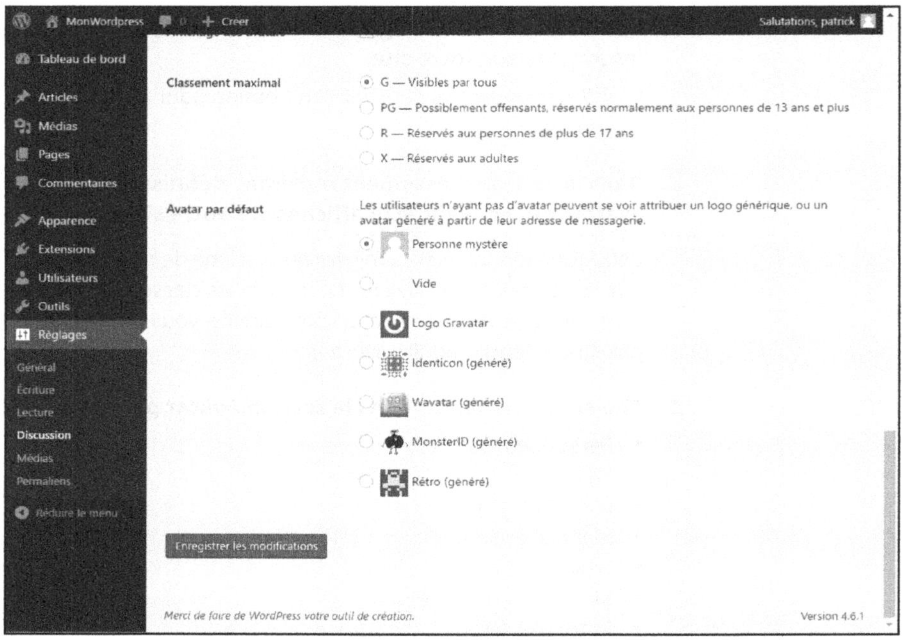

Figure 4.16 : Choisissez un avatar.

Les avatars apparaissent à deux endroits :

» **Sur la page Commentaires du panneau d'administration** : la Figure 4.17 montre l'avatar du commentateur, affiché à côté de son nom.

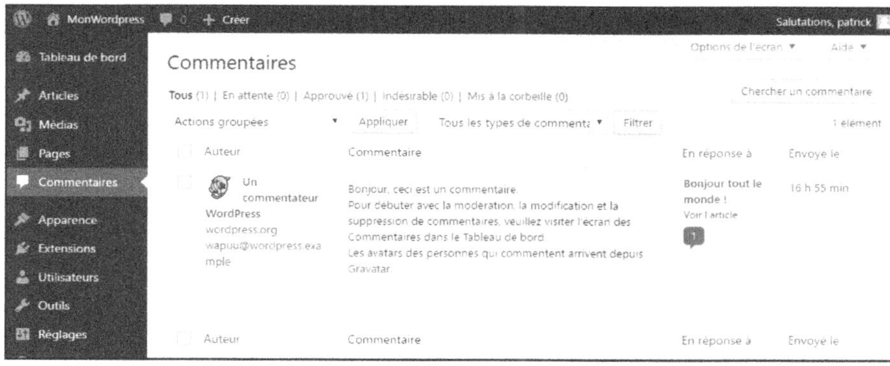

Figure 4.17 : Les avatars des auteurs de commentaires apparaissent dans la page Commentaires du panneau d'administration WordPress.

» **Sur les commentaires des articles** : la Figure 4.18 montre un commentaire sur un site.

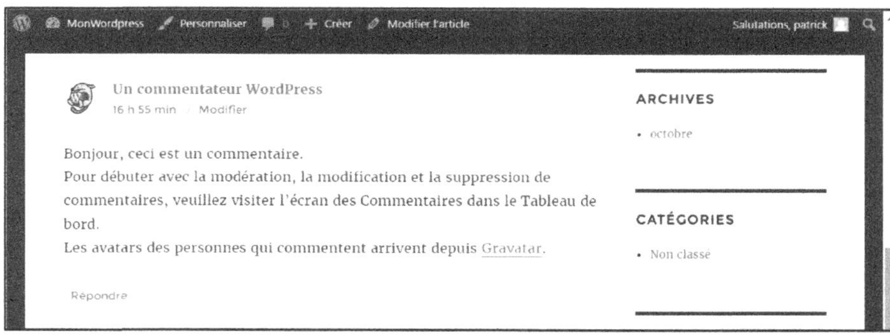

Figure 4.18 : Commentaires sur un article affichant les avatars des auteurs.

Cliquez sur le bouton Enregistrer les modifications pour valider les options que vous venez de définir dans la page Options de discussion.

Médias

Le lien suivant du menu Réglages est **Médias**. Cliquez sur ce lien pour ouvrir la page Réglage des médias (Figure 4.19).

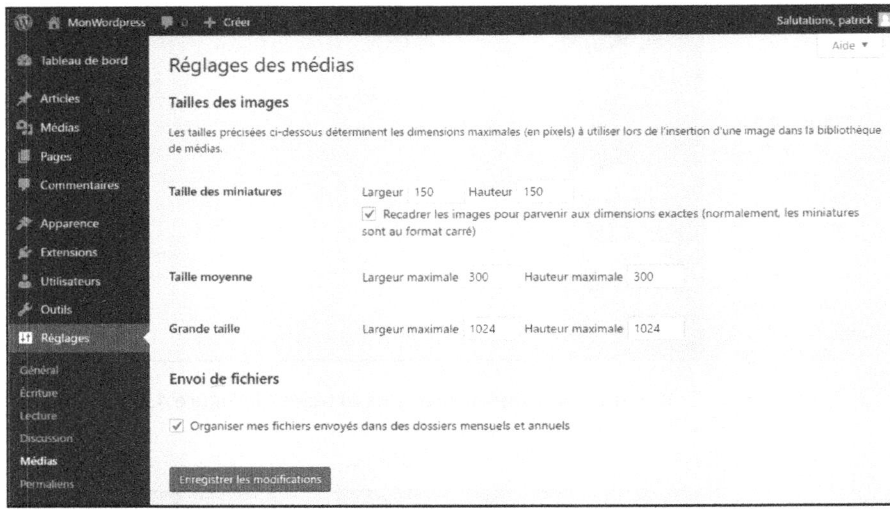

Figure 4.19 : La page Réglages des médias.

La page Médias est relative aux images. WordPress redéfinit automatiquement la dimension des images en trois tailles différentes. La dimension est exprimée en pixels, par la largeur puis la hauteur (par exemple, 50 x 100 signifie « 50 pixels de largeur sur 100 pixels de hauteur »).

- **Taille des miniatures** : La taille par défaut est de 150 x 150. Entrez la largeur et la hauteur de votre choix. Cochez Recadrer les images pour parvenir aux dimensions exactes (normalement, les miniatures sont proportionnées) pour redéfinir la dimension de la miniature exactement à la largeur et la hauteur que vous avez spécifiées. Décochez l'option pour que WordPress redéfinisse la dimension de l'image proportionnellement.
- **Taille moyenne** : La taille par défaut est 300 x 300. Saisissez la largeur et la hauteur de votre choix.
- **Grande taille** : La taille par défaut est 1024 x 1024. Saisissez la largeur et la hauteur de votre choix.

Enfin, la dernière option est relative au téléchargement de fichiers. Par défaut, l'option Organiser mes fichiers envoyés dans des dossiers mensuels et annuels est cochée. WordPress organise les dossiers de vos téléchargements par mois et par années. Par exemple, un fichier téléchargé en avril 2017 sera organisé en dossiers et sous-dossiers : */wp-contents/uploads/2017/04. Dé*cochez cette option si vous ne souhaitez pas que WordPress organise les fichiers par mois et années.

Au Chapitre 6, nous verrons en détail comment insérer des images dans les articles et pages WordPress.

Cliquez sur le bouton Enregistrer les modifications pour valider vos réglages.

Permaliens

Le lien suivant du menu Réglages est **Permaliens**. Cliquez dessus pour ouvrir la page Réglage des permaliens (Figure 4.20).

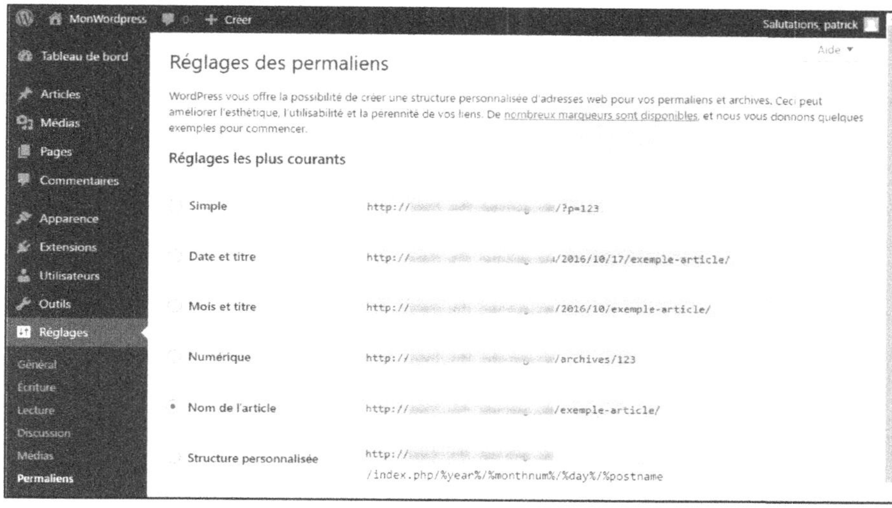

Figure 4.20 : La page des Réglages des permaliens.

Chaque article que vous créez sur votre site a une adresse unique appelée *permalien* qui correspond à l'URL de tous les articles, pages et archives. Reportez-vous au Chapitre 5 pour en savoir plus.

Personnaliser son profil

Pour accéder à la page de votre profil, placez le curseur de la souris là où figure le mot *Salutations* (en haut à droite de l'écran). Cliquez ensuite sur votre nom dans le sous-menu (« *Patrick* » dans cet exemple). La page Profil apparaît (Figure 4.21).

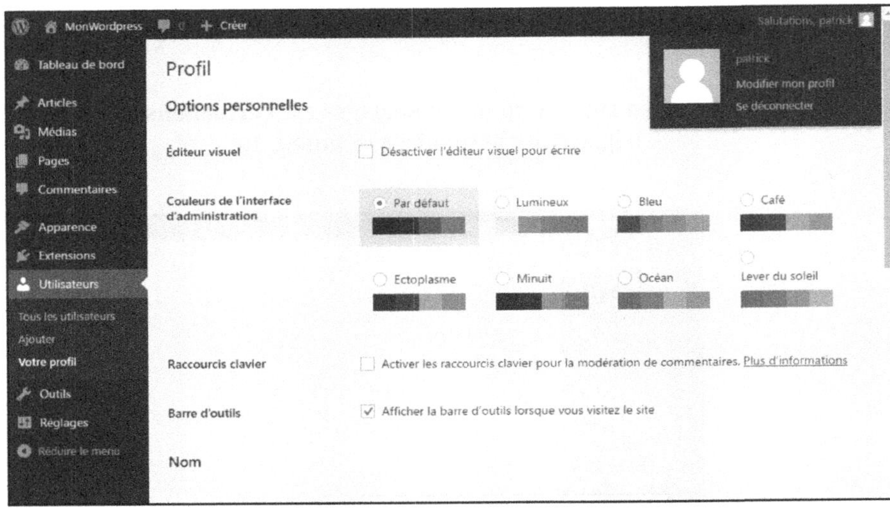

Figure 4.21 : Définir les détails de votre profil.

Voici les options de cette page :

- **Options personnelles** : Cette section vous permet de choisir vos préférences :
  - *Éditeur visuel :* Activez cette option pour indiquer que vous utiliserez l'éditeur visuel lorsque vous écrirez vos articles. L'éditeur visuel désigne les options de format de la page Écrire un article (voir Chapitre 5). Par défaut, cette case est cochée, ce qui signifie que l'éditeur visuel est activé. Pour le désactiver, décochez la case.
  - *Couleurs de l'interface d'administration :* Ces options définissent les couleurs de votre panneau d'administration.
  - *Raccourcis clavier :* Cette option vous permet d'utiliser des raccourcis clavier pour modérer les commentaires. Pour plus de détails sur ces raccourcis clavier, cliquez sur le lien En savoir plus qui vous redirige vers une aide en ligne (`https://codex.wordpress.org/fr:Raccourcis_Clavier`) du codex de WordPress dont les informations sont très utile.
- **Nom** : Cette section vous permet de spécifier des informations personnelles, comme votre nom de famille, vos prénom et surnom, et de préciser le nom que vous souhaitez afficher. Remplissez les champs par les informations demandées.
- **Informations de contact** : Dans cette section, vous donnez votre adresse électronique et d'autres informations de contact pour que vos visiteurs sachent qui vous êtes et comment ils peuvent vous contacter.

  Remarquez que seule votre adresse électronique est requise. Cette adresse est celle que WordPress utilise pour vous notifier si vous avez reçu de nouveaux commentaires ou de nouvelles inscriptions à votre site. Vérifiez que l'adresse saisie est correcte.

» **À propos de vous** : Dans cette section, vous pouvez dévoiler quelques éléments de votre vie.

Lorsque votre profil est publié sur votre site Web, il l'est également dans les moteurs de recherche comme Google et Yahoo!. La prudence est de mise lorsque vous donnez des éléments biographiques ! Réfléchissez bien aux informations que vous souhaitez partager avec le reste du monde.

- *Renseignements biographiques :* Saisissez une courte biographie dans cette zone de texte. Ces informations seront publiées si vous avez choisi un thème qui affiche la bio, alors soyez créatif !

» **Gestion de compte** : Dans cette section, vous pouvez modifier votre mot de passe de connexion à l'interface d'administration de WordPress.

- *Générer un mot de passe :* Si vous souhaitez changer de mot de passe, cliquez sur ce bouton.
- *Session :* Si vous avez ouvert des sessions WordPress à partir d'autres ordinateurs et que vous souhaitiez vous assurer que vous êtes déconnecté de partout, cliquez sur ce bouton. Il s'agit d'une mesure de sécurité supplémentaire pour vous assurer que personne ne peut accéder au Tableau de bord de votre site Web depuis un autre endroit.

Changez régulièrement votre mot de passe. Je ne peux que vous le conseiller fortement. Quelques internautes malveillants gagnent leur vie à tenter de pirater les sites. Si vous changez le mot de passe tous les mois, vous réduisez le risque d'être piraté.

Une fois que vous avez défini toutes les options, cliquez sur le bouton Mettre à jour le profil pour enregistrer les modifications.

Définir les caractéristiques de votre site

Outre la personnalisation des réglages, le Tableau de bord vous permet de gérer votre site au quotidien. Dans cette section, vous allez parcourir les liens Articles, Medias, Pages, Commentaires, Apparence, Extensions, Utilisateurs et Outils du menu de navigation.

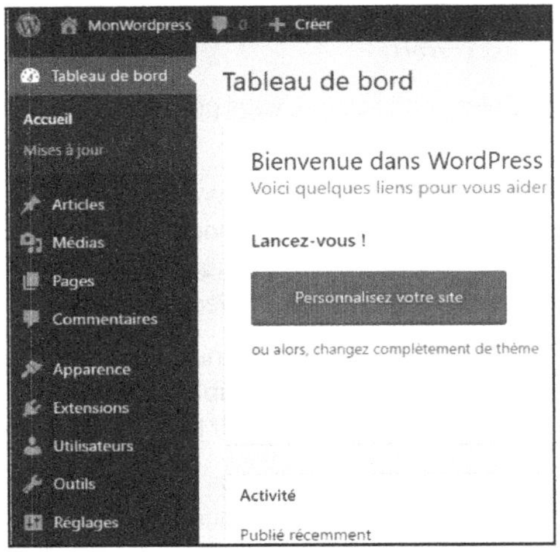

Figure 4.22 : Les menus du Tableau de bord.

Articles

Cliquez sur le menu Articles pour faire apparaître un sous-menu comportant quatre liens : Tous les articles, Ajouter, Catégories et Étiquettes. Chacun de ces liens vous fournit les outils dont vous avez besoin pour publier du contenu sur votre site.

- **Tous les articles** : Ce lien ouvre une page où figure la liste de tous les articles que vous avez écrits sur votre site. Dans cette page, vous pouvez rechercher des articles par dates ou par catégories. Vous pouvez afficher tous les articles, seuls les articles publiés ou uniquement les articles qui ont été enregistrés mais pas encore publiés (brouillons). Vous pouvez également modifier et supprimer des articles de cette page. Consultez le Chapitre 5 pour plus d'informations sur l'édition d'articles.
- **Ajouter** : Ce lien ouvre la page Ajouter un nouvel article. Dans cette page, vous rédigez un article, définissez les options de chaque article (comme lui attribuer une catégorie, lui définir sa visibilité publique ou privée) et le publiez sur votre site. Reportez-vous au Chapitre 5 pour de plus amples informations sur les articles, les options et leur publication.
- **Catégories** : Ce lien ouvre la page Catégories dans laquelle vous pouvez visualiser, ajouter et supprimer des catégories. Pour en savoir plus, reportez-vous au Chapitre 5.
- **Étiquettes** : Ce lien ouvre la page Étiquettes dans laquelle vous pouvez visualiser, ajouter, modifier et supprimer des étiquettes. Reportez-vous également au Chapitre 5 pour en savoir plus sur les étiquettes et leur utilisation.

Médias

Cliquez sur le menu Médias pour faire apparaître les liens de son sous-menu :

- **Bibliothèque** : Ce lien ouvre la page Bibliothèque de médias. Dans cette page, vous pouvez visualiser, rechercher et gérer tous les fichiers multimédias que vous avez téléchargés sur WordPress.
- **Ajouter** : Ce lien ouvre la page Envoi d'un nouveau média dans laquelle vous pouvez utiliser l'outil de mise en ligne intégré pour transférer des fichiers multimédias de votre ordinateur au répertoire média de WordPress. Reportez-vous au Chapitre 6 pour obtenir de plus amples informations sur le chargement des fichiers images, vidéo, audio et autres médias (comme les documents Word et PowerPoint de Microsoft) à l'aide de cette fonctionnalité WordPress.

Pages

On utilise généralement cette fonctionnalité pour créer des pages dites « statiques », comme À propos de l'auteur ou Contact. Cliquez sur le menu Pages pour faire apparaître les liens de son sous-menu :

- **Toutes les pages** : Ce lien ouvre la page Pages qui permet de rechercher, visualiser, modifier et supprimer des pages de votre site WordPress.
- **Ajouter** : Ce lien ouvre la page Ajouter une nouvelle page dans laquelle vous pouvez rédiger, enregistrer et publier une nouvelle page. Le Tableau 4.1 vous présente les différences entre un article et une page. C'est assez subtil, mais la différence entre les deux est réelle !

Tableau 4.1 : Différences entre un article et une page

Options WordPress	Page	Article
Apparaît dans les listes des articles du site	Non	Oui
Apparaît sous la forme d'une page statique	Oui	Non
Apparaît dans les archives des catégories	Non	Oui
Apparaît dans les archives mensuelles	Non	Oui
Apparaît dans la liste des articles les plus récents	Non	Oui
Apparaît dans les flux RSS	Non	Oui
Apparaît dans les résultats de recherche	Oui	Oui

Commentaires

Cliquez sur le menu Commentaires pour ouvrir la page relative aux commentaires et faire apparaître un sous-menu composé de ces liens :

- **Tous** : Cette option affiche tous les commentaires qui existent actuellement sur votre site. Cela inclut les commentaires approuvés, en attente et indésirables.
- **En attente** : Cette option affiche tous les commentaires qui ne sont pas encore approuvés par vos soins, mais qui sont dans la file de modération.
- **Approuvé** : Cette option affiche tous les commentaires approuvés.
- **Indésirable** : Cette option affiche tous les commentaires marqués comme indésirables.
- **Mis à la corbeille** : Cette option affiche tous les commentaires supprimés.

Reportez-vous au Chapitre 2 pour une présentation générale des commentaires et au Chapitre 5 pour plus de détails sur la gestion des commentaires.

Apparence

Cliquez sur le menu Apparence pour faire apparaître un sous-menu composé de ces liens :

- **Thèmes** : Cliquez sur ce lien pour ouvrir la page Thèmes dans laquelle vous pouvez gérer les thèmes de votre instance WordPress. Reportez-vous au Chapitre 9 pour obtenir de plus amples informations sur l'utilisation des thèmes WordPress et leur gestion.
- **Personnaliser** : Certains thèmes ont une page Personnaliser qui vous permet de configurer différents paramètres. C'est le cas des thèmes préinstallés par défaut sur votre instance WordPress (Twenty Sexteen, Twenty Fifteen, Twenty Fourteen). Le lien Personnaliser apparaît sous le menu Apparence uniquement si le thème que vous utilisez actuellement dispose d'options à configurer.
- **Widgets** : Ce lien ouvre la page Widgets dans laquelle vous pouvez ajouter, supprimer, modifier et gérer les widgets que vous utilisez sur votre site.
- **Menus** : Ce lien ouvre la page Menus dans laquelle vous pouvez configurer des menus de navigation pour votre site. Reportez-vous au Chapitre 10 pour obtenir de plus amples informations sur les menus.
- **En-tête** : Ce lien ouvre une page de personnalisation de l'en-tête. Néanmoins, cet élément de menu et cette page ne s'affichent que si vous

avez activé l'un des trois thèmes par défaut de WordPress ou tout autre thème qui supporte la personnalisation de l'en-tête. Si vous ne voyez pas apparaître cet élément de menu et cette page, c'est que le thème que vous avez choisi ne propose pas cette option de personnalisation.

» **Arrière-plan** : Ce lien ouvre une page de personnalisation de l'image d'arrière-plan. Tout comme l'en-tête, cet élément de menu et cette page ne s'affichent que si vous avez activé l'un des trois thèmes par défaut de WordPress ou tout autre thème qui supporte la personnalisation de l'arrière-plan. Tous les thèmes WordPress ne proposent pas nécessairement cette option de personnalisation.

» **Éditeur** : Ce lien ouvre la page Modifier les thèmes dans laquelle vous pouvez modifier le modèle de votre thème. Reportez-vous aux Chapitres 9 à 11 pour en savoir plus sur les thèmes et les modèles.

Modifier l'en-tête et l'arrière-plan vous aide à personnaliser et individualiser votre site Web. Vous trouverez plus d'informations sur la personnalisation d'un thème WordPress au Chapitre 8. Le Chapitre 9 explique plus en détail la façon d'utiliser les thèmes WordPress (où trouver des thèmes, les installer et les activer sur votre site), ainsi que des informations sur l'utilisation des widgets.

La cinquième partie de ce livre vous présente les thèmes et les modèles WordPress. Vous plongerez dans les méandres du code et personnaliserez l'apparence d'un thème WordPress à l'aide des feuilles de styles (CSS) afin qu'il soit à votre goût.

Extensions

Cliquez sur le menu Extensions pour faire apparaître le sous-menu composé de ces liens :

» **Extensions installées** : Ce lien ouvre la page Extensions dans laquelle vous pouvez visualiser toutes les extensions installées actuellement sur votre site. Dans cette page, vous pouvez également activer, désactiver ou supprimer des extensions.

» **Ajouter** : Ce lien ouvre la page Ajouter des extensions dans laquelle vous pouvez rechercher des extensions par mots-clés ou par auteurs sur le très officiel Répertoire des extensions WordPress (https://wordpress.org/plugins/). Vous pouvez installer directement sur votre site une extension de cet annuaire.

» **Éditeur** : Ce lien ouvre la page Modifier les extensions dans laquelle vous pouvez modifier les fichiers source des extensions dans un éditeur texte. Je vous conseille fortement de ne pas utiliser cette fonctionnalité à moins que vous sachiez parfaitement ce que vous faites (c'est-à-dire que vous sachiez coder en PHP et connaissiez très bien les fonctions WordPress).

Utilisateurs

Le menu Utilisateurs contient trois liens :

- **Tous les utilisateurs** : Ce lien ouvre la page Utilisateurs dans laquelle vous pouvez visualiser, modifier et supprimer des utilisateurs de votre instance WordPress. Chaque utilisateur a un identifiant et un mot de passe uniques, ainsi qu'une adresse électronique associée à son compte. Vous pouvez visualiser et modifier les informations de cette page. Reportez-vous à la section « Configurer les Réglages », précédemment dans ce chapitre, pour plus de détails.
- **Ajouter** : Ce lien ouvre la page Ajouter un utilisateur dans laquelle vous pouvez ajouter et créer le profil d'un nouvel utilisateur.
- **Votre profil** : Ce lien ouvre la page Profil. Reportez-vous à la section « Personnaliser son profil », précédemment dans ce chapitre, pour en savoir plus.

Outils

Le dernier élément du menu de navigation (et donc de ce chapitre !) est Outils. Cliquez sur le menu Outils pour faire apparaître le sous-menu suivant :

- **Outils disponibles** : Ce lien ouvre la page Outils qui contient deux fonctionnalités que vous pouvez utiliser pour votre site : Press This et un convertisseur de catégories et étiquettes.
- **Importer** : WordPress vous offre la possibilité d'importer des articles et des blogs d'autres plateformes de publication. Reportez-vous au Chapitre 14 pour de plus amples informations sur cette fonctionnalité.
- **Exporter** : WordPress vous offre la possibilité d'exporter le contenu de votre site WordPress vers une autre plateforme ou un autre site WordPress. Reportez-vous au Chapitre 14 pour en savoir plus.

La fonctionnalité Press This facilite la publication sur votre site d'un contenu trouvé sur Internet. Glissez l'icône Press This dans la barre de favoris de votre navigateur. Lorsque vous surfez sur Internet et consultez une page ou un article qui vous intéresse, cliquez alors sur le favori Press This pour créer un article dans votre propre site Web qui fait référence à ce contenu.

Chapitre 5

Tenir son site au quotidien

DANS CE CHAPITRE :

- **Définir des catégories.**
- **Découvrir les permaliens.**
- **Utiliser les flux RSS**
- **Écrire et modifier des articles et des pages.**
- **Gérer et modérer des commentaires.**

WordPress est un puissant outil de publication, en particulier si vous utilisez toute sa palette d'options. Une fois les réglages élémentaires configurés (ce que vous avez fait au Chapitre 4), il est temps de vous lancer ! Vous pouvez passer directement à la section « Écrire votre premier article » si vous êtes pressé d'en découdre avec WordPress. Mais vous pouvez également lire ce qui suit afin de découvrir d'autres options pour mieux organiser votre site.

Un site peut vite devenir une sorte de fourre-tout déstructuré vous contraignant à revoir quelques fonctionnalités pour mieux le contrôler. Aussi, pourquoi ne pas commencer par planifier un peu les choses ? Ce ne sera pas long ! Promis ! Et vous me remercierez plus tard !

Définir les sujets par catégories

Dans WordPress, une *catégorie* est ce que vous décidez être le sujet principal d'un article. Grâce aux catégories, vous classez les articles de votre site par sujets. Pour améliorer la navigation de vos lecteurs, WordPress classe les articles dans les catégories que vous leur avez attribuées.

Les visiteurs cliquent ainsi sur les catégories qui les intéressent pour afficher les articles que vous avez écrits à leur sujet. Cette liste de catégories s'affiche à différents emplacements de votre site :

- **Le corps de l'article** : Dans la plupart des thèmes WordPress, vous verrez un titre d'un article suivi par un énoncé tel que « Classé dans Catégorie 1 », « Classé dans Catégorie 2 », « Non classé », etc. Le lecteur peut cliquer sur le nom de la catégorie, c'est-à-dire Catégorie 1 ou Catégorie 2, pour accéder à la page qui répertorie tous les articles classés dans cette catégorie. Vous pouvez attribuer à un article une ou plusieurs catégories.
- **La colonne latérale du thème de votre site** : Vous pouvez ici placer la liste complète des catégories. Un lecteur clique sur n'importe quelle catégorie pour accéder à la page qui liste les articles classés dans cette catégorie.

Les *sous-catégories* (également appelées *catégories enfants*) peuvent affiner le sujet d'une catégorie en listant des sujets spécifiques en rapport avec la catégorie principale (parent). Dans le panneau d'administration WordPress, dans la page Catégories, des sous-catégories sont listées juste au-dessous de la catégorie principale. En voici un exemple :

Livres que j'aime (catégorie principale)

- Fiction (sous-catégorie).
- Essai (sous-catégorie).
- Romans à l'eau de rose (sous-catégorie).
- Biographies (sous-catégorie).
- Pour les Nuls (sous-catégorie).

Changer le nom d'une catégorie

Lors de l'installation, WordPress vous fournit une catégorie par défaut appelée « *Non classé* » (Figure 5.1). Ce titre étant assez générique, vous allez le changer en un nom plus précis.

La catégorie par défaut sert également de solution « fourre-tout ». Si vous publiez un article auquel vous n'attribuez pas de catégorie, l'article sera automatiquement attribué à la catégorie par défaut, quel que soit le nom que vous lui avez donné.

Comment changer le nom de la catégorie par défaut ? Connectez-vous au Tableau de bord WordPress et effectuez les étapes suivantes :

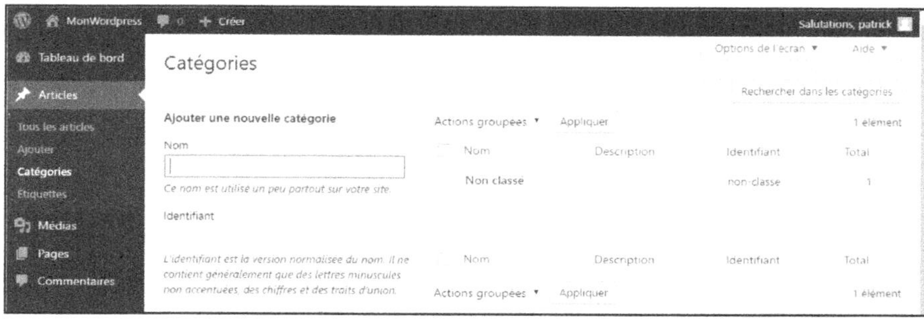

Figure 5.1 : La page Catégories d'un tout nouveau site affichant la catégorie par défaut « Non classé ».

1. **Cliquez sur le menu Articles, puis sur Catégories.**

   La page Catégories s'ouvre. Elle contient tous les outils dont vous avez besoin pour créer et modifier les titres des catégories de votre site.

2. **Cliquez sur le titre de la catégorie que vous souhaitez modifier.**

   Si vous souhaitez changer le nom de la catégorie par défaut, cliquez sur le mot Non classé pour accéder à la page Modifier la catégorie (Figure 5.2).

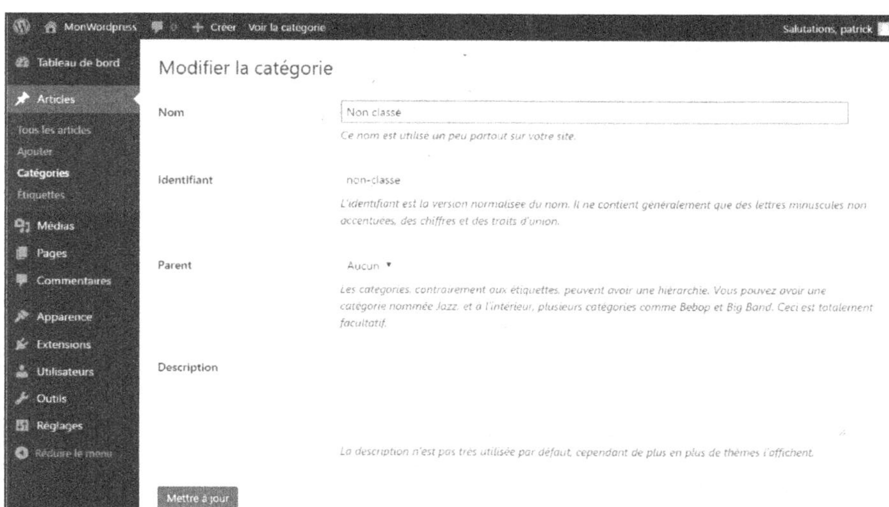

Figure 5.2 : Modifiez une catégorie de WordPress.

3. **Saisissez le nouveau nom de la catégorie dans le champ Nom.**

4. **Saisissez le nouvel identifiant dans le champ Identifiant.**

   L'*identifiant* ici désigne le ou les mot(s) utilisé(s) dans l'adresse Web de la catégorie. Par exemple, la catégorie *Livres* aura une adresse Web qui ressemblera à `http://`*`votrenomdomaine.com`*`/category/livres`. Si vous changez l'identifiant en *Livres que j'aime*, l'adresse deviendra `http://`*`votrenomdomaine.com`*`/category/livres-que-j-aime` (WordPress insère automatiquement un trait d'union entre les mots de l'identifiant dans l'adresse Web).

5. **Sélectionnez une catégorie parent dans le menu déroulant Parent.**

   Si la catégorie que vous redéfinissez est la catégorie principale et non une sous-catégorie, choisissez Aucun.

6. **(Facultatif) Faites une description de la catégorie dans le champ Description.**

   Cette description vous permet de vous rappeler le type de la catégorie. Certains thèmes WordPress affichent la description de la catégorie, ce qui peut être aussi utile à vos visiteurs (reportez-vous au Chapitre 9 pour de plus amples informations sur les thèmes).

7. **Cliquez sur le bouton Mettre à jour.**

   Les options que vous venez de sélectionner sont enregistrées et la page Catégories se recharge, affichant un nouveau nom de catégorie.

Créer de nouvelles catégories

Aujourd'hui, demain, dans un mois, dans un an, à mesure que votre site grandira en taille et en âge, vous continuerez à ajouter de nouvelles catégories pour mieux définir et archiver les articles de votre site. Il n'y a pas de limites de catégories et sous-catégories. Alors, n'hésitez pas !

Créer une nouvelle catégorie est aussi simple que les étapes suivantes :

1. **Cliquez le menu Articles, puis sur Catégories.**

   La page Catégories s'ouvre.

2. **Dans le coin gauche de la page Catégories est affichée la section Ajouter une nouvelle catégorie.**

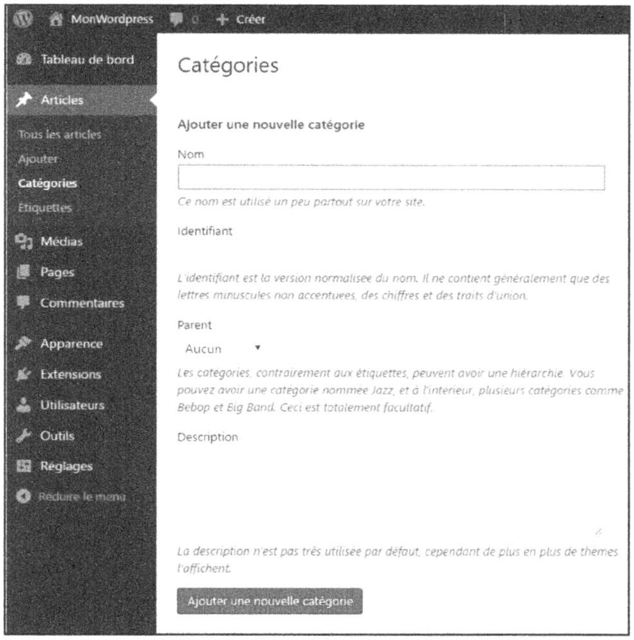

Figure 5.3 : Créez une nouvelle catégorie sur votre site.

3. **Saisissez le nom de la nouvelle catégorie dans le champ Nom.**

   Supposons que vous créiez la catégorie dans laquelle vous allez classer tous vos articles sur les livres que vous lisez. Saisissez alors, dans le champ Nom, *Livres que j'aime*.

4. **Saisissez un nom dans le champ Identifiant.**

   Si vous laissez le champ vide, WordPress crée automatiquement un identifiant fondé sur le nom de la catégorie. Pour la catégorie *Livres que j'aime*, WordPress crée automatiquement un identifiant `http://`*`votrenomdomaine`*`/category/livres-que-j-aime`. Si vous souhaitez le raccourcir, c'est possible ! Il suffit de saisir *livres* dans le champ Identifiant de la catégorie. Le lien sera alors `http://`*`votrenomdomaine`*`.com/category/livres`.

5. **Sélectionnez le parent de la catégorie.**

   Choisissez Aucun, si vous créez une nouvelle catégorie principale. Si la catégorie que vous créez est une sous-catégorie, sélectionnez la catégorie parent que vous voulez.

6. **(Facultatif) Saisissez une description de la nouvelle catégorie dans la zone de texte Description.**

Certains modèles WordPress sont configurés pour afficher la description des catégories. Faites une description simple et compréhensible pour tous vos lecteurs. Cette description peut être courte ou longue.

7. **Cliquez sur le bouton Ajouter une nouvelle catégorie.**

   Voila ! Vous venez de créer une nouvelle catégorie. À présent, vous pouvez en créer autant que vous le voulez.

Pour supprimer une catégorie, cochez la case à côté de son nom dans la page Catégories, puis sélectionnez Supprimer dans le menu déroulant Actions groupées.

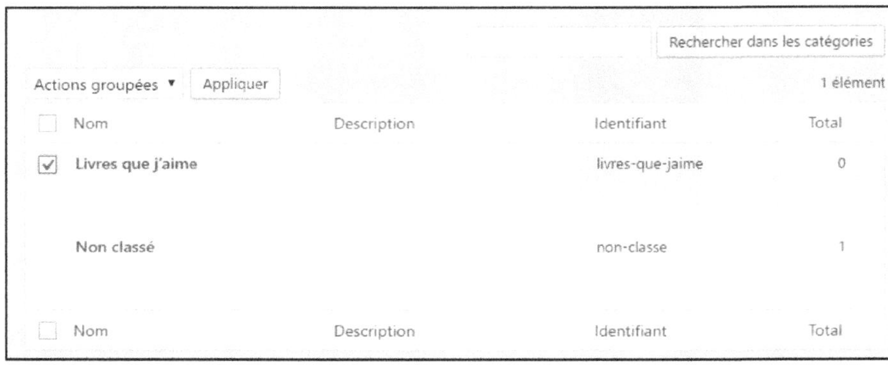

Figure 5.4 : Suppression d'une catégorie.

La suppression d'une catégorie ne supprime pas les articles et les liens de cette catégorie. En fait, les articles de la catégorie supprimée seront attribués à la catégorie dite « *Non classé* » ou tout autre nom de la catégorie par défaut.

Si vous avez construit un site WordPress avec des catégories déjà créées, vous pouvez en convertir quelques-unes ou toutes en étiquettes. Pour cela, cliquez sur le lien « convertisseur catégories vers étiquettes » qui se trouve à droite de la page Catégories.

LES ÉTIQUETTES

Ne confondez pas, comme le font la plupart des gens, étiquettes et catégories ! Les étiquettes sont cliquables, séparées par des virgules qui vous permettent de catégoriser un article en définissant le sujet. Contrairement aux catégories WordPress, les étiquettes n'ont pas de hiérarchie, elles n'ont ni parent ni enfant. Si vous écrivez un article sur votre chien, vous pouvez mettre cet article dans la catégorie *Animaux domestiques*, mais vous pouvez aussi lui ajouter quelques étiquettes spécifiques comme *caniche* ou *petit chien*. Si une personne clique sur l'étiquette *caniche*, elle trouvera tous les articles que vous avez écrits qui contiennent l'étiquette *caniche*.

Une autre raison d'utiliser les étiquettes est bien sûr votre visibilité dans les moteurs de recherche. Cela simplifie le travail des robots et les internautes vous trouvent plus facilement.

Pour gérer les étiquettes dans le panneau d'administration de WordPress, cliquez sur le lien Étiquettes du menu Articles. Dans la page Étiquettes qui apparaît, vous pouvez visualiser, modifier, supprimer et ajouter de nouvelles étiquettes.

Les permaliens

Chaque article d'un site WordPress a sa propre page Web. Cette adresse Web (ou URL) est appelée *permalien*. Les permaliens des articles d'un site WordPress sont habituellement présents à quatre emplacements précis :

- le titre de l'article (Figure 5.5) ;
- le lien Commentaire au-dessous de l'article ;
- le lien Permalien qui apparaît (dans la plupart des thèmes) au-dessous de l'article ;
- les titres des articles qui apparaissent dans la colonne latérale Articles les plus récents.

Les permaliens, comme leur nom l'indique, sont des liens permanents vers les articles de votre site. Dans l'idéal, le permalien d'un article ne change jamais. WordPress crée automatiquement le permalien d'un article dès sa publication.

Par défaut, le permalien d'un article dans WordPress ressemble à ce qui suit :

```
http://votrenomdomaine.com/?p=100/
```

Figure 5.5 : En cliquant sur le titre, on accède au permalien (URL) de l'article.

Le *p* correspond à l'anglais *post* (article) et *100*, à l'identifiant attribué à un article (chaque article a un identifiant différent). Vous pouvez garder ce format de permaliens, si vous préférez laisser WordPress attribuer un numéro d'identifiant à chaque article.

Toutefois, WordPress vous permet de relooker vos permaliens afin d'améliorer leur esthétique. Comment ? Vous ne saviez pas que les permaliens pouvaient être « beaux » ? Laissez-moi vous expliquer.

Embellir les liens de vos articles

De « beaux » permaliens sont des liens qui sont plus plaisants que les standards, mais également plus plaisants pour les robots des moteurs de recherche (reportez-vous au Chapitre 12 pour de plus amples informations). De « beaux » permaliens ont le format suivant (nous verrons que ce n'est pas pour autant le format conseillé).

```
http://votrenomdomaine.com/2017/15/04/beaux-permaliens/
```

Si vous décomposez cette adresse Web, vous constatez que la date de création de l'article apparaît sous le format année/mois/jour. Vous pouvez voir également le sujet de l'article.

Pour relooker vos permaliens, cliquez sur le lien Permaliens dans le menu Réglages. La page Réglages des permaliens s'ouvre (Figure 5.6).

Cette page propose plusieurs options de création de permaliens, parmi lesquelles Nom de l'article :

- **Valeur par défaut (la grande majorité des permaliens)** : WordPress attribue un numéro d'identifiant à chaque article et crée l'URL au format suivant : http://votrenomdomaine.com/?p=100/

» **Date et titre** : Pour chaque article, WordPress génère une URL permalien qui comprend l'année, le mois et le jour, ainsi que le titre/mot-clé de l'article : http://votrenomdomaine.com/2017/15/04/ exemple-article/

» **Mois et titre** : Pour chaque article, WordPress génère une URL permalien qui comprend l'année et le mois, ainsi que le titre/mot clé de l'article : http://votrenomdomaine.com/2017/04/ exemple-article/

» **Numérique** : WordPress attribue une valeur numérique au permalien. L'URL ainsi créée prend le format http://votrenomdomaine.com/archives/123

» **Nom de l'article (Conseillé !)** : Pour chaque article, WordPress génère une URL permalien qui comprend le titre de l'article ou de la page : http://votrenomdomaine.com/exemple-article/

» **Structure personnalisée** : WordPress crée les permaliens au format que vous avez choisi. Vous pouvez créer une structure personnalisée avec des balises ou des variables, comme cela est expliqué dans la section suivante.

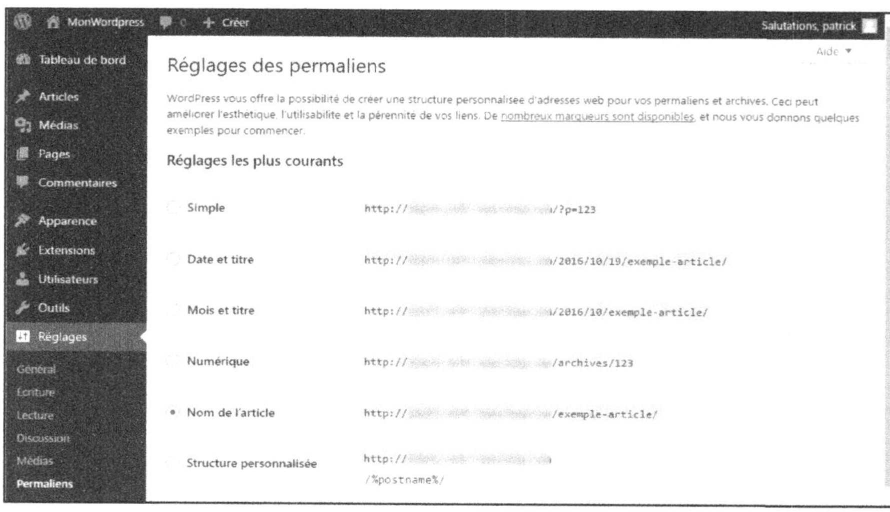

Figure 5.6 : Embellissez vos permaliens.

Il est d'usage d'utiliser le style « *Nom de l'article* ». Cochez le bouton radio Nom de l'article, puis cliquez sur le bouton Enregistrer les modifications en bas de la page. Il est déconseillé d'utiliser un permalien qui fait référence à la date des articles ou des pages : cela pourrait donner un côté obsolète à votre site.

Personnaliser les permaliens

La structure personnalisée d'un permalien vous permet de définir les variables que vous souhaitez voir dans vos permaliens en utilisant les balises listées dans le Tableau 5.1.

Tableau 5.1 : Permaliens personnalisés

Balise	Résultat
%year%	Année sur 4 chiffres (par exemple, 2017)
%monthnum%	Le numéro du mois de publication (par exemple, 04)
%day%	Jour sur 2 chiffres (par exemple, 15)
%hour%	L'heure de publication (par exemple, 15)
%minute%	La minute de publication (par exemple, 43)
%second%	La seconde de publication (par exemple, 33)
%post_id%	L'identifiant unique (ID) de l'article (par exemple, 423)
%postname%	Une version simplifiée du titre de l'article, dont les mots qui le composent sont séparés par des traits d'union (comme *beaux-permaliens*)
%category%	Une version simplifiée du nom de la catégorie (comme *livres-que-j-aime*)
%author%	Le nom de l'auteur de l'article (comme *lisa-sabin-wilson*)

Si vous souhaitez qu'un permalien affiche l'année, le mois, le jour, la catégorie et le nom de l'auteur, cochez le bouton radio Structure personnalisée et saisissez les balises suivantes dans la zone de texte Structure personnalisée :

```
/%year%/%monthnum%/%day%/%category%/%author%/
```

Ce format de permalien correspond au lien vers l'article créé le 15 avril 2017, intitulé *Wordpress pour les Nuls* et classé dans la catégorie *Livres que j'aime* :

```
http://votrenomdomaine.com/2017/04/15/livres-que-j-aime/wordpress-
pour-les-nuls/
```

Les barres obliques (/) doivent être devant, entre et à la toute fin de la chaîne des balises. Ce format garantit que WordPress crée des permaliens qui fonctionnent correctement en utilisant la règle *re_write* du fichier *.htaccess* de votre site (reportez-vous à la section suivante pour de plus amples informations sur la règle *re_write* et le fichier *.htaccess*).

Le changement de structure de vos permaliens affecte les permaliens de tous vos articles... nouveaux et anciens. Tenez-en compte si vous décidez de modifier la structure de vos permaliens. Notamment pour l'indexation de vos articles dans les moteurs de recherche (comme Google et Yahoo!) car, en changeant la structure de vos permaliens, vous rendez obsolètes tous ces liens indexés.

N'oubliez pas de cliquer sur le bouton Enregistrer les modifications en bas de la page Options des permaliens. Sinon, toutes vos modifications ne seront pas sauvegardées !

S'assurer du bon fonctionnement des permaliens

Une fois le format des permaliens de votre site défini, WordPress écrit des règles spécifiques ou instructions dans le fichier *.htaccess* sur votre serveur. Le fichier *.htaccess* communique à son tour au serveur Web la manière dont il faudra utiliser les permaliens, en fonction de la structure que vous avez choisie.

Pour utiliser un fichier *.htaccess*, vous devez répondre aux deux questions suivantes :

» Est-ce que la configuration du serveur Web utilise et vous donne accès au fichier *.htaccess* ?

» Est ce que le serveur Web tourne sous Apache avec le module *mod_rewrite* ?

Si vous ne savez pas y répondre, contactez votre hébergeur.

Si vous connaissez les réponses, passez à la section suivante. Sinon, parcourez l'encadré « Travailler avec des serveurs qui n'utilisent pas le module *mod_rewrite* d'Apache », plus loin dans ce chapitre.

Créer un fichier .htaccess

Vous devez créer le fichier *.htaccess* pour utiliser une structure personnalisée de vos permaliens. Pour cela, effectuez les étapes suivantes :

1. **Si .htaccess existe déjà, vous le trouverez à la racine du répertoire sur votre serveur Web, là où se trouve le fichier wp-config.php.**

   Si vous ne le voyez pas dans le répertoire racine, essayez de changer les options de votre client FTP de sorte à afficher les fichiers masqués (comme le fichier *.htaccess* commence par un point *[.]*, il peut ne pas être visible jusqu'à ce que vous configuriez votre client FTP pour afficher les fichiers masqués).

2. **Si ce fichier n'existe pas, vous aurez besoin de le créer.**

   Ouvrez un éditeur de texte (comme le Bloc-notes de Windows ou TextEdit de Mac) et créez un fichier vide. Nommez-le *htaccess.txt*, puis chargez-le sur votre serveur Web *via* FTP (reportez-vous au Chapitre 3 pour plus d'informations sur FTP). Lorsque le fichier est sur le serveur Web, renommez-le *.htaccess* (notez le point au début du nom de fichier) et vérifiez qu'il est bien inscriptible en passant les permissions à 755 ou à 644 (voir le Chapitre 3 sur les permissions des fichiers du serveur).

3. **Créez la structure personnalisée du permalien dans la page Réglage des permaliens du panneau d'administration de WordPress.**

4. **Cliquez sur le bouton Enregistrer les modifications en bas de la page.**

   WordPress insère dans le fichier *.htaccess* les règles spécifiques requises pour créer des permaliens fonctionnels dans votre site.

Si vous avez suivi correctement ces étapes, votre fichier *.htaccess* doit être sur votre serveur Web avec les permissions correctement paramétrées afin que WordPress y écrive les bonnes règles. La structure personnalisée de vos permaliens fonctionne merveilleusement bien. Félicitations !

Si vous ouvrez le fichier *.htaccess*, vous constaterez qu'il n'est plus vide. Il contient du code appelé *règles rewrite*, qui ressemble à ce qui suit :

```
# BEGIN WordPress
<IfModule mod_rewrite.c>
RewriteEngine On
RewriteBase /
RewriteRule ^index\.php$ - [L]
RewriteCond %{REQUEST_FILENAME} !-f
RewriteCond %{REQUEST_FILENAME} !-d
RewriteRule . /index.php [L]
</IfModule>

# END
```

J'aurais pu vous expliquer dans les moindres détails tout ce que vous pouvez faire avec ce fichier, mais j'ai limité cette section à l'application des structures personnalisées de permaliens de WordPress. Si vous souhaitez percer ces mystères, rendez-vous à la page `https://wiki.phpnet.org/Catégorie:Htaccess`

TRAVAILLER AVEC DES SERVEURS QUI N'UTILISENT PAS LE MODULE MOD REWRITE D'APACHE

L'utilisation des structures personnalisées des permaliens nécessite que votre hébergeur Web ait activé une option de module Apache spécifique, appelée *mod_rewrite* sur ces serveurs. Si votre hébergeur Web ne l'a pas activée ou si vous hébergez votre site sur un serveur Windows, les permaliens personnalisés ne fonctionneront que si vous saisissez **index.php** devant les balises du permalien personnalisé.

Par exemple, créez des balises de permalien personnalisé comme suit :

/index.php/%year%/%month%/%date%/%postname%/

Ce format crée le permalien suivant :

http://votrenomdomaine.com/**index.php**/2017/04/15/wordpress-pour-les-nuls

Vous n'avez pas besoin d'un fichier *.htaccess* pour utiliser cette structure de permalien.

Découvrir les options de flux RSS

Au Chapitre 2, vous avez appris ce que sont les flux RSS et compris en quoi ils constituent une partie importante de la publication de votre site. J'insiste : pour que les visiteurs de votre site restent informés des derniers articles postés, ils peuvent (doivent) s'abonner à votre flux RSS.

Les flux RSS se déclinent en différentes versions, dont RSS 1.0, RSS 2.0 et Atom. Les différences entre elles reposent sur le code qui compose la fonctionnalité même du flux de syndication. Mais le plus important est que WordPress prend en charge toutes les versions de RSS, ce qui signifie que tout le monde peut s'abonner à votre flux RSS avec n'importe quel lecteur de flux.

Au risque de me répéter, WordPress est très intuitif et les flux RSS en sont un excellent exemple. WordPress intègre un générateur de flux qui fonctionne en coulisses pour créer les flux RSS à votre place. Ce générateur crée des flux pour vos articles, commentaires, voire pour vos catégories.

Le flux RSS des articles de votre site est *autodétectable*, ce qui signifie que quasiment tous les lecteurs de flux RSS, voire certains navigateurs (Firefox, Chrome, Internet Explorer, par exemple), détectent automatiquement l'URL du flux RSS d'un site WordPress. Le Tableau 5.2 vous donne une liste d'adresses Web de flux RSS pour les différentes sections de votre blog.

Tableau 5.2 : URL des flux intégrés à WordPress

Type de flux	Exemple d'adresse Web du flux
RDF/RSS 1.0	`http://votrenomdomaine.com/?feed=rdf`
RSS 2.0	`http://votrenomdomaine.com/?feed=rss2`
Atom	`http://votrenomdomaine.com/?feed=atom`
Flux RSS des articles	`http://votrenomdomaine.com/?feed=rss2&p=50` *p* est pour *post* (article), 50 est l'identifiant de l'article. Pour connaître l'identifiant d'un article dans le panneau d'administration, laissez le curseur de la souris sur le nom de l'article, sans cliquer. L'identifiant apparaît alors dans la barre de statut du navigateur.
Flux RSS des catégories	`http://votrenomdomaine.com/wp-rss2.php?cat=50` *cat* est pour *catégorie*, 50 est l'identifiant de la catégorie. Pour trouver l'identifiant d'une catégorie dans le panneau d'administration, laissez le curseur de la souris sur le nom de la catégorie, sans cliquer. L'identifiant apparaît alors dans la barre de statut du navigateur.

Si vous utilisez des permaliens personnalisés (voir la section « Embellir les liens de vos articles »), il vous suffit d'ajouter */feed* à la fin de chaque adresse Web pour trouver le flux RSS. Quelques-uns de vos liens peuvent présenter les formats suivants :

- `http://votrenomdomaine.com/feed`, le flux RSS principal ;
- `http://votrenomdomaine.com/comments/feed/`, le flux RSS des commentaires ;
- `http://votrenomdomaine.com/category/catĐname/feed`, le flux RSS des catégories.

Testez l'une de vos URL. Les flux RSS constituent une part importante de la diffusion du contenu de votre site. Ils sont actuellement très attendus. Aussi, le fait que WordPress se charge des flux à votre place, qu'il soit compatible avec tous les formats de flux RSS et qu'il propose de nombreux flux internes en fait un logiciel très performant par rapport aux autres plateformes de publication de blogs.

Écrire votre premier article

Enfin, il est temps d'écrire le premier article de votre site WordPress ! C'est parti !

Rédiger un article

Rédiger un article revient un peu à écrire un message électronique : vous donnez un titre, vous saisissez votre message, puis vous cliquez sur un bouton pour envoyer votre prose.

Vous pouvez fermer ou changer l'emplacement des modules de la page Ajouter un nouvel article. Les seules sections que vous ne pouvez pas fermer et déplacer sont celles du titre et de la zone de texte (dans laquelle vous saisirez votre article).

Pour écrire un simple article, effectuez les étapes suivantes :

1. **Cliquez sur le menu Articles puis sur Ajouter.**

   La page Ajouter un nouvel article s'ouvre, comme représentée à la Figure 5.7.

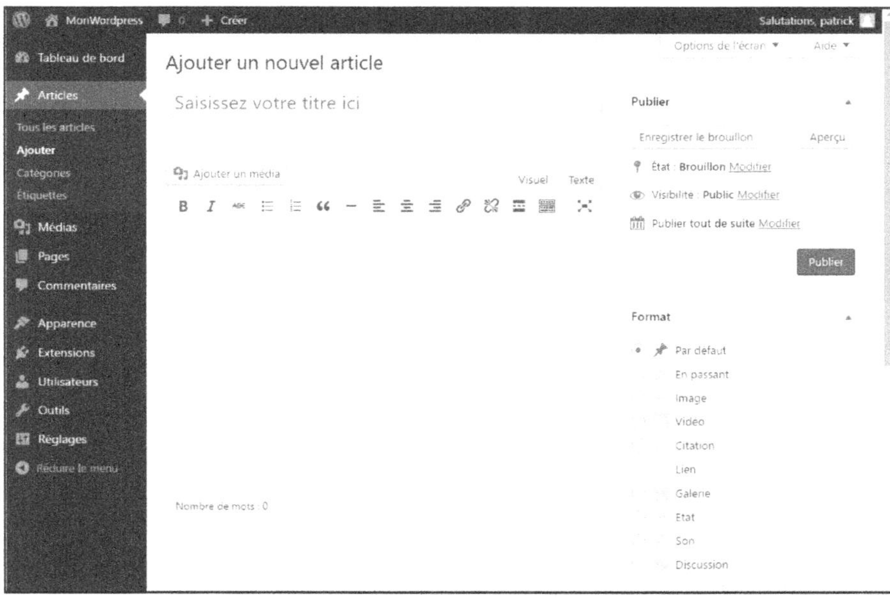

Figure 5.7 : Cette page vous permet de donner un titre et d'écrire le corps de votre article.

2. **Saisissez le titre de votre article.**
3. **Saisissez le contenu de l'article.**

   Utilisez l'éditeur visuel pour mettre en page votre article. Je vous présente les boutons et options de cet éditeur après ces étapes.

4. **Cliquez sur le bouton Enregistrer le brouillon, situé dans la partie droite de la page.**

   La page est rafraîchie avec le titre et le contenu de l'article enregistrés, mais pas encore publiée sur votre site.

Par défaut, la zone de texte dans laquelle vous saisissez votre article est en mode Éditeur visuel comme l'indique l'onglet Visuel qui apparaît au-dessus du texte. Le mode *visuel* fournit les options de mise en page WYSIWYG (*What You See Is What You Get* – Ce que vous voyez est ce que vous obtenez). Au lieu d'intégrer des balises HTML dans vos articles, il vous suffit de saisir le texte, de sélectionner les parties que vous souhaitez mettre en page et de cliquer sur les boutons (voir Figure 5.7) qui apparaissent au-dessus de la zone de texte.

Si vous avez déjà utilisé un traitement de texte, comme Microsoft Word, vous reconnaîtrez bon nombre de ces boutons :

- **Gras** : Imbrique la balise HTML <strong> </strong> pour mettre en gras le texte. Exemple : Texte en gras.
- **Italique** : Imbrique la balise HTML <em> </em> pour mettre en italique le texte. Exemple : Texte en italique.
- **Barré** : Imbrique la balise HTML <strike> </strike> pour barrer le texte. Exemple : Texte barré.
- **Liste non ordonnée** : Imbrique les balises HTML <ul><li> </li></ul> pour créer une liste non ordonnée ou à puces.
- **Liste ordonnée** : Imbrique les balises HTML <ol><li> </li></ol> pour créer une liste ordonnée ou numérotée.
- **Bloc de citation** : Insère la balise HTML <blockquote> </blockquote> pour indenter le paragraphe ou la partie du texte sélectionnée.
- **Ligne horizontale** : Insère la balise HTML <hr> pour créer une ligne horizontale.
- **Aligner à gauche** : Insère la balise HTML <p align="left"> </p> pour aligner le paragraphe ou la partie du texte sélectionnée à la marge de gauche.
- **Centrer** : Insère la balise HTML <p align="center"> </p> pour placer le paragraphe ou la partie du texte sélectionnée au centre de la page.
- **Aligner à droite** : Insère la balise HTML <p align="right"> </p> pour aligner le paragraphe ou la partie du texte sélectionnée à la marge de droite.
- **Insérer/modifier un lien** : Insère la balise HTML <a href=" "> </a> dans le texte sélectionné pour créer un lien hypertexte.
- **Supprimer le lien** : Supprime le lien hypertexte du texte sélectionné.

» **Insérer la balise « Lire la suite »** : Insère la balise < !—more-->, laquelle vous permet de diviser l'affichage de votre article. Elle publie le texte écrit au-dessus de cette balise avec un lien Lire la suite qui redirige le lecteur vers la page de l'article complet. Cette fonctionnalité convient parfaitement bien aux longs articles et aux articles seulement (pas aux pages).

» **Ouvrir/fermer la barre d'outils** : Cliquez sur ce bouton pour découvrir les autres options de mise en page de l'Éditeur visuel. Un menu déroulant apparaît, pourvu d'options : surlignage, couleur de la police, personnalisation de la police de caractères, annulation, etc.

- *Paragraphe :* Insère les balises HTML <p> </ p> autour du texte pour indiquer les sauts de paragraphe.
- *Titre 1, 2, 3, 4, 5, 6 :* Insère des balises HTML d'en-tête telles que <H1> </ H1> autour du texte pour indiquer des titres HTML (H1 définit le plus grand, H6 définit le plus petit).
- *Préformaté :* Insère les balises HTML <pre> </ pre> autour du texte pour indiquer le texte préformaté et conserve les espaces et les sauts de ligne.
- *Souligné :* Insère les balises HTML <u> </ u> autour du texte pour l'afficher sous la forme soulignée.
- *Justifier :* Insère la balise HTML qui aligne le texte sélectionné uniformément entre la gauche et la droite.
- *Couleur du texte :* Affiche le texte dans la couleur choisie.
- *Coller en texte :* Utile si vous copiez du texte provenant d'une autre source, cette option supprime tous les caractères de mise en forme du texte et l'ajoute à votre message en tant que texte simple.
- *Nettoyer le formatage :* Supprime tout le formatage dans le message.
- *Caractère spécial :* Si vous cliquez sur cette option, une fenêtre contextuelle apparaît, offrant des caractères spéciaux tels que $, %, &, et ©. Dans la fenêtre contextuelle, cliquez sur le symbole que vous souhaitez ajouter à votre message.
- *Diminuer l'indentation :* Déplace le texte vers la gauche à un niveau prédéfini à chaque clic. Cela ne fonctionne que lorsque le texte a déjà été indenté.
- *Augmenter l'indentation :* Permet de déplacer le texte vers la droite à un niveau prédéfini à chaque clic.
- *Annuler :* Annule votre dernière action de mise en forme.
- *Rétablir :* Reproduit votre dernière action de mise en forme.
- *Raccourcis clavier :* Ouvre une fenêtre avec des informations utiles sur l'utilisation de l'éditeur de texte, y compris les raccourcis clavier.

- Mode d'écriture sans distraction : Cliquez sur ce bouton pour mieux vous concentrer sur votre prose, sans être distrait par les autres options de la page. La zone de texte remplira toute la fenêtre de votre navigateur. Pour revenir en mode normal, recliquez sur ce bouton.

Pour désactiver l'Éditeur visuel, cliquez sur le lien Votre profil dans le menu Utilisateurs. Cochez l'option Désactiver l'éditeur visuel pour écrire. Vous pourrez ainsi insérer vous-même le code HTML dans votre article.

Si vous préférez intégrer votre propre code HTML, cliquez sur l'onglet Texte qui apparaît à côté de l'onglet Visuel. Si vous envisagez d'intégrer du code HTML dans votre article, pour des fichiers vidéo ou un tableau, par exemple, cliquez sur l'onglet Texte avant d'insérer le code (Figure 5.8). Car si vous ne le faites pas, l'Éditeur visuel mettra en page votre code, ce que vous ne souhaitez pas.

Figure 5.8 : L'onglet Texte vous permet de saisir directement les balises HTML.

À ce stade, passez directement à la section « Publier un article », pour obtenir de plus amples informations sur la publication d'un article, ou bien poursuivez la lecture des sections suivantes pour découvrir d'autres options.

WordPress propose une super fonctionnalité de sauvegarde automatique qui enregistre votre travail au fur et à mesure que vous saisissez et modifiez un nouvel article. Si votre navigateur se plante ou si vous fermez par mégarde sa fenêtre avant d'enregistrer l'article, vous pourrez facilement revenir là où vous en étiez avant l'incident. Ils sont fous, ces « WordPressiens » !

Agrémenter vos articles d'images, de vidéos et d'audio

Juste au-dessus de la zone de texte et à gauche de la ligne de l'Éditeur visuel se trouve un bouton Ajouter un média qui ouvre une fenêtre composée de quatre liens vous permettant d'insérer dans vos articles des images/photos, des galeries de photos ou des fichiers vidéo et audio. WordPress contient une véritable bibliothèque de médias que nous verrons dans les moindres détails au Chapitre 6.

Affiner les options de vos articles

Une fois votre article rédigé, vous avez la possibilité de sélectionner des options supplémentaires avant de le présenter au monde entier. Ces paramètres s'appliquent à l'article sur lequel vous êtes en train de travailler et non aux futurs ou anciens articles. Vous trouverez ces options au-dessous et à droite de la zone de texte (Figure 5.9).

Ces différentes options ne sont pas nécessairement toutes affichées. Cliquez sur Options de l'écran (en haut à droite) et cochez les options de vos choix, celles que vous souhaitez faire apparaître à l'écran.

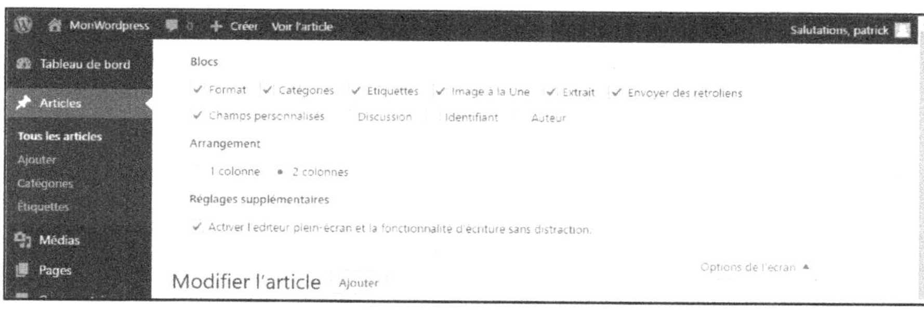

Figure 5.9 : D'autres options disponibles pour votre article.

Vous pouvez déplacer les modules d'options de la page Ajouter un nouvel article comme bon vous semble.

Les options supplémentaires situées sous la zone de texte sont :

- **Extrait** : Ce sont de courts extraits de vos articles. Certains blogueurs affichent des extraits pour donner un aperçu de leurs articles et donc inciter les lecteurs à cliquer dessus afin qu'ils lisent leurs articles dans la totalité. Saisissez un extrait dans la zone de texte Extrait. Les extraits peuvent être longs, mais il vaut mieux rester bref pour inciter les lecteurs à cliquer.
- **Envoyer des rétroliens** : J'ai présenté les rétroliens au Chapitre 2, vous pouvez vous y reporter pour vous rafraîchir la mémoire. Si vous souhaitez envoyer un rétrolien à un autre site WordPress, saisissez l'adresse Web du blog dans le champ Envoyer un rétrolien. Vous pouvez envoyer des rétroliens à plusieurs sites, il suffit de séparer leurs URL par des espaces.
- **Champs personnalisés** : Les champs personnalisés sont des données supplémentaires que vous pouvez attribuer à vos articles.

- **Discussion** : Si vous souhaitez laisser vos lecteurs poster des commentaires, cochez l'option Autoriser les commentaires. Par défaut, cette option est activée. Si vous ne souhaitez pas autoriser les commentaires, décochez-la.
- **Identifiant** : Par défaut, WordPress prend le titre de votre article et le transforme en un identifiant unique qui composera le permalien de l'article. Vous pouvez modifier cet identifiant.
- **Auteur** : Par défaut, WordPress vous désigne comme étant l'auteur des articles que vous composez. Si vous avez plusieurs auteurs sur votre site, vous pouvez assigner un auteur à un article donné.

Les options situées à droite de la zone de texte sont :

- **Publier** : Il s'agit des options de publication que je traite dans la section « Publier un article ».
- **Format** : Ce module apparait uniquement lorsque votre thème prend en charge cette fonctionnalité appelée Format des articles (voir Chapitre 12). Ce module vous permet de typer vos articles, c'est-à-dire spécifier le type d'articles dont il s'agit et la façon de l'afficher (article de type vidéo, article de type lien, article de type citation, etc.). Il est possible que votre thème ne reconnaisse qu'une partie des dix formats possibles.
- **Catégories** : Vous pouvez classer vos articles en différentes catégories pour les organiser par sujets (reportez-vous à la section « Définir les sujets par catégories » pour plus d'informations). Cochez la case de la catégorie de votre choix. Vous pouvez sélectionner la liste de toutes les catégories de votre blog ou simplement celles que vous utilisez le plus souvent en cliquant sur le lien Les plus utilisées. La catégorie que vous souhaitez utiliser n'est pas listée ? Cliquez sur le lien +Ajouter une nouvelle catégorie pour y remédier.
- **Étiquettes** : Saisissez le nom des étiquettes que vous avez choisies. Séparez bien les étiquettes par des virgules afin que WordPress détermine le début et la fin de chaque mot-clé. Chats, chatons, félins sont trois mots-clés différents, mais sans virgules les séparant. WordPress les considérera comme une seule étiquette. Reportez-vous à l'encadré « Étiquettes : qu'est-ce que c'est ? Comment et pourquoi les utiliser ? », précédemment dans ce chapitre.
- **Image à la une** : Certains thèmes WordPress sont configurés de sorte que vous puissiez utiliser une image (une photo) pour illustrer vos articles. L'image peut, par exemple, s'afficher sur la page d'accueil du site (un carrousel) ou dans chacune de vos pages ou articles.

Après avoir défini les options, ne quittez pas cette page ! Vous n'avez pas encore enregistré vos modifications. La section suivante traite des options avant publication.

Publier un article

Bien, vous avez donné un titre à votre nouvel article et saisi son contenu ! Peut-être avez-vous même ajouté une image ou un autre type de fichier multimédia (voir Chapitre 6) et défini des mots-clés, catégories et autres options. Alors, publier ou ne pas publier ?

WordPress vous propose des options pour enregistrer ou publier un article une fois qu'il est terminé. Le module Publier se situe à droite de la page Ajouter un nouvel article. Il vous suffit de cliquer sur le titre pour faire apparaître ses options. La Figure 5.10 montre les options disponibles dans ce module.

Figure 5.10 : L'état de publication d'un article.

Le module Publier est composé de plusieurs options :

» **Enregistrer le brouillon** : Cette option enregistre votre article en tant que brouillon. Vous pourrez le modifier maintenant, demain ou un autre jour. Pour accéder aux brouillons de vos articles, cliquez sur le lien Modifier dans le menu Articles.

» **Aperçu** : Cliquez sur le bouton Aperçu pour visualiser votre article dans une nouvelle fenêtre et voir comment il s'affichera sur votre site une fois publié. Cette fonctionnalité d'aperçu ne publie pas l'article, elle vous offre l'opportunité de vérifier si la mise en page ou le contenu doivent être modifiés ou non.

» **État :** Cliquez sur le lien Modifier pour ouvrir les paramètres de cette option. Dans le menu déroulant qui apparaît, vous pouvez sélectionner Brouillon ou En attente de relecture :

- Sélectionnez *Brouillon* pour enregistrer l'article, mais sans le publier.
- Sélectionnez *En attente de relecture* afin d"afficher l'article dans la liste des brouillons avec l'en-tête En attente de relecture. Cette option permet à l'administrateur du site de savoir que des contributeurs ont saisi des articles en attente de la relecture et de l'approbation de l'administrateur (cette fonctionnalité est très utile pour les sites tenus par plusieurs auteurs). Cliquez sur le bouton OK pour enregistrer votre choix.

» **Mettre cet article en avant sur la page d'accueil** : Cochez cette case pour que WordPress affiche cet article en premier sur votre site jusqu'à ce que vous désactiviez cette option.

Cette option est connue sous le nom d'*article placé*. Si vous choisissez cette option, l'article reste en haut de la liste des articles les plus récents quel que soit le nombre d'articles que vous avez écrits depuis. Si vous souhaitez le retirer de cette liste, décochez l'option.

» **Options de visibilité** : Vous pouvez protéger par mot de passe votre article en cochant l'option Protégé par mot de passe. Dans le champ de saisie Mot de passe qui apparaît, vous allez entrer le mot de passe. Vous pourrez le partager avec les lecteurs de votre choix. Cette fonctionnalité masque aussi l'article dans les moteurs de recherche. Si vous ne souhaitez pas protéger votre article par un mot de passe, laissez cette option décochée.

» **Publier tout de suite** : Cliquez sur le lien Modifier pour dater votre article. Si vous souhaitez que votre article soit daté de l'heure et du jour mêmes, ignorez ces options.

Si vous comptez publier cet article, vous pouvez définir sa date et son heure de publication. Cette fonctionnalité peut s'avérer pratique dans de nombreux cas. Par exemple, lorsque je pars en vacances et que je ne veux pas laisser mon site sans mise à jour, j'écris quelques articles en plus que j'antidate. Ils sont publiés pendant que je fais de la plongée sous-marine quelque part sous les tropiques !

» **Publier** : Si vous souhaitez publier directement un article et sauter toutes les options précédentes, cliquez sur le bouton Publier. Cette méthode zappe toutes les options d'état de publication et envoie votre article sur votre site.

Si vous cliquez sur le bouton Publier, et pour une raison qui vous échappe, vous ne voyez pas votre article sur la page d'accueil de votre site, c'est que vous avez sans doute laissé l'état sur Brouillon dans le menu déroulant État. Vous finirez par le trouver dans la liste de vos brouillons.

Modifier un article

Au moment où j'écris ce livre, mon éditeur m'assiste, me donne des conseils, corrige mes fautes d'orthographe et de syntaxe, et me dit si je suis trop longue ou confuse dans mon expression. En revanche, vous, vous n'avez pas cette chance. Vous êtes seul maître à bord et avez les pleins pouvoirs de ce que vous écrivez, quand vous écrivez et comment vous écrivez. Vous pouvez fort heureusement revenir et modifier de vieux articles pour corriger la typographie, l'orthographe et toutes les autres erreurs :

1. **Recherchez l'article que vous souhaitez modifier en cliquant sur le menu Articles.**

   La page Article s'ouvre et affiche les vingt articles les plus récents que vous avez écrits sur votre site.

   Vous pouvez filtrer cette liste d'articles par date en choisissant une date dans le menu déroulant Toutes les dates. Par exemple, si vous sélectionnez Avril 2017, la page Articles se rafraîchit et affiche tous les articles publiés au mois d'avril 2017.

   Vous pouvez également filtrer la liste des articles par catégories.

2. **Une fois que vous avez trouvé l'article que vous cherchez, cliquez sur son titre.**

   La page Modifier l'article s'ouvre. Dans cette fenêtre, vous pouvez modifier l'article et/ou ses options.

   Vous pouvez également cliquer sur le lien Modifier qui apparaît sous le titre de l'article.

   Si vous devez modifier les options de l'article (et non le contenu), cliquez sur le lien Modification rapide. Les options de l'article s'ouvrent. Vous pouvez alors configurer le titre, l'état, le mot de passe, les catégories, les étiquettes, les commentaires et sa date. Cliquez sur le bouton Enregistrer pour enregistrer les modifications.

3. **Modifiez votre article, puis cliquez sur le bouton Publier.**

   La fenêtre Modifier l'article se rafraîchit avec toutes les modifications enregistrées.

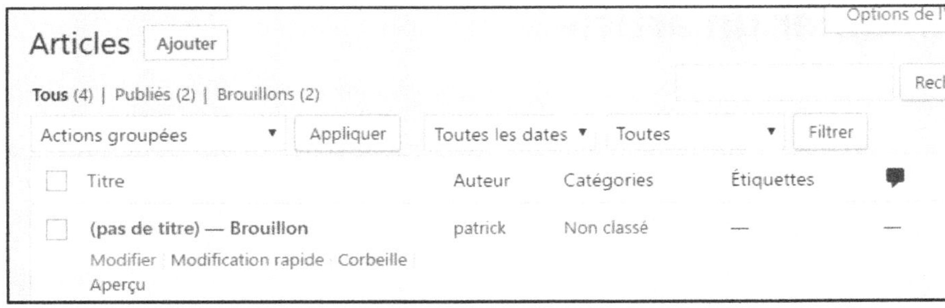

Figure 5.11 : La liste des articles du site.

Qui discute sur votre site ?

La fonctionnalité qui a réellement mis sous les projecteurs la publication de sites sous WordPress est les commentaires, qui permettent aux visiteurs d'interagir avec le propriétaire du site. Reportez-vous au Chapitre 2 pour obtenir de plus amples informations sur les commentaires et les rétroliens. Ils offrent une merveilleuse occasion d'interaction entre lecteurs et auteurs.

Gérer les commentaires et les rétroliens

Pour accéder aux commentaires, cliquez sur le menu Commentaires. La page Commentaires s'ouvre (Figure 5.12).

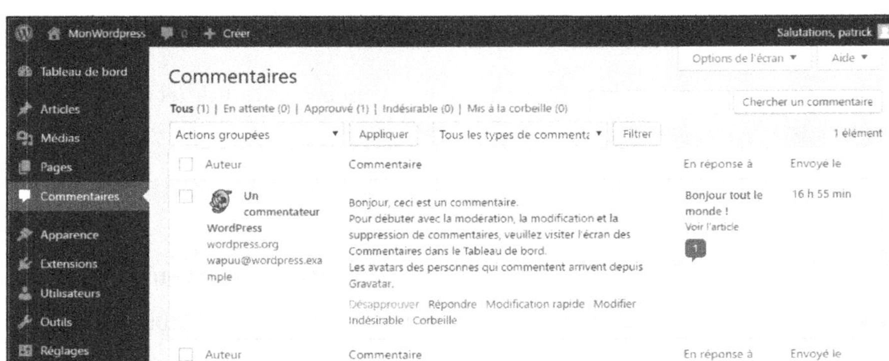

Figure 5.12 : Cliquez sur le menu Commentaires pour afficher la page relative aux commentaires et aux rétroliens de votre site.

Lorsque vous placez le curseur de la souris sur un commentaire, plusieurs liens apparaissent, vous permettant de gérer le commentaire :

- **Approuver/Désapprouver** : Ce lien apparaît si vous avez activé la modération des commentaires et ne s'applique qu'aux commentaires approuvés. Le commentaire est placé dans la file de modération, il est donc en attente de relecture. La file de modération est une sorte de zone de stockage des commentaires qui ne sont pas encore publiés sur votre site (voir la section suivante sur la file de modération).
- **Répondre** : Cliquez sur ce lien pour afficher une zone de texte dans laquelle vous pourrez répondre au commentaire. Cette fonctionnalité vous épargne d'ouvrir un nouveau navigateur et de rechercher l'article en question pour répondre comme le ferait n'importe quel autre visiteur.
- **Modification rapide** : Cliquez sur ce lien pour ne pas passer par la page Modifier le commentaire. Vous pouvez ici modifier les options de nom, d'adresse électronique, d'URL et de contenu du commentaire. Cliquez sur le bouton Mettre à jour le commentaire.
- **Modifier** : Cliquez sur ce lien pour afficher la page Modifier le commentaire dans laquelle vous pouvez modifier les champs comme le nom, l'adresse électronique, l'URL et le contenu du commentaire (Figure 5.13).
- **Indésirable** : Un clic sur le lien expédie le commentaire dans la corbeille des indésirables.
- **Corbeille** : Comme son nom l'indique, cette option place le commentaire dans la corbeille et le supprime de votre site.

Figure 5.13 : Modifiez le commentaire d'un utilisateur.

Si cette page présente un grand nombre de commentaires et que vous souhaitiez les modifier par groupes, cochez les cases de tous les commentaires que vous voulez gérer, puis sélectionnez l'une des actions du menu déroulant Actions groupées en haut de la page.

Modérer les commentaires et les rétroliens

Si vous avez défini vos options de telle sorte que les commentaires ne soient pas publiés sur votre site sans votre approbation, vous pouvez alors les approuver *via* la page Commentaires. Il suffit de cliquer sur le lien En attente. Si les commentaires et/ou rétroliens sont dans la file de modération, vous les verrez sur cette page et pourrez les approuver, les marquer comme indésirables ou les supprimer.

WordPress propose une fonctionnalité de notification qui vous informe de l'arrivée dans la file de modération d'un commentaire. Cette notification, qui apparaît sur toutes les pages, est une petite bulle orange qui s'affiche à droite du menu Commentaires. La Figure 5.14 montre qu'il y a un commentaire en attente de relecture.

Figure 5.14 : Une petite bulle orange signale ici un commentaire dans la file de modération.

Lutter contre les spams avec Akismet

J'ai déjà évoqué à plusieurs reprises Akismet dans ce livre. Pourquoi en parler autant ? Parce que, à mon humble avis, c'est la mère de toutes les extensions, et aucun site WordPress n'est réellement complet sans une version activée d'Akismet.

La nouvelle version de WordPress confirme mes propos, car cette extension est incluse en version 3.2. Akismet a été créée par les mêmes personnes qui vous fournissent WordPress.com, l'équipe d'Automattic.

Akismet est la solution pour lutter contre les commentaires et rétroliens indésirables. Pour Matt Mullenweg d'Automattic, Akismet est un travail collaboratif pour supprimer les commentaires et rétroliens indésirables et permettre ainsi de retrouver l'esprit d'innocence indispensable à la publication de site.

Je blogue depuis 2002. J'ai commencé sur la plateforme Movable Type puis j'ai changé pour WordPress. Lorsque cette plateforme est devenue plus populaire, les commentaires et rétroliens indésirables ont envahi les blogs. Un matin 2004, j'ai trouvé quelque 2 300 commentaires indésirables publiés sur mon blog ! Depuis la sortie d'Akismet, je suis rarement confrontée aux spams.

Je vous présente plus en détail les extensions de WordPress au Chapitre 7, dans lequel vous apprendrez à activer Akismet et serez en mesure de vérifier si cette extension protège bien votre site des rétroliens et commentaires indésirables.

3

Étendre les fonctionnalités de WordPress

DANS CETTE PARTIE…

À vos marques… Prêt ? Partez ! Cette partie du livre commence par vous expliquer comment ajouter des fichiers multimédias – des images, de la vidéo et de l'audio – à votre site pour rendre sa consultation plus amusante et plus interactive.

Chapitre 6

La gestion du multimédia : images, audio et vidéo

DANS CE CHAPITRE :

» **Ajouter des images et des galeries de photos aux articles de votre site.**

» **Ajouter des vidéos aux articles de votre site.**

» **Télécharger des fichiers audio.**

» **Explorer la Bibliothèque de médias de WordPress.**

Ajouter des images et des photos à vos pages ou articles peut vraiment permettre d'enrichir le contenu. En utilisant images et photos, vous donnez au contenu une dimension que vous ne pouvez exprimer uniquement avec du texte ; les représentations imagées permettent d'attirer l'attention sur votre article tout en lui donnant plus de profondeur.

Il en va de même avec les fichiers vidéo et audio que vous ajoutez aux articles et aux pages de votre site. La vidéo vous permet de divertir le lecteur en lui proposant du contenu en mouvement ou en paroles (voire en chansons). Avec les fichiers audio, vous pouvez parler à vos visiteurs et ajouter ainsi une touche personnelle. De nombreux webmasters utilisent la vidéo et l'audio pour rapporter des informations et pour diffuser des émissions de radio et de télévision sur Internet. Les possibilités sont infinies !

Dans ce chapitre, vous allez découvrir comment donner une touche personnelle à vos articles en y intégrant des images, de la vidéo et de l'audio ; vous découvrirez également comment intégrer une galerie de photos complète, tout cela grâce à WordPress et à sa bibliothèque de médias.

Vous pouvez ajouter ces médias à vos articles en utilisant le bouton Ajouter un média depuis la page Ajouter un nouvel article. Vous pouvez les ajouter à tout moment, lorsque vous écrivez votre article ou plus tard : c'est vous qui décidez !

Insérer des images dans vos articles

Il est vraiment facile d'ajouter des images avec l'outil de téléchargement d'images de WordPress. Lancez-vous et testez-le en cliquant sur l'icône Ajouter un média dans la page Ajouter un nouvel article (Figure 6.1).

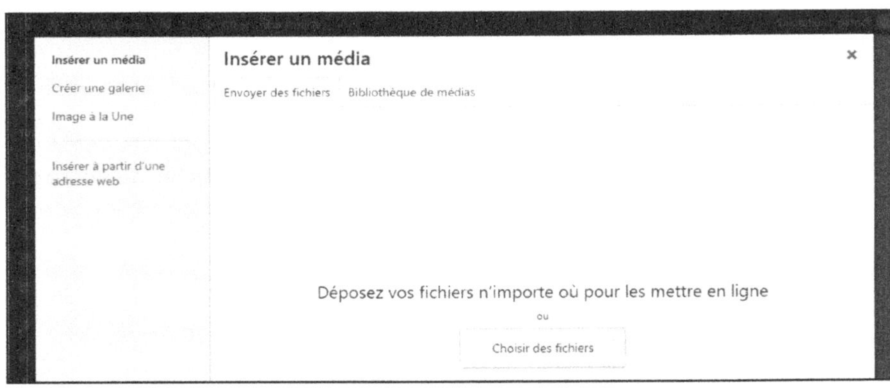

Figure 6.1 : La fenêtre Insérer un média de WordPress.

Pour ajouter une image qui se trouve sur votre disque dur, suivez ces étapes :

1. **Assurez-vous d'avoir cliqué sur le lien Insérer un média, puis cliquez sur le bouton Choisir des fichiers au centre de l'écran.**

   Une boîte de dialogue apparaît, grâce à laquelle vous pouvez sélectionner une image (ou plusieurs images) sur votre disque dur.

2. **Sélectionnez votre image ou vos images, puis cliquez sur Ouvrir.**

   L'image est téléchargée de votre ordinateur sur votre serveur Web. WordPress affiche une barre de progression rendant compte du téléchargement et ouvre une boîte d'options lorsque ce dernier est terminé.

3. Éditez les options relatives à l'image qui apparaissent sous la miniature de l'image (Figure 6.2).

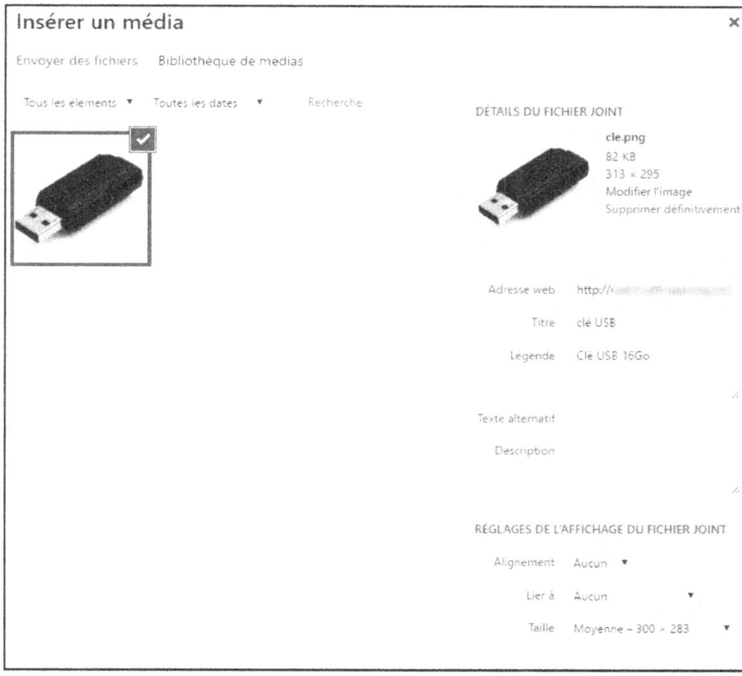

Figure 6.2 : Vous pouvez spécifier plusieurs options relatives aux images une fois téléchargées.

- *Adresse web :* Adresse directe de l'image (non modifiable).
- *Titre :* Saisissez un titre pour l'image.
- *Légende :* Saisissez une légende pour l'image (comme *Clé USB 16Go*).
- *Texte alternatif :* Saisissez du texte alternatif.
- *Description :* Saisissez une description de l'image.
- *Alignement :* Sélectionnez *Aucun*, *Gauche*, *Centre*, *Droite*.
- *Lier à :* Saisissez l'URL à laquelle vous souhaitez que l'image soit liée. L'option que vous choisissez détermine où vos lecteurs seront renvoyés lorsqu'ils cliqueront sur l'image que vous avez téléchargée :
  - **Aucun :** Vous ne voulez pas que l'image puisse être cliquée.
  - **Fichier média :** Les lecteurs peuvent cliquer pour être renvoyés sur l'image elle-même.
  - **Page du fichier joint :** Les lecteurs peuvent cliquer sur cette option pour être renvoyés sur l'article où l'image apparaît. Vous pouvez saisir votre propre URL.
- *Taille :* Sélectionnez *Miniature*, *Moyenne* ou *Taille originale*.

Si vous téléchargez plus d'une image, sautez jusqu'à la section « Insérer une galerie de photos », plus loin dans ce chapitre.

4. **Cliquez sur le lien Modifier l'image pour modifier les caractéristiques de l'image (Figure 6**.3).

L'Éditeur d'images comprend les icônes suivantes :

- *Couper :* Rogne l'image dans une dimension plus petite.
- *Rotation à gauche :* Tourne l'image vers la gauche.
- *Rotation à droite :* Tourne l'image vers la droite.
- *Retournement horizontal :* Retourne l'image sur l'axe horizontal.
- *Retournement vertical :* Retourne l'image sur l'axe vertical.
- *Annuler :* Annule les derniers changements opérés sur l'image.
- *Répéter :* Rétablit les derniers changements opérés sur l'image.

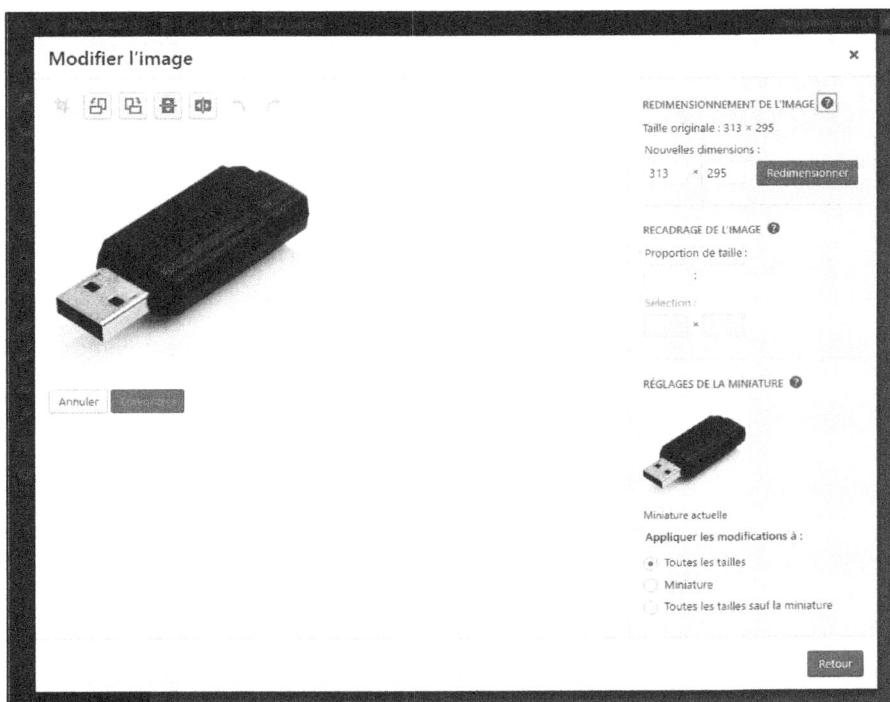

Figure 6.3 : Modifiez les caractéristiques d'une image.

5. **Cliquez sur le bouton Insérer dans l'article**.

La fenêtre de l'outil de téléchargement se ferme et vous retournez à la page Ajouter un nouvel article (ou Ajouter une nouvelle page, si vous écrivez une nouvelle page). WordPress a inséré le code HTML nécessaire pour afficher l'image dans votre article ; vous pouvez continuer à modifier votre article, le sauvegarder ou le publier.

Pour ajouter une image à partir du Web, c'est-à-dire stockée sur Internet, vous devez disposer de son URL. Après avoir cliqué sur l'icône Ajouter un média, suivez ces étapes :

1. **Cliquez sur l'onglet Insérer à partir d'une adresse web.**
2. **Saisissez l'URL (adresse Internet) de l'image dans le champ Adresse Web de l'image.**

   Saisissez toute l'URL, dont les parties *http* et *www*. Vous pouvez facilement trouver l'URL de n'importe quelle image sur le Web en cliquant du bouton droit (PC) ou en contrôle-cliquant (Mac) et en sélectionnant Propriétés dans le menu qui apparaît.

3. **Saisissez le texte que vous souhaitez associer au lien.**
4. **Cliquez sur le bouton Insérer dans l'article.**

WordPress crée automatiquement des versions miniatures et moyennes des images de votre ordinateur que vous téléchargez *via* l'outil de téléchargement d'images. Une *miniature* est la plus petite version du fichier original. Vous pouvez modifier les dimensions par défaut de la miniature en cliquant sur le menu Réglages du Tableau de bord et en sélectionnant Médias. Dans la section Tailles des miniatures, spécifiez votre hauteur et votre largeur des images miniatures et moyennes générées par WordPress (Figure 6.4).

Figure 6.4 : Réglez la taille par défaut des miniatures.

Aligner vos images

Lorsque vous téléchargez une image, vous pouvez spécifier l'alignement de cette dernière : *Aucun*, *Gauche*, *Centre* ou *Droite*. Notez cependant que la feuille de styles du thème WordPress que vous utilisez peut ne pas disposer des styles requis pour tenir compte de l'alignement. Par exemple, si vous spécifiez l'alignement Gauche mais que l'image n'apparaisse pas du tout alignée à gauche sur votre site, vous devrez ajouter quelques styles supplémentaires à la feuille de styles de votre thème pour parvenir au résultat escompté.

Nous reviendrons en détail sur les thèmes et les modèles dans la quatrième partie de cet ouvrage. En attendant, voici une méthode rapide mais peu orthodoxe pour vérifier que vous pouvez utiliser l'alignement que vous souhaitez pour vos images :

1. **Cliquez sur le menu Apparence, puis sur Éditeur.**

   La page Modifier les thèmes apparaît. Tous les fichiers modèles du thème actif sont listés sur le côté droit de la page (Figure 6.5).

2. **Cliquez sur le modèle Feuille de styles.**

   Le modèle Feuille de styles (*styles.css*) apparaît dans la boîte de texte sur le côté gauche de la page.

3. **Ajoutez les styles que vous souhaitez à la feuille de styles.**

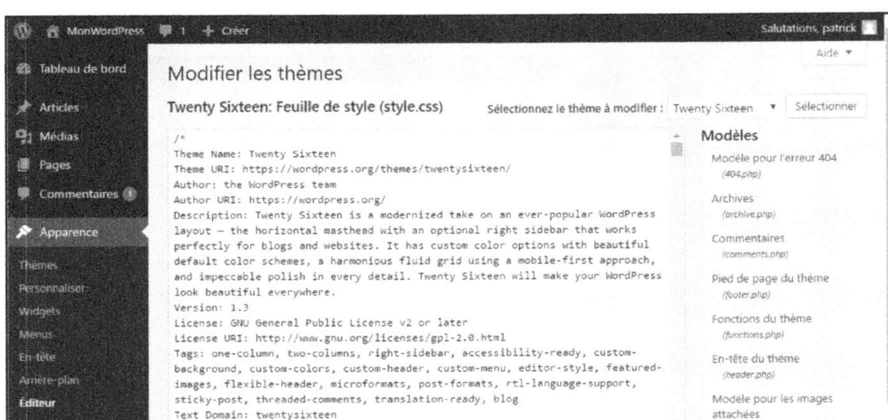

Figure 6.5 : L'Éditeur des thèmes WordPress.

Le Tableau 6.1 recense les styles que vous pouvez ajouter à votre feuille de styles pour vous assurer que les styles d'alignement de l'image sont bien pris en compte par votre thème.

Ces styles sont juste des exemples des possibilités qui vous sont offertes. Soyez créatif et concevez vos propres styles. Vous trouverez plus d'informations sur l'utilisation des CSS (*Cascading Style Sheets*, ou feuilles de styles en cascade) au Chapitre 10.

Tableau 6.1 : Styles pour l'alignement de l'image

None	`img.alignnone {float:none; margin:5px 0 5px 0;}`
Left	`img.alignleft {float:left; margin:5px 10px 5px 0px;}`
Center	`img.aligncenter {display:block; margin:5px auto;}`
Right	`img.alignright {float:right; margin:5px 0 5px 10px;}`

Insérer une galerie de photos

Vous pouvez utiliser l'outil de téléchargement d'images de WordPress pour insérer toute une galerie de photos dans vos articles. Téléchargez vos images, puis cliquez sur l'onglet Créer une galerie en haut de la fenêtre de l'outil de téléchargement. Cet onglet affiche des miniatures de toutes les images que vous venez de télécharger. La Figure 6.6 montre que j'ai téléchargé cinq images.

1. **Sélectionnez les photos qui composeront la galerie.**

   Dans cet exemple, seules quatre photos ont été sélectionnées. Cliquez ensuite sur Créer une nouvelle galerie.

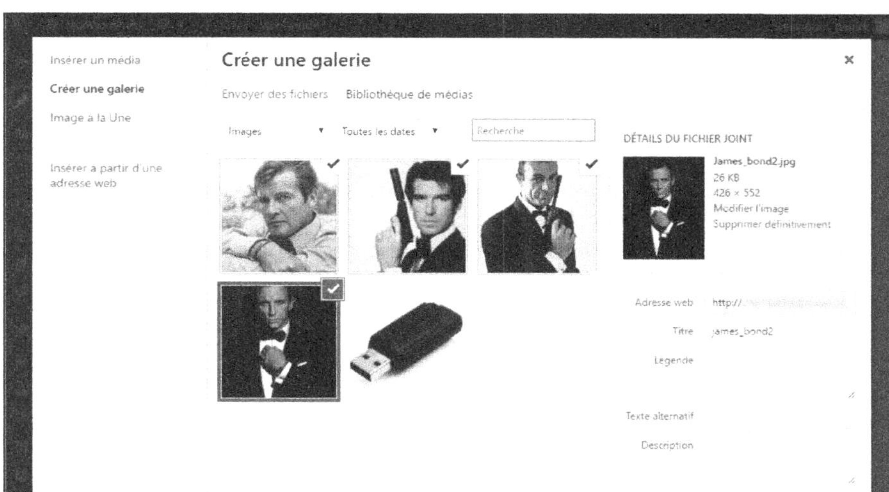

Figure 6.6 : L'onglet Créer une galerie de l'outil de téléchargement d'images.

2. **Glisser-déposer les images de sortes à ce qu'elles apparaissent dans l'ordre que vous souhaitez les afficher sur votre site Web.**

   Vous pouvez également inclure une courte légende pour chaque image en cliquant sur la zone de texte sous chaque image.

3. **Spécifiez différentes options pour votre galerie :**
   - *Lier à :* Sélectionnez *Aucun*, *Fichier média* ou *Page de fichier joint*.
   - *Colonnes :* Sélectionnez le nombre de colonnes d'images que vous souhaitez affecter à votre galerie.
   - *Ordre aléatoire :* Affiche les images aléatoirement.

Figure 6.7 : Réorganisez l'ordre d'affichage des photos.

4. **Cliquez sur le bouton Insérer la galerie.**

   Cliquez sur l'onglet Texte de l'éditeur HTML pour voir le *shortcode* que WordPress a automatiquement inséré et qui ressemble à ceci : [gallery] (Figure 6.8). Un shortcode est un mot-clé écrit entre crochets que l'on insère dans les articles, les pages ou les barres latérales. Les extensions et les thèmes fournissent des shortcodes. Ces derniers représentent une façon d'activer ces fonctionnalités. Préférez utiliser les shortcodes fournis par les extensions au lieu de ceux des thèmes, de sorte que, lorsque vous changerez de thème WordPress, vous n'aurez pas à refaire votre site !

   Le Tableau 6.2 recense quelques shortcodes de galeries que vous pouvez utiliser manuellement pour spécifier les paramètres d'affichage de votre galerie de photos.

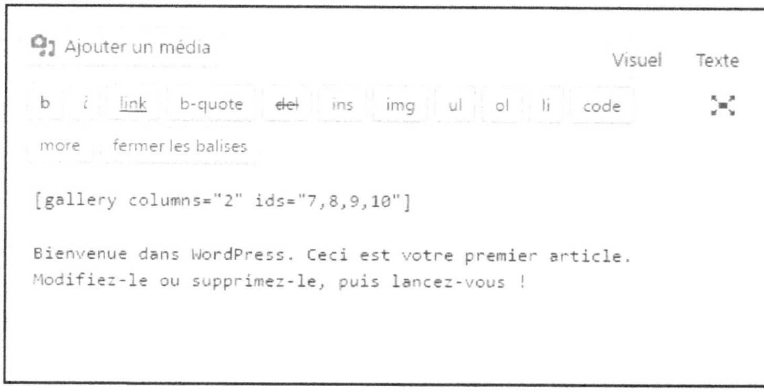

Figure 6.8 : WordPress insère un shortcode de type galerie.

Tableau 6.2 : Des exemples de shortcodes de galeries

Code raccourci de la galerie	Résultat
`[gallery columns="4" size="medium"]`	Une galerie à quatre colonnes contenant des images de dimensions moyennes
`[gallery columns="10" id="125" size="thumbnail"]`	Une galerie de dix colonnes contenant des miniatures extraites de l'article dont l'ID est 125
`[gallery captiontag="p" icontag="span"]`	Une galerie à trois colonnes (par défaut) dans laquelle chaque image est délimitée par les balises <span></span> et dont la légende est délimitée par les balises <p></p>

5. **(Facultatif) Modifiez l'ordre d'apparition des images dans la galerie, ainsi que les balises (balises HTML ou sélecteurs CSS) :**

   - **captiontag :** Modifie les balises qui délimitent la légende de l'image. Voici quelques exemples : [gallery captiontag=»div»] place des balises <div> et </div> autour de la légende de l'image (la balise <div> est considérée comme un élément de niveau bloc et crée un conteneur distinct pour le contenu) ; pour que la galerie apparaisse sur sa propre ligne, le code [gallery captiontag="p"] place des balises <p class=»gallerycaption»></p> autour de la légende de l'image. La balise par défaut de l'option *captiontag* est *dd*.
   - **icontag :** Définit la balise HTML qui délimite chaque miniature dans votre galerie. Par exemple, [gallery captiontag=»p»] place les balises <p class="gallerycaption"></p> autour de chaque icône miniature. La balise par défaut de l'option *icontag* est *dt*.
   - **itemtag :** Définit la balise HTML qui délimite chaque élément de votre galerie. Par exemple, [gallery itemtag=»span»] place des balises <spanclass=»gallery-item»></span> autour de chaque élément de la galerie. La balise par défaut de l'option *itemtag* est *dl*.

- **orderby :** Définit l'ordre dans lequel les images sont affichées dans votre galerie. Par exemple, [gallery orderby="menu_order ASC"] affiche les miniatures dans l'ordre ascendant du menu. Un autre paramètre que vous pouvez utiliser est set ID_order ASC, qui affiche les miniatures dans l'ordre ascendant en fonction de leur ID.

6. **Définissez le style des éléments <span> dans votre feuille de styles CCS.**

   Les balises <span> créent un élément en ligne ; un élément qui est contenu dans une balise <span> demeure sur la même ligne que l'élément qui le précède ; il n'y a pas de césure de ligne. Vous devrez connaître un peu CSS pour modifier les balises <span>. Cliquez sur l'onglet Apparence dans le Tableau de bord, puis cliquez sur le sous-onglet Éditeur pour modifier la feuille de styles de votre thème. Voici un exemple de ce que vous pouvez ajouter à la feuille de styles (*styles.css*) du thème courant :

```
span.gallery-icon img {
padding: 3px;
background: white;
border: 1px solid black;
margin: 0 5px;
}
```

   En plaçant ce morceau de CSS dans la feuille de styles (styles.css) de votre thème courant, vous insérez automatiquement un bord noir de 1 pixel d'épaisseur autour de chaque miniature, avec une marge intérieure de 3 pixels et un fond blanc. Les marges de gauche et de droite sont larges de 5 pixels, ce qui crée un espacement esthétique entre les images de la galerie.

7. **Cliquez sur le bouton Mettre à jour le fichier pour sauvegarder les modifications apportées à votre modèle Feuille de styles (style.css).**

La Figure 6.9 montre mon article où la galerie de photos est affichée avec les valeurs et options par défaut.

Figure 6.9 : Une galerie de photos insérées dans mon article.

LES EXTENSIONS WORDPRESS POUR CRÉER DES GALERIES

Voici quelques extensions excellentes pour la création de galeries. Reportez-vous au Chapitre 7 pour voir comment installer et utiliser des extensions WordPress.

NextGEN Gallery par Alex Rabe : Cette extension crée des galeries de photos ordonnables, permettant d'afficher les miniatures dans un ordre aléatoire ou dans l'ordre de la plus récente à la moins récente dans votre colonne latérale en utilisant des widgets, et bien plus encore. Vous pouvez la télécharger sur `http://wordpress.org/extend/plugins/nextgen-gallery/`.

Gallery Bank – Photo Galleries & Albums : Gallery Bank Bank est un super plug-in qui crée de belles galeries et de beaux albums pour les sites Web WordPress. Vous pouvez la télécharger sur `https://wordpress.org/plugins/gallery-bank/`.

WP Easy Gallery » WordPress Gallery Plugin : Cette extension vous permet de créer des diaporamas en ligne à partir de votre dossier d'images téléchargées. Vous pouvez la télécharger sur `https://wordpress.org/plugins/wp-easy-gallery/`.

Insérer des fichiers vidéo dans vos articles

Que vous produisiez vos propres vidéos pour la publication ou que vous souhaitiez inclure les vidéos d'autres personnes que vous trouvez intéressantes, il n'a jamais été aussi simple d'ajouter une vidéo avec WordPress.

Consultez un bon exemple de site WordPress ayant recours à la vidéo sur `http://www.thedogfiles.com/`. Ce site diffuse des vidéos d'information et de divertissement.

Plusieurs sites Web d'hébergement de vidéos vous permettent d'ajouter des vidéos aux articles de votre site. Le service YouTube de Google (`http://youtube.com`) en est un bon exemple. Pour ajouter une vidéo disponible sur le Web, cliquez sur l'icône Ajouter un média, puis cliquez sur le lien Insérer à partir d'une adresse web et suivez ces étapes :

1. **Saisissez l'URL (adresse Internet) de la vidéo dans le champ Adresse Web de la vidéo**.

   Saisissez l'intégralité de l'URL, dont les parties *http* et *www*. Les fournisseurs de vidéos tels que YouTube donnent généralement un lien direct vers le fichier de la vidéo (URL) sur leur site, que vous pouvez alors copier et coller (Figure 6.10).

2. **(Facultatif) Saisissez le titre de la vidéo**.

   En donnant un titre à la vidéo, vous fournissez une petite description de cette dernière. C'est une bonne idée : cela permet à vos lecteurs de deviner ce dont il y est question.

Figure 6.10 : Insertion d'une vidéo YouTube dans un article.

3. **Cliquez sur le bouton Insérer dans l'article.**

   Un lien vers la vidéo est inséré dans votre article. WordPress n'inclut pas la vidéo dans l'article (ne télécharge pas la vidéo) ; il n'insère qu'un lien vers la vidéo. Les visiteurs de votre site doivent cliquer sur le bouton Play pour lancer la vidéo.

Les étapes précédentes vous offrent la possibilité d'insérer un lien hypertexte d'une vidéo hébergée sur un autre site (comme `YouTube.com`). Vous pouvez également incorporer des vidéos au sein de vos pages et articles en tapant simplement l'URL de la vidéo comme si c'était du simple texte. Faite simplement un copier-coller de l'adresse de la vidéo dans vos articles, WordPress reconnaîtra qu'il s'agit d'une vidéo. Consultez `https://codex.wordpress.org/Embeds` pour connaître tous les services d'hébergement de vidéos compatibles avec WordPress.

Pour télécharger un fichier vidéo de votre propre ordinateur et le publier sur votre site, cliquez sur le lien Ajouter un média dans la page Ajouter un nouvel article ou Modifier l'article, et suivez ces étapes :

1. **Cliquez sur le bouton Choisir des fichiers.**

   Une boîte de dialogue s'ouvre à l'écran.

2. **Sélectionnez le fichier de la vidéo que vous souhaitez télécharger, et cliquez sur Ouvrir (ou double-cliquez sur le fichier).**

   Vous retournez sur la fenêtre de l'outil de téléchargement de WordPress, qui affiche une barre de progression. Lorsque le téléchargement est terminé, une boîte contenant plusieurs options s'affiche.

3. **Saisissez le titre pour le fichier dans le champ Titre.**
4. **Saisissez une légende pour le fichier dans le champ Légende.**
5. **Saisissez une description du fichier dans le champ Description.**
6. **Cliquez sur Intégrer ou lier et choisissez Lien vers le fichier média.**

   Cela génère un lien direct vers le fichier de la vidéo lui-même dans votre article.

7. **Cliquez sur Insérer dans l'article.**

   Un lien vers la vidéo est inséré dans votre article. WordPress n'inclut pas un lecteur de vidéos dans l'article ; il n'insère qu'un lien vers la vidéo. Les visiteurs de votre site peuvent cliquer sur le lien pour afficher une autre page où la vidéo peut être jouée.

Insérer des fichiers audio dans vos articles

Les fichiers audio peuvent être des fichiers de musique ou un enregistrement de vous-même parlant à vos lecteurs ; ils permettent d'ajouter une touche très personnelle à votre site. Vous pouvez facilement partager des fichiers audio à l'aide de la fonctionnalité de téléchargement de fichiers audio de WordPress. Une fois que vous avez inséré un fichier audio dans vos articles, vos lecteurs peuvent l'écouter sur leur ordinateur, ou le télécharger sur un lecteur MP3 et le jouer sur leur lecteur durant leur trajet au travail, s'ils le souhaitent.

Cliquez sur l'icône Ajouter un média dans la page Ajouter un nouvel article ou Modifier l'article, et suivez ces étapes :

1. **Cliquez sur le bouton Choisir des fichiers.**

   Une boîte de dialogue apparaît à l'écran.

2. **Sélectionnez le fichier que vous souhaitez télécharger, et cliquez sur Ouvrir (ou double-cliquez sur le fichier).**

   Vous retournez sur la fenêtre de l'outil de téléchargement de WordPress, qui affiche une barre de progression pendant que votre fichier audio se télécharge. Lorsque le téléchargement est terminé, une boîte contenant plusieurs options s'affiche.

3. **Saisissez le titre pour le fichier dans le champ Titre.**
4. **Saisissez une légende pour le fichier dans le champ Légende.**
5. **Saisissez une description du fichier dans le champ Description.**
6. **Cliquez sur Intégrer ou lier et choisissez Lien vers le fichier média.**

   Cela génère un lien direct du fichier audio lui-même dans votre article.

7. **Cliquez sur Insérer dans l'article.**

   Un lien vers le fichier audio est inséré dans votre article. WordPress n'inclut pas un lecteur audio dans l'article ; il n'insère qu'un lien vers le fichier. Les visiteurs de votre site peuvent cliquer sur le lien pour afficher une autre page où le fichier audio peut être joué.

Des extensions WordPress existent et peuvent améliorer les fonctionnalités des fichiers audio dans votre site. Reportez-vous au Chapitre 7 pour plus d'informations sur l'installation des extensions de WordPress.

Organiser les fichiers multimédias

Si vous tenez votre site depuis quelque temps déjà, vous pouvez facilement oublier quels fichiers vous avez téléchargés avec l'outil de téléchargement de WordPress. Avant, il fallait se connecter à son serveur Web *via* FTP et consulter le répertoire des téléchargements (*uploads*) pour voir ce qu'il contenait.

Dorénavant, la Bibliothèque de médias de WordPress est très pratique pour consulter les fichiers qui se trouvent dans votre répertoire *uploads*.

Pour trouver une image, une vidéo ou un fichier audio que vous avez téléchargé, suivez ces étapes :

1. **Cliquez sur le menu Médias du panneau d'administration WordPress, puis cliquez sur Bibliothèque.**

   Vous verrez tous les fichiers que vous avez téléchargés sur votre blog avec l'outil de téléchargement (Figure 6.11). Les fichiers que vous avez téléchargés par d'autres méthodes, comme FTP, ne sont pas affichés dans la Bibliothèque de médias.

Figure 6.11 : La Bibliothèque de médias affiche tous les fichiers que vous avez téléchargés sur votre site.

2. **Sélectionnez le fichier que vous souhaitez réutiliser, et cliquez sur le lien Afficher.**
3. **Spécifiez les options pour l'image : titre, légende, description, cible du lien, alignement et taille.**
4. **Cliquez sur le Supprimer définitivement si vous ne souhaitez plus conserver cette image.**

La page Bibliothèque de médias liste tous les fichiers que vous avez téléchargés sur votre site WordPress. Par défaut, la page affiche tous les types de fichiers, mais vous pouvez filtrer les médias : *Image*, *Sons*, *Vidéo* et *Non attaché* pour spécifier le type de fichiers que vous souhaitez visualiser. L'option *Non attaché* fait référence aux médias qui n'ont pas été insérés dans un article ou un page. Ils sont présents dans votre bibliothèque, mais non utilisés.

Vous pouvez effectuer les tâches suivantes dans la page Bibliothèque de médias :

- **Filtrer les fichiers de médias par dates** : Si vous souhaitez visualiser tous les fichiers de médias qui ont été téléchargés en octobre 2016, par exemple, sélectionnez la date dans le menu déroulant.
- **Rechercher des fichiers de médias en utilisant un certain mot-clé** : Si vous souhaitez chercher dans la Bibliothèque de médias tous les fichiers qui font référence à des chats, saisissez le mot chats dans le champ de recherche en haut à droite de la page Bibliothèque de médias. Cliquez alors sur le bouton Chercher parmi les médias ; la page est rechargée pour ne plus afficher que les fichiers de médias qui contiennent le mot-clé chats.
- **Supprimer des fichiers de médias** : Cochez la petite case blanche qui apparaît sur la gauche de chaque miniature dans la page Bibliothèque de médias ; sélectionnez alors Supprimer dans la liste déroulante à côté du bouton Appliquer en haut à gauche, puis cliquez sur ce bouton. La page est rechargée, et le fichier de média que vous avez supprimé disparaît de la liste.
- **Visualiser les fichiers de médias** : Dans la page bibliothèque de médias, cliquez sur la miniature du fichier que vous souhaitez visualiser. Le fichier s'ouvre dans votre navigateur Web. Si nécessaire, vous pouvez copier le lien permanent du fichier depuis la barre d'adresse de votre navigateur.

LES EXTENSIONS WORDPRESS AUDIO ET VIDÉO

Voici quelques extensions excellentes pour l'audio et la vidéo. Reportez-vous au Chapitre 7 pour voir comment installer et utiliser des extensions WordPress.

CP Media Player : Associez une playlist à votre lecteur multimédia et modifiez son apparence pour qu'elle corresponde le mieux possible à votre site. Vous pouvez la télécharger sur `https://wordpress.org/plugins/audio-and-video-player/`.

Compact WP Audio Player : Utile pour intégrer un fichier audio mp3 sur votre article ou votre page WordPress à l'aide d'un *shortcode*. Le lecteur audio est beau et compact, et fonctionnera sur les principaux navigateurs. Vous pouvez la télécharger sur `https://wordpress.org/plugins/compact-wp-audio-player/`.

Blubrry PowerPress Podcasting plugin : Ce plug-in prend en charge plusieurs formats de médias et crée automatiquement un flux RSS podcast. Prend en charge iTunes, Google Play, Stitcher, *etc.* Vous pouvez la télécharger sur `https://wordpress.org/plugins/powerpress/`.

Video Slider : Cette extension vous permet de lire des vidéos de YouTube ou Vimeo. Personnalisez le comportement de lecture, les légendes, les animations, la conception et plus encore. Vous pouvez la télécharger sur `https://wordpress.org/plugins/powr-video-slider/`.

YouTube embeded Plugin : Intégrez une vidéo *responsive* (qui s'adapte à la taille de l'écran), une galerie de chaînes YouTube ou une galerie de playlists. Vous pouvez la télécharger sur `https://wordpress.org/plugins/youtube-embed-plus/`.

Chapitre 7

Tirer le meilleur parti des extensions WordPress

DANS CE CHAPITRE :

- **Comprendre les extensions.**
- **Trouver, télécharger et décompresser les fichiers des extensions.**
- **Télécharger et installer des extensions depuis WordPress.**
- **Activer et utiliser des extensions.**
- **Désinstaller des extensions.**
- **Explorer des extensions open source.**

Une bonne part du plaisir que vous prenez à gérer un site WordPress tient à la possibilité d'installer des centaines d'extensions qui étendent les fonctions et les options de votre site. Les extensions WordPress sont un peu comme ces jantes que vous pouvez rajouter à une voiture : même si elles ne sont pas livrées avec la voiture, ce sont des accessoires qui permettent d'en faire un véhicule d'exception.

Dans ce chapitre, vous apprendrez ce que sont les extensions, comment en trouver et en installer, et comment elles peuvent améliorer votre site jusqu'à le rendre unique. Les extensions permettent aussi de rendre plus fascinante l'expérience de vos utilisateurs en leur proposant toute une série d'outils pour interagir et participer – exactement ce que vous souhaitez qu'ils fassent !

Ce chapitre suppose que vous ayez déjà installé WordPress sur votre serveur Web, car les extensions ne fonctionnent qu'avec le logiciel WordPress.org. Si vous parcourez ce livre et n'avez pas encore installé WordPress sur votre serveur Web, reportez-vous au Chapitre 3 pour des instructions.

Les utilisateurs de WordPress.com ne peuvent pas installer ni configurer d'extensions sur leurs site hébergés. Ce n'est pas moi qui édicte les règles, alors de grâce, ne me le reprochez pas !

DÉVELOPPER DES EXTENSIONS, UNE COMMUNAUTÉ ACTIVE

Bien que les extensions soient écrites et développées par les personnes qui ont les compétences requises pour le faire, la communauté des utilisateurs WordPress est également partie prenante au bon développement des extensions. Les utilisateurs finaux sont ceux qui ont installé ces extensions sur leurs propres sites. Par conséquent, ces mêmes utilisateurs sont aussi les premiers à faire des retours aux développeurs quand quelque chose ne fonctionne pas bien.

Les extensions les plus populaires sont créées par des développeurs qui encouragent la communication avec les utilisateurs de base. WordPress fait partie de ces grands projets open source dans lesquels la relation entre les développeurs et les utilisateurs favorise un environnement créatif et maintient le projet d'actualité.

Découvrir ce que sont les extensions

Une *extension* est un petit programme qui, lorsqu'il est ajouté à WordPress, interagit avec le logiciel pour le doter de fonctionnalités supplémentaires. Les extensions ne font pas partie du logiciel de base ; ce ne sont pas non plus des logiciels à part entière. Elles ne peuvent pas fonctionner toutes seules ; elles ont besoin d'un logiciel qui les héberge (WordPress, dans notre cas) pour fonctionner.

Les *développeurs* d'extensions sont les personnes qui écrivent ces bijoux et qui les partagent avec le reste d'entre nous, gratuitement, en général. Tout comme WordPress, les extensions sont donc des solutions essentiellement gratuites pour quiconque veut personnaliser son site en fonction de ses besoins.

Il existe littéralement des milliers d'extensions pour WordPress – ce qui est bien trop pour que j'en dresse la liste dans ce seul chapitre. Alors, voici seulement quelques exemples de ce que les extensions vous permettent d'ajouter à votre site WordPress :

- **Notification par e-mail** : Vos plus grands fans peuvent s'inscrire pour recevoir un e-mail de notification chaque fois que vous apportez une modification à votre site.
- **Soumettre votre site aux réseaux sociaux** : Permettez à vos lecteurs de soumettre les articles de votre site à quelques-uns des réseaux sociaux les plus connus, tels que Twitter ou Facebook.
- **Des statistiques** : Découvrez l'origine de votre trafic, les articles de votre site les plus populaires, combien de personnes viennent sur votre site par jour, par mois, par année…

Le Chapitre 15 vous donne un aperçu des extensions les plus populaires du moment. En attendant, ce chapitre vous guide pas à pas pour trouver des extensions, les installer sur votre site WordPress, les gérer et résoudre les problèmes qu'elles peuvent éventuellement poser.

Explorer la page des extensions installées

Avant de commencer à installer des extensions pour votre site, il est important que vous exploriez la page Extensions installées du Tableau de bord WordPress pour comprendre comment gérer les extensions une fois que vous les avez installées. Cliquez sur le menu Extensions, puis sur Extensions installées (page représentée sur la Figure 7.1).

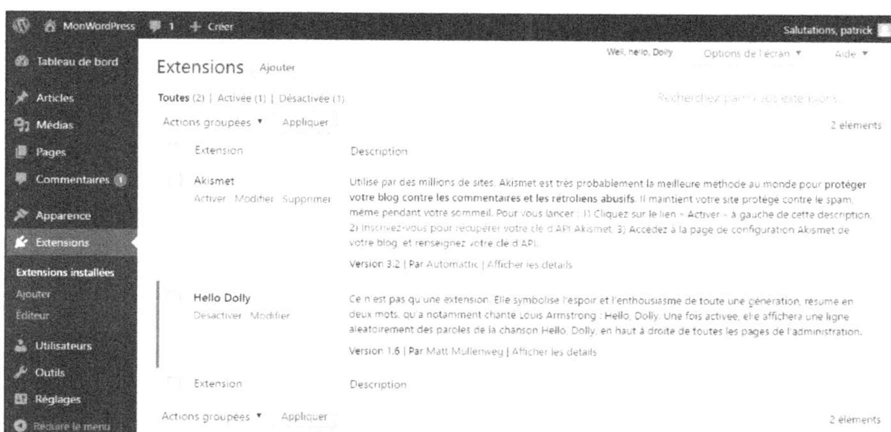

Figure 7.1 : La page Extensions installées du Tableau de bord de WordPress.

La page Extensions installées est l'endroit où vous gérez toutes les extensions que vous installez sur votre site WordPress. Cette page est composée de trois liens :

- **Toutes** : Liste les extensions actives et inactives de votre site. La Figure 7.1 vous montre que j'ai pour l'instant activé une seule extension, Hello Dolly.
- **Activées** : Liste les extensions utilisées sur votre site.
- **Désactivées** : Liste les extensions qui ne sont pas activées sur votre site (Akismet, par exemple). Ces extensions existent dans le répertoire plugins de votre serveur Web, mais comme vous ne les avez pas activées, elles sont listées comme disponibles et non comme actives.
- **Récemment désactivées** : Ce lien n'apparait que si vous avez récemment désactivé une extension. Cela est utile pour savoir quelle extension vous avez récemment désactivée.
- **Automatique (Must-use)** : Ce lien n'apparaît que si vous avez installé des extensions dans le dossier /wp-content/mu-plugins/ de votre serveur WordPress. Il s'agit d'extensions obligatoires qui doivent être installées manuellement (généralement par un développeur) et ne donnent pas aux administrateurs du site la possibilité de les supprimer ou de les désactiver depuis le Tableau de bord (sauf à supprimer les fichiers directement sur le serveur).
- **Drop-ins** : Les « drop-ins » sont des extensions avancées contenues dans le dossier /wp-content ; elles permettent le remplacement de certaines fonctionnalités de WordPress (principalement liées à la mise en cache ou à d'autres paramètres spécifiques au serveur). Ces fichiers ne s'affichent pas dans la liste principale des extensions car ils appartiennent à d'autres extensions.

Lorsque vous ne souhaitez plus du tout utiliser une extension, cliquez sur le lien Désactiver qui se trouve sous son nom ; l'extension passe dans la section Désactivée, ce qui signale qu'elle est toujours installée sur votre site mais qu'elle n'est plus activée. De même, pour activer une extension, cliquez sur le lien Activer (par exemple, l'extension Akismet sur la Figure 7.1) ; l'extension est déplacée dans la liste des extensions actuellement activées, signalant qu'elle est installée et activée.

En un coup d'œil, vous pouvez facilement savoir quelles sont les extensions actives et inactives, grâce à la couleur d'arrière-plan de chaque extension répertoriée. Un fond bleu signifie que l'extension est active. Un fond blanc indique que l'extension est inactive. Dans la Figure 7.1, l'arrière-plan de l'extension Akismet est blanc et celui de Hello Dolly est bleu.

Vous pouvez gérer en nombre vos extensions dans la page Extensions installées. Vous pouvez désactiver toutes les extensions en une fois en cochant la case à gauche de chaque nom d'extension, puis en sélectionnant Désactiver dans la liste déroulante avant de cliquer sur le bouton Appliquer. Pour sélectionner toutes les extensions d'un seul coup, cochez la case à gauche de l'en-tête du tableau correspondant.

La page Extensions installées contient des tableaux composés de deux colonnes qui donnent des détails sur chaque extension :

- **Extension** : Contient le nom de l'extension pour vous permettre de la retrouver facilement lorsque vous passez les extensions en revue. Généralement, le nom de l'extension est aussi relié à la page consacrée à l'extension sur le site Web de l'auteur ou à une page qui contient des informations supplémentaires sur cette dernière.
- **Description** : Contient une description de l'extension et, parfois, quelques brèves instructions sur l'utilisation de cette dernière. Elle contient également le numéro de version de l'extension. Parfois, l'auteur d'une extension distribue une mise à jour et modifie en conséquence le numéro de version sur le site Web de l'extension. WordPress vous alerte lorsqu'une nouvelle version est disponible (voir section suivante).

Mettre à jour une extension

Pour bien des raisons, essentiellement liées à la sécurité, vous devez vérifier que vous disposez toujours de la dernière version en date de toutes les extensions que vous utilisez sur votre site. Étant donné tout ce que vous avez à faire dans la journée, comment peut-il être possible de connaître toutes les extensions que vous utilisez et de savoir si elles ont été mises à jour ?

Vous n'avez pas à vous en préoccuper : WordPress s'en charge à votre place.

La Figure 7.2 montre une version obsolète de deux extensions : Sucuri Security et Ultimate Form Builder. WordPress affiche un message sous la description de ces extensions pour vous informer qu'une nouvelle version est disponible.

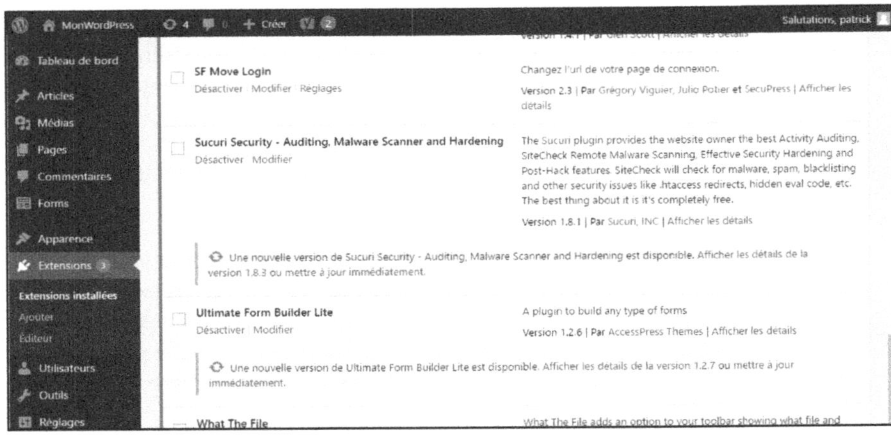

Figure 7.2 : WordPress vous alerte lorsqu'une nouvelle version d'une extension est disponible.

Non seulement WordPress affiche un message pour vous signaler la disponibilité d'une nouvelle version de l'extension, mais il vous propose aussi un lien vers une page où vous pouvez télécharger cette nouvelle version et un lien sur lequel vous pouvez cliquer pour mettre à jour l'extension directement, ce qui permet une mise à jour en un clic.

Cliquez sur le lien Mettre à jour immédiatement, et WordPress recherche les nouveaux fichiers sur les serveurs de WordPress, les télécharge dans votre répertoire */wp-content/plugins/*, supprime la précédente version de l'extension et active la nouvelle. L'écran de la Figure 7.3 signale que l'extension Sucuri Security vient d'être mise à jour.

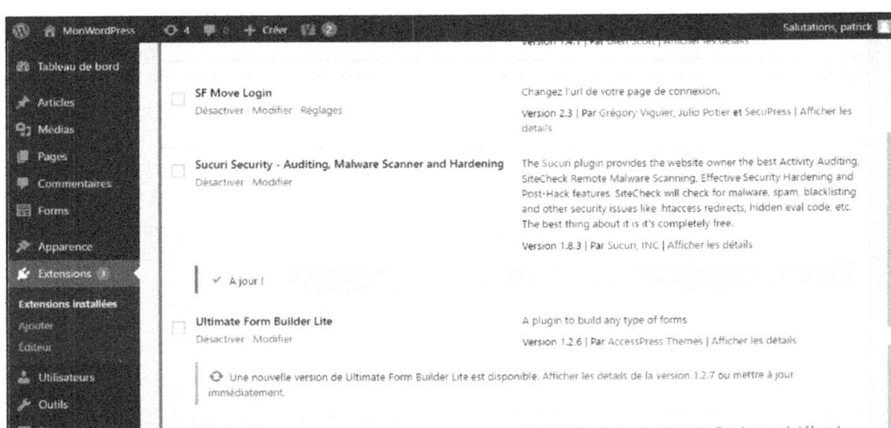

Figure 7.3 : Mise à jour d'une extension.

WordPress vous informe lorsqu'une extension n'est plus à jour et vous propose de la mettre à jour en un clic seulement si l'extension est recensée dans le répertoire des extensions officielles de WordPress (`https://wordpress.org/plugins/`). Si vous utilisez une extension qui n'est pas recensée dans ce répertoire, la notification et la mise à jour en un clic ne fonctionneront pas pour cette dernière.

N'ignorez les messages de mise à jour de vos extensions WordPress. Les développeurs publient généralement de nouvelles versions en raison de problèmes de sécurité ou de vulnérabilités nécessitant une mise à niveau. Si vous remarquez qu'une mise à niveau est disponible pour une extension, arrêtez ce que vous faites et mettez-la à niveau, ça ne prend que quelques secondes !

Pour que la mise à jour automatique d'une extension fonctionne, votre répertoire des extensions (*/wp-content/plugins/*) doit être accessible en écriture sur votre serveur Web, ce qui signifie que vous devez lui affecter les permissions 755 ou 777 (selon la configuration de votre serveur Web). Reportez-vous au Chapitre 3 pour plus d'informations sur la manière de spécifier les permissions des fichiers sur votre serveur Web ; ou alors, contactez votre hébergeur Web pour solliciter son assistance.

Explorer les extensions livrées avec WordPress

Au moment où j'écris ces lignes, WordPress est livré avec deux extensions :

- **Akismet** : Cette extension est indispensable.
- **Hello Dolly** : Cette extension n'est pas nécessaire pour faire fonctionner votre site, mais elle permet d'y ajouter une touche amusante.

Akismet

Je mentionne régulièrement Akismet dans ce livre. Pourquoi tant d'attention ? À mon humble avis, Akismet est la mère de toutes les extensions et aucun site WordPress ne peut prétendre être complet sans mettre en œuvre une version totalement fonctionnelle d'Akismet.

Apparemment, les auteurs de WordPress sont d'accord, car l'extension a été intégrée dans chaque version du logiciel. Akismet est la réponse pour lutter contre les spams des commentaires et des rétroliens.

Pour utiliser cette extension, suivez ces étapes :

1. **Dans la page Extensions installées, cliquez sur le lien Activer sous le nom de l'extension.**

La boîte qui apparaît en haut de la page vous dit : *C'est presque fini – activez Akismet et dites adieu aux indésirables.* (Figure 7.4).

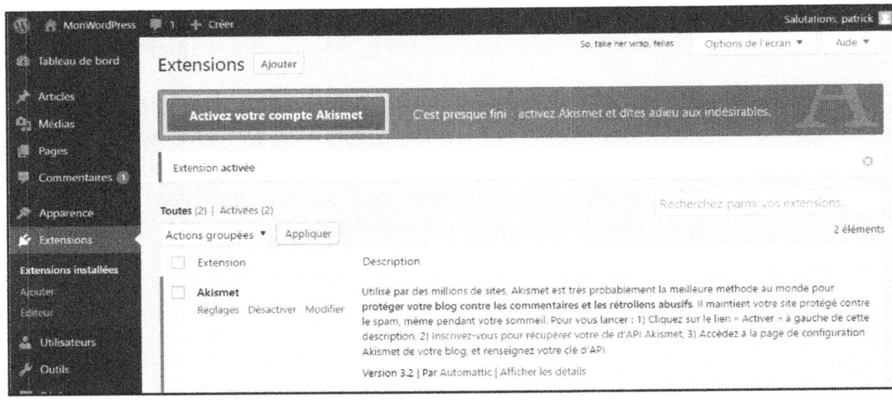

Figure 7.4 : Activation de l'extension Akismet.

2. **Cliquez sur le lien le bouton Activez votre compte Akismet.**

En cliquant sur ce lien, vous êtes renvoyé sur le site Web de WordPress.com dans votre Tableau de bord (Figure 7.5).

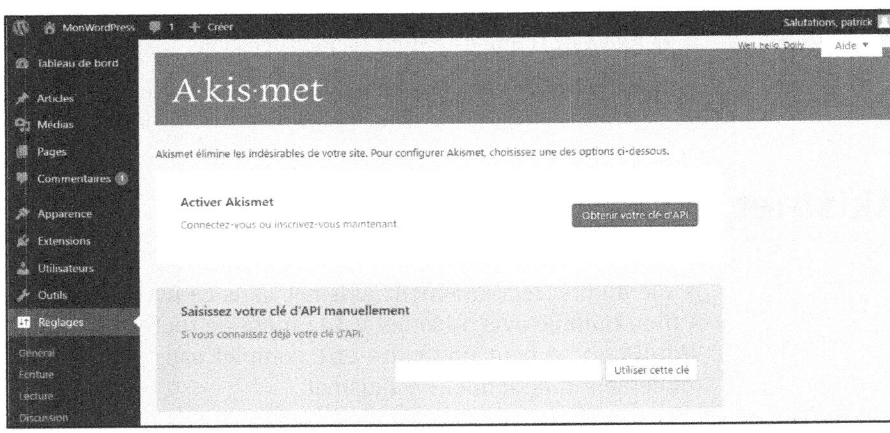

Figure 7.5 : Indication de la clé d'API.

3. **Cliquez sur le lien le bouton Obtenir votre clé d'API.**

Ceci ouvre la page d'inscription sur le site Akismet `https://akismet.com/wordpress/`. Akismet étant intimement lié à WordPress.com, si vous disposez déjà d'un compte WordPress.com, connectez-vous. Si vous ne disposez pas de compte sur WordPress.com, vous devez vous en créer un pour récupérer une clé d'API (une clé d'API est une chaîne composée de chiffres et de lettres fonctionnant comme un mot de passe unique qui vous est donnée par WordPress). Remplissez les champs, indiquez votre adresse mail, un nom d'utilisateur et mot de passe pour créer un compte.

4. **Sélectionnez le type d'abonnement souhaité pour Akismet.**

   Diverses formules sont proposées avec des degrés de services différents. Néanmoins, Aksismet propose une version gratuite pour les particuliers. Pour bénéficier de la gratuité de l'extension, déplacez la réglette vers *0€ / year*. Saisissez vos nom et prénom.

Figure 7.6 : Choix de la formule d'abonnement.

5. **Cliquez sur le message Click to activate www.votredomaine.com.**

   La clé API est automatiquement recopiée dans votre Tableau de bord. Cliquez sur le bouton Enregistrer les modifications. La configuration par défaut de l'extension Akismet intercepte les spams et les relègue dans une file d'attente où ils sont conservés durant quinze jours avant d'être supprimés automatiquement de votre base de données. Cela vaut probablement le coup de consulter la page d'alerte d'Akismet une fois par semaine pour vous assurer que l'extension n'a pas intercepté un commentaire ou un rétrolien légitime.

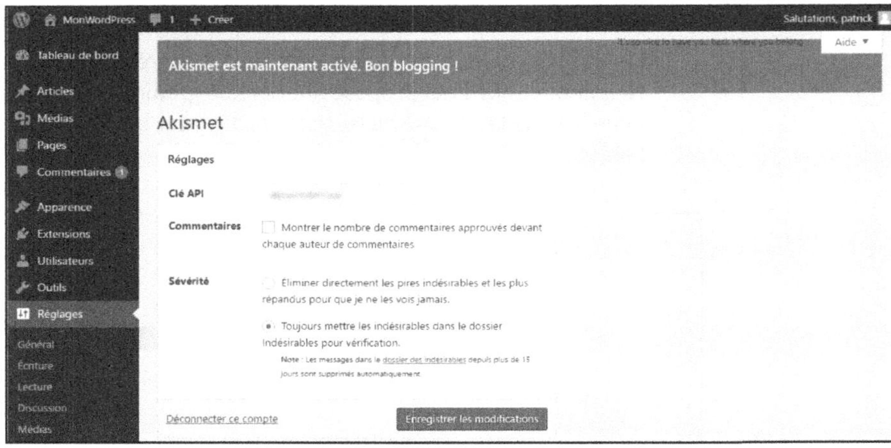

Figure 7.7 : Fin de configuration de l'extension Akismet.

Vous pouvez récupérer les commentaires et rétroliens légitimes – qui ne sont pas des spams – en procédant comme suit (une fois que vous êtes connecté et que vous vous êtes rendu dans le Tableau de bord de WordPress) :

1. **Cliquez sur le menu Commentaires.**

   La page Commentaires apparaît, affichant la liste des commentaires les plus récents de votre site.

2. **Cliquez sur le lien Indésirable.**

   La page affiche maintenant tous les commentaires indésirables que l'extension a interceptés. Naviguez dans la liste des commentaires indésirables pour rechercher tout commentaire ou rétrolien qui serait légitime. Dans cet exemple, il n'y a qu'un seul commentaire indésirable.

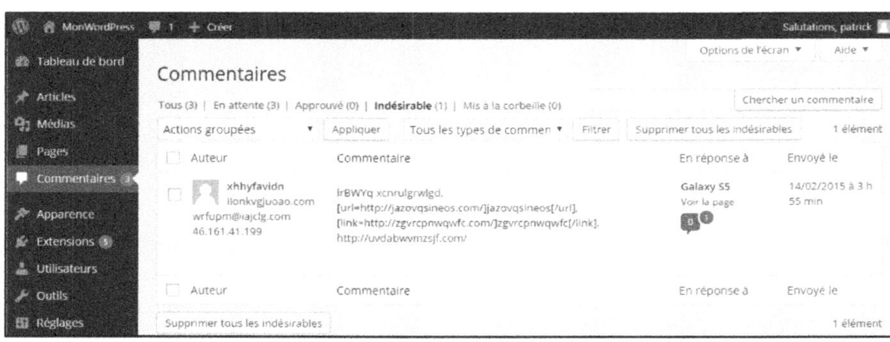

Figure 7.8 : Liste des spams de commentaires indésirables.

3. **Si vous localisez quelque chose de légitime, sélectionnez-le dans la colonne de gauche et choisissez N'est pas un indésirable dans le menu déroulant**.

   Appuyez sur le bouton Appliquer. Le commentaire est marqué comme légitime. Autrement dit, vous ne considérez plus qu'il s'agit d'un spam. Le commentaire ainsi approuvé est publié sur votre site.

Vérifiez régulièrement les spams indésirables. Je viens tout juste de découvrir que quatre commentaires légitimes avaient été interceptés par mon filtre et j'ai pu les retirer des griffes d'Akismet avant qu'ils ne disparaissent pour toujours.

Hello Dolly

Matt Mullenweg, cofondateur de WordPress, a développé l'extension Hello Dolly. Toute personne qui a suivi le développement de WordPress sait que Mullenweg est un grand fan de jazz. Comment le sait-on ? Parce que chaque version de WordPress est baptisée du nom d'une star du jazz.

Sachant cela, il n'est pas surprenant que Mullenweg ait développé une extension baptisée *Hello Dolly*. En voici une description que vous pouvez consulter dans la page Extensions installées du Tableau de bord :

> *Ce n'est pas qu'une extension. Elle symbolise l'espoir et l'enthousiasme de toute une génération, résumés en deux mots, qu'a notamment chantés Louis Armstrong : Hello Dolly. Une fois activée, elle affichera une ligne aléatoirement des paroles de la chanson* Hello Dolly, *en haut à droite de toutes les pages de l'administration.*

Est-ce nécessaire ? Non. Est-ce amusant ? Certainement !

Activez l'extension Hello Dolly dans la page Extensions installées de votre Tableau de bord. Si vous l'avez activée, WordPress vous accueille avec des paroles chaque fois différentes extraites de la chanson *Hello Dolly*.

Si vous souhaitez changer les paroles utilisées par l'extension, vous pouvez les modifier *via* le lien Modifier, à droite de l'extension Hello Dolly. La page Modifier les extensions apparaît pour vous permettre de modifier le fichier source dans un éditeur. N'oubliez pas de reporter chaque ligne de la chanson sous la forme d'une ligne dans le fichier de l'extension.

Installer des extensions automatiquement

Dans cette section, je vais vous montrer comment installer automatiquement une extension en utilisant les fonctionnalités intégrées à WordPress. L'auto-installation des extensions depuis le Tableau de bord de WordPress ne fonctionne que pour les extensions qui figurent dans le répertoire officiel des extensions de WordPress (`https://wordpress.org/plugins`). À défaut, vous pouvez installer manuellement des extensions sur votre site WordPress, procédure dont il sera question dans la section suivante.

WordPress vous facilite totalement la vie pour trouver, installer puis activer des extensions. Suivez simplement ces étapes :

1. **Cliquez sur le lien Ajouter dans le menu Extensions.**

   La page Ajouter des extensions apparaît. Vous pouvez consulter le répertoire officiel des extensions de WordPress depuis le Tableau de bord.

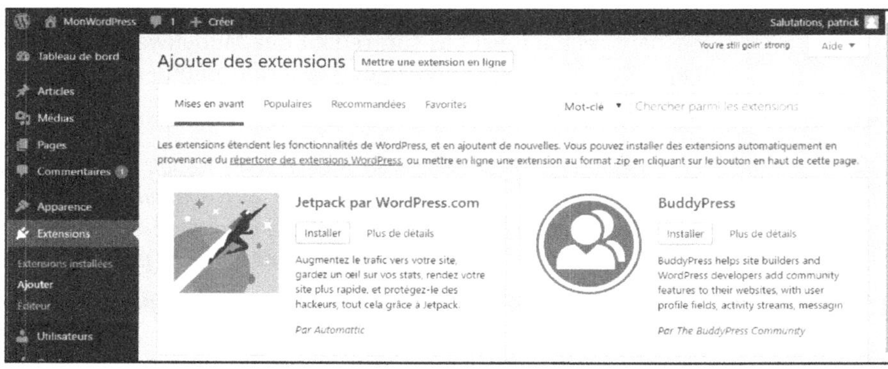

Figure 7.9 : Ajout de nouvelles extensions.

2. **Sélectionnez une extension à installer sur votre site :**

   Entrez un mot-clé pour rechercher une extension. Par exemple, si vous voulez rechercher des extensions qui vous permettent d'interagir avec Twitter, entrez le mot *Twitter* dans la zone de recherche. Vous pouvez également découvrir de nouvelles extensions en cliquant sur l'un des liens en haut de la page : *Mises en avant*, *Populaires*, *Recommandées*, *Favorites*. La Figure 7.10 montre la page des résultats pour la recherche Twitter. La première extension répertoriée est appelée *Twitter*, qui est une extension développée par la société Twitter – c'est celle que je veux installer.

Figure 7.10 : Recherche d'une extension liée à Twitter.

3. **Cliquez sur le bouton Installer.**

   Vous pouvez activer l'extension une fois installée. Retournez sur la page Extensions installées du Tableau de bord de WordPress, où vous trouvez un message de confirmation qui vous indique que l'extension a été téléchargée, décompressée et installée avec succès.

Figure 7.11 : L'extension Twitter est installée mais non activée.

4. **Cliquez sur Activer pour activer l'extension Twitter.**

L'auto-installation des extensions depuis le Tableau de bord WordPress fonctionne avec la plupart des configurations d'hébergement. Toutefois, quelques hébergeurs n'autorisent pas le type d'accès en écriture dont le répertoire des extensions de WordPress a besoin pour procéder à l'auto-installation. Si une erreur survient, ou si vous ne parvenez pas à accéder à la fonctionnalité d'auto-installation des extensions, je vous recommande d'entrer en contact avec votre hébergeur Web pour voir s'il ne peut pas vous aider.

Installer des extensions manuellement

La section qui suit vous explique comment trouver, télécharger et installer manuellement la très populaire extension Twitter, développée par Twitter.

J'utilise cette extension pour vous montrer la mécanique mise en œuvre pour télécharger, décompresser, activer et utiliser une extension dans WordPress.

L'extension Twitter offre la possibilité aux internautes de partager votre contenu sur le réseau social Twitter.

L'installation de l'extension Twitter est un exemple qui vous permet de comprendre les différentes étapes de l'installation manuelle d'une extension, mais souvenez-vous que chaque extension est différente. Il est très important de lire la description et les instructions d'installation pour chaque extension que vous souhaitez installer.

Trouver et télécharger les fichiers

La première étape pour utiliser des extensions est de localiser celles que vous souhaitez installer. Le meilleur endroit pour trouver des extensions WordPress reste le répertoire officiel des extensions : `https://wordpress.org/plugins`.

Pour trouver l'extension Twitter, suivez ces étapes :

1. **Rendez-vous sur le répertoire officiel des extensions WordPress depuis votre navigateur Web.**

   La page d'accueil s'affiche (Figure 7.12).

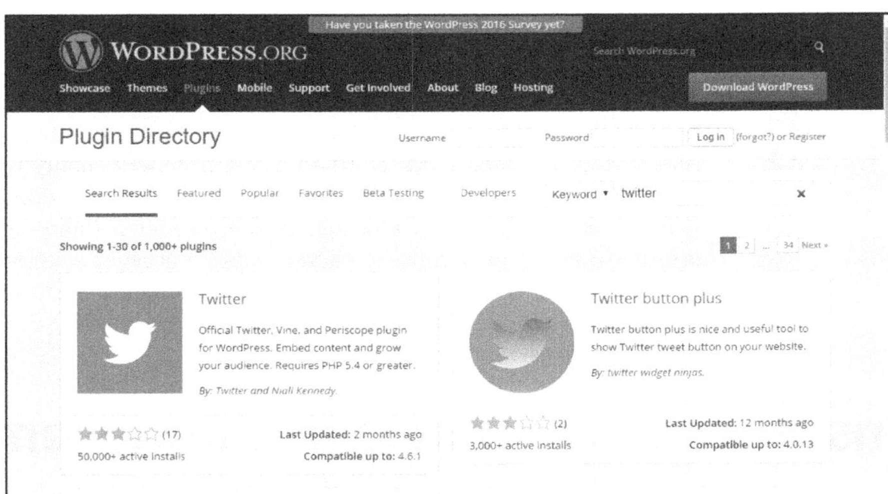

Figure 7.12 : Utilisez la fonctionnalité de recherche pour trouver l'extension dont vous avez besoin.

2. **Dans le champ de recherche en haut de la page, saisissez le mot Twitter puis appuyez sur Entrée.**

3. **Localisez l'extension Twitter dans la page de résultats, et cliquez sur le nom de l'extension.**

La page relative à l'extension Twitter apparaît. Vous y trouvez des informations relatives à l'extension, ainsi que d'autres informations sur cette dernière (Figure 7.13). Par exemple, notez ces informations importantes qui figurent dans la partie droite de l'écran :

- *Download version xxx :* Permet de télécharger l'extension. Le numéro affiché correspond à la version la plus récente de l'extension.
- *Requires :* Indique la version de WordPress dont vous avez besoin pour utiliser cette extension. Par exemple, la Figure 7.13 indique que l'extension Twitter a besoin de la version 3.09 ou ultérieure de WordPress ; cela signifie que cette extension ne fonctionne pas avec des versions antérieures à la 3.09. Bon à savoir !
- *Last Updated :* Donne la date à laquelle l'extension a été dernièrement mise à jour par l'auteur.
- *Active installs :* Indique le nombre de fois que l'extension a été téléchargée par les internautes.
- *Ratings :* Ce système de notation de 5 étoiles (1 étant le niveau le plus bas, 5 étant le plus élevé) vous permet de voir comment les autres utilisateurs de WordPress ont apprécié cette extension.

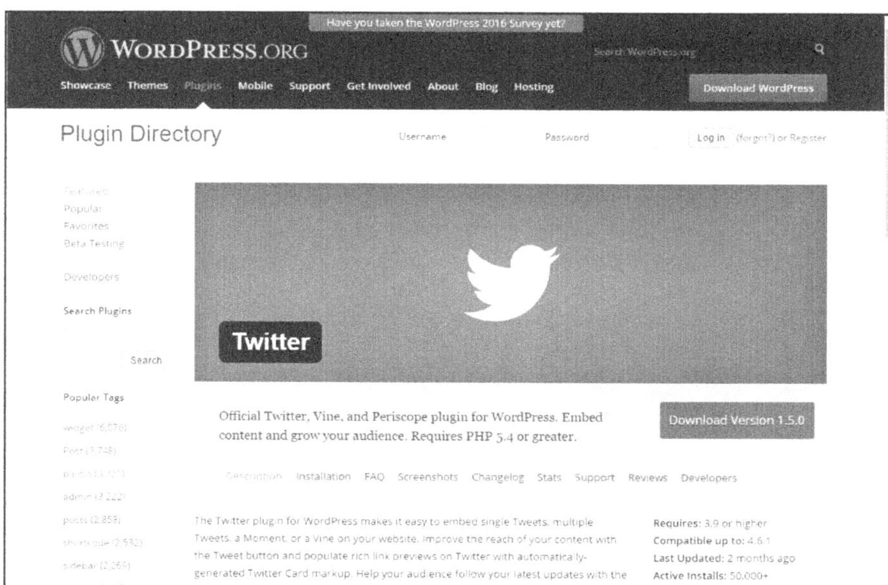

Figure 7.13 : La page de téléchargement de l'extension Twitter.

4. **Cliquez sur le bouton Download Version pour télécharger les fichiers.**

Si vous utilisez Internet Explorer, cliquez sur le bouton pour afficher une boîte de dialogue qui vous propose d'ouvrir ou d'enregistrer le fichier. Cliquez sur Enregistrer pour enregistrer le fichier zip sur votre disque dur, et souvenez-vous de l'endroit où vous l'enregistrez.

Pour les autres navigateurs, suivez les instructions de téléchargement dans la boîte de dialogue affichée.

5. **Localisez le fichier sur votre disque dur et ouvrez-le avec votre logiciel de décompression favori.**

   Si vous n'êtes pas certain de savoir comment utiliser ce logiciel de décompression, référez-vous à la documentation qui l'accompagne.

6. **Décompressez les fichiers que vous avez téléchargés.**

   La décompression des fichiers de l'extension est en soi une opération facultative. Elle permet uniquement de prendre connaissance des instructions d'utilisation de l'extension, comme vous allez le voir dans la section qui suit.

Lire les instructions

Le développeur d'une extension inclut généralement un fichier *readme* dans le fichier zip. Faites ce que le nom du fichier vous suggère : lisez-le. Ce fichier contient souvent la documentation et les instructions que vous retrouverez sur la page que le développeur a consacrée à son extension.

Veillez à lire soigneusement les instructions et respectez-les scrupuleusement. 90 % des extensions de WordPress disposent d'une très bonne documentation et d'excellentes instructions rédigées par le développeur. Si vous ne suivez pas correctement les instructions, l'extension risque, dans le meilleur des cas, de ne pas fonctionner sur votre site. Dans le pire des cas, l'extension va générer toutes sortes d'erreurs, si bien que vous devrez tout reprendre à zéro.

Vous pouvez ouvrir le fichier *readme.txt* à l'aide de n'importe quel programme éditeur de texte, tel que Bloc-Notes ou WordPad sur un PC, ou TextEdit sur Mac.

Dans le cas de l'extension Twitter, le fichier *readme.txt* contient des instructions sur le moyen de télécharger et d'installer l'extension, ainsi que des réponses aux questions les plus fréquemment posées sur les problèmes rencontrés lors de l'installation et de l'utilisation.

Chaque extension est différente, tant du point de vue du téléchargement de ses fichiers que de la configuration nécessaire pour la faire fonctionner sur votre site.

Lisez les instructions d'installation très soigneusement et suivez-les à la lettre pour installer correctement l'extension sur votre site.

Télécharger l'extension sur le serveur

Dans les versions précédentes de WordPress, vous deviez télécharger par FTP les fichiers qui composent l'extension et que vous aviez décompressés sur votre ordinateur. Maintenant, tout ce que vous devez faire est de télécharger, *via* le Tableau de bord, le fichier zip. Assurez-vous que vous êtes connecté à votre Tableau de bord WordPress.

Il n'est donc pas absolument indispensable de décompresser le fichier zip sur votre ordinateur, si ce n'est pour prendre connaissance des consignes du développeur.

Pour installer l'extension Twitter *via* le Tableau de bord WordPress, suivez ces quelques étapes :

1. **Cliquez sur le bouton Ajouter depuis la page Extensions installées.**
2. **Cliquez sur le bouton Mettre en ligne une extension situé en haut de la page.**

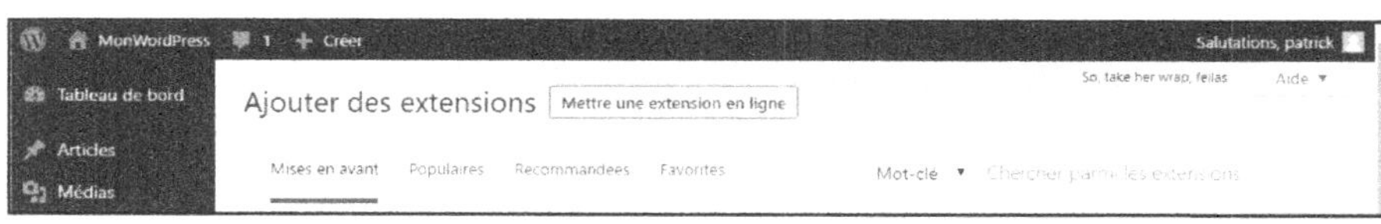

Figure 7.14 : Installation manuelle d'une extension.

3. **Cliquez sur le bouton Choisissez un fichier.**

   S'ouvre une boîte de dialogue qui vous permet de localiser le fichier zip de l'extension que vous souhaitez installer. Dans cet exemple, il s'agit du fichier *twitter.1.5.0.zip* (Figure 7.15).

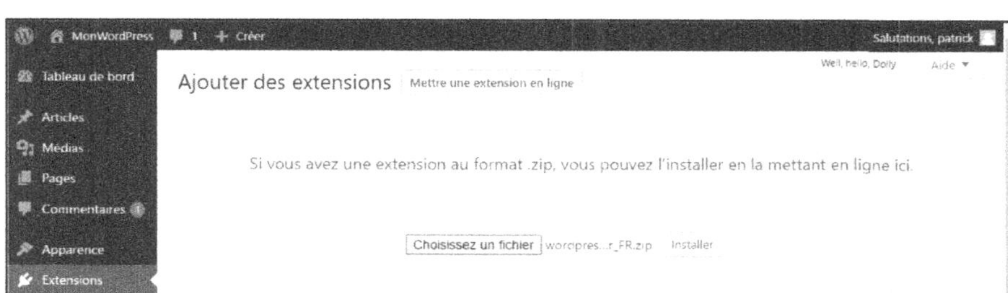

Figure 7.15 : Sélection du fichier zip.

4. **Cliquez sur le bouton Installer.**

   WordPress télécharge le fichier zip dans le dossier */wp-content/plugins/* situé sur votre serveur Web, le décompresse et l'installe. La Figure 7.16 montre la page d'installation de l'extension.

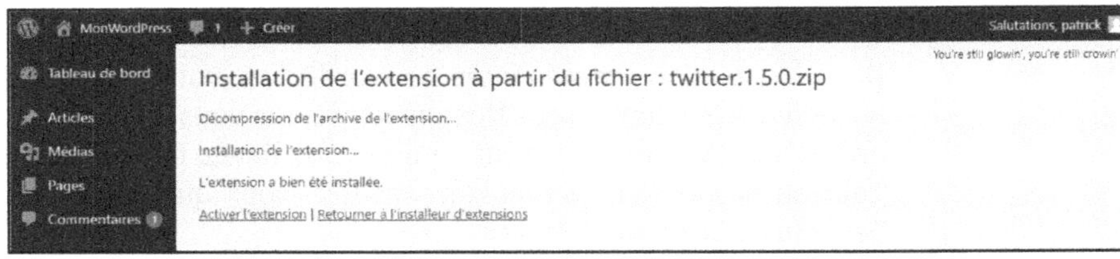

Figure 7.16 : Messages liés à l'installation de l'extension.

Vous auriez pu également recopier « à la main » sur votre serveur Web le dossier */twitter* de votre disque dur (qui contient l'archive décompressée) et le recopier *via* un client FTP dans le dossier */wp-content/plugins/* du serveur. Ce dossier contient toutes les extensions actuellement installées sur votre site WordPress.

Activer l'extension

Les extensions de la page Extensions installées sont soit actives, soit inactives. Pour activer une extension, suivez ces étapes :

1. **Cliquez sur le menu Extensions.**
2. **Localisez l'extension Twitter et cliquez sur le lien Activer sous son nom.**

   La page Extensions installées est rafraîchie, et l'extension Twitter figure comme étant activée.

Si vous avez suivi toutes les étapes, félicitations ! Vous avez installé l'extension Twitter. Bravo !

Modifier les options de l'extension

Certaines extensions de WordPress, mais pas toutes, proposent une page d'administration qui vous permet de modifier les options desdites extensions. Vous trouverez cette page d'administration à l'un des endroits suivants :

- la page Divers du menu Réglages ;
- le menu Outils du panneau d'administration ;

» le menu Extensions du panneau d'administration ;

» le panneau d'administration lui-même (certaine extensions créent leur propre menu, c'est le cas de Twitter) ;

» la barre d'outils visible en haut de n'importe quelle page.

Vous pouvez accéder à la page d'administration de l'extension Twitter depuis le menu Twitter directement depuis le panneau d'administration (Figure 7.17).

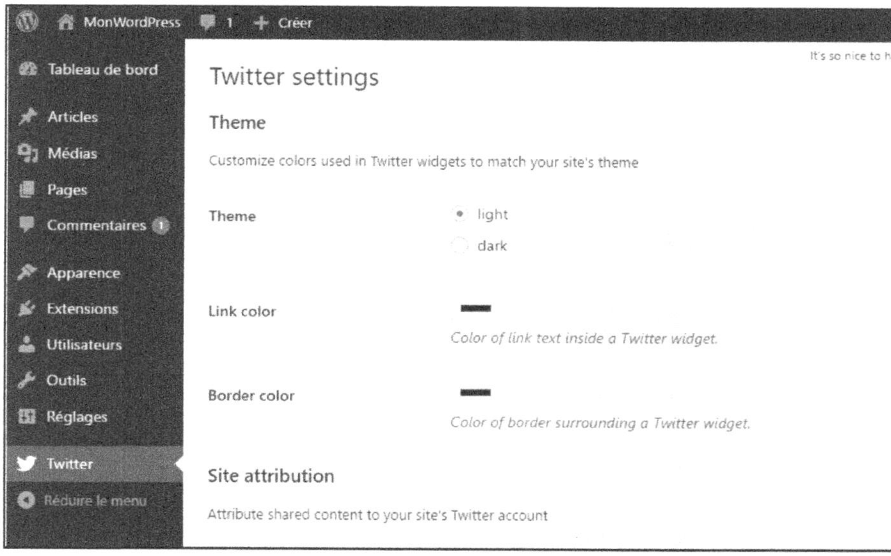

Figure 7.17 : La page d'administration de l'extension Twitter.

Désinstaller des extensions

Après tout ce travail pour installer et activer des extensions, que se passe-t-il si vous activez une extension mais que vous décidiez finalement que ce n'est pas celle que vous souhaitez ? Pas de souci : vous n'êtes pas marié pour la vie avec l'extension dont vous ne voulez pas. WordPress vous permet d'être inconstant en matière de choix des extensions ! Notez enfin que certaines extensions peuvent perturber le bon fonctionnement de votre site, vous n'aurez alors d'autre choix que de supprimer ces extensions mal conçues.

Pour désinstaller une extension de votre site WordPress :

1. **Cliquez sur le menu Extensions.**

   La page Extensions installées apparaît.

2. **Localisez l'extension que vous souhaitez désinstaller.**
3. **Cliquez sur le lien Désactiver sous son nom.**

   La page Extensions installées est rafraîchie, et l'extension apparaît désormais comme inactive.

4. **Cochez l'extension.**

   Cochez la case qui se trouve à gauche du nom de l'extension.

5. **Sélectionnez Supprimer dans la liste déroulante, puis cliquez sur le bouton Appliquer (Figure 7.18).**

   La page Suppression d'extension(s) apparaît, qui contient un message de confirmation vous demandant si vous êtes bien certain de vouloir supprimer cette extension.

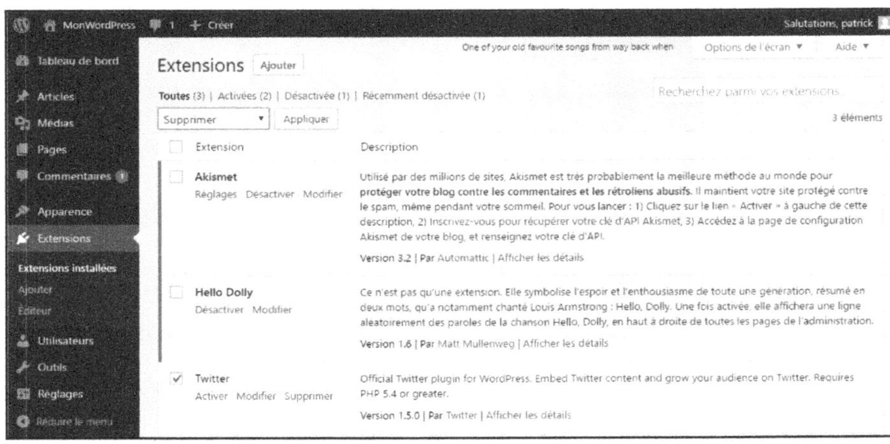

Figure 7.18 : Suppression d'une extension.

Bang ! Vous avez terminé. C'est tout ce qu'il suffit de faire.

N'oubliez pas de supprimer tous les morceaux de code que vous avez éventuellement eu besoin d'ajouter aux modèles de votre thème pour cette extension en particulier ; autrement, ils peuvent entraîner l'affichage de messages disgracieux sur votre site.

Comprendre l'environnement open source

Le logiciel WordPress est basé sur une plateforme nommée *b2*. Matt Mullenweg, cofondateur de WordPress, a utilisé b2 comme plateforme de blogging à l'époque où le développeur de cette dernière a décidé de l'abandonner. En effet, il ne devait plus y avoir de développement, à moins que quelqu'un ne reprenne la balle au vol et continue le travail sur la plateforme. C'est alors qu'est intervenu Matt Mullenweg et WordPress.

Appliquez ce même concept au développement des extensions, et vous comprendrez que ces dernières sont parfois laissées sur le bas-côté et disparaissent de la surface de la terre... à moins que quelqu'un ne se manifeste pour reprendre une extension lorsque son développeur initial ne trouve plus d'intérêt à la maintenir. Il est important de comprendre que la plupart des extensions sont développées dans un environnement open source, ce qui a quelques conséquences pour vous en tant qu'utilisateur final :

» Les développeurs qui ont créé votre extension ne sont pas obligés d'en poursuivre le développement. S'ils trouvent un nouveau hobby ou s'ils sont simplement lassés du travail, ils peuvent totalement l'abandonner. Si personne ne reprend ce qu'ils ont accompli, vous pouvez dire adieu à l'extension si elle ne fonctionne plus avec la dernière version de WordPress.

» Les développeurs d'extensions populaires sont généralement extrêmement rapides à mettre à jour leur extension lorsque de nouvelles versions de WordPress sont distribuées, ou lorsqu'une faille de sécurité ou un défaut est découvert. Cependant, n'oubliez pas que ces développeurs ne sont contraints par aucun agenda. Nombre d'entre eux ont un vrai travail, suivent des cours, ont une famille, ce qui peut leur interdire de consacrer autant de temps que vous le souhaiteriez au projet.

» Faites attention à ne pas être trop dépendant d'une extension, en particulier de WordPress, car dans le monde du développement des extensions, ça va, ça vient. Ne soyez pas surpris si une extension que vous adorez disparaît du jour au lendemain. Vous pouvez utiliser l'extension tant qu'elle continue à bien marcher, mais lorsqu'elle cessera de fonctionner (à cause d'une nouvelle version de WordPress ou d'un problème de sécurité qui la rend inutilisable), vous devrez prendre des décisions cruelles :

  - Cesser d'utiliser l'extension et essayer de trouver une solution alternative.
  - Espérer qu'un autre développeur reprendra le projet lorsque le développeur initial jettera l'éponge.
  - Essayer de trouver quelqu'un capable de corriger l'extension pour vous (dans ce cas, vous devrez probablement payer cette personne pour le temps qu'elle vous consacrera).

Je ne veux pas faire passer le monde des extensions pour plus sinistre qu'il n'est, mais je pense qu'il est très important de comprendre la dynamique en jeu. Méditez là-dessus.

Chapitre 8

Trouver et installer des thèmes WordPress

DANS CE CHAPITRE :

- » **Trouver des thèmes WordPress gratuits.**
- » **Distinguer les thèmes sûrs des thèmes non sûrs.**
- » **Télécharger, installer et activer des thèmes.**
- » **Trouver, acheter et utiliser des thèmes premium.**

Dans les chapitres précédents, vous avez vu comment utiliser la plateforme WordPress pour publier vos articles et vos pages. Vous avez appris à catégoriser vos articles, créer vos liens et modifier les options de publication et de profil dans Tableau de bord de WordPress. Dans ce chapitre, nous nous concentrerons sur l'apparence visuelle et le format de votre site – autrement dit, comment les gens voient votre site une fois que vous avez commencé à publier du contenu.

Le Chapitre 7 a présenté les extensions de WordPress et mentionné le catalogue de centaines d'extensions gratuites que vous pouvez utiliser pour ajouter des fonctionnalités à votre site. De même, il existe des milliers de thèmes gratuits que vous pouvez télécharger. Ce chapitre vous montre où les trouver et vous guide pas à pas pour les télécharger, les installer et les utiliser.

S'initier aux thèmes gratuits

Par défaut, WordPress est livré avec le thème Twenty Sixteen. Certains blogueurs qui utilisent WordPress ne perdent généralement pas de temps à chercher un thème qui leur convienne mieux que le thème par défaut. Ces thèmes (que vous pouvez retrouver dans la page Thèmes du menu Apparences du Tableau de bord de WordPress) vous permettront de démarrer ; vous n'êtes pas contraint de vous en tenir à eux. De fait, bien que ces thèmes soient fonctionnels, ils sont plutôt austères.

Les thèmes WordPress gratuits, tels que ceux dont je fais référence au Chapitre 16, sont populaires du fait de leur design attrayant et de leur facilité d'installation et d'utilisation. Ce sont d'excellents outils à utiliser lorsque vous lancez votre nouveau site. De plus, si vous vous y connaissez un peu en design et en CSS (*Cascading Style Sheets*), vous pourrez personnaliser l'un de ces thèmes en fonction de vos besoins (voir Chapitre 9 pour quelques ressources et outils pour les modèles et les fonctions, ainsi que pour des références sur CSS). Reportez-vous aussi à l'encadré « Les thèmes WordPress sont-ils tous gratuits ? », un peu plus loin, pour mieux comprendre en quoi consiste la différence entre thèmes gratuits et premium.

En utilisant des thèmes gratuits, vous doterez votre site d'un nouveau design – sans l'aide d'un professionnel – très rapidement. Et comme des milliers de thèmes sont disponibles, vous pouvez modifier votre thème aussi souvent que vous le souhaitez.

Trouver des thèmes gratuits

Trouver le thème qui vous convient le mieux peut prendre un certain temps, mais avec les milliers de thèmes disponibles, vous trouverez certainement celui que vous recherchez. Essayer plusieurs thèmes, c'est un peu comme essayer plusieurs vêtements. Vous pouvez en changer autant de fois que vous le souhaitez jusqu'à trouver le bon.

En juillet 2008, WordPress a lancé le répertoire officiel des thèmes à l'adresse `https://wordpress.org/themes` (Figure 8.1).

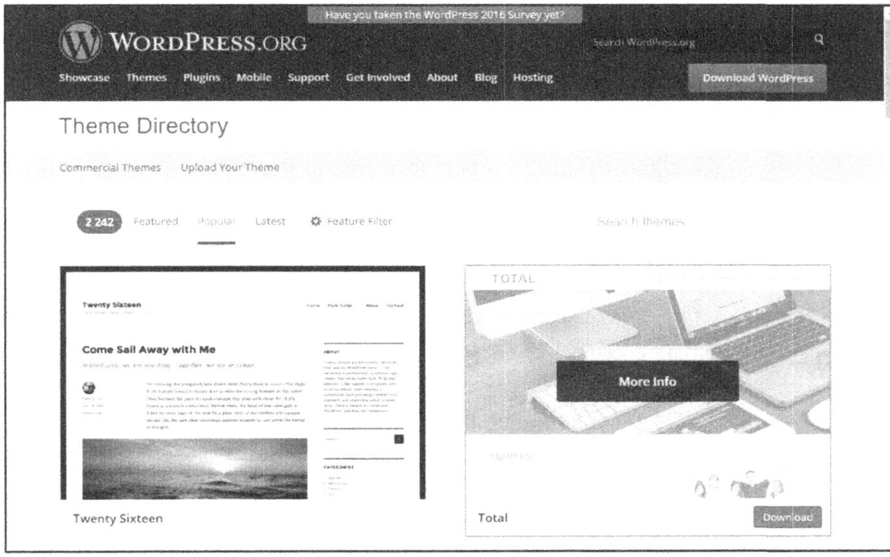

Figure 8.1 : Le répertoire des thèmes WordPress.

LES THÈMES WORDPRESS SONT-ILS TOUS GRATUITS ?

Les thèmes WordPress ne sont pas tous égaux, il est important que vous, utilisateur, connaissiez la différence entre les thèmes gratuits et les thèmes premium :

Gratuits : Ces thèmes sont gratuits, point final. Vous pouvez les télécharger et les utiliser gratuitement sur votre site Web. Par courtoisie, vous pouvez faire figurer un lien vers le concepteur dans le pied-de-page de votre blog, mais vous pouvez également supprimer ce lien si vous le souhaitez.

Premium : Ces thèmes sont payants. Vous trouvez généralement des thèmes premium à télécharger pour un prix compris entre 10 et 500 euros. Le designer considère que ses thèmes sont bien au-dessus du lot et, donc, qu'ils valent de l'argent. Généralement, vous n'avez pas le droit de supprimer les liens mentionnant les auteurs dans ces thèmes, et vous ne pouvez pas non plus redistribuer ces derniers. Vous ne trouverez pas de thèmes premium sur le répertoire officiel des thèmes WordPress. Je liste en fin de chapitre des URL où trouver des thèmes premium.

Le répertoire de thèmes WordPress (`https://wordpress.org/themes/`) n'est pas le seul endroit sur le Web où trouver des thèmes, mais c'est certainement là que vous trouverez les plus fonctionnels et les plus *sûrs* d'entre eux. Les thèmes sûrs contiennent un code source propre et des fonctions basiques qui sont considérées comme indispensables pour votre site WordPress. Le site Web WordPress.org dresse la liste des exigences minimales que les designers de thèmes doivent satisfaire pour que leurs productions soient recensées dans le répertoire ; vous pouvez trouver une liste de ces exigences sur `https://wordpress.org/themes/getting-started/`.

Éviter les thèmes non sûrs

Les thèmes non sûrs sont développés par des personnes qui cherchent à tirer parti des propriétaires des sites qui les utilisent. Ces thèmes ne sont pas autorisés à figurer dans le répertoire officiel des thèmes WordPress. Ils contiennent des éléments tels que :

- **Des liens de spam** : Ces liens apparaissent généralement dans le pied de page du thème et peuvent renvoyer vers des sites peu recommandables. Les concepteurs de ces thèmes espèrent bénéficier du trafic que votre site génère. Ils font l'hypothèse que la plupart des propriétaires de sites ne remarqueront pas les liens ou qu'ils ne sauront pas les supprimer.
- **Du code malveillant** : Des designers peu scrupuleux peuvent placer du code dans des fichiers de leurs thèmes qui insèrent des liens vers des malwares, des virus ou du spam. Parfois, vous voyez une ou deux lignes de code cryptées qui ressemblent à une partie du code du thème et, à moins d'avoir une grande connaissance de PHP, vous ne pouvez pas savoir s'il s'agit d'un code malveillant.

Le résultat produit par ces thèmes peut aller de la simple gêne à la vraie menace sur la sécurité et l'intégrité de votre ordinateur ou de votre hébergement. Pour ces raisons, le répertoire officiel des thèmes WordPress est considéré comme un endroit sûr pour télécharger des thèmes gratuits. Les designers de WordPress développent leurs thèmes et les téléchargent sur cet annuaire, chaque thème est examiné par les personnes qui maintiennent la plate-forme WordPress. Dans le répertoire officiel, les thèmes qui contiennent des éléments risqués n'ont tout simplement pas le droit de figurer.

Si vous pensez que vous avez un code malveillant sur votre site, à travers un thème que vous utilisez ou une extension que vous avez activée, dirigez-vous vers *Free Website Malware and Security Scanner* (`https://sitecheck.sucuri.net/`), qui offre la possibilité de scanner gratuitement votre site. Sucuri fournit une expertise dans le domaine de la sécurité Web, pour les utilisateurs de WordPress en particulier, et propose également une extension WordPress gratuite que vous pouvez installer sur votre site : `https://wordpress.org/plugins/sucuri-scanner/`. Vous trouverez de nombreux tutoriaux sur le Web qui expliquent comment configurer cette extension.

Je vous recommande vivement de vous en tenir au répertoire officiel des thèmes WordPress pour obtenir des thèmes gratuits. De la sorte, vous savez que vous récupérez un thème propre et de qualité pour votre site. Vous pouvez être certain que les thèmes du répertoire officiel sont sûrs, sans spam ni code malveillant.

Prévisualiser les thèmes

Lorsque vous consultez le répertoire officiel des thèmes WordPress, vous pouvez facilement passer en revue les différents thèmes *via* les fonctionnalités suivantes :

- **Recherche** : Saisissez un mot-clé dans le champ de recherche en haut de la page (voir la Figure 8.1). Une nouvelle page apparaît, avec les thèmes en relation avec le mot-clé que vous avez spécifié.
- **Featured** : Ces thèmes apparaissent au centre du répertoire des thèmes, sélectionnés aléatoirement. WordPress modifie la liste de ces thèmes régulièrement.
- **Most Popular** : Ces thèmes sont ceux qui ont été téléchargés le plus souvent.
- **Latest** : Ces thèmes sont les derniers à avoir été ajoutés au répertoire.

Lorsque vous trouvez un thème qui vous satisfait et que vous souhaitez en connaître davantage, cliquez sur son nom pour faire apparaître les boutons suivants :

- **Preview** : Cliquez sur ce bouton pour ouvrir une fenêtre qui montre le résultat produit par le thème appliqué à un vrai site.
- **Download** : Cliquez sur ce bouton pour télécharger le thème sur votre ordinateur.

Figure 8.2 : Téléchargez ou prévisualisez un thème particulier dans le répertoire de thèmes WordPress.

Installer un thème depuis le panneau d'administration

Pour télécharger le thème que vous souhaitez installer, quittez votre navigateur et revenez au panneau d'administration WordPress, puis suivez ces étapes :

1. **Cliquez sur menu Apparence du panneau d'administration.**

   La page Thèmes s'ouvre à l'écran (Figure 8.3).

Figure 8.3 : Ajoutez un nouveau thème.

2. **Cliquer sur le bouton Ajouter situé en haut de la page**

   La page Ajouter des thèmes apparaît.

3. **Recherchez votre thème WordPress préféré à l'aide du moteur de recherche.**

   Vous pouvez rechercher un nouveau thème par mot-clé, auteur ou étiquette. Vous pouvez également filtrer davantage les résultats en utilisant le *filtre de fonctionnalités*, qui vous permet de filtrer les résultats par couleurs, colonnes, largeurs et caractéristiques. La page Ajouter des thèmes est illustrée à la Figure 8.4.

4. **Cliquez sur le bouton Installer.**

   WordPress va automatiquement télécharger le thème sur votre serveur, décompresser les fichiers et les installer. Il ne reste plus qu'à activer le thème fraîchement installé (nous y reviendrons un peu plus loin dans ce chapitre).

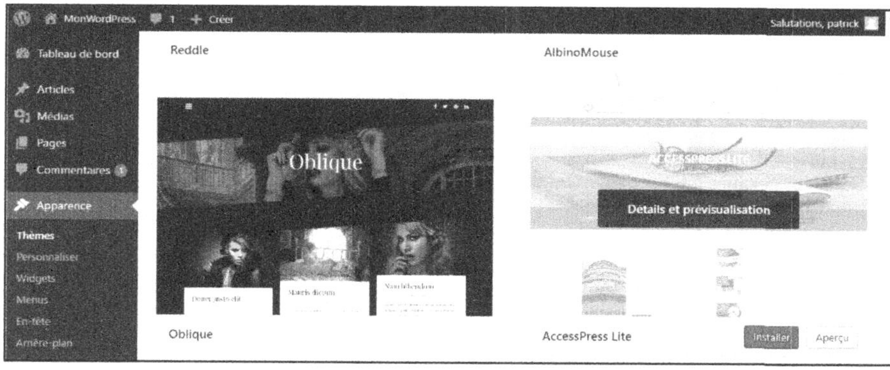

Figure 8.4 : Recherchez votre thème préféré.

Installer un thème manuellement

La procédure de la section précédente décrit comment installer un thème depuis le panneau d'administration WordPress. Mais vous pouvez également l'installer à la main sans passer par ce panneau d'administration. Ouvrez votre navigateur et dirigez-vous vers le répertoire officiel des thèmes WordPress : `https://wordpress.org/themes/`

1. **Recherchez votre thème préféré, puis cliquez sur le bouton Download de la page du thème.**

   Les fichiers du thème sont compressés dans un fichier zip. Ce fichier est téléchargé sur votre ordinateur.

2. **Utilisez votre programme de décompression favori pour décompresser les fichiers sur votre propre ordinateur.**

3. **Connectez-vous à votre serveur Web via FTP et téléchargez l'intégralité du dossier du thème dans le dossier /wp-content/themes/ sur le serveur Web.**

   Tout comme les extensions, vous pouvez aussi télécharger le fichier zip depuis l'interface d'administration, *via* le lien Mettre en ligne un thème, plutôt que de recourir à FTP.

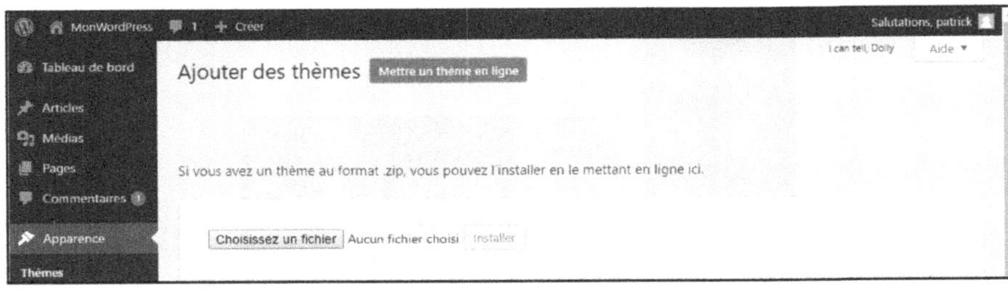

Figure 8.5 : Téléchargez le fichier zip depuis WordPress.

Activer un nouveau thème

Une fois que vous avez téléchargé votre thème WordPress sur votre serveur Web, vous pouvez l'activer en vous connectant au Tableau de bord WordPress et en suivant ces étapes :

1. **Cliquez sur le menu Apparence du panneau d'administration.**

   La page Thèmes apparaît. Elle contient la liste de tous les thèmes actuellement installés sur votre site. Le thème actif est toujours affiché en premier, en haut à gauche de l'écran (Figure 8.6).

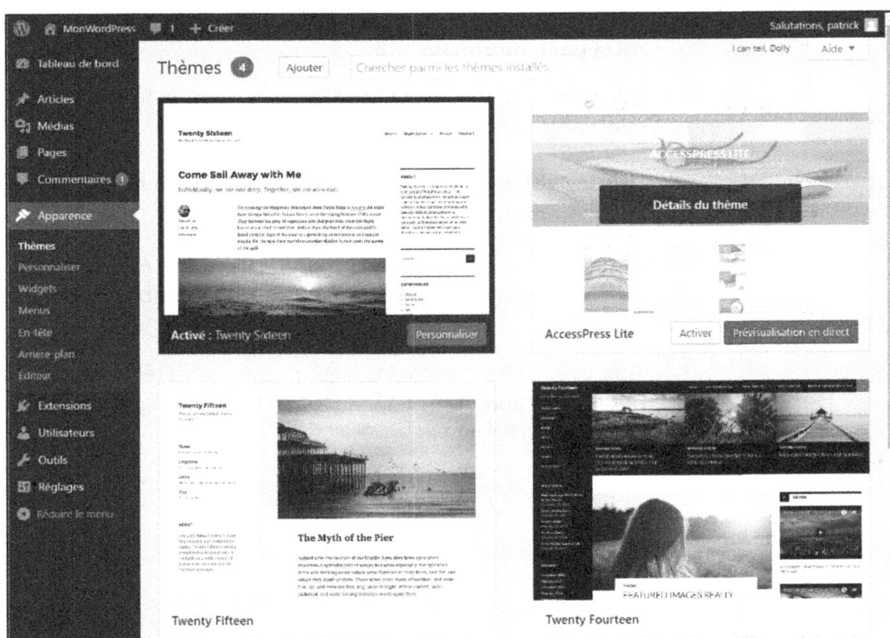

Figure 8.6 : Les thèmes sont affichés dans la page Thèmes du menu Apparence.

Les thèmes disponibles apparaissent par ordre alphabétique. Si votre dossier */wp-content/themes/* contient beaucoup de thèmes, ces derniers sont affichés par pages de dix, des liens Précédent et Suivant vous permettant de naviguer entre eux.

2. **Laissez le curseur de la souris au-dessus du thème de votre choix.**

   Appuyez sur le bouton Prévisualisation en direct qui vous montre à quoi votre site ressemblera lorsque le nouveau thème sera appliqué (Figure 8.7). Cliquez sur le X dans le coin supérieur gauche de la fenêtre de prévisualisation pour fermer le thème sans l'activer.

Figure 8.7 : Prévisualisez les thèmes avant de les installer.

3. **Cliquez sur le lien Activer.**

   La Figure 8.6 représente le lien Activer du thème AccesPress Lite, car c'est le nom du thème que je souhaite utiliser. WordPress applique alors à votre site le thème que vous avez choisi.

UTILISER LES WIDGETS DE LA COLONNE LATÉRALE

La plupart des thèmes WordPress vous permettent de tirer parti de la barre latérale de votre site, barre sur laquelle vous pouvez placer des widgets. Les widgets WordPress sont bien pratiques dans la mesure où ils permettent de modifier l'affichage du contenu de la colonne latérale de votre site. Par exemple, vous pouvez afficher les articles récents, les catégories de votre site, un nuage d'étiquettes (représentation visuelle des étiquettes où les mots s'affichent dans une taille proportionnelle à leur fréquence d'utilisation), afficher des flux RSS, la météo, *etc.* Avec les widgets, vous pouvez afficher tout cela sans avoir à produire une seule ligne de code.

Choisir les thèmes premium

Alors que WordPress devient de plus en plus populaire, je continue à voir de nombreux business models qui mettent l'accent sur les services commerciaux autour de WordPress, comme la conception, le conseil et le développement de thèmes ou d'extensions.

Les thèmes premium pour WordPress sont devenus un moyen privilégié par lequel les designers talentueux fournissent un service pour lequel ils se passionnent (concevoir des thèmes) tout en gagnant un peu d'argent en compensation de leurs efforts. Il existe de nombreuses écoles de pensée qui s'opposent sur ce qui distingue les thèmes premium des thèmes gratuits, mais ce débat ne déclenche pas les passions dans la communauté des designers et des utilisateurs de thèmes WordPress. Tout le monde est à peu près d'accord sur le fait que les thèmes premium se distinguent par les caractéristiques suivantes :

- Une très grande qualité de conception graphique et de développement en CSS.
- Une structure du thème qui comprend des fonctions pour simplifier la vie de l'utilisateur qui souhaite le personnaliser en fonction de ses besoins particuliers. Entre autres, modifier le graphisme/logo de l'en-tête ainsi que sa gamme de couleurs, et modifier les images et les icônes.
- Une documentation complète, qui fournit à l'utilisateur des instructions, surtout si ce dernier dispose de multiples fonctionnalités et d'options de personnalisation.
- Les thèmes premium sont totalement pris en charge par le designer qui les a conçus. Typiquement, lorsque vous achetez un thème, vous pouvez vous attendre à bénéficier d'un support technique complet tant que vous l'utilisez.
- Les thèmes premium ne sont pas gratuits. De mon point de vue, le prix varie en 10 et 500 euros.

Cela ne signifie pas que les thèmes gratuits ne proposent pas certaines, voire toutes les caractéristiques que je viens de mentionner – c'est juste que, pour la plupart, ils ne les proposent pas. Ce n'est pas parce que le designer d'un thème qualifie ce dernier de « premium » qu'il remplit tous ces critères de qualité.

Passez soigneusement en revue un thème avant d'investir de l'argent pour l'acquérir. Voici quelques petites choses auxquelles vous devriez prêter attention avant un achat :

- Contactez par e-mail le designer qui vend un thème premium pour lui demander de quelle façon il apporte une aide aux acquéreurs.

- Trouvez des personnes qui ont acquis le thème et contactez-les pour leur demander de partager leur expérience avec ledit thème et son designer.
- Lisez attentivement les conditions d'utilisation que le designer a publiées sur son site pour identifier des restrictions inhérentes à la licence qu'il vous accorde.
- Si le designer du thème premium tient un forum de support technique, passez en revue les messages pour constater avec quelle assiduité le designer répond aux questions et fournit une assistance. Les utilisateurs doivent-ils attendre des semaines une réponse à leurs questions ? Ou alors le designer répond-il sur l'instant et avec pertinence aux questions ?
- Effectuez une recherche Google en utilisant le nom du thème et celui du designer. Très souvent, les utilisateurs des thèmes premium racontent leur expérience avec le thème et le designer. Vous pouvez trouver de nombreuses informations positives ou négatives sur le thème et son designer avant d'acheter.

Bien que les thèmes premium se multiplient sur le Web, il n'y en a qu'une poignée qui se distingue par leurs qualités et celles du service qui les accompagne. Les sections suivantes présentent deux thèmes premium auxquels vous devriez prêter attention. Chaque thème a été testé et a fait l'objet de retours sincères et positifs des clients qui l'a acquis.

- **iThemes :** Cory Miller et son équipe de designers et de codeurs fournissent un total de 90 thèmes premium disponibles à l'achat, au prix approximatif de 80 dollars (environ 75 euros). Vous pouvez également acheter un package qui inclut tous ces thèmes iThemes pour 150 dollars/an. Tous les achats de thèmes comprennent un support utilisateur pour la durée de vie de votre adhésion à iThemes. Les thèmes premium iThemes peuvent être trouvés à l'adresse `https://ithemes.com/find/themes/`.
- **StudioPress :** Créés par un utilisateur de WordPress, Brian Gardner, ces thèmes variés de grande qualité sont disponibles pour un prix de départ de 130 dollars. L'achat d'un thème StudioPress comprend un support utilisateur avec accès à un forum maintenu par des gens qui sont prêts à vous aider dans vos questions les plus brûlantes. Vous pouvez trouver StudioPress et naviguer à travers ses offres de thèmes premium à l'adresse `http://www.studiopress.com`.

Vous ne pourrez pas trouver et installer des thèmes commerciaux en utilisant le bouton Ajouter du Tableau de bord WordPress. Vous pourrez trouver, acheter et télécharger des thèmes premium seulement sur des sites Web tiers. Une fois le thème acquis et téléchargé sur votre ordinateur, vous devez l'installer *via* la méthode FTP décrite dans la section « Installer un thème manuellement » de ce chapitre. Toutefois, vous trouverez une vaste sélection de thèmes commerciaux sur le site `https://wordpress.org/themes/commercial`

4
Personnaliser WordPress

DANS CETTE PARTIE…

Cette partie du livre entre dans le détail des thèmes et des modèles WordPress pour vous montrer comment il est possible de modifier le code afin de changer l'apparence de votre site. Vous découvrirez aussi les fonctions des thèmes WordPress, les balises HTML et les bases de CSS qui vous aideront à assembler un thème qui correspond à vos goûts et à vos besoins.

Chapitre 9

Comprendre les thèmes et les modèles

DANS CE CHAPITRE :

- **Examiner la structure élémentaire d'un site.**
- **Explorer les modèles indispensables.**
- **Comprendre le modèle de la page d'accueil.**
- **Assembler un thème élémentaire.**
- **Utiliser les fonctions les plus communes.**

Certaines personnes aiment mettre les mains dans le cambouis. Si vous êtes l'une d'entre eux, ce chapitre va particulièrement vous intéresser. Les utilisateurs de WordPress qui créent leurs propres thèmes se salissent les mains pour diverses raisons :

- **L'individualité :** Avoir un thème que personne d'autre ne possède (si vous utilisez des thèmes gratuits, vous pouvez être certain qu'au moins une dizaine d'autres sites WordPress auront la même apparence que le vôtre).
- **La créativité** : Afficher votre propre style.
- **Le contrôle :** Avoir le contrôle total sur la manière dont le site présente et délivre votre contenu, et dont il fonctionne.

Cependant, vous ne serez peut-être pas du tout intéressé par la création de vos propres modèles WordPress. Parfois, il est plus simple de laisser cette tâche à des professionnels, de louer les services d'un designer WordPress confirmé ou d'utiliser l'un des milliers de thèmes disponibles gratuitement. Le Chapitre 16 vous livre dix thèmes WordPress gratuits que vous pourrez télécharger.

Pour créer des thèmes, vous devez entrer dans le code source des modèles, ce qui peut sembler parfois effrayant – surtout si vous ne savez pas vraiment ce que vous êtes en train de faire. Pour bien commencer, il faut comprendre la structure d'un site WordPress et les parties qui le composent. Prises séparément, ces parties ne vous rendront aucun service ; mais dès lors que vous les assemblerez, le miracle surviendra ! Ce chapitre vous explique justement comment faire pour y parvenir. Vers la fin du chapitre, vous pourrez suivre les étapes pour assembler votre propre thème.

Vous n'avez pas besoin de connaître le HTML pour utiliser WordPress. Toutefois, si vous comptez créer et concevoir des thèmes WordPress, vous aurez besoin d'une connaissance de base du HTML et des CSS (*Cascading Style Sheets*).

Utiliser des thèmes WordPress : les bases

Un thème WordPress est composé d'un ensemble de modèles WordPress et de fonctions associées. Lorsque je me réfère à un *thème* WordPress, je parle d'un groupe de modèles qui forment le thème. Lorsque je parle d'un *modèle* WordPress, je me réfère seulement aux fichiers du modèle qui contiennent les fonctions codées en PHP. Ces fonctions permettent aux modèles de fonctionner ensemble pour former le thème (vous en apprendrez plus à ce sujet plus loin dans ce chapitre).

Comprendre la structure d'un thème

Le reste de ce chapitre fournit des informations importantes sur les étapes requises pour créer un thème WordPress, mais voici dès maintenant un bref aperçu des modèles qui composent un thème WordPress et de l'endroit où vous les trouverez, tant sur votre serveur que dans votre Tableau de bord. Suivez ces étapes :

1. **Connectez-vous à votre serveur Web *via* FTP, et jetez un œil sur les thèmes WordPress disponibles sur votre serveur.**

   Les thèmes se trouvent dans le dossier */wp-content/themes* (Figure 9.1). Lorsque vous ouvrez ce dossier, vous trouverez trois thèmes par défaut : Twenty Sixteen, Twenty Fourteen et Twenty Fiften.

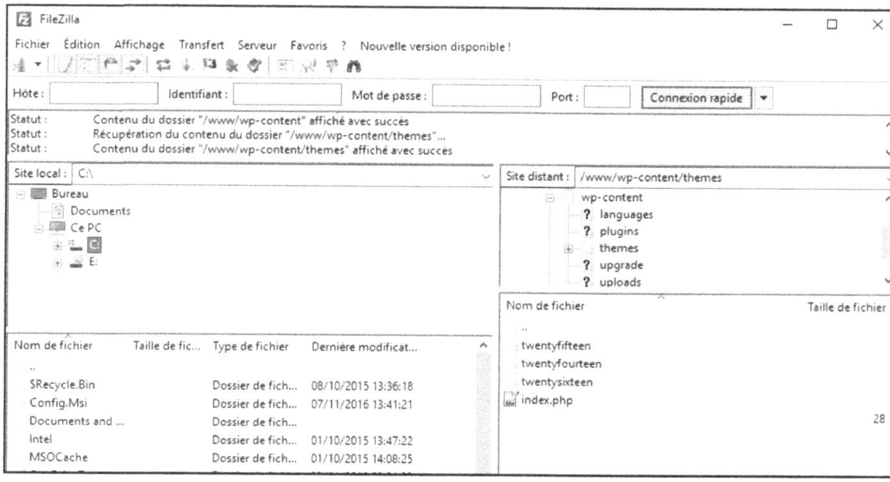

Figure 9.1 : Les thèmes WordPress sont stockés dans le dossier /wp-content/themes de votre serveur Web.

Si un thème est téléchargé dans un autre dossier que */wp-content/themes*, il ne fonctionnera pas.

2. **Ouvrez le dossier du thème par défaut *(/wp-content/themes/twentysixteen*), et notez les fichiers modèles qui s'y trouvent.**

   Vous trouverez au minimum cinq modèles pour le thème par défaut :

   - Feuille de styles (*style.css*) ;
   - En-tête (*header.php*) ;
   - Page d'accueil (*index.php*) ;
   - Colonne latérale (*sidebar.php*) ;
   - Pied de page (*footer.php*).

   Ces fichiers sont les principaux modèles WordPress, et ils sont présentés plus en détail dans ce chapitre. Il existe cependant plusieurs autres modèles de fichiers, vous pouvez tous les explorer si vous le souhaitez. Jeter un coup d'œil à leur contenu afin de voir les différentes fonctions PHP qu'ils contiennent. Ces noms de fichiers sont les mêmes dans chaque thème WordPress. Voir un peu plus loin « Comprendre la structure d'un site Web WordPress » pour plus d'informations sur ces fichiers de modèles.

3. **Revenez au panneau d'administration WordPress et cliquez sur Apparence, puis sur Éditeur pour accéder aux fichiers du thème.**

   Cette page dresse la liste des divers modèles disponibles dans le thème actif (la Figure 9.2 montre les modèles qui composent le thème Twenty Sixteen). Une boîte de saisie qui occupe la partie gauche de l'écran affiche le contenu du modèle sélectionné ; elle vous permet aussi de modifier ce contenu. Pour visualiser et modifier un fichier modèle, cliquez sur le nom de ce dernier dans la liste qui occupe le côté droit de la page.

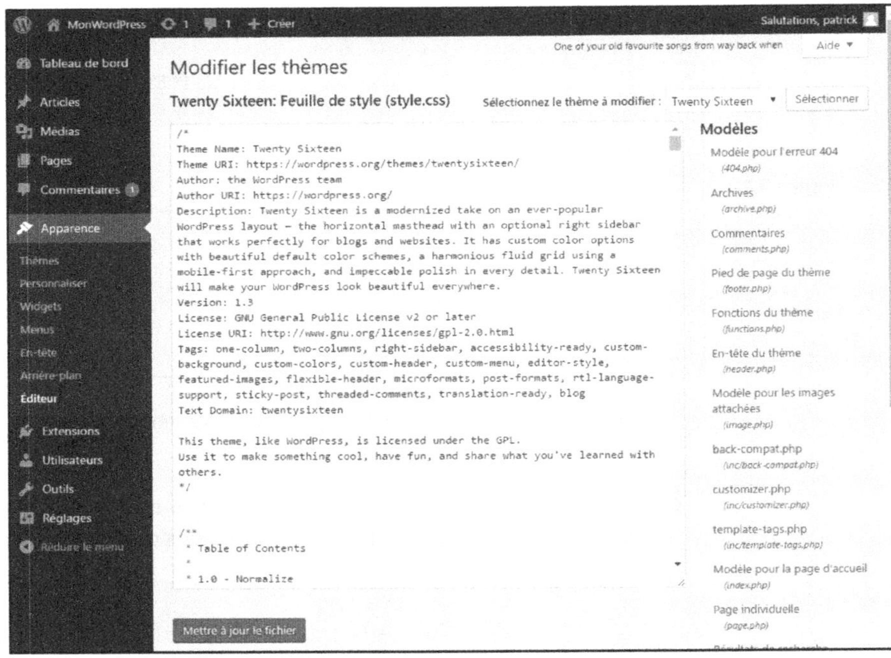

Figure 9.2 : La liste des modèles qui composent le thème WordPress Twenty Sixteen.

Le menu déroulant Documentation contient toutes les fonctions PHP du modèle sélectionné (voir Figure 9.3). Cette liste est utile lorsque vous modifiez un modèle, et vous permet d'accéder à la documentation de la fonction sélectionnée (le menu déroulant Documentation apparaît non pas lorsque vous affichez la feuille de styles *style.css*, mais uniquement pour un autre modèle ayant l'extension *.php*).

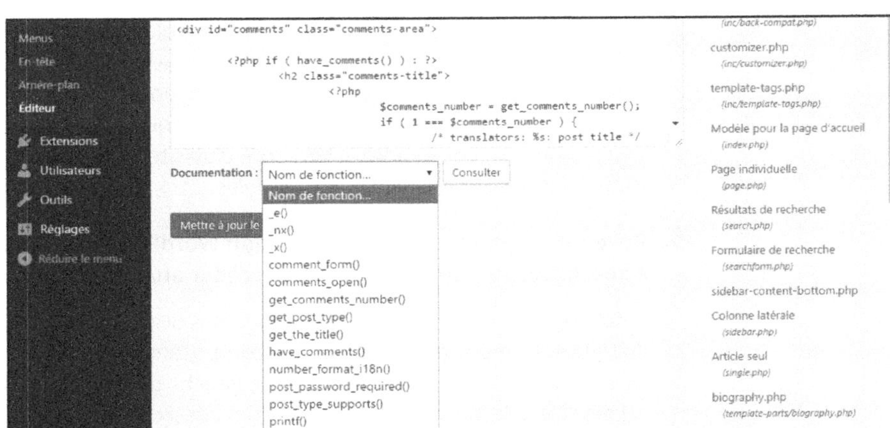

Figure 9.3 : La liste des fonctions PHP du modèle sélectionné.

Relier les modèles entre eux

Les fichiers ne se suffisent pas à eux seuls ; pour qu'un thème fonctionne, il faut lier ces fichiers de manière qu'ils forment une entité unique. Pour cela, vous devez utiliser une fonction particulière pour extraire les informations de chaque modèle (*header.php*, *sidebar.php*, et *footer.php*) dans le fichier principal *index.php*. Cela consiste à appeler un modèle dans un autre. Vous trouverez plus d'informations dans la section « Se familiariser avec les quatre principaux modèles », plus loin dans ce chapitre).

Comprendre la structure d'un site WordPress

À la base, un site WordPress est composé des quatre zones représentées sur la Figure 9.4.

Figure 9.4 : Les quatre sections d'un site WordPress standard.

Ces quatre régions apparaissent dans le thème par défaut de WordPress :

- **En-tête (*header*) :** Cette zone contient généralement le nom du site ainsi qu'un slogan ou un sous-titre. Parfois, l'en-tête contient aussi un graphisme ou une photo.
- **Corps (*body*) :** C'est la zone où vos articles apparaissent par ordre chronologique.
- **Colonne latérale (*sidebar*) :** C'est ici que vous trouvez les listes des éléments liés au site, comme les archives ou la liste des articles récents.
- **Pied de page (*footer*) :** Cette zone, qui se trouve en bas de la page, contient souvent des liens permettant d'accéder à plus d'informations sur le site, comme une présentation de son designer, de l'entreprise qui fournit l'hébergement, le copyright, *etc.*

Ces quatre zones représentent la structure d'un modèle de site WordPress de base. Vous pouvez étendre ces zones et créer de nouvelles sections qui contiendront des informations supplémentaires.

De nombreux thèmes développés par WordPress sont libres d'utilisation ; je vous recommande de chercher celui qui vous convient le mieux et de le télécharger. Utilisez des thèmes gratuits comme base pour vous lancer dans le développement de thèmes. En vérité, pourquoi réinventer la roue ? Avec tous les thèmes gratuits aujourd'hui disponibles, la plus grande partie du travail a certainement été déjà accomplie par d'autres, et il vous sera probablement plus aisé de réutiliser l'un de ces thèmes que de commencer à en produire un à partir de rien.

Chaque thème gratuit proposé au téléchargement est différent, selon ce que son développeur y a inclus (comme les styles CSS, les options d'affichage, le format, l'agencement). Expérimentez donc quelques thèmes : c'est amusant et cela vous permettra certainement d'en apprendre beaucoup sur le développement de thèmes WordPress. Le répertoire officiel des thèmes WordPress est une excellente source de thèmes WordPress ; vous le trouverez à `http://wordpress.org/themes`.

Pour créer un thème WordPress qui contient les quatre sections de base d'un site, vous aurez besoin de ces cinq modèles :

- *header.php* ;
- *index.php* (page principale du site) ;
- *sidebar.php* ;
- *footer.php* ;
- *style.css.*

Chaque thème WordPress est livré avec une feuille de styles (*style.css*) qui définit l'apparence et l'agencement de votre modèle en spécifiant l'endroit où les éléments sont positionnés dans la page, les polices de caractères à utiliser, les couleurs des liens hypertexte, *etc.* Comme vous devez déjà le supposer, vous utilisez CSS non pas pour produire le contenu de votre site, mais pour modifier la manière dont ce contenu s'affiche.

Le Chapitre 10 vous explique comment modifier le design de votre thème en combinant les fonctions présentées dans ce chapitre et les ajustements du fichier de styles CSS.

Examiner l'anatomie d'une fonction

Avant de commencer à jouer avec les fonctions des modèles WordPress, il est important de comprendre ce que fait la fonction et pourquoi elle le fait.

WordPress est fondé sur PHP (un langage de script pour créer des pages Web) et utilise des commandes PHP pour extraire des informations d'une base de données MySQL. Chaque instruction commence par une balise qui lance PHP et se termine par une balise qui l'arrête. Entre ces deux commandes se trouve la requête à la base de données, qui indique à WordPress qu'il doit récupérer des données et les afficher.

Une fonction typique ressemble à ceci :

```
<?php get_info(); ?>
```

Cet exemple indique à WordPress qu'il doit faire trois choses :

- Lancer PHP (*<?php*).
- Utiliser PHP pour obtenir des informations de la base de données MySQL et les transmettre à votre site (*get_info();*)
- Arrêter PHP (*?>*).

Dans le cas présent, *get_info()* représente la fonction qui récupère de l'information à partir de la base de données pour la livrer à votre site. Les informations extraites dépendent de la fonction qui apparaît entre les deux commandes PHP. Comme vous l'avez sans doute remarqué, PHP est souvent démarré et arrêté dans les modèles WordPress. Ce processus semble consommer beaucoup de ressources système, mais dans les faits, ce n'est pas le cas.

Vous avez besoin d'une commande d'arrêt pour chaque commande de démarrage. Chaque fois qu'une commande débute par une balise *<?php*, vous trouvez plus loin dans le code une balise ?>. Les commandes PHP qui ne sont pas structurées ainsi génèrent des erreurs disgracieuses sur votre site, souvent au point de le dénaturer.

Se familiariser avec les quatre principaux modèles

Pour que ce chapitre reste en deçà de 1 000 pages, je vais me concentrer sur les quatre principaux modèles que vous rencontrez lorsque vous créez votre propre thème ou lorsque vous modifiez les modèles du thème que vous utilisez. Voici ces quatre modèles :

- *header.php :* en-tête.
- *index.php :* page d'accueil.
- *sidebar.php :* colonne latérale.
- *footer.php :* pied de page.

On peut parfois confondre les modèles et les thèmes. Les modèles sont des fichiers individuels. Chaque modèle fournit la structure dans laquelle votre contenu apparaît. Un thème est constitué d'un ensemble de modèles. Le thème utilise donc différents modèles pour créer l'ensemble du site.

Le modèle *header.php*

Le modèle de l'en-tête (*header.php*) de vos thèmes WordPress est le point de départ de tout thème WordPress car il indique, en substance, aux navigateurs les choses suivantes :

- le titre de votre site ;
- l'endroit où se trouvent les styles CSS ;
- l'URL du flux RSS ;
- l'URL du site ;
- la description du site.

Chaque page sur le Web doit commencer par des lignes de code spécifiques. Dans chaque fichier *header.php* de n'importe quel thème WordPress, vous trouverez ces lignes de code :

- Le DOCTYPE (qui signifie : déclaration du type du fichier) indique le langage dans lequel le site Web est codé pour permettre aux navigateurs d'interpréter correctement ce code et de fournir un rendu correct.
- La balise *<head>* permet de fournir, entre autres, une description de votre site par le biais de mots-clés et de phrases afin que les moteurs de recherche le reconnaissent et le référencent au mieux. L'information contenue entre les balises *<head>* et *</head>* n'est pas affichée sur le site ; ces informations portent sur le document.
- La balise *<html/>* (HTML signifie « langage de marquage hypertexte ») définit la racine du document. Chaque document HTML ne contient qu'une racine. Tous les autres éléments doivent être placés dans cet élément.

Dans le thème WordPress Twenty Sixteen, ces lignes de code ressemblent à l'exemple suivant, et vous devriez d'ailleurs les laisser tels quels :

```
<!DOCTYPE html>
<html <?php language_attributes(); ?> class="no-js">
<head>
```

La balise *<head>* a besoin d'être fermée vers la fin du fichier *header.php* par une balise qui ressemble à ceci : *</head>*. Vous devez aussi faire figurer une autre balise, la balise *<body>*, qui indique au navigateur où commence l'information que vous souhaitez afficher. Les balises *<body>* et *<html>* ont besoin d'être fermées vers la fin du modèle *footer.php*, comme ceci : *</body> </html/>*.

Utiliser les paramètres de la fonction *bloginfo*

Le modèle d'en-tête *header.php* fait beaucoup usage d'une fonction en particulier, nommée *bloginfo();*

L'élément qui permet de modifier l'information qu'une fonction renvoie est appelé un *paramètre*. Les paramètres sont placés entre les parenthèses de la fonction, et entre guillemets. Pour la plupart, ces paramètres tirent leur valeur des paramètres du Tableau de bord de WordPress. Par exemple, la fonction qui vous permet de récupérer le titre de votre site ressemble à ceci :

```
<?php bloginfo('name'); ?>
```

Le Tableau 9.1 recense les divers paramètres que vous pouvez utiliser grâce à la fonction bloginfo(); afin d'afficher des informations particulières (vous trouverez plus d'infos sur `https://developer.wordpress.org/reference/functions/bloginfo/`).

Tableau 9.1 : Les valeurs des paramètres de la fonction bloginfo();

Paramètre	Informations	Code
name	Titre du site, spécifié dans le menu Réglages / Général	*<?php bloginfo('name'); ?>*
description	Slogan du site, spécifié dans le menu Réglages / Général	*<?php bloginfo('description'); ?>*
url	Adresse Web du site, spécifiée dans le menu Réglages / Général	*<?php bloginfo('url'); ?>*
stylesheet_url	URL du fichier CSS primaire	*<?php bloginfo('stylesheet_url'); ?>*
version	Votre version de WordPress spécifiée dans le fichier / *wp-includes/version.php*	*<?php bloginfo('version'); ?>*
rss2_url	URL de votre flux RSS 2.0	*<?php bloginfo('rss2_url'); ?>*
stylesheet_directory	URL de votre répertoire de style du thème actif	*<?php bloginfo('stylesheet_directory'); ?>*

La balise *title*

Voici un conseil bien utile pour la balise *<title>* : les moteurs de recherche utilisent la phrase qui figure dans la balise *<title>* pour référencer votre site. La balise *<title>* correspond au code qui se trouve dans le modèle *header.php* entre ces deux délimiteurs : *<title></title>*.

Les balises *<title></title>* sont des balises HTML qui indiquent au navigateur qu'il doit afficher le titre de votre site Web dans la barre de titre de sa fenêtre (sur la Figure 9.5, le titre est « *Mon WordPress – Un site utilisant WordPress* »).

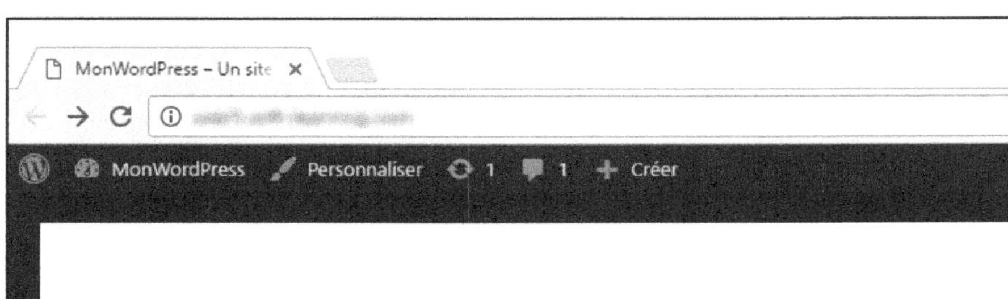

Figure 9.5 : La barre de titre d'un navigateur.

Les moteurs de recherche adorent la barre de titre ; plus vous pouvez fournir des informations détaillées sur votre site, plus les moteurs de recherche vous apprécieront et mieux vous serez classé dans les résultats. Toutefois, cela est loin d'être suffisant pour vous garantir un bon placement dans les moteurs de recherche !

Cette barre de titre de la fenêtre du navigateur affiche toujours le nom de votre site à moins que vous ne soyez en train de consulter la page d'un article, auquel cas elle affiche le titre de votre site plus le titre de l'article.

Le modèle *index.php*

Il s'agit de la page principale du site. Ce modèle de page d'accueil extrait les articles ou les pages de votre base de données MySQL et les insère dans votre site. Ce modèle est à votre site ce que la piste de danse est à un night-club : c'est là où l'action se déroule.

Le nom de fichier de la page d'accueil est *index.php*. Si vous utilisez le thème par défaut de WordPress, vous trouverez ce fichier dans le dossier */wp-content/themes/twentySixteen/*.

La première fonction de ce modèle appelle l'en-tête, ce qui signifie qu'il extrait de l'information du modèle *header.php* pour l'intégrer au modèle de la page d'accueil *index.php*, comme suit :

```
<?php get_header(); ?>
```

Votre thème ne peut véritablement pas fonctionner sans appeler le modèle *header.php*, il lui manquerait plusieurs éléments essentiels comme la feuille de styles, le nom du site et le slogan. Si vous n'appelez pas le modèle *header.php*, votre site ressemblera à ce qui est illustré à la Figure 9.6.

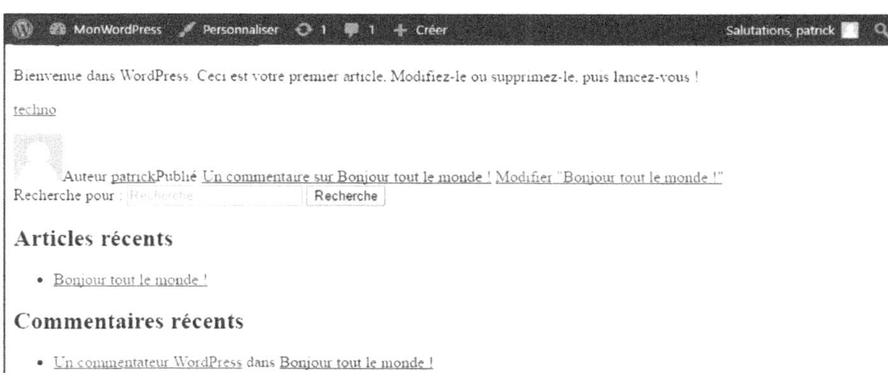

Figure 9.6 : Un site WordPress qui n'a pas appelé le modèle header.php.

Le modèle *index.php* du thème par défaut, Twenty Sixteen, appelle deux autres fichiers de la même façon :

» *Get_template_part('content','get_post_format');* : Cette fonction appelle le fichier nommé *content.php* et prépare le thème à accepter des modèles spéciaux pour une fonctionnalité appelée *Post Formats*, qui sera traitée au Chapitre 12.

» *get_footer();* : Cette fonction appelle le modèle nommé *footer.php*.

Plus loin dans ce chapitre, dans la section « Assembler un thème », nous reviendrons sur le concept d'inclusion d'un modèle dans un autre modèle à l'aide de fonctions spécifiques. C'est exactement ce que fait le modèle *index.php* : il utilise quatre fonctions spécifiques pour inclure respectivement les modèles *header.php*, *loop.php*, *sidebar.php* et *footer.php*.

La boucle *while*

Une boucle *while* est une instruction PHP que WordPress utilise pour afficher les articles sur votre site. Une boucle a un point de départ et un point d'arrivée ; tout ce qui se trouve entre les deux est utilisé pour afficher chaque article, dont notamment les balises HTML, le code PHP et CSS.

Il existe plusieurs variantes de boucles, c'est la plus usuelle qui est traitée dans cette section. Lorsque vous aurez compris le fonctionnement de base d'une boucle, vous comprendrez alors ses variantes qui répondront au plus près à vos besoins. La boucle de base affiche vos articles par ordre chronologique, commençant donc par l'article le plus récent suivi des articles antérieurs, triés par dates.

Une boucle commence avec ce code :

```
<?php
// Start the Loop.
while ( have_posts() ) : the_post();
```

Plusieurs lignes plus bas, vous trouvez le code qui termine la boucle :

```
<?php endwhile; ?>
```

Voici un aperçu de ce que le Codex WordPress appelle « le fichier *index.php* le plus simple du monde » :

```
<?php
get_header();
if (have_posts()) :
  while (have_posts()) :
    the_post();
    the_content();
  endwhile;
endif;
```

```
get_sidebar();
get_footer();
?>
```

Tout d'abord, ce modèle commence par l'ouverture de la balise *php*. Ensuite, il inclut l'en-tête, ce qui signifie qu'il récupère tout le contenu du fichier *header.php* et l'affiche. La boucle commence par *while(have_posts ())* : tout ce qui est écrit entre le *while* et le *endwhile* se répète pour chaque article. Le nombre de messages affichés est déterminé dans la section des paramètres du Tableau de bord WordPress.

Une mauvaise disposition des instructions *while* ou *endwhile* provoquera la rupture de la boucle. Si vous rencontrez des problèmes avec votre boucle *while*, vérifiez la syntaxe avec la version originelle de votre thème.

Une boucle *while* n'est pas différente des autres fonctions : elle doit commencer par une balise qui démarre PHP et elle doit se terminer par une balise qui l'arrête. La boucle commence par PHP puis effectue une requête : « *Tant qu'il reste des articles dans mon site, affiche-les sur cette page.* » Cette fonction indique à WordPress d'extraire les informations relatives aux articles du site de la base de données et de les insérer dans la page. La fin de la boucle est un peu comme un policier qui brandirait un grand panneau commandant à WordPress d'arrêter la fonction complètement.

Vous pouvez spécifier le nombre d'articles à afficher par page dans le Tableau de bord. La boucle applique cette règle et n'affiche que le nombre d'articles indiqués.

L'instruction *if*

PHP fonctionne d'une manière plutôt simple et logique. Il fait ce que vous et moi faisons chaque jour : il prend des décisions en fonction des questions qu'il se pose et des réponses qu'il y apporte. PHP se fonde sur trois instructions élémentaires :

- *if* ;
- *then* ;
- *else*.

L'idée est la suivante : SI (*if*) ceci, ALORS (*then*) ceci, SINON (*else*) cela.

Le code qui se trouve au début de la boucle ressemble à ceci :

```
<?php if (have_posts()) : ?>
```

L'instruction *if* pose la question : « *Ce blog a-t-il des articles ?* »

Si la réponse est oui, alors WordPress effectue une boucle en commençant par un bout de code qui ressemble à ceci :

```
<?php while (have_posts()) : the_post(); ?>
```

Ce code commande à WordPress de récupérer les articles dans la base de données MySQL et de les afficher sur la page de votre site.

La boucle se termine alors par :

```
<?php endwhile; ?>
```

IF, THEN ET ELSE

Dans la vie de tous les jours, nous sommes confrontés à des situations if, then, else. Par exemple :

IF j'ai un euro THEN j'achèterai un café ELSE je me contenterai de boire de l'eau.

IF il fait beau dehors THEN j'irai faire un tour ELSE je resterai chez moi.

IF je comprends ce code THEN je serai content ELSE je vais m'arracher les cheveux.

Si la réponse à la question *if* (« *Ce blog a-t-il des articles ?* ») est non, WordPress saute la boucle et affiche un message expliquant qu'aucun article n'est disponible. Il effectue cela grâce à l'instruction *else* qui se trouve à la fin de la boucle :

```
// If no content, include the "No posts found" template.
   else :
      get_template_part( 'template-parts/content', 'none' );
   endif;
```

Sur certains thèmes, vous pourrez voir une instruction proche de celle-ci :

```
<?php if (!have_posts()) : ?>
```

Le point d'interrogation qui précède la fonction *have_posts()* signifie « pas ». En d'autres termes, cela signifie « *S'il n'existe pas d'articles alors...* »

Dans le thème Twenty Sixteen, si cette condition est satisfaite (c'est-à-dire s'il n'y a pas d'article), WordPress saute la boucle *while* et affiche un message indiquant qu'aucun message n'existe, en appelant le modèle *content-none.php*, dont voici le contenu :

```
<?php
/**
 * The template part for displaying a message that posts cannot be found
 *
 * @package WordPress
 * @subpackage Twenty_Sixteen
 * @since Twenty Sixteen 1.0
 */
?>

<section class="no-results not-found">
   <header class="page-header">
      <h1 class="page-title"><?php _e( 'Nothing Found', 'twentysixteen' ); ?></h1>
   </header><!-- .page-header -->

   <div class="page-content">
      <?php if ( is_home() && current_user_can( 'publish_posts' ) ) : ?>

         <p><?php printf( __( 'Prêt à publier votre premier article ?
<a href="%1$s">Get started here</a>.', 'twentysixteen' ), esc_url( admin_url( 'post-new.php' ) ) ); ?></p>

      <?php elseif ( is_search() ) : ?>

         <p><?php _e( 'Désolé, essayez avec un autre mot-clé.', 'twentysixteen' );
?></p>
         <?php get_search_form(); ?>

      <?php else : ?>

         <p><?php _e( 'Nous ne trouvons pas ce que vous cherchez', 'twentysixteen' );
?></p>
         <?php get_search_form(); ?>

      <?php endif; ?>
   </div><!-- .page-content -->
</section><!-- .no-results -->
```

WordPress affiche le titre *Nothing Found*, suivi d'un texte pour le visiteur qui dépend des instructions *if* ou *else* de l'extrait de code ci-dessus :

» `<?php if ( is_home() && current_user_can( 'publish_posts' ) ) : ?>`

Ce code indique que si vous affichez la page d'accueil et que vous soyez actuellement connecté en tant qu'utilisateur qui a la capacité de publier des messages sur le site, alors il est affiché le texte suivant : « *Prêt à publier votre premier article ?* »

» `<?php elseif ( is_search() ) : ?>`

Cette portion de code dit que si le visiteur se trouve sur la page de recherche, alors on lui présente le texte suivant : « *Désolé, essayez avec un autre mot-clé.* »

» `<?php else : ?>`

Ce code indique que si le visiteur visite une page qui ne répond à aucune des deux conditions ci-dessus, il faut alors afficher la déclaration suivante : « *Nous ne trouvons pas ce que vous cherchez.* »

WordPress utilise d'autres modèles en plus de l'index principal, tels que les modèles d'en-tête, de barre latérale et de pied de page. La section suivante vous donne un aperçu de ces modèles.

Le modèle *sidebar.php*

Le nom du fichier de la colonne latérale est *sidebar.php*. Typiquement, la colonne latérale est affichée à gauche ou à droite de votre modèle WordPress. Dans le thème par défaut, la colonne latérale est affichée sur la droite (voir Figure 9.4).

Comme le modèle *header.php*, le modèle de la colonne latérale, *sidebar.php*, est appelé depuis la page d'accueil du site, à savoir *index.php*, *via* cette fonction spécifique :

```
<?php get_sidebar(): ?>
```

Cette ligne de code appelle le modèle de la colonne latérale et toutes les informations qu'il contient pour les inclure dans la page de votre site. Le Chapitre 12 évoque les diverses manières dont vous pouvez appeler le modèle *sidebar.php*, en incluant plusieurs modèles de colonnes latérales et en utilisant une instruction *include* pour les intégrer à la page d'accueil.

Dans la section « Utiliser les fonctions avec des arguments pour les colonnes latérales », plus loin dans ce chapitre, vous trouverez des informations sur les fonctions à utiliser dans la colonne latérale pour afficher des éléments tels que la liste des articles les plus récents et la liste des catégories.

Le modèle *footer.php*

Le nom du modèle de pied de page est *footer.php*. Généralement, le pied de page se trouve en bas de la page (référez-vous à la Figure 9.4) et contient de brèves informations sur le site, comme les mentions du copyright, les noms du designer et de l'hébergeur ; cependant, vous n'êtes pas obligé de vous limiter à cela. Dans ce chapitre, nous parlons d'un pied de page classique, qui apparaît dans le thème par défaut WordPress.

De même que les modèles *header.php* et *sidebar.php*, le modèle *footer.php* est appelé par la page d'accueil (*index.php*) *via* cette ligne de code :

```
<?php get_footer(); ?>
```

Ce code intègre donc le modèle et toutes les informations qu'il contient dans la page de votre site. Il est possible et habituel d'envelopper deux fonctions dans un seul appel à PHP. Ainsi, ils apparaissent directement l'un après l'autre.

```
<?php
get_sidebar();
get_footer();

?>
```

Ce code appelle le pied de page et la colonne latérale dans votre site Web.

Les autres modèles

Le thème par défaut de WordPress, Twenty Sixteen, comprend d'autres modèles qui ne sont pas abordés en détail dans ce chapitre, mais il est bon d'en avoir au moins une idée. Une fois que vous aurez pris connaissance de ce qui suit, vous pourrez continuer votre chemin pour apprendre le reste.

Ces autres modèles (optionnels) sont :

» **Le modèle Commentaires (*comments.php*) :** Le modèle Commentaires est indispensable si vous comptez publier des commentaires sur votre site ; il fournit toutes les fonctions nécessaires pour afficher ces derniers. La fonction utilisée pour intégrer les commentaires dans les modèles est *<?php comments_template(); ?>*.

» **Le modèle Article seul (*single.php*) :** Lorsque vos visiteurs cliquent sur le titre ou le permalien d'un article que vous avez publié sur votre site, ils sont renvoyés sur la page individuelle de cet article. Là, ils peuvent lire l'article en entier ; si vous avez activé les commentaires, ils peuvent également visualiser le formulaire de commentaires et en déposer.

- **Le modèle de Page (*page.php*) :** Vous pouvez utiliser le modèle *page.php* pour des pages statiques de votre site WordPress.
- **Le modèle Résultats de recherche (*search.php*) :** Ce modèle permet de créer un affichage personnalisé des résultats de recherche sur votre site. Lorsque quelqu'un utilise la fonctionnalité de recherche en spécifiant des mots-clés spécifiques, ce modèle met en page les résultats retournés.
- **Le modèle des erreurs 404 (*404.php*) :** Utilisez ce modèle pour créer une page dite « 404 » que les utilisateurs visualisent lorsque leur navigateur ne peut pas trouver la page demandée et qu'il leur retourne l'horrible message « *erreur 404 Page Cannot Be Found error* ».

Les modèles recensés dans la liste précédente sont optionnels. S'ils n'existent pas dans le dossier des thèmes de votre site WordPress, rien ne se passe. Le modèle de la page d'accueil gère l'affichage de ces éléments (la page particulière d'un article, la page des résultats de recherche, et ainsi de suite). La seule exception est le modèle Commentaires. Si vous souhaitez afficher des commentaires sur votre site, vous devez disposer de ce modèle.

Assembler un thème

WordPress dispose de fonctions propres pour inclure les fichiers des principaux modèles WordPress, à savoir *header.php*, *sidebar.php* et *footer.php* dans d'autres modèles. La fonction *include* vous permet de récupérer le contenu d'un tout autre modèle et de l'afficher dans le fichier source. Le Tableau 9.2 montre les modèles et leur fonction pour les inclure.

Tableau 9.2 : Modèles et fonctions d'inclusion propres à WordPress

Nom du modèle	Fonctions propres à WordPress
header.php	*<?php get_header(); ?>*
sidebar.php	*<?php get_sidebar(); ?>*
footer.php	*<?php get_footer(); ?>*
search.php	*<?php get_search_form(); ?>*
comments.php	*<?php comments_template(); ?>*

Si vous souhaitez inclure un fichier qui ne dispose pas de sa propre fonction d'inclusion, vous aurez besoin d'un code différent. Par exemple, si vous souhaitez ajouter une barre latérale spécifique (différente du fichier *sidebar.php* par défaut de votre thème existant) à un modèle de page donné, nommez le fichier *sidebar-page.php*. Pour l'inclure dans un autre modèle, utilisez le code suivant :

```
<?php get_template_part('sidebar', 'page'); ?>
```

Dans cette déclaration, la fonction *get_template_part ('sidebar', 'page');* examine dans le dossier du thème principal la présence du fichier *sidebar-page.php* et affiche la barre latérale. L'intérêt de cette fonction est que WordPress recherche le modèle *sidebar-page.php* en premier, mais s'il ne le trouve pas, il utilise par défaut le modèle *sidebar.php*.

Dans cette section, nous allons assembler les modèles en utilisant les fonctions propres aux modèles que je vous ai livrées tout au long de ce chapitre.

Il semble y avoir des lignes infinies de code lorsque vous affichez le fichier *index.php* du thème Twenty Sixteen, je l'ai donc simplifié dans les étapes ci-dessous. Ces étapes devraient vous aider à comprendre comment fonctionnent la boucle WordPress et les fonctions que l'on rencontre habituellement pour créer votre propre thème.

Les premières étapes pour parvenir à ce résultat sont les suivantes :

1. **Connectez-vous à votre serveur Web *via* FTP, cliquez sur le dossier *wp-content*, puis cliquez sur le dossier *themes*.**

   Ce dossier contient les thèmes qui sont actuellement installés sur votre site WordPress (reportez-vous au Chapitre 3 si vous avez besoin de plus d'informations sur FTP).

2. **Créez un nouveau dossier, et appelez-le *montheme*.**

   Dans la plupart des programmes FTP, vous pouvez faire un clic droit et sélectionner Nouveau dossier (si vous ne savez pas comment créer un dossier, référez-vous à l'aide de votre programme FTP).

3. **Avec votre éditeur de texte préféré (tel que Notepad++ pour PC ou TexteEdit pour Mac), créez et sauvegardez les fichiers suivants avec le code ci-dessous :**

   - *header.php :* Créez ce fichier avec les lignes de code ci-dessous.

```
<!DOCTYPE html>
<html <?php language_attributes(); ?> class="no-js">
<head>
<meta charset="<?php bloginfo( 'charset' ); ?>">
<link rel="stylesheet" type="text/css" media="all" href="<?php bloginfo('stylesheet_
url'); ?>" />
```

```
<?php wp_head(); ?>
</head>
<body <?php body_class() ?>>
<header class="masthead">
<h1><a href="<?php bloginfo( 'url' ); ?>"><?php bloginfo( 'name' ); ?></a></h1>
<h2><?php bloginfo( 'description' ); ?></h2>
</header>
<div id="main">
```

- *function.php :* Créez ce fichier avec les lignes de code ci-dessous. Le fichier *function.php* concerne la zone de widget de votre site et vous permet d'ajouter des widgets à votre barre latérale.

```
<?php
add_theme_support( 'title-tag' );
if ( function_exists( 'register_sidebar' ) ) register_sidebar( array(
        'id'           => 'sidebar-1',
        'name'         => 'Ma Zone de widget',
) );
?>
```

- *sidebar.php :* Créez ce fichier avec les lignes de code ci-dessous. Ce code indique à WordPress où afficher les widgets WordPress. Dans le cas présent, les widgets sont affichés dans la barre latérale de votre site.

```
<aside class="sidebar">
<ul>
<?php if ( !function_exists( 'dynamic_sidebar ') ¦¦ !dynamic_sidebar('sidebar-1')) :
?>
<?php endif; ?>
</ul>
</aside>
```

- *footer.php :* Créez ce fichier avec les lignes de code ci-dessous.

```
<footer>
<p>&copy; Copyright <a href="<?php bloginfo( 'url' ); ?>"><?php bloginfo('name');
?></a>. All Rights Reserved</p>
</footer>
<?php wp_footer(); ?>
</body>
</html>
```

- *style.css :* Créez ce fichier avec les lignes de code ci-dessous (CSS est traité dans le Chapitre 10 – cet exemple vous donne un style très simple pour créer votre thème).

```
/*
Theme Name: Mon Theme
Description: Basic Theme from WordPress For Dummies example
Author: Lisa Sabin-Wilson
Author URI: http://lisasabin-wilson.com
*/
body {
font-family: verdana, arial, helvetica, sans-serif;
font-size: 16px;
color: #555;
background: #ffffff;
}
header.masthead {
width: 950px;
margin: 0 auto;
background: black;
color: white;
padding: 5px;
text-align:center;
}
header.masthead h1 a {
color: white;
font-size: 28px;
font-family: Georgia;
text-decoration: none;
}
header.masthead h2 {
font-size: 16px;
font-family: Georgia;
color: #eee;
}
header.masthead nav {
background: #ffffff;
text-align: left;
height: 25px;
padding: 4px;
}
```

```
header.masthead nav ul {
list-style:none;
margin:0;
}
#main {
width: 950px;
margin: 0 auto;
padding: 20px ;
}
#main section {
width: 500px;
float:left;
}
#main .hentry {
margin: 10px 0;
}
aside.sidebar {
width: 290px;
margin: 0 15px;
float:right;
}
aside.sidebar ul {
list-style:none;
}
footer {
clear:both;
width: 960px;
height: 50px;
background: black;
color: white;
margin: 0 auto;
}
footer p {
text-align:center;
padding: 15px 0;
}
footer a {
color:white;
}
```

En utilisant les fonctions recensées dans le Tableau 9.3, la boucle *while* ainsi que les appels aux modèles *header.php*, *sidebar.php*, *footer.php*, vous pourrez vous faire une idée plus précise de l'apparence d'un modèle de page d'accueil (*index.php*).

Tableau 9.3 : Les fonctions des modèles pour décrire les articles du site

Balise	Fonction
<?php get_the_date();?>	Affiche la date de l'article.
<?php get_the_time();?>	Affiche l'heure de l'article.
<?php the_title(); ?>	Affiche le titre de l'article.
<?php get_permalink(); ?>	Affiche le permalien (URL) de l'article.
<?php get_the_author(); ?>	Affiche le nom de l'auteur de l'article.
<?php the_content('Lire la suite…');?>	Affiche le contenu de l'article après avoir cliqué sur le lien Lire la suite.
<?php the_excerpt(); ?>	Affiche un extrait de l'article.
<?php the_category(); ?>	Affiche la catégorie (ou les catégories) assignée à l'article. Si l'article s'est vu assigner plusieurs catégories, elles apparaîtront séparées par des virgules.
<?php comments_popup_link('Aucun Commentaire', 'Commentaire (1)', 'Commentaires(%)'); ?>	Affiche un lien vers les commentaires, le nombre de commentaires figurant entre parenthèses (s'il n'y a pas de commentaires, le message *Aucun commentaire* apparaît).
<?php next_posts_ link('« Articles Précédents') ?>	Affiche les mots *Articles Précédents* renvoyant à la page précédente d'articles.*
<?php previous_ posts_link('Articles Suivants »') ?>	Affiche les mots *Articles Suivants* renvoyant à la page suivante d'articles.*

* Ces deux balises ne sont pas comme les autres. Vous ne les placez pas dans la boucle ; vous les placez après, mais avant que l'instruction *if* ne se termine. Voici un exemple :

```
<?php endwhile; ?>
<?php next_posts_link('&laquo; Articles Précédents') ?>
<?php previous_posts_link('Articles Suivants &raquo;') ?>
<?php endif; ?>
```

Lorsque vous concevez des modèles, veillez à utiliser un éditeur de texte comme le Bloc-notes Windows, Notepad++ ou TextEdit sous Mac. Si vous utilisez un programme de traitement de texte tel que Microsoft Word, vous risquez de rencontrer de nombreux problèmes avec votre code. Word insère des caractères invisibles et formate les guillemets d'une manière incompréhensible pour WordPress.

Pour créer un modèle de page d'accueil qui fonctionne avec les autres modèles de votre thème WordPress, ouvrez une nouvelle fenêtre dans un éditeur de texte quelconque et suivez ces étapes (recopiez tout le texte spécifié à chaque étape sur sa propre ligne. Pressez la touche Entrée après avoir tapé chaque ligne de sorte que chaque balise commence sur une nouvelle ligne).

1. **Tapez *<?php get_header(); ?>*.**

   Cette fonction extrait l'information du modèle d'en-tête de votre thème WordPress.

2. **Tapez *<section>*.**

   C'est une balise HTML 5 qui indique au navigateur qu'il s'agit d'un regroupement de contenu (dans ce cas, les messages des articles).

3. **Tapez *<?php if (have_posts()) : ?>*.**

   Cette instruction *if* pose la question : « *Ce site a-t-il des articles ?* » Si la réponse est oui, elle récupère les articles dans votre base de données MySQL et les affiche sur votre site.

4. **Tapez *<?php while (have_posts()) : the_post(); ?>*.**

   Cette fonction démarre la boucle.

5. **Tapez *<article <?php post_class() ?> id="post-<?php the_ID(); ?>">*.**

   Cette balise HTML 5 indique au navigateur que c'est le début d'un nouvel article et précise la classe CSS à utiliser.

6. **Tapez *<h1><a href="<?php the_permalink(); ?>"><?php the_title(); ?></a> </h1>*.**

   Cette fonction indique à votre site d'afficher le titre d'un article qui est cliquable (lié) à l'URL du message, entouré par des balises d'en-tête HTML *<h1>*.

7. **Tapez *Publié le <?php get_the_date(); ?> à <?php get_the_time(); ?>*.**

   Cette fonction affiche la date et l'heure de publication de l'article. Les formats de la date et de l'heure sont ceux que vous avez spécifiés dans le Tableau de bord.

8. **Tapez *Publié dans <?php the_category(','); ?>*.**

   Cette fonction affiche la liste de catégories, séparées par des virgules, assignées à l'article, *Publié dans : catégorie 1, catégorie 2*, par exemple.

9. **Tapez *<?php the_content('Lire la suite de cette entrée…'); ?>*.**

   Cette fonction affiche le contenu de l'article. L'argument *Lire la suite de cette entrée* de cette fonction indique à WordPress qu'il doit afficher les mots *Lire la suite de cette entrée* sur lesquels l'utilisateur peut cliquer pour lire le reste de l'article. Cette fonction ne fonctionne que lorsque vous n'affichez que l'extrait de l'article, comme spécifié dans le Tableau de bord.

10. **Tapez *Publié par: <?php the_author(); ?>*.**

    Cette fonction affiche l'auteur de l'article de cette manière : *Publié par : Lisa Sabin-Wilson*.

11. **Tapez *</article>*.**

    C'est une balise HTML 5 qui indique au navigateur la fin de l'article.

12. **Tapez *<?php endwhile; ?>*.**

    Cette fonction termine la boucle et commande à WordPress d'arrêter d'afficher les articles. WordPress sait exactement le nombre de fois que la boucle doit être parcourue en fonction du paramètre spécifié dans le Tableau de bord.

13. **Tapez *<?php comments_popup_link('Aucun Commentaires', '1 Commentaire', '% Commentaires'); ?>* .**

    Cette fonction affiche le lien vers les commentaires de l'article, ainsi que le nombre de commentaires.

14. **Tapez *<?php next_posts_link('« Articles Précédents'); ?>*.**

    Cette fonction affiche un lien sur lequel l'utilisateur peut cliquer pour accéder à la précédente page d'articles, s'il y en a.

15. **Tapez *<?php previous_posts_link('» Articles Suivants'); ?>*.**

    Cette fonction affiche un lien sur lequel l'utilisateur peut cliquer pour accéder à la page des articles suivants, s'il y en a.

16. **Tapez *<?php else : ?>*.**

    Cette instruction fait référence à la question *if* posée à l'étape 3. Si la réponse à cette question est non, cette étape fournit une instruction *else* – SI (*if*) ce blog a des articles ALORS (*then*) en dresser la liste (étapes 3 et 4) OU (*else*) afficher le message suivant.

17. **Tapez *Non trouvé. Désolé, vous recherchez quelque chose d'inexistant*.**

    C'est le message qui est affiché après l'instruction *else* de l'étape 16. Vous pouvez reformuler ce message comme vous le souhaitez.

18. **Tapez *<?php endif; ?>*.**

Cette balise de modèle termine l'instruction *if* de l'étape 3.

19. **Tapez *</section>*.**

Il s'agit d'une balise HTML 5 qui ferme la balise *<section>* ouverte à l'étape 2 et indique au navigateur que ce regroupement de contenu a pris fin.

20. **Tapez *<?php get_sidebar(); ?>*.**

Cette fonction appelle le modèle *sidebar.php* et intègre l'information qu'il contient dans le modèle de la page d'accueil (*index.php*).

21. **Tapez *</div>*.**

Cette balise HTLM termine la balise *<div id='main'>* ouverte dans le fichier *header.php*.

22. **Tapez *<?php get_footer(); ?>*.**

Cette fonction appelle le modèle *footer.php* et intègre l'information qu'il contient dans le modèle de la page d'accueil. *Note :* Le code que contient le modèle *footer.php* ferme les balises *<body>* et *<html>* qui ont été ouvertes dans le modèle d'en-tête (*header.php*).

Lorsque vous avez terminé, le code du modèle de la page d'accueil doit ressembler à ceci :

```
<?php get_header(); ?>
<section>
<?php if (have_posts()) : ?>

<?php while (have_posts()) : the_post(); ?>
   <article <?php post_class() ?> id="post-<?php the_ID(); ?>">
      <h1><a href="<?php the_permalink(); ?>"><?php the_title(); ?></a></h1>
      Publie <?php get_the_date(); ?> a <?php get_the_time(); ?>
      Publie dans <?php the_category(','); ?>
      <?php the_content('Lire la suite de cette entree'); ?>
      Publie par : <?php the_author(); ?>
   </article>
<?php endwhile; ?>
<?php comments_popup_link('Aucun Commentaires', '1 Commentaire', '% Commentaires');
?>
<?php next_posts_link('&laquo; Articles Prédents'); ?>
<?php previous_posts_link('&raquo; Articles Suivants'); ?>
<?php else : ?>
Non trouve. Vous recherchez quelque chose d'inexistant.
```

```
<?php endif; ?>
</section>
<?php get_sidebar(); ?>
</div>
<?php get_footer(); ?>
```

23. Enregistrez ce fichier sous le nom *index.php*, et téléchargez-le dans le dossier *montheme*.

Dans le Bloc-notes, vous pouvez l'enregistrer en sélectionnant Fichier puis Enregistrer sous.

24. Activez le thème dans le Tableau de bord de WordPress, et visualisez votre site pour contempler les résultats de vos efforts à l'écran !

Le code PHP du modèle de la page d'accueil contient une fonction expliquée au Chapitre 12 : *<article <?php post_class() ?> id="post-<?php the_ID(); ?>">*. Cette fonction vous aide à créer quelques styles intéressants dans votre modèle en utilisant CSS. Reportez-vous au Chapitre 12 pour en savoir plus à ce sujet.

C'est un modèle d'accueil (*index.php*) très simple et basique que vous venez de créer, qui ne contient pas de balise HTML standard. L'affichage diffère donc du thème Twenty Sixteen par défaut. Cet exemple a été utilisé pour vous donner les notions de base du modèle d'accueil et de la boucle *while* en action. Le Chapitre 10 donne des détails sur l'utilisation de HTML et de CSS pour créer un style et une mise en forme agréables pour vos messages et vos pages.

Utiliser des styles additionnels

Souvent, un thème utilise plusieurs feuilles de styles pour la compatibilité des différents navigateurs. Si vous utilisez plusieurs feuilles de styles, la technique pour les inclure dans le modèle est la même que pour toute autre feuille de styles.

Pour ajouter une nouvelle feuille de styles, créez un répertoire, appelé *css*, dans le dossier du thème racine. Ensuite, créez un nouveau fichier appelé *monstyle.css* dans le dossier *css*. Pour inclure le fichier, vous devez modifier le fichier *header.php*. L'exemple suivant montre le code à taper pour inclure le nouveau fichier CSS :

```
<link rel="stylesheet" href="<?php bloginfo('stylesheet_directory');?>/css/monstyle.
css" type="text/css" media="screen" />
```

Des feuilles de styles supplémentaires sont éventuellement nécessaires lorsque vous avez un thème parent et un thème enfant. Il est d'usage de créer un thème enfant qui dépend d'un thème parent pour mettre en œuvre de nouvelles fonctionnalités sans altérer le thème parent. Nous reviendrons sur ce concept plus en détail au Chapitre 11.

Personnaliser vos articles avec les fonctions

Cette section présente les fonctions que vous utiliserez pour afficher le corps de chaque article que vous publierez. Le corps d'un article comprend des informations telles que la date et l'heure d'envoi, le titre, le nom de l'auteur, la catégorie et le contenu.

Le Tableau 9.3 répertorie les fonctions que vous pouvez utiliser pour les articles, dans tout modèle de thème WordPress. Les fonctions du Tableau 9.3 ne fonctionnent que si vous les placez dans une boucle.

Utiliser les fonctions avec des arguments pour les colonnes latérales

Si vous avez suivi toutes mes explications sur les modèles d'en-tête (*header.php*), de page d'accueil (*index.php*) et les fonctions qui leur sont propres, vous disposez d'un site WordPress fonctionnel composé d'articles et de diverses *métadonnées* associées à chaque article, telles que la date et l'heure de publication.

Cette section vous présente de nouvelles fonctionnalités, donc de nouvelles fonctions, qui sont généralement affichées dans la colonne latérale d'un site. Je dis bien « généralement », car il est possible de se montrer créatif avec ces fonctionnalités et de les placer à d'autres endroits (dans le modèle pied de page, par exemple). Pour que cette introduction reste compréhensible, je vais m'en tenir aux fonctions les plus communes, vous laissant les mettre en œuvre de manière plus créative lorsque vous vous sentirez à l'aise.

Cette section introduit aussi le concept d'*arguments de fonctions*, qui correspondent à des options supplémentaires que vous pouvez mentionner dans la fonction pour contrôler certaines caractéristiques du résultat qu'elle produit. Les fonctions n'ont pas nécessairement d'argument. Les arguments qui sont présentés ici proviennent de la documentation du logiciel WordPress que vous pouvez trouver sur le Codex de WordPress à l'adresse `http://codex.wordpress.org`.

Le Tableau 9.4 illustre trois exemples d'arguments.

Tableau 9.4 : Les trois usages d'arguments

Usage	Description	Exemple
Fonction sans argument	La fonction ne permet pas de spécifier d'argument, aussi ne trouvez-vous rien entre les parenthèses :	*the_tag();*
Fonction avec des arguments de type PHP	Cette fonction contient une liste de valeurs séparées par des virgules entre parenthèses :	*the_tag('1,2,3');*
Fonction avec des arguments sous forme de chaînes de caractères	Cette fonction comprend généralement plusieurs arguments qui correspondent à l'association d'un paramètre et d'une valeur. Elle vous permet de modifier la valeur d'un paramètre sans avoir à fournir les valeurs pour les autres :	*the_tag('parameter=true');*

IDENTIFIER LES MÉTADONNÉES

Les métadonnées sont simplement des données sur les données. Dans WordPress, les métadonnées se réfèrent aux données sur chaque article ou page, telles que :

- le nom de l'auteur ;
- la catégorie ou les catégories assignées à l'article ;
- l'heure et la date de l'article ;
- le lien d'un commentaire et le nombre de commentaires.

Les paramètres passés à une fonction peuvent être de différents types. Vous devez connaître ces types de paramètres :

- **Chaîne :** Une ligne de texte qui peut être n'importe quoi, une simple lettre comme une longue liste de mots. Une chaîne est toujours spécifiée entre guillemets simples ; elle peut servir de valeur pour un argument ou un paramètre, ou alors être affichée directement.
- **Entier :** Un nombre positif ou négatif.
- **Booléen :** Une valeur vraie ou fausse. Cette valeur peut être donnée sous une forme numérique (0 = faux, 1 = vrai) ou sous forme de texte (*true* = vrai, *false* = faux) sans guillemets.

Le Codex de WordPress, qui se trouve à l'adresse `https://codex.wordpress.org/fr:Accueil`, décrit toutes les fonctions possibles et imaginables et leurs arguments respectifs. Les fonctions et arguments présentés dans ce chapitre sont ceux qui sont le plus souvent utilisés.

Le calendrier

Le calendrier est une fonctionnalité qui affiche chacun des jours de la semaine auquel vous avez publié un article. Ces jours prennent la forme de liens vers les articles. Voici la fonction utilisée pour afficher le calendrier :

```
<?php get_calendar(); ?>
```

Cette fonction ne prend qu'un seul argument, et c'est un booléen. Spécifiez *true* et le calendrier affichera le jour de la semaine sous la forme d'une seule lettre (Vendredi = V, par exemple). Spécifiez *false* pour que le calendrier affiche le jour de la semaine sous une forme abrégée de trois lettres (Vendredi = Ven., par exemple).

Voici des exemples d'utilisation pour afficher un calendrier sur votre site WordPress :

```
<?php get_calendar(true); ?>
```

```
<?php get_calendar(false); ?>
```

En réalité, pour placer le widget Calendrier dans la barre latérale, vous n'aurez pas besoin de modifier le fichier *sidebar.php*. Il suffit de cliquer sur le menu Apparence puis sur Widgets, et de glisser le widget Calendrier dans la zone Barre latérale (Figure 9.7).

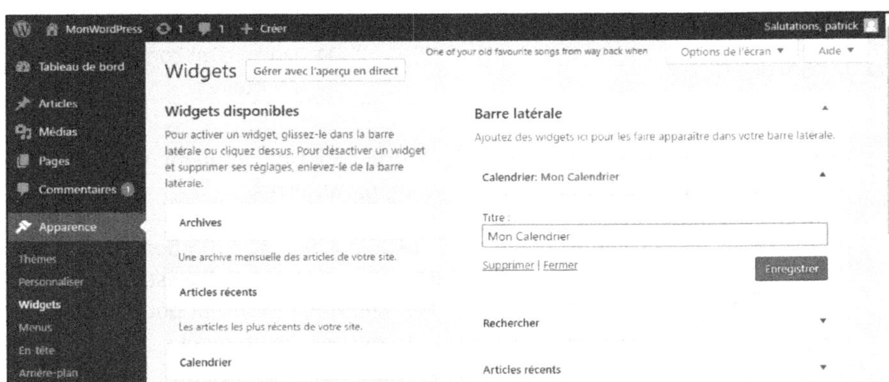

Figure 9.7 : Le calendrier a été placé dans la barre latérale à l'aide d'un glisser-déposer.

La liste des pages

La fonction *<?php wp_list_pages(); ?>* affiche la liste des pages statiques créées sur votre site WordPress (comme À propos ou la page Contacts). Afficher les liens des pages statiques de votre site vous permet de les rendre facilement disponibles à vos lecteurs.

La fonction prend un argument de type chaîne de caractères (le Tableau 9.5 recense les paramètres les plus usuels pour la fonction *wp_list_pages()* :

Tableau 9.5 : Les paramètres les plus usuels pour wp_list_pages ()

Paramètre	Type	Description et valeurs
child_of	Entier	Affiche seulement les sous-pages de la page ; prend l'identifiant numérique de la page pour valeur. La valeur par défaut est 0 (afficher toutes les pages).
sort_column	Chaîne	Trie les pages en fonction d'une des options suivantes :
	'post_title'	Trie selon le titre, par ordre alphabétique (tri par défaut).
	'menu_order'	Trie selon la position à laquelle la page apparaît dans la page Toutes les pages du Tableau de bord.
	'post_date'	Trie selon la date à laquelle la page a été créée.
	'post_modified'	Trie selon la date à laquelle la page a été modifiée.
	'post_author'	Trie selon l'auteur, en se fondant sur l'identifiant de ce dernier.
	'post_name'	Trie selon le nom.
	'ID'	Trie selon le numéro de la page.
Exclude	Entier	Liste les identifiants des pages, séparés par des virgules, que vous souhaitez exclure de la liste des pages à afficher (par exemple : *'exclude=10, 20, 30'*). Il n'y a pas de valeur par défaut.
depth	Entier	Utilise une valeur numérique pour spécifier le nombre de niveaux de pages affichés dans la liste des pages. Plusieurs options sont possibles :
	0	Affiche toutes les pages, dont les principales et les sous-pages (par défaut).
	-1	Affiche les sous-pages, mais sans les indenter dans la liste affichée.
	1	Affiche seulement les pages principales (pas les sous-pages).
show_date	Chaîne	Affiche la date à laquelle la page a été créée ou dernièrement modifiée. Les options possibles :
	' '	N'affiche pas de date (par défaut).
	'modified'	Affiche la date à laquelle la page a été dernièrement modifiée.
	'created'	Affiche la date à laquelle la page a été créée.

Paramètre	Type	Description et valeurs
date_format	Chaîne	Spécifie le format de la date à afficher. Par défaut, le format de la date est celui spécifié dans la page Options générales du Tableau de bord.
title_li	Chaîne	Affiche le texte comme titre de la page qui contient la liste. Par défaut, affiche le texte ***'Page'***. Si la valeur est vide (''), aucun titre n'est affiché ; par exemple, *title_li='Mes_pages'* affiche le titre *Mes pages* dans la page, au-dessus de la liste des pages.

Les listes de pages sont affichées sans ordre : une liste avec un point en face de chaque lien renvoyant sur une page.

Une alternative à l'utilisation de la fonction *wp_list_pages()* pour créer un système de navigation consiste à utiliser des *menus*. Les menus ne dépendent pas uniquement de vos pages WordPress, mais peuvent également inclure des liens vers des articles, des catégories et des liens personnalisés que vous définissez. Le Chapitre 10 contient des informations sur la fonction *Menus*, ainsi que la balise de modèle *wp_nav_menu()* qui permet d'afficher les menus.

La fonction suivante affiche une liste de pages sans le titre *Pages*. Autrement dit, il n'y a pas de titre dans la liste des liens de la page :

```
<?php wp_list_pages('title_li='); ?>
```

La fonction suivante affiche la liste des pages triées par dates de création ; la date est également affichée avec le nom de la page :

```
<?php wp_list_pages('sort_column=post_date&show_date=created'); ?>
```

Observez la manière dont la chaîne de requête est écrite :

```
'parameter1=value&parameter2=value&parameter3=value'
```

Toute la chaîne est délimitée par de simples *quotes* (guillemets), et elle ne comprend aucun espace. Chaque paramètre est associé à sa valeur par le caractère égale (=). Lorsque vous utilisez plusieurs couples paramètre-valeur, vous les séparez avec le caractère &. Vous pouvez lire la chaîne de la manière suivante : *paramètre1=valeurETparamètre2=valeurETparamètre3=valeur*. Gardez cette convention à l'esprit en lisant la suite de ce chapitre.

En réalité, pour placer le widget qui liste les pages du site dans la barre latérale, vous n'aurez pas besoin de modifier le fichier *sidebar.php*. Il suffit de cliquer sur le menu Apparence puis sur Widgets, et de glisser le widget Pages dans la zone Barre latérale (Figure 9.8).

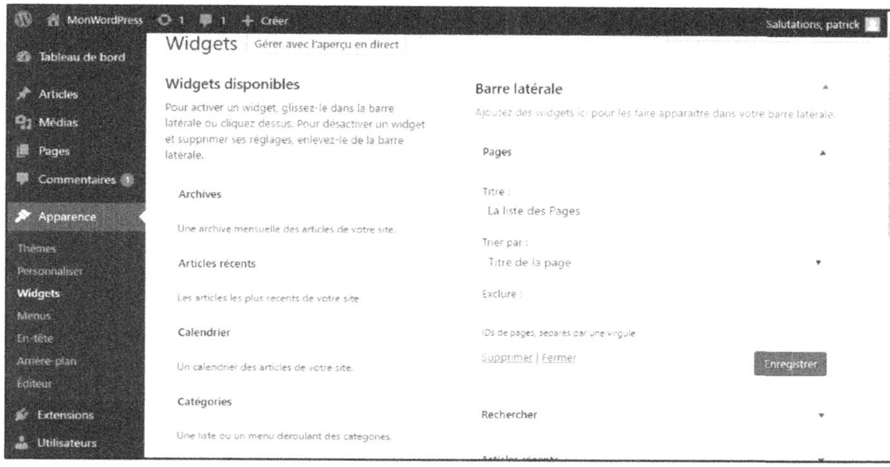

Figure 9.8 : La liste des pages a été placée dans la barre latérale à l'aide d'un glisser-déposer.

Archives des articles

Le code *<?php wp_get_archives(); ?>* affiche les archives des articles du site d'un certain nombre de façons, en utilisant les paramètres et les valeurs indiqués dans le Tableau 9.6. Voici quelques exemples de ce que vous pouvez produire avec cette fonction :

Tableau 9.6 : Les paramètres les plus utilisés pour wp_get_archives();

Paramètre et son type	Valeurs possibles	Exemple
type (chaîne) Détermine le type d'archives à afficher.	*monthly* *daily* *weekly* *postbypost*	*<?php wp_get_archives('type=postbypost'); ?>* Affiche les titres des articles les plus récents.
Format (chaîne) Mise en forme des liens dans la liste des archives.	*html* – Délimite les liens avec *<li>* et *</li>*. *option* – Présente les liens dans une liste déroulante. *link* – Délimite les liens avec les balises *<link>* et *</link>*. *custom* – Utilise votre propre code HTML pour délimiter les liens.	*<?php wp_get_archives('format=html'); ?>* Affiche la liste des liens des archives, chaque lien étant délimité par les balises HTML *<li>* et *</li>*.

Paramètre et son type	Valeurs possibles	Exemple
Limit (entier) Limite le nombre d'archives à afficher.	Si aucune valeur n'est spécifiée, toutes les archives sont affichées.	*<?php wp_get_archives('limit=10'); ?>* Affiche au plus 10 archives dans la liste.
Before (chaine) Mise en forme à appliquer avant chaque lien de la liste.	Pas de valeur par défaut.	*<?php wp_get_archives('before=<strong>'); ?>* Insère la balise HTML *</strong>* avant chaque lien de la liste des archives.
After (chaîne) Mise en forme à appliquer après chaque lien de la liste.	Pas de valeur par défaut.	*<?php wp_get_archives('after=</strong'); ?>* Insère la balise HTML *</strong>* après chaque lien de la liste des archives.
show_post_count (booléen) Cette valeur affiche le nombre d'articles dans l'archive. À utiliser avec la valeur *monthly* du paramètre *type*.	*true* ou *1* *false* ou *0*	*<? wp_get_archives('show_post_count=1'); ?>* Affiche le nombre d'articles dans chaque archive après le lien vers l'archive.

Voici quelques exemples de fonctions pour afficher les archives d'un site.

Cette fonction affiche une liste des archives par mois (par exemple, Janvier 2017, Février 2017, et ainsi de suite).

```
<?php wp_get_archives('type=monthly'); ?>
```

Cette fonction affiche la liste des quinze articles les plus récents :

```
<?php wp_get_archives('type=postbypost&limit=15'); ?>
```

En réalité, pour placer le widget des archives dans la barre latérale, vous n'aurez pas besoin de modifier le fichier *sidebar.php*. Il suffit de cliquer sur le menu Apparence puis sur Widgets, et de glisser le widget Archives dans la zone Barre latérale.

Catégories

WordPress vous permet de créer des catégories et d'assigner des articles à une ou plusieurs de ces catégories. Les catégories constituent un système de navigation qui vous permet (ainsi qu'à vos lecteurs) de trouver les articles que vous avez écrits sur certains sujets.

Tableau 9.7 : Les paramètres les plus utilisés de wp_list_categories ();

Paramètre et son type	Valeurs possibles	Exemple
orderby (chaîne) Détermine le classement de la catégorie.	ID *name*	*<?php wp_list_categories('orderby=name'); ?>* Affiche la liste des catégories triées par noms et par ordre alphabétique, telles qu'elles apparaissent dans le Tableau de bord.
style (chaîne) Détermine le format de l'affichage de la liste des catégories.	*list* *none*	*<?php wp_list_categories('style=list'); ?>* Affiche les liens vers les catégories en les délimitant par les balises HTML *<li>* et *</li>*. *<?php wp_list_categories('style=none'); ?>* Affiche les liens vers les catégories sans les délimiter, en les faisant simplement suivre d'un retour à la ligne.
show_count (booléen) Détermine s'il faut afficher le nombre d'articles pour chaque catégorie.	*true* ou *1* *false* ou *0*	*<?php wp_list_categories('show_count=1'); ?>* Affiche le nombre d'articles entre parenthèses après chaque catégorie de la liste. Par exemple, *Expresso(10)* signifie qu'il y a dix articles dans la catégorie Expresso.
hide_empty (booléen) Détermine si les catégories vides (sans articles) doivent être affichées dans la liste.	*true* ou *1* *false* ou *0*	*<?php wp_list_categories('hide_empty=0'); ?>* N'affiche que les catégories qui contiennent des articles.
feed (chaîne) Détermine si le flux RSS doit être affiché pour chaque catégorie de la liste.	*rss* Par défaut, aucun flux n'est affiché	*<?php wp_list_categories('feed=rss'); ?>* Affiche les titres de catégories dans le lien RSS qui se trouve à côté.
feed_image (chaîne) Fournit le chemin d'accès à une image pour le flux.	Pas de valeur par défaut	*<?php wp_list_categories('feed_image=/wp-content/images/feed.gif'); ?>* Affiche l'image *feed.gif* pour chaque titre de catégorie. Cette image est insérée dans le flux RSS de la catégorie.
hierarchical (booléen) Détermine si les catégories enfants doivent être affichées après chaque catégorie parent dans la liste des catégories.	*true* ou *1* *false* ou *0*	*<?php wp_list_categories('hierarchical=0'); ?>* N'affiche pas les catégories enfants après les catégories parents dans la liste des catégories.

Cette fonction affiche une liste de catégories triées par noms, avec l'affichage du nombre d'articles, et montre les sous-catégories de chaque catégorie parent :

```
<?php wp_list_categories('orderby=name&show_count=1&hierarchical=1'); '>
```

En réalité, pour placer le widget qui liste les catégories du site dans la barre latérale, vous n'aurez pas besoin de modifier le fichier *sidebar.php*. Il suffit de cliquer sur le menu Apparence puis sur Widgets, et de glisser le widget Catégories dans la zone Barre latérale.

Widgets

Environ 99,99 % des thèmes WordPress disponibles aujourd'hui sont proposés avec des barres latérales « widgetisables », ce qui signifie que vous pouvez remplir votre zone latérale de widgets WordPress, de sorte à ajouter du contenu, des menus de navigation et des listes.

Grâce aux widgets, vous n'avez généralement aucune raison de modifier le code du modèle *sidebar.php* car la plupart du contenu que vous souhaitez ajouter dans votre barre latérale peut l'être à l'aide de widgets.

Dans un thème WordPress, l'endroit où placer et utiliser les widgets n'est pas limité. À titre d'exemple, supposez que vous souhaitiez placer un widget dans la barre latérale, mais que votre modèle ne le permette pas (ce qui est rare aujourd'hui).

Tout d'abord, vous devez définir les widgets dans votre thème. Cela signifie que vous devez alerter WordPress sur le fait que ce thème peut gérer des widgets – ce qui est connu sous le nom de *déclaration d'un widget* sous WordPress. Pour enregistrer un widget, ajoutez la fonction *register_sidebar* au modèle Functions (*functions.php*). Dans le fichier *functions.php* du thème Twenty Sixteen, le code relatif à la déclaration d'un widget ressemble à ceci :

```
register_sidebar( array(
   'name'          => __( 'Ma Zone de widget', 'twentysixteen' ),
   'id'            => 'sidebar-4',
   'description'   => __( 'Apparait dans la barre latérale', 'twentysixteen' ),
   'before_widget' => '<section id="%1$s" class="widget %2$s">',
   'after_widget'  => '</section>',
   'before_title'  => '<h2 class="widget-title">',
   'after_title'   => '</h2>',
   ) );
```

Dans ce code, vous voyez un tableau de sept entrées différentes. Un tableau est un ensemble de valeurs qui indique à WordPress comment vous souhaitez que vos widgets soient traités et affichés :

- *name* : Le nom du widget est unique et apparaît sur la page Widgets du Tableau de bord. Cela est utile si vous déclarez plusieurs widgets différents sur votre site.
- *Id* : Il s'agit de l'ID unique donné au widget. Assurez-vous que cet ID n'existe pas déjà dans le fichier *function.php*.
- *description* (facultatif) : Il s'agit d'une description textuelle du widget. Le texte placé ici s'affiche sur la page Widgets du Tableau de bord.
- *before_widget* : Correspond à la balise HTML qui s'insère directement devant le widget. Il est utile pour les styles CSS.
- *after_widget* : Correspond à la balise HTML qui s'insère directement après le widget.
- *before_title* : Correspond à la balise HTML qui s'insère directement avant le titre du widget.
- *after_title* : Correspond à la balise HTML qui s'insère directement après le titre du widget.

Avec ce code dans votre fichier *functions.php*, WordPress reconnaît maintenant que vous avez enregistré un widget appelé *Ma Zone de widget* pour votre thème et rend la zone de widget disponible pour que vous puissiez faire un glisser-déposer des widgets sur la page Widgets du Tableau de bord (Figure 9.9)

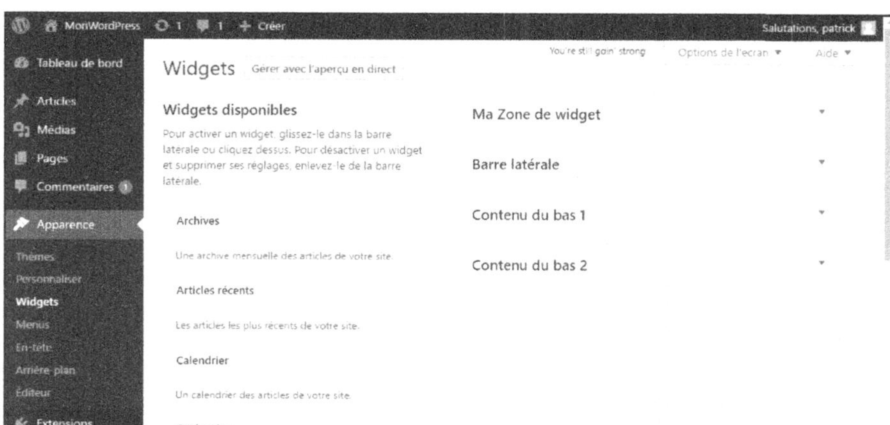

Figure 9.9 : Une nouvelle zone de widget a été créée.

Tout ce qu'il reste à faire est de dire à WordPress que cette zone de widget doit figurer dans la barre latérale, c'est-à-dire dans le fichier *sidebar.php*. Ce faisant, vous autorisez les widgets à s'afficher sur votre site.

Suivez ces étapes pour appeler des widgets sur votre site (ces étapes supposent que le code widget n'est pas déjà dans le modèle *Sidebar*) :

1. **Cliquez sur le menu Apparence, puis sur Éditeur.**

   La page *Modifier les thèmes* apparaît à l'écran.

2. **Cliquez sur le fichier *sidebar.php*.**

   Le modèle de la barre latérale s'ouvre alors à l'écran.

3. **Saisissez le code suivant dans le modèle :**

```
<?php if ( is_active_sidebar( 'sidebar-4' )  ) : ?>
   <aside id="secondary" class="sidebar widget-area" role="complementary">
      <?php dynamic_sidebar( 'sidebar-4' ); ?>
   </aside><!-- .sidebar .widget-area -->
<?php endif; ?>
```

   Le paramètre de la fonction *dynamic_sidebar* correspond à l'ID que vous avez donné au widget (voir précédemment dans cette section).

4. **Cliquez sur le bouton Mettre à jour le fichier.**

   Les modifications apportées au fichier modèle *sidebar.php* sont maintenant sauvegardées.

5. **Ajoutez un widget à votre zone de widget.**

   Cliquez sur le menu Apparence puis sur Thèmes, et glissez-déposez un widget, par exemple le Calendrier, dans la zone Ma Zone de widget (Figure 9.10).

Figure 9.10: Le calendrier a été placé dans la nouvelle zone de widget.

6. **Rafraîchissez le navigateur.**

   Le widget Calendrier apparaît dans la barre latérale.

Dans cet exemple, vous avez créé une nouvelle zone de widget et l'avez associée à la barre latérale. En réalité, le thème par défaut Twenty Sixteen propose déjà une zone de widget pour la barre latérale, qui s'appelle d'ailleurs *Barre latérale*. Il n'était donc pas utile de créer une nouvelle zone de widget, si ce n'est pour vous montrer que l'on peut ajouter les widgets à n'importe quel endroit du site.

Vous pouvez déclarer un nombre illimité de widgets pour votre thème. Cette flexibilité vous permet de créer plusieurs zones de widgets à différents endroits de votre site. Le Chapitre 12 décrit plus en détail les différents modèles de barres latérales pour créer des zones et des fonctionnalités sur votre site.

Chapitre 10

Bidouiller les thèmes WordPress

DANS CE CHAPITRE :

- **Explorer les bases de CSS.**
- **Définir les propriétés et les valeurs de CSS.**
- **Modifier la couleur du fond.**
- **Comprendre l'essentiel de HTML.**

Vous vous êtes familiarisé avec les thèmes WordPress gratuits pour votre site au Chapitre 8. Les utilisateurs sont généralement assez satisfaits de ces thèmes et ne songent donc pas à les ajuster en quoi que ce soit. Cependant, je ne peux pas vous dire le nombre de fois où l'on m'a demandé comment personnaliser un thème. La réponse est : « Bien sûr que vous pouvez apporter vos propres changements ! »

Modifier quelques éléments d'un thème WordPress existant, cela s'appelle du *bidouillage*. Des milliers d'utilisateurs de WordPress bidouillent leurs thèmes. Ce chapitre fournit toutes les informations sur la plupart des personnalisations que vous pouvez apporter à votre thème, comme modifier l'image de l'en-tête, changer la couleur du fond ou celle des hyperliens, transformer les styles des polices – et tout cela est très facile à faire, en plus !

Il est recommandé d'utiliser un thème exactement comme son auteur l'a publié, c'est-à-dire de ne pas le modifier. Si une nouvelle version est publiée, qui corrige un problème de compatibilité de navigateur ou ajoute de nouvelles fonctionnalités, une mise à jour rapide du thème est très facile à faire.

Cependant, il y a de grandes chances que vous souhaitiez bricoler sa conception, ajouter de nouvelles fonctionnalités ou modifier sa structure. Si vous modifiez le thème, vous ne pourrez plus le mettre à jour sans perdre les modifications que vous lui aurez apportées.

Heureusement, les thèmes dits « enfants » vous offrent cette solution, à savoir pouvoir modifier un thème tout en bénéficiant de ses futures mises à jour. Le Chapitre 11 explique ce que sont les thèmes enfants, comment créer un thème enfant depuis un thème parent et comment tirer le meilleur parti des thèmes enfants.

Avant de vous lancer dans le bidouillage des modèles, faites une sauvegarde de votre thème de sorte que vous disposiez des fichiers originaux, que vous pourrez restaurer si besoin. Vous pouvez sauvegarder les fichiers de votre thème en vous connectant à votre serveur Web *via* FTP (voir Chapitre 3) et télécharger les fichiers sur votre ordinateur. Lorsque vous aurez sauvegardé les fichiers originaux sur votre disque dur, vous serez libre de bidouiller ; vous aurez une sauvegarde, donc vous aurez la conscience tranquille.

Styliser avec CSS : les bases

Chaque thème que vous utilisez sur votre site contient une feuille de styles (CSS, pour *Cascading Style Sheet*). CSS contient toutes les informations relatives aux styles que les fonctions utilisent (voir le Chapitre 9 pour plus d'informations sur les fonctions). Les styles de votre thème WordPress sont conservés dans le fichier *style.css* et utilisés par le modèle d'en-tête (*header.php*).

Dans le modèle *header.php* de la plupart des thèmes WordPress, vous trouvez la ligne de code suivante, qui intègre les styles (*style.css*) dans la page afin de pouvoir mettre en forme les éléments de votre site :

```
<link rel="stylesheet" href="<?php bloginfo('stylesheet_url'); ?>"
type="text/css" media="screen" />
```

Le Chapitre 9 couvre les paramètres couramment utilisés pour la fonction *bloginfo();* utilisée dans les thèmes WordPress.

Ne modifiez pas la ligne de code qui intègre le fichier *style.css* ; sinon, CSS ne fonctionnera pas sur votre site.

Les sélecteurs CSS

Avec CSS, vous pouvez modifier le style (comme la taille, la couleur et l'emplacement) des éléments de votre site (comme les hyperliens, les images de l'en-tête, la taille et les couleurs des polices de caractères, et l'espacement des lignes). Les *sélecteurs CSS* contiennent les noms, les propriétés et les valeurs qui définissent les éléments HTML des modèles que vous modifiez avec CSS. Le Tableau 10.1 fournit quelques exemples de sélecteurs CSS et de leur usage.

Tableau 10.1 : Des sélecteurs CSS de base

Sélecteur CSS	Description	HTML	CSS
body	Définit le style du corps global du site, comme la couleur d'arrière-plan et les polices par défaut.	*<body>*	*body {background-color:white}*
p	Définit comment les paragraphes sont affichés.	*<p>Ceci est un paragraphe</p>*	*p {color:black}* *La couleur de la police de caractères des paragraphes est noire*
h1, h2, ..., h6	Différents niveaux de titres.	*<h1>Ceci est le titre du site</h1>*	*h1 {font-weight : bold;}* *Le texte délimité par <h1>...</h1> est en gras*
a	Définit comment les liens hypertexte sont affichés.	*<a href= "http://www.google.com">Moteur de recherche</a>*	*a {color: red}* *Tous les hyperliens apparaissent en rouge*

Les classes et les identifiants

Jetez un œil à la feuille de styles du thème par défaut de WordPress (Figure 10.1). Tout ce qui y apparaît peut vous sembler fort étrange pour l'instant, mais je veux attirer votre attention sur les deux types de sélecteurs CSS suivants lorsque vous déroulez la fenêtre :

» *.author-bio :* Le point (.) indique qu'il s'agit d'une classe CSS.

» *#author :* Le dièse (#) indique qu'il s'agit d'un identifiant CSS, plus couramment appelé *ID*.

Les identifiants et les classes définissent les propriétés du style pour différentes sections de votre thème WordPress. Le Tableau 10.2 montre quelques exemples d'identifiants et de classes extraits du modèle *header.php* du thème par défaut de WordPress. Sachant cela, vous saurez où regarder dans votre feuille de styles lorsque vous voudrez modifier le style d'une région particulière de votre thème.

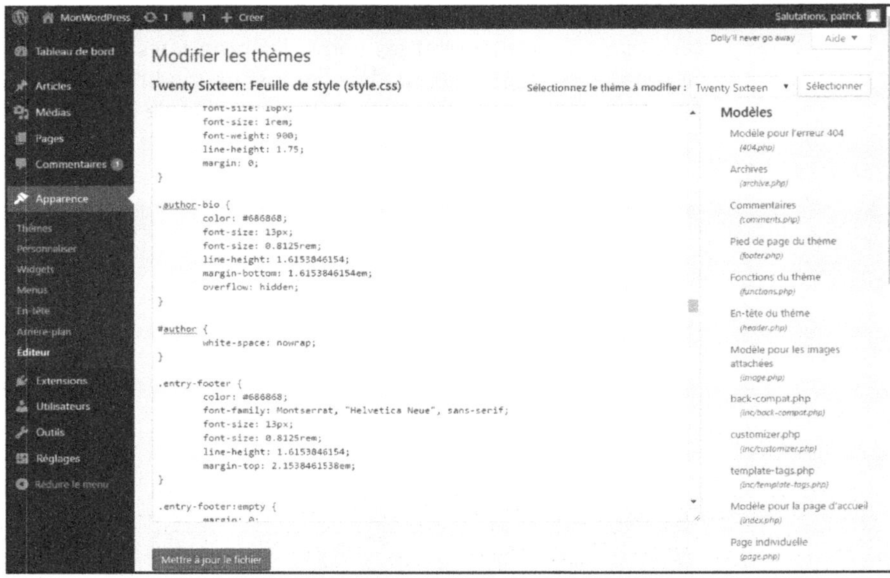

Figure 10.1 : La feuille de styles (styles.css) du thème WordPress par défaut.

Tableau 10.2 : Relier le HTML avec les sélecteurs CSS

HTML	Sélecteur CSS	Description
<div id=»page»>	*#page*	Stylise les éléments qui sont associées à l'ID page
<div class=»site-header»>	*.side-header*	Stylise les éléments qui sont associées à la classe ***side-header***
<h1 class=»site-title»>	*.site-title*	Stylise les éléments qui sont associées à la classe ***site-title***
<div class=»search-toggle»>	*.search-toggle*	Stylise les éléments qui sont associées à la classe ***search-toggle***
<div id=»content»>	*#content*	Stylise les éléments qui sont associées à l'ID content

Si vous trouvez une expression *id=* dans le code d'une balise HTML (*div id=* ou *p id=*, par exemple), recherchez le caractère dièse (#) suivi de l'identifiant dans la feuille de styles pour trouver la description du style appliqué à la balise.

Si vous trouvez une expression *class=* dans le code d'une balise HTML (*div class=* ou *p class=*, par exemple), recherchez le caractère point (.) suivi du nom de la classe dans la feuille de styles pour trouver la description du style appliqué à la balise.

Les propriétés et les valeurs CSS

Un sélecteur CSS renvoie à un ensemble de propriétés CSS dont vous devez fournir les valeurs pour définir le style des balises HTML qui sont associées à ce sélecteur.

Par exemple, dans les premières lignes du modèle par défaut de WordPress, *header.php*, on peut voir apparaître *<div class=»site-branding»>*. L'identifiant *site-branding* renvoie à la description du style à appliquer à la balise.

```
                <a class="skip-link screen-reader-text" href="#content"><?php _e( 'Skip to content',
'twentysixteen' ); ?></a>

                <header id="masthead" class="site-header" role="banner">
                        <div class="site-header-main">
                                <div class="site-branding">
                                        <?php twentysixteen_the_custom_logo(); ?>

                                        <?php if ( is_front_page() && is_home() ) : ?>
```

Figure 10.2 : Un exemple de sélecteur CSS.

Dans la feuille de styles du thème par défaut de WordPress, le style associé à l'identifiant *site-branding* est le suivant :

```
.site-branding {
   margin: 0.875em auto 0.875em 0;
   /* Avoid overflowing wide custom logo in small screens in Firefox and IEs */
   max-width: 100%;
   min-width: 0;
   overflow: hidden;
}
```

Chaque propriété CSS doit être suivie d'un deux-points (:) et chaque valeur CSS doit être suivie d'un point-virgule (;).

Le sélecteur CSS est donc *.site-branding*. Celui-ci a quatre propriétés :

- La première propriété CSS est *magin* (marge), qui définit la largeur des marges.
- La deuxième propriété CSS est *max-width*, qui définit la largeur maximale d'un élément donné.
- La troisième propriété CSS est *min-width*, qui définit la largeur minimale d'un élément donné.
- La dernière propriété CSS est overflow, qui définit comment rogner le contenu, comment afficher les barres de défilement ou encore comment afficher le contenu sortant du cadre dans un élément de type bloc.

Le Tableau 10.3 fournit quelques exemples des propriétés CSS les plus utilisées et de leurs valeurs.

Tableau 10.3 :Les propriétés CSS les plus utilisées et leurs valeurs

Propriété CSS	Valeur CSS	Exemples d'utilisation
background-color	Définit la couleur du fond (comme rouge, noir ou blanc)	Balise : *<div id="page">* CSS : *#page {backgroundcolor:white}*
background	Définit l'image de fond	Balise : *<div id="headerimg">* CSS : *#headerimg {background:url(images/ header.jpg) norepeat;}*
font-family*	Définit la police	Balise : *<body>* CSS : *body {font-family: 'Lucida Grande', Verdana,* *Arial, Sans-Serif;}*
color	Définit la couleur du texte	Balise : *<h1>Website Title</h1>* CSS : *h1 {color: blue}*
font-size**	Définit la taille du texte	Balise : *<h1>Website Title</h1>* CSS : *h1 {font-size: 18px;}*
text-align	Définit l'alignement du texte (gauche, centre, droit ou justifié)	Balise : *<div id=»page»>* CSS : *#page {text-align:left;}*

* W3Schools propose une bonne ressource sur la propriété *font-family* ici : `http://www.w3schools.com/csSref/pr_font_font-family.asp`.

** W3Schools propose une bonne ressource sur la propriété *font-size* ici : `http://www.w3schools.com/csSref/pr_font_font-size.asp`.

Modifier la couleur du fond

Le Chapitre 9 traite en détail du modèle d'en-tête (*header.php*). Dans cette section, je vais vous montrer comment bidouiller la balise *<body>* de ce modèle.

Créer une couleur d'arrière-plan personnalisée

Le thème Twenty Sixteen de WordPress offre la possibilité de changer la couleur d'arrière-plan ou d'utiliser une image pour votre arrière-plan.

Vous disposez d'un outil astucieux pour personnaliser très facilement l'arrière-plan du thème par défaut.

1. **Cliquez sur le menu Apparence, puis sur Arrière-plan.**

   La page qui permet de personnaliser le fond apparaît à l'écran (voir Figure 10.3).

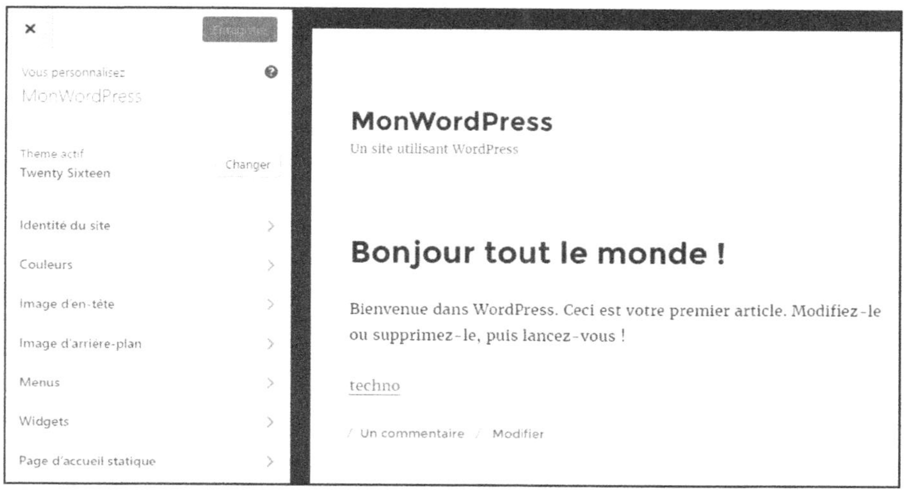

Figure 10.3 : L'outil de personnalisation WordPress/

2. **Cliquez sur le lien Couleur pour changer la couleur d'arrière-plan.**

   Vous pouvez saisir un code de couleur hexadécimal dans la zone de texte illustrée à la Figure 10.4.

   Si vous ne savez pas quel code de couleur hexadécimal vous voulez utiliser, cliquez sur le lien Sélectionner une couleur et cliquez sur une couleur dans le sélecteur de couleurs fourni (voir Figure 10.4). La couleur choisie dans cet exemple, *#dd3333*, correspond à du rouge

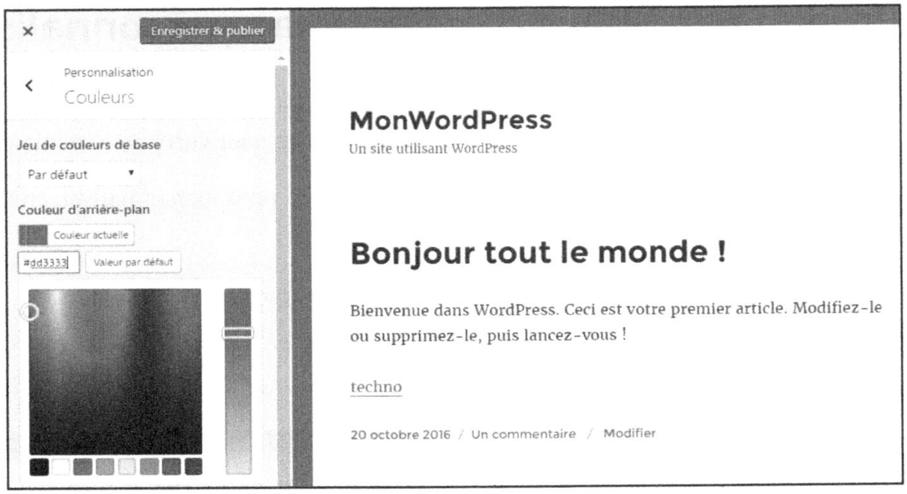

Figure 10.4 : Personnalisation de la couleur d'arrière-plan.

Un code hexadécimal (ou hexa) représente une certaine couleur. Les codes en hexa commencent toujours par un symbole dièse (#) et ont six lettres et/ou nombres pour représenter une couleur particulière ; par exemple, le code *#f1f1f1* représente la couleur grise dans le code hexadécimal. Nous reviendrons plus en détail sur les valeurs hexadécimales dans la section suivante, « Modifier la couleur d'arrière-plan avec CSS ».

1. **Cliquez sur Image d'arrière-plan pour utiliser un fichier image pour l'arrière-plan.**

   Cliquez sur le bouton Sélectionner une image et sélectionnez un fichier existant de votre bibliothèque de WordPress, ou cliquez sur Choisir des fichiers pour télécharger une image de votre ordinateur. Cliquez ensuite sur le bouton Choisir une image.

2. **Modifiez les options d'affichage pour votre nouvelle image d'arrière-plan.**

   - **Répétition de l'arrière-plan :** Sélectionnez *Pas de répétition*, *Motif répété*, *Répétition horizontale* ou *Répétition verticale* pour définir le comportement de répétition de l'image d'arrière-plan sur votre site Web.
   - **Position d'arrière-plan :** Sélectionnez *Gauche*, *Centre* ou *Droite* pour définir la position de l'image d'arrière-plan par rapport à l'écran.
   - **Image d'arrière-plan :** Sélectionnez *Défilant* pour faire défiler l'image d'arrière-plan en fonction de la position de la page ou sélectionnez *Fixe* pour définir l'image d'arrière-plan dans une position statique (de sorte qu'elle ne défile pas vers le bas de la page).

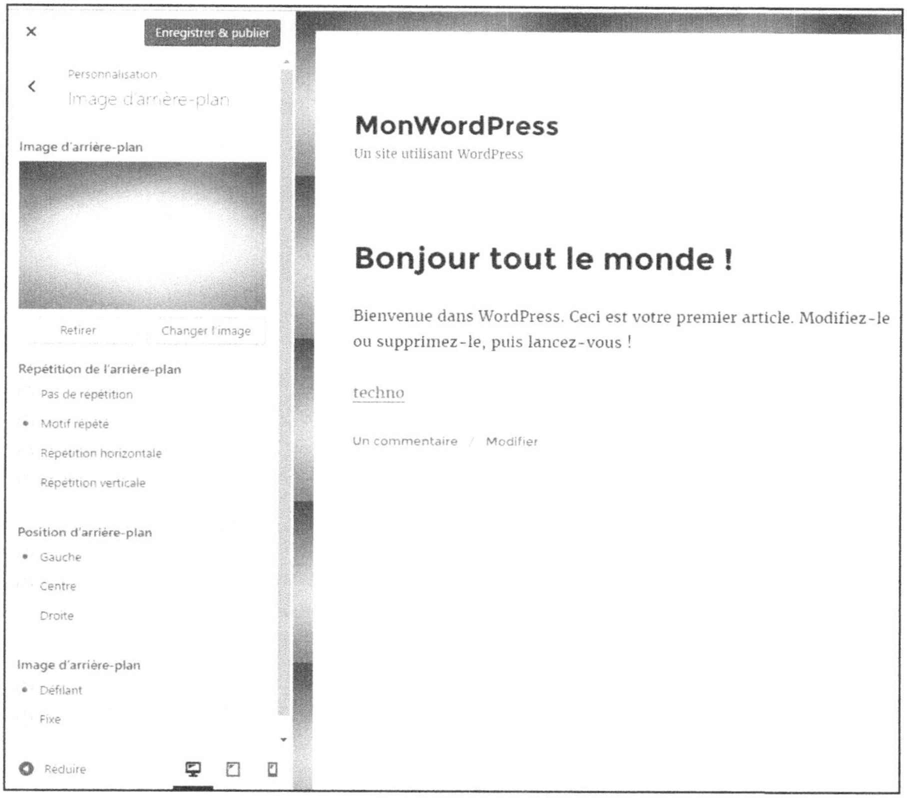

Figure 10.5 : Personnalisation de l'image d'arrière-plan.

Si vous ne voyez pas de lien Personnaliser dans le menu Apparence du Tableau de bord, cela signifie que le thème que vous utilisez ne prend pas en charge les arrière-plans personnalisés. Vous devrez alors personnaliser l'arrière-plan avec quelques lignes de code.

Suivez ces étapes :

1. **Accédez à la page Modifier les thèmes et cliquez sur le modèle *functions.php*.**

   Le modèle s'ouvre dans l'éditeur de texte.

2. **Ajoutez les lignes de code suivantes dans le fichier :**

   ```
   add_theme_support('custom-background');
   ```

   Cette ligne de code indique à WordPress d'ajouter à votre thème la fonctionnalité de fond personnalisé.

3. **Cliquez sur le bouton Mettre à jour le fichier et ouvrez votre navigateur pour voir les changements.**

Modifier la couleur d'arrière-plan avec CSS

La balise *<body>* est une balise HTML simple. Chaque thème dispose de cette balise qui délimite le contenu – c'est le *corps* de la page.

Dans la feuille de styles du modèle Twenty Sixteen (*style.css*), le style de la balise *<body>* est ainsi défini :

```
body {
   margin: 0;
}
```

La marge qui entoure la fenêtre du navigateur est fixée à 0. Vous pouvez ajouter une couleur d'arrière-plan à votre site :

- » **background-color :** Saisissez un code hexadécimal qui représente une certaine couleur. Le site Web W3Schools propose une excellente ressource sur les couleurs : `http://www.w3schools.com/colors/colors_names.asp`.
- » **Image :** Vous pouvez utiliser une image pour le fond de votre site en téléchargeant cette image dans le dossier *Images* du dossier de votre thème. Cette valeur prend la forme *url(images/votreimage.jpg)*.

Pour certaines couleurs de base, vous n'êtes pas obligé d'utiliser le code hexadécimal. Pour le blanc, le noir, le rouge, le bleu et l'argent, vous pouvez simplement opter pour leurs noms en anglais : *white*, *black*, *red*, *blue*, *etc.*

En résumé, si vous souhaitez changer la couleur d'arrière-plan de votre site Web, procédez comme suit :

1. **Accédez à la page Modifier les thèmes et cliquez sur le modèle *style.css*.**

   Le fichier CSS s'ouvre dans l'éditeur de texte.

2. **Déroulez le texte vers le bas jusqu'à obtenir la déclaration CSS *body.***
   Vérifiez qu'il n'y a pas plusieurs occurrences.

   Par exemple, si vous souhaitez modifier la couleur d'arrière-plan en noir, vous pouvez utiliser l'une des options suivantes :

```
body {
background-color: #000000;
}
```

   Ou

```
body {
background-color: #black;
}
```

3. **Cliquez sur le bouton Mettre à jour le fichier et ouvrez votre navigateur pour voir les changements.**

Utiliser votre propre image d'en-tête

La plupart des thèmes affichent une image d'en-tête en haut de la page. Cette image est obtenue soit en modifiant la valeur d'une propriété CSS qui affecte le style de la zone d'en-tête, soit en utilisant l'outil de personnalisation d'en-tête de WordPress.

Pour télécharger une nouvelle image d'en-tête, suivez ces étapes :

1. **Cliquez sur le menu Apparence, puis sur En-tête.**

   La page qui permet de personnaliser l'en-tête apparaît à l'écran (Figure 10.6).

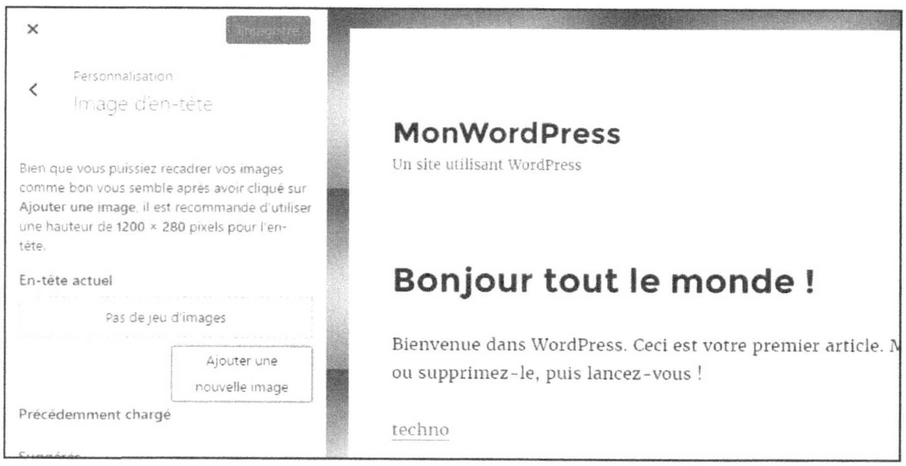

Figure 10.6 : L'outil de personnalisation de l'en-tête.

2. **Cliquez sur le lien Ajouter une nouvelle image.**

   Sélectionnez l'image à partir de la bibliothèque WordPress, ou téléchargez une image de votre ordinateur, puis cliquez sur Ouvrir.

3. **Cliquez sur le lien Sélectionner et rogner.**

   La page de recadrage s'ouvre. Vous pouvez y recadrer l'image et ajuster la partie de l'image d'en-tête que vous souhaitez afficher (Figure 10.7).

Figure 10.7 : L'outil qui permet de rogner les images d'en-tête.

4. **Cliquez sur le lien Recadrer l'image.**

   La page de réglage de l'en-tête s'affiche avec votre nouvelle image d'en-tête.

5. **Vérifiez le résultat dans votre navigateur.**

Pour les thèmes qui n'ont pas la fonctionnalité de personnalisation de l'image d'en-tête personnalisée, vous pouvez facilement définir une image d'arrière-plan en utilisant CSS.

Pour les besoins de cet exemple, la balise HTML de l'en-tête du modèle est :

```
<header id="site-header"></div>
```

Dns le fichier CSS (*style.css*), vous pouvez définir une image d'arrière-plan à l'aide de la propriété CSS *#site-header* :

```
#site-header {
background: url(/images/header-image.jpg) no-repeat;
max-width: 100%;
height: auto;
}
```

La valeur d'arrière-plan indique une image appelée *header-image.jpg*. Pour qu'elle s'affiche sur votre site, vous devez créer l'image et la télécharger sur votre serveur Web sous */wp-content/*votretheme*/images/*.

Créer des menus

Un menu est une liste de liens qui permettent au visiteur de naviguer facilement sur votre site. Ces menus peuvent être des liens vers des pages, des messages ou des catégories de votre site, ou des liens vers d'autres sites. Quoi qu'il en soit, vous pouvez définir des menus sur votre site grâce à la fonctionnalité de menu personnalisé intégrée à WordPress.

C'est à votre avantage de fournir au moins un menu de navigation sur votre site afin que les lecteurs puissent voir tout ce que votre site a à offrir.

Ajouter la fonction Menu à votre thème

La fonctionnalité de menu est déjà intégrée dans le thème par défaut, Twenty Sixteen de WordPress. Cependant, si vous ne voyez pas de lien Menus dans le menu Apparence du Tableau de bord, cela signifie que le thème que vous utilisez ne prend pas en charge les menus personnalisés. Vous devrez alors ajouter quelques lignes de code.

Suivez ces étapes :

1. **Accédez à la page Modifier les thèmes et cliquez sur le modèle *functions.php*.**

   Le modèle s'ouvre dans l'éditeur de texte.

2. **Ajoutez les lignes de code suivantes dans le fichier :**

   ```
   add_theme_support('nav-menus');
   ```

   Cette ligne de code indique à WordPress d'ajouter à votre thème la fonctionnalité de menu personnalisé.

3. **Cliquez sur le bouton Mettre à jour le fichier pour sauvegarder les changements.**

   Ajoutez la fonction suivante dans une nouvelle ligne du fichier d'en-tête (*header.php*), quelque part après la balise *<body>* :

   ```
   <?php wp_nav_menu(); ?>
   ```

   Cette fonction est nécessaire pour activer la fonctionnalité de menu personnalisé dans WordPress.

Vous trouverez le détail des différents paramètres que vous pouvez utiliser avec la fonction *wp_nav_menu();*dans l'aide en ligne de WordPress : : `https://developer.wordpress.org/reference/functions/wp_nav_menu/`

Créer un menu personnalisé

Après avoir ajouté la fonction de menu à votre thème (ou si vous utilisez déjà un thème qui possède la fonction de menu), vous pouvez créer votre menu en suivant ces étapes :

1. **Cliquez sur le menu Apparence, puis sur Menus du Tableau de bord.**

   La page Menus s'ouvre dans votre Tableau de bord WordPress.

2. **Nommez votre menu dans la zone Nom du menu et cliquez sur le bouton Créer un menu.**

   La page Menus est rechargée avec un message indiquant que votre nouveau menu a été créé.

3. **Ajoutez des liens à votre menu nouvellement créé.**

   WordPress offre la possibilité de créer des menus qui pointent vers quatre types de lien : une page du site, un article du site, un lien hypertexte (URL) ou une catégorie (Figure 10.8) :

   - *Pages :* Cliquez sur le lien Afficher tout pour afficher la liste de toutes les pages publiées sur votre site. Sélectionnez la case à côté des noms des pages que vous souhaitez ajouter à votre menu. Cliquez ensuite sur le bouton Ajouter au menu.
   - *Articles :* Cliquez sur le lien Afficher tout pour afficher la liste de tous les articles publiés sur votre site. Sélectionnez la case à côté des noms des articles que vous souhaitez ajouter à votre menu. Cliquez ensuite sur le bouton Ajouter au menu.
   - *Liens personnalisés :* Dans le champ Adresse web, saisissez l'URL du site Web que vous souhaitez ajouter (par exemple, *https://www.google.com*). Ensuite, tapez le nom du lien que vous voulez afficher dans votre menu dans le champ Texte de l'étiquette (par exemple, *Google*). Cliquez ensuite sur le bouton Ajouter au menu.
   - *Catégories :* Cliquez sur le lien Afficher tout pour afficher la liste de toutes les catégories que vous avez créées sur votre site. Sélectionnez la case à côté des noms des catégories que vous souhaitez ajouter au menu. Cliquez ensuite sur le bouton Ajouter au menu.

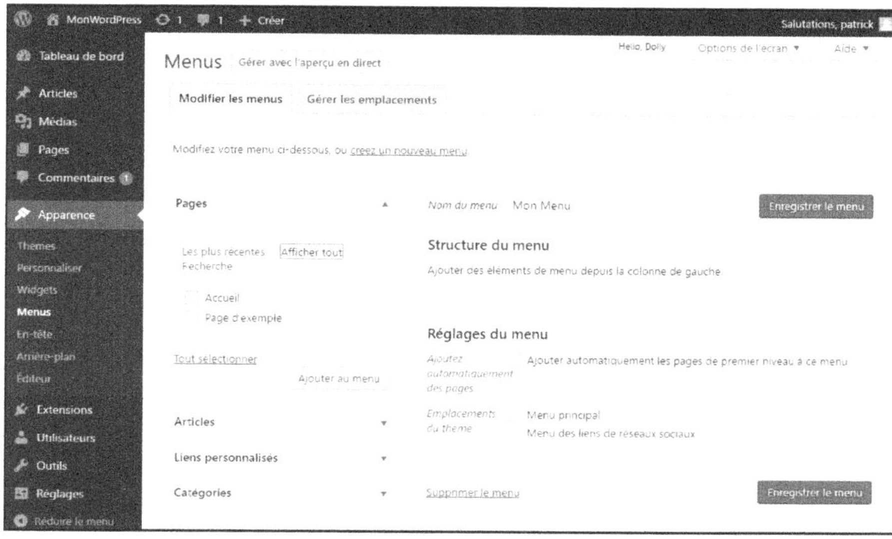

Figure 10.8 : Les options des menus personnalisés.

4. **Vérifiez vos menus sur le côté droit de la page.**

   Si vous avez ajouté de nouveaux éléments de menu, la colonne de droite contient les options de menu.

5. **Modifiez les éléments de votre menu, si nécessaire.**

   Cliquez sur la petite flèche vers le bas, dans la zone Structure du menu, pour modifier individuellement les informations de chaque lien de votre nouveau menu.

6. **Sauvegardez votre menu avant de quitter la page.**

   Assurez-vous de bien cliquer sur le bouton Enregistrer le menu. Un message apparaît, confirmant que le nouveau menu a été enregistré.

Vous pouvez créer autant de menus que nécessaire pour votre site Web. Vous trouverez plus d'options pour vos menus en cliquant sur l'onglet Options de l'écran dans le coin supérieur droit de votre Tableau de bord. Vous pourrez afficher les propriétés avancées du menu, comme une description pour les éléments de menu.

Les balise HTML pour le menu sont générées sous forme de listes non ordonnées et ressemblent à ceci dans le code source du site :

```
<ul id="menu-main" class="menu">
<li id="menu-item-1" class="menu-item menu-item-type-custom menu-item-objectcustom
menu-item-1"><a href="/">Accueil</a></li>
<li id="menu-item-2" class="menu-item menu-item-type-post_type menu-item-objectpage
menu-item-2"><a href="http://localhost/wpdemo/blog/">Blog
```

```
</a></li>
<li id="menu-item-3" class="menu-item menu-item-type-post_type menu-item-objectpage
menu-item-3"><a href="http://localhost/wpdemo/about/">A propos de
</a></li>
</ul>
```

Remarquez dans ce code HTML que la première ligne définit l'ID CSS et la classe : *<ul id = "menu-main" class = "menu">*. L'ID de cette ligne reflète le nom que vous avez donné à votre menu. Compte tenu que j'ai donné à mon menu le nom de *main* lorsque je l'ai créé dans le Tableau de bord, l'ID CSS est *menu-main*. Si je l'avais nommé *Foo*, l'ID serait *menu-foo*. Associer de la sorte un nom à un menu dans les balises CSS et HTML permet de créer différents styles et formats pour vos menus.

Lorsque vous développez votre propre thème, vous voulez vous assurer que le CSS que vous définissez pour les menus peut générer des sous-menus à l'aide de menus déroulants. Vous pouvez réaliser cela de différentes façons, le Listing 10.1 vous donne juste un exemple d'un bloc de CSS que vous pouvez utiliser pour créer un style agréable pour votre menu (cet exemple CSS suppose que vous avez un menu nommé *main* ; par conséquent, les balises HTML et CSS indiquent '*menu-main*').

Listing 10.1 : Exemple de code CSS pour un menu.

```
#menu-main {
width: 960px;
font-family: Georgia, Times New Roman, Trebuchet MS;
font-size: 16px;
color: #FFFFFF;
margin: 0 auto 0;
clear: both;
overflow: hidden;
}
#menu-main ul {
width: 100%;
float: left;
list-style: none;
margin: 0;
padding: 0;
}
#menu-main li {
float: left;
list-style: none;
}
```

```
#menu-main li a {
color: #FFFFFF;
display: block;
font-size: 16px;
margin: 0;
padding: 12px 15px 12px 15px;
text-decoration: none;
position: relative;
}
#menu-main li a:hover,
#menu-main li a:active,
#menu-main .current_page_item a,
#menu-main .current-cat a,
#menu-main .current-menu-item {
color: #CCCCCC;
}
#menu-main li li a,
#menu-main li li a:link,
#menu-main li li a:visited {
background: #555555;
color: #FFFFFF;
width: 138px;
font-size: 12px;
margin: 0;
padding: 5px 10px 5px 10px;
border-left: 1px solid #FFFFFF;
border-right: 1px solid #FFFFFF;
border-bottom: 1px solid #FFFFFF;
position: relative;
}
#menu-main li li a:hover,
#menu-main li li a:active {
background: #333333;
color: #FFFFFF;
}
#menu-main li ul {
z-index: 9999;
position: absolute;
left: -999em;
height: auto;
width: 160px;
}
```

```
#menu-main li ul a {
width: 140px;
}
#menu-main li ul ul {
margin: -31px 0 0 159px;
}
#menu-main li:hover ul ul,
#menu-main li:hover ul ul {
left: -999em;
}
#menu-main li:hover ul,
#menu-main li li:hover ul,
#menu-main li li li:hover ul, {
left: auto;
}
#menu-main li:hover {
position: static;
}
```

Le code CSS que vous utiliserez pour personnaliser l'affichage de vos menus sera différent, celui qui est fourni dans la section précédente n'est qu'un exemple. Après avoir pris le temps d'utiliser CSS, vous pourrez essayer plusieurs méthodes, couleurs et styles pour créer un look personnalisé de votre choix.

Afficher des menus personnalisés grâce aux widgets

La fonction *wp_nav_menu();* ne vous sera pas forcément nécessaire pour afficher les menus sur votre site, car WordPress vous fournit des widgets que vous pouvez ajouter à votre thème. Vous pouvez donc utiliser des widgets au lieu de cette fonction pour afficher des menus de navigation sur votre site. Cette fonctionnalité est particulièrement utile si vous avez créé plusieurs menus à différents endroits sur votre site.

Le Chapitre 9 explique en détail comment créer une nouvelle zone de widget sur votre site pour y placer le widget Pages.

Modifier les styles, les couleurs, les tailles des caractères

Il existe des polices de caractères de toutes formes et de toutes tailles, et vous pouvez utiliser CSS pour spécifier le style de police de caractères que vous souhaitez afficher sur votre site. Le choix de la police de caractères impacte considérablement l'apparence de votre site et peut rendre ce dernier plus agréable à lire pour vos lecteurs. Le Tableau 10.4 recense quelques-unes des propriétés CSS et leurs valeurs les plus utilisées pour modifier les polices de caractères.

Tableau 10.4 : Les styles CSS de police de caractères les plus utilisés

Propriétés CSS	Valeurs les plus utilisées	Exemple de CSS
font-family	Georgia, Times, serif	body {font-family: Georgia; serif;}
font-size	px, %, em	body {font-size: 14px;}
font-style	Italic, underline	body {font-style: italic;}
font-weight	Bold, bolder, normal	body {font-weight: normal}

Le choix en matière de polices de caractères est un peu limité sur le Web. Toutes les polices ne s'afficheront pas correctement sur votre site. Pour être assuré du résultat, voici quelques-unes des familles de polices de caractères qui s'affichent bien sur la plupart des navigateurs :

- **Polices serif (avec empattement) :** Times New Roman, Georgia, Garamond, Bookman Old Style.
- **Polices sans-serif (sans empattement) :** Verdana, Arial, Tahoma, Trebuchet MS.

Les polices avec empattement ont des petites courbes au bout de lettres (ce texte est écrit avec une police avec empattement). Les polices sans empattement ne présentent pas ce genre de stylisation.

Modifier la couleur des caractères

Avec plus de 16 millions de combinaisons de couleurs HTML possibles, vous trouverez à coup sûr la bonne valeur de couleur pour votre projet. Après un certain temps, vous allez mémoriser vos codes couleurs préférés. Par exemple, j'utilise souvent les nuances de gris listées dans le Tableau 10.5 pour les arrière-plans, les bordures sur les éléments de conception et les en-têtes de widget.

Tableau 10.5 : Les couleurs les plus utilisées et leurs codes hexadécimaux

Couleur	Code hexadécimal
Blanc	*#FFFFFF*
Noir	*#000000*
Rouge	*#FF0000*
Orange	*#FFA500*
Jaune	*#FFFF00*
Vert	*#008000*
Bleu	*#0000FF*
Indigo	*#4B0082*
Violet	*#EE82EE*
Gris	*#CCCCCC* *#DDDDDD* *#333333* *#E0E0E0*

Vous pouvez facilement modifier la couleur de votre police de caractères en modifiant la propriété *color* du sélecteur CSS que vous souhaitez personnaliser. Vous pouvez utiliser les codes hexadécimaux (référez-vous au Tableau 10.5) pour définir une couleur.

Dans la feuille de styles du modèle par défaut, la couleur de la police est définie pour la balise *<body>* ainsi :

```
body {
color: #333333;
}
```

Modifier la taille des caractères

Pour personnaliser la taille de votre police de caractères, modifiez la propriété *font-size* du sélecteur CSS sur lequel vous souhaitez agir. Les tailles de police sont généralement déterminées dans l'une des unités de mesure suivantes :

- **px :** Mesure en pixels. Vous augmentez ou diminuez la taille de la police en spécifiant un nombre plus ou moins grand (12px est plus grand que 10px).
- **pt :** Mesure en points. Vous augmentez ou diminuez la taille de la police en spécifiant un nombre plus ou moins grand (12pt est plus grand que 10pt).
- **% :** Mesure en pourcentage. Vous augmentez ou diminuez la taille de la police en spécifiant un nombre plus ou moins grand (50 % est équivalent à 7 pixels ; 100 % est équivalent à 17 pixels).

Dans la feuille de styles du modèle par défaut, la taille de la police est définie en pixels, comme ceci :

```
font-size: 12px;
```

En assemblant ces trois éléments (*font-family, color* et *font-size*) du style associé à la balise *<body>*, vous modifiez la police de caractères pour tout votre site. Voici comment ces éléments sont combinés dans le cas de la feuille de styles du modèle par défaut :

```
body {
font-size: 12px;
font-family: Georgia, "Bitstream Charter", serif;
color: #666666;
}
```

Si vous souhaitez modifier la police de caractères de votre feuille de styles, ouvrez le fichier *style.css* et recherchez *property:font-family*, modifiez la valeur de la propriété et sauvegardez vos modifications.

Dans la feuille de styles du modèle par défaut, la police est définie pour la balise *<body>* ainsi :

```
font-family: Georgia, "Bitstream Charter", serif;
```

Les polices de caractères dont le nom est composé de plusieurs mots doivent figurer entre guillemets dans votre feuille de styles.

Modifier les bordures

L'utilisation de bordures CSS peut donner un style intéressant et unique aux éléments de votre thème. Le Tableau 10.6 illustre les propriétés habituelles et donne des exemples CSS pour afficher des bordures dans la conception de votre thème :

Tableau 10.6 : Les propriétés CSS pour les bordures

Propriétés CSS	Valeurs les plus utilisées	Exemple de CSS
border-size	px, em	*body {border-size: 1px;}*
border-style	solid, dotted, dashed	*body {border-style: solid}*
border-color	Valeur hexadécimale	*body {border-color: #CCCCCC}*

Trouver des ressources supplémentaires sur CSS

Vous souhaiterez à un moment ou un autre aller plus loin dans la personnalisation de votre site avec CSS. Voici quelques ressources recommandées :

» WordPress Codex : `https://codex.wordpress.org/CSS`

» Le didacticiel CSS de W3Schools : `www.w3schools.com/css/default.asp`

» Wikipédia : `https://fr.wikipedia.org/wiki/Feuilles_de_style_en_cascade`

Comprendre les techniques de base de HTML

Le langage HTML peut vous aider à personnaliser et à organiser votre thème. Pour comprendre comment HTML et CSS travaillent ensemble, on peut faire l'analogie suivante : si un site Web était un bâtiment, HTML en serait la structure (les montants et la fondation) et CSS serait la peinture.

HTML contient les éléments pour lesquels CSS fournit les styles. Tout ce que vous avez à faire pour appliquer un style CSS est d'utiliser le bon élément HTML :

```
<body>
<div id="content">
<header>
   <h1>Headline Goes Here</h1>
</header>
<section>
   <article>
     <p>Ceci est un exemple de texte. <blockquote> Le voyage de milliers de km
     commence par la première étape. </blockquote>
     </p> Je vais poursuivre sur cette phrase et la terminer ici.
     <p>Cliquez <a href="http://www.google.com">ici</a> pour visiter Google.</p>
    </article>
</section>
</div>
</body>
```

Tous les éléments HTML disposent de balises d'ouverture et de fermeture. Les balises d'ouverture sont contenues dans des symboles inférieurs à (<) et supérieurs à (>).

Par exemple :

```
<h1>Ceci est un en-tête </h1>
```

Notez que les éléments HTML doivent être correctement imbriqués. Dans la ligne 8 de l'exemple précédent, une balise de paragraphe est ouverte (<*p*>). Plus loin sur cette ligne, une citation de bloc est ouverte (<*blockquote*>) et est contenue dans la balise de paragraphe. Si vous modifiez cette ligne, vous ne pourrez pas terminer le paragraphe (</ *p*>) avant de mettre fin au bloc (</ *blockquote*>). Les éléments imbriqués doivent se fermer avant que les éléments soient imbriqués à l'intérieur.

Enfin, il est important de définir correctement les tabulations ou les indentations lors de l'écriture du code HTML, principalement pour la lisibilité, afin que vous puissiez explorer rapidement le code pour trouver ce que vous recherchez. Si vous n'avez pas fermé une balise, faites une tabulation supplémentaire. Cette pratique vous permettra de voir où chaque élément commence et se termine. Cela peut également être très utile lors du diagnostic des problèmes.

Plus haut dans ce chapitre, nous avons vu comment combiner le style CSS avec les balises HTML pour créer différents styles d'affichage (bordures, polices, *etc.*). Les sections suivantes vous fournissent des exemples de balises HTML couramment utilisées qui vous aideront à utiliser HTML dans le code de votre site Web.

Insérer des images

Vous voudrez probablement insérer une image dans votre site Web, qu'elle soit dans le corps d'un article ou d'une page, dans la barre latérale à l'aide d'un widget ou dans le code du modèle lui-même. La balise HTML pour insérer une image ressemble à ceci :

```
<img src="/chemin/vers/le_fichier.jpg" alt="texte"/>
```

Je vais découper ce code pour vous aider à comprendre cette balise :

- *<img src = :* C'est la balise HTML qui indique au navigateur que le site recherche une image.
- *"/chemin/vers/le_fichier.jpg" :* Il s'agit du chemin d'accès réel du répertoire par lequel le navigateur Web trouvera l'image physique. Par exemple, si vous avez téléchargé une image sur votre serveur Web dans le répertoire */wp-content/uploads*, le chemin physique pour ce fichier d'image sera */wp-content/uploads/le_fichier.jpg*.
- *alt = "texte" :* L'argument *alt* fait partie de la balise HTML et fournit une description de l'image que les moteurs de recherche récupéreront et reconnaîtront comme un ensemble de mots-clés. La description de la balise *alt* sera également affichée sous forme de texte sur un navigateur qui ne peut pas, pour une raison quelconque, charger l'image. Par exemple, si le temps de chargement du serveur est lent ou si l'utilisateur possède un lecteur d'écran avec des images désactivées, la description du texte se chargera au moins de fournir aux visiteurs une description de l'image.
- */> :* Cette balise HTML ferme la balise initiale *<img src="*, indiquant au navigateur Web quand l'appel à l'image est terminé.

Insérer des liens hypertexte

Vous voudrez probablement insérer à un moment ou un autre un lien HTML dans votre site Web, communément appelé *hyperlien*, qui est une ligne de texte qui pointe vers une adresse Web (URL) de sorte que, lorsque le visiteur clique sur le lien, il est dirigé vers un autre site Web.

La balise HTML pour insérer un lien hypertexte ressemble à ceci :

```
<a href="http://www.google.fr">Moteur de recherche Google</a>
```

Je vais découper ce code pour vous aider à comprendre cette balise :

» *<a href= :* C'est la balise HTML qui indique au navigateur que l'on s'apprête à créer un lien un lien hypertexte.

» *http://www.google.fr :* C'est l'adresse Web ou l'URL du site vers lequel diriger le visiteur. Il doit être entouré par des guillemets.

» *> :* Ferme *<a href=* précédemment ouvert.

» *Moteur de recherche Google :* Dans cet exemple, il s'agit du texte qui sera affiché et sur lequel on clique pour accéder au site Web.

» *</a> :* Cette balise ferme la balise HTML *<a href* et indique au navigateur Web que le lien hypertexte est fermé. Tout ce qui existe entre *<a href="...">* et *</a>* sera cliquable.

Généralement, les webmasters utilisent des liens hypertexte qui pointent vers des sites Web ; cependant, vous pouvez également mettre en place des hyperliens qui pointent vers des fichiers PDF, Microsoft Word (.doc) ou tout autre type de fichiers.

Insérer des listes

HTML permet de mettre en forme très facilement des listes, numérotées ou à puces, selon vos besoins.

Les listes dites « numérotées » sont numérotées séquentiellement. Un exemple est une liste étape par étape de choses à faire, comme ceci :

1. **Écrire les chapitres de mon livre.**
2. **Soumettre les chapitres à mon éditeur.**
3. **Ne pas stresser lors de la publication du livre !**
4. **Respirer lorsque les avis sont extrêmement positifs !**

Les listes numérotées sont faciles à créer avec un traitement de texte tel que Microsoft Word, mais également avec l'éditeur de texte de WordPress car vous pouvez utiliser l'éditeur visuel. Toutefois, si vous souhaitez coder une liste ordonnée à l'aide de HTML, l'expérience sera un peu différente. Mon exemple précédent ressemblerait à ceci :

```
<ol>
<li>Écrire les chapitres de mon livre. </li>
<li>Soumettre les chapitres à mon éditeur. </li>
<li>Ne pas stresser lors de la publication du livre ! </li>
<li>Respirer lorsque les avis sont extrêmement positifs ! </li>
</ol>
```

La balise *<ol>* indique à votre navigateur Web d'afficher cette liste comme une liste numérotée, ce qui signifie qu'elle sera ordonnée avec des nombres commençant par le numéro 1.

La liste complète se termine par la balise HTML *</ol>*, qui indique à votre navigateur Web que la liste numérotée est maintenant terminée.

Entre *<ol>* et *</ol>* figurent les éléments de liste désignés comme tels par la balise HTML *<li>*. Chaque élément de liste commence par *<li>* et se termine par *</li>*, ce qui indique au navigateur Web d'afficher la ligne de texte en tant qu'élément d'une liste.

Si vous ne fermez pas une balise de balisage HTML ouverte – par exemple, si vous démarrez une liste ordonnée avec *<ol>* mais n'incluez pas la fermeture *</ ol>* à la fin –, cela affectera l'affichage de votre page Web car le navigateur Web considère que tout ce qui se trouve après *<ol>* fait partie de la liste ordonnée jusqu'à ce qu'il reconnaisse la balise de fermeture : *</ol>*.

Les listes à puces, c'est-à-dire non ordonnées, sont très semblables aux listes ordonnées, sauf qu'elles utilisent des points à la place des nombres pour afficher la liste, comme ceci :

- Écrire les chapitres de mon livre.
- Soumettre les chapitres à mon éditeur.
- Ne pas stresser lors de la publication du livre !
- Respirer lorsque les avis sont extrêmement positifs !

La balise HTML pour une liste à puces ressemble à la liste ordonnée, sauf qu'elles utilisent *<ul>* (UL = *unordered list*) à la place de *<ol>* :

```
<ul>
<li>Écrire les chapitres de mon livre. </li>
<li>Soumettre les chapitres à mon éditeur. </li>
<li>Ne pas stresser lors de la publication du livre ! </li>
<li>Respirer lorsque les avis sont extrêmement positifs ! </li>
</ul>
```

Notez que les listes ordonnées et non ordonnées utilisent les balises d'élément de liste *<li>* et *</li>*, et la seule différence se trouve dans la première et la dernière balise :

- Listes ordonnées : *<ol>* et *</ol>*.
- Listes non ordonnées : *<ul>* et *</ul>*.
- Les éléments de la liste : *<li>* et *</ li>*.

Chapitre 11

Comprendre les thèmes parents et enfants

DANS CE CHAPITRE :

» **Comprendre la relation entre parent et enfant.**

» **Modifier des thèmes enfants avec CSS.**

» **Personnaliser des thèmes enfants avec des images.**

» **Modifier la structure des thèmes enfants.**

Utiliser un thème exactement comment l'auteur l'a publié est une bonne chose. Si une nouvelle version du thème est publiée, qui corrige un problème de compatibilité de navigateur ou ajoute de nouvelles fonctionnalités, une mise à jour de thème est rapide est très facile à faire.

Cependant, il y a de grandes chances que vous souhaitiez personnaliser la conception du thème, ajouter de nouvelles fonctionnalités ou modifier sa structure. Si vous changez le thème, vous ne pourrez plus le mettre à jour et perdrez les modifications que vous aurez apportées au thème !

L'idéal serait de pouvoir mettre à jour des versions personnalisées de thèmes sans perdre les modifications. Heureusement, les thèmes enfants vous offrent cette possibilité !

Ce chapitre explique ce que sont les thèmes enfants, comment créer un thème enfant depuis un thème parent et comment tirer le meilleur parti des thèmes enfants.

Personnaliser un thème avec des thèmes enfants

Un thème WordPress se compose d'une collection de modèles, de feuilles de styles, d'images et de fichiers JavaScript. Le thème contrôle la disposition et la conception que vos visiteurs voient sur le site. Lorsqu'un thème parent est correctement configuré, le rôle du thème enfant consiste à remplacer ses fichiers. Le thème enfant peut modifier sélectivement la mise en page, le style et la fonctionnalité du thème parent.

La façon la plus simple de comprendre ce qu'est un thème enfant est de l'expliquer par un exemple. Dans cette section, vous allez créer un thème enfant simple qui modifie le style du thème parent.

Actuellement, le thème par défaut de WordPress est Twenty Sixteen. La Figure 11.1 est un exemple de ce qu'affiche le thème Twenty Sixteen. Ce modèle est un candidat parfait pour créer un thème enfant.

Figure 11.1 : Exemple du modèle par défaut Twenty Sixteen.

Créer un thème enfant

À l'instar des thèmes standard, un thème enfant doit être copié dans le répertoire */wp-content/themes*. La première étape pour créer un thème enfant consiste à créer le répertoire qui le contiendra. Pour cet exemple, connectez-vous avec FTP sur votre hébergement et créez un nouveau répertoire appelé, par exemple, *twentysixteen-child* dans le répertoire */wp-content/themes* (notez que j'aurais pu utiliser un tout autre nom de répertoire !).

Pour déclarer le répertoire *twentysixteen-child* comme thème et pour en faire un enfant du thème Twenty Sixteen, créez un fichier *style.css* et ajoutez les en-têtes appropriés. Pour ce faire, tapez le code suivant dans votre éditeur de texte préféré (tel que le Bloc-notes sur PC ou TextEdit sur Mac) et enregistrez le fichier sous le nom *style.css* :

```
/*
Theme Name: Twenty Sixteen Child
Description: Mon magnifique theme enfant
Author: Lisa Sabin-Wilson
Version: 1.0
Template: twentysixteen
*/
```

En règle générale, vous trouverez les en-têtes suivants dans un thème WordPress :

- **Theme Name :** Le nom donné au thème enfant.
- **Description :** Cet en-tête fournit à l'utilisateur des informations supplémentaires sur le thème. Pour le moment, cette information apparaît uniquement dans la page Gérer les thèmes (accessible en cliquant sur le lien Thèmes du menu Apparence).
- **Author :** Cet en-tête énumère un ou plusieurs auteurs du thème.
- **Version :** Le numéro de version est très utile pour suivre les versions obsolètes du thème. Il est conseillé de mettre à jour le numéro de version lors de la modification d'un thème.
- **Template :** Cet en-tête transforme un thème standard en thème enfant. La valeur de cet en-tête indique à WordPress le nom de répertoire du thème parent. Étant donné que votre thème enfant utilise Twenty Sixteen comme parent, votre fichier *style.css* doit avoir un en-tête correspondant à *twentysixteen* (le nom de répertoire du thème Twenty Sixteen).

Activez maintenant le nouveau thème *twentysixteen-child* comme thème actif (si vous avez besoin d'un rappel sur la façon d'activer un thème sur votre site, consultez le Chapitre 8). Vous devriez voir une mise en page du site semblable à celle illustrée à la Figure 11.2.

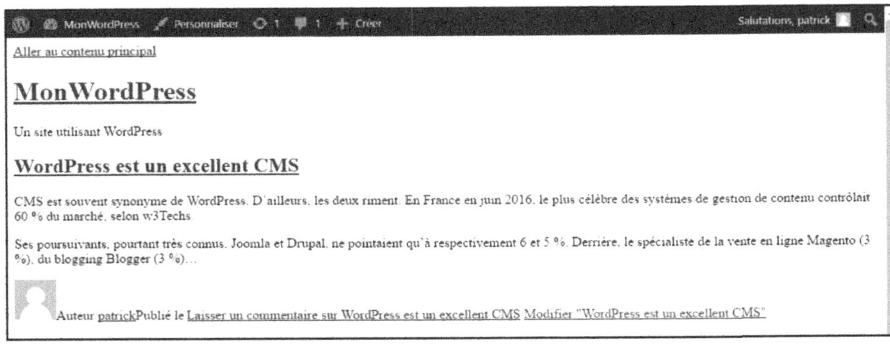

Figure 11.2 : Exemple de thème enfant du module Twenty Sixteen.

Sur l'exemple de la Figure 11.2, le nouveau thème semble ne pas fonctionner. Le problème est que le nouveau thème enfant a remplacé le fichier *style.css* du thème parent par un fichier vide. Vous pouvez simplement copier et coller le contenu du fichier *style.css* du thème parent dans le fichier *style.css* du thème enfant, mais ce serait faire fi du potentiel des thèmes enfants.

Charger le style d'un thème parent

Il est important de savoir comment les règles peuvent se substituer les unes aux autres. Si vous déclarez la même règle deux fois dans votre CSS, la règle qui vient en dernier a priorité. Par exemple :

```
a {
color: blue;
}
a {
color: red;
}
```

Cet exemple est très simple, mais il illustre bien mon propos. La première règle dit que tous les liens (les balises *a*) doivent être en bleu, tandis que la seconde règle indique que les liens doivent être en rouge. Les dernières déclarations de règles CSS ayant priorité, les liens seront rouges.

Grâce à cette fonctionnalité de CSS, vous pouvez hériter de tous les styles du thème parent et modifier de manière sélective certaines classes CSS. Mais comment charger le fichier *style.css* du thème parent de sorte qu'il hérite du style du thème parent (sans faire de copier-coller) ?

Ajoutez simplement une ligne au fichier *style.css* du thème Twenty Sixteen Child (en italique dans l'exemple suivant) :

```
/*
Theme Name: Twenty Sixteen Child
Description: Mon magnifique theme enfant
Author: Lisa Sabin-Wilson
Version: 1.0
Template: twentysixteen
*/
@import url('../twentysixteen/style.css');
```

Un certain nombre de choses se passent ici, alors laissez-moi le décomposer en morceaux :

» *@import :* Indique au navigateur de charger une autre feuille de styles. L'utilisation de cette fonction vous permet d'insérer rapidement et facilement la feuille de styles parent.

» *url('...') :* Indique que l'on va fournir à CSS le chemin où trouver le fichier parent.

» *('../twentysixteen/style.css') :* Il s'agit de l'emplacement de la feuille de styles parent.

La Figure 11.3 montre comment le site apparaît après la mise à jour du fichier *style.css* du thème enfant.

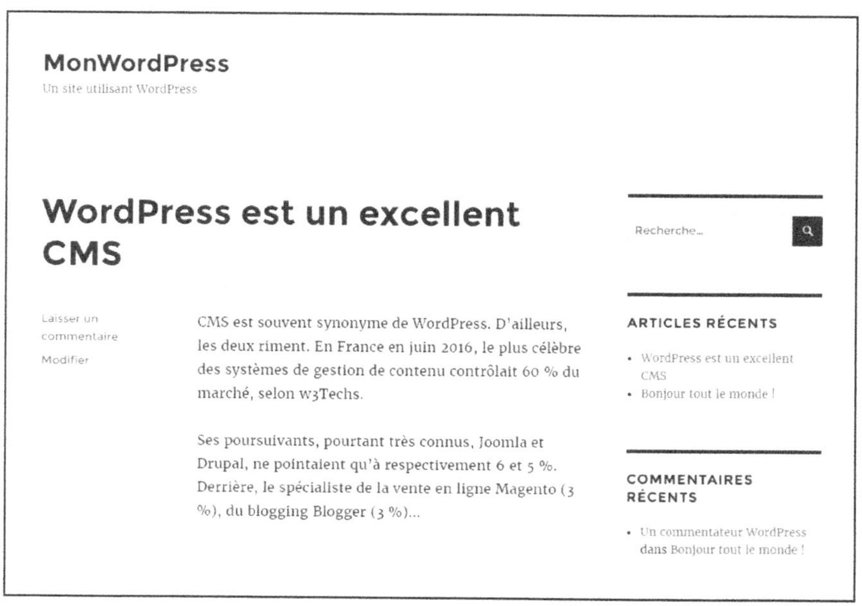

Figure 11.3 : Le thème enfant a été mis à jour.

Personnaliser le style du thème enfant

Votre thème enfant est mis en place pour correspondre au thème parent. Vous pouvez ajouter un nouveau style au fichier *style.css* du thème enfant, par exemple convertir tous les titres h1, h2 et h3 en majuscules :

```
/*
Theme Name: Twenty Sixteen Child
Description: Mon magnifique theme enfant
Author: Lisa Sabin-Wilson
Version: 1.0
Template: twentysixteen
*/
@import url('../twentysixteen/style.css');
h1, h2, h3 {
text-transform: uppercase;
}
```

La Figure 11.4 montre le thème enfant après ces modifications (le titre du site et les titres des articles sont maintenant tous en majuscules, ce qui diffère de la Figure 11.3).

Les personnalisations plus complexes fonctionnent de la même manière. Il suffit d'ajouter de nouvelles règles dans le fichier *style.css*.

Figure 11.4 : Le fichier style.css du thème enfant a été modifié.

Comme vous pouvez le voir, avec juste quelques lignes dans un fichier *style.css*, vous pouvez créer un nouveau thème enfant qui ajoute des personnalisations spécifiques à un thème existant. Non seulement c'est rapide et facile, mais vous n'avez pas non plus à modifier quoi que ce soit dans le thème parent pour faire fonctionner le thème enfant.

Lorsque des mises à jour du thème parent seront disponibles, mettez à niveau le parent pour obtenir les fonctionnalités supplémentaires. Vous ne perdrez pas vos modifications car celles-ci apparaissent dans le thème enfant qui n'est pas altéré par la mise à jour.

Utiliser des images dans la conception d'un thème enfant

De nombreux thèmes utilisent des images pour donner une touche personnelle à la conception du site. En règle générale, ces images sont ajoutées dans un répertoire nommé *images*, mais vous pouvez changer le nom du dossier.

Tout comme les thèmes parents, vos thèmes enfants peuvent avoir leur propre répertoire d'images. Les exemples suivants illustrent comment vous pouvez utiliser ces images.

Il est courant d'inclure une image dans la feuille de styles d'un thème enfant. Pour ce faire, il vous suffit d'ajouter la nouvelle image dans le répertoire *images* du thème enfant et de vous référer à celle-ci dans le fichier *style.css* du thème enfant. Procédez comme suit :

1. **Créez un répertoire d'images dans le répertoire du thème enfant.**
2. **Ajoutez l'image à utiliser dans ce répertoire.**

   Dans cet exemple, j'ajoute une image appelée *background.jpg*.

3. **Ajoutez le style nécessaire au fichier *style.css*** du thème enfant.

   Modifiez le fichier CSS comme indiqué ci-dessous :

```
/*
Theme Name: Twenty Sixteen Child
Description: Mon magnifique theme enfant
Author: Lisa Sabin-Wilson
Version: 1.0
Template: twentysixteen
*/
@import url('../twentysixteen/style.css');
```

```
body {
background: url('images/background.jpg');
}
```

En rafraîchissant le site, vous voyez qu'il a maintenant un nouveau fond (Figure 11.5).

Figure 11.5 : Le thème enfant après modification de l'image de fond.

Modifier la structure des thèmes enfants"

La section précédente a montré comment utiliser un thème enfant pour personnaliser la feuille de styles du thème parent. Un développeur CSS talentueux peut recourir à cette technique pour créer une variété étonnante de mises en page et de dessins à partir d'une feuille de styles parente.

Cependant, ce n'est qu'un aperçu de la puissance des thèmes enfants. Bien que chaque thème enfant remplace le fichier *style.css* du thème parent, le thème enfant peut également remplacer les modèle du thème parent. Les thèmes enfants ne se limitent pas à se substituer à des modèles parents, ils peuvent également fournir leurs propres modèles.

Les modèles sont des fichiers PHP que WordPress exécute pour afficher différentes vues de votre site. Une vue correspond à un type de contenu regardé. Par exemple, l'accueil, les catégories d'archives, les articles individuels et le contenu d'une page sont des vues différentes car ils correspondent à des affichages différents.

Les fichiers *index.php*, *archive.php*, *single.php*, *page.php*, *attachment.php* et *search.php* sont des exemples de modèles (pour plus d'informations sur les modèles, consultez le Chapitre 9).

Vous pourriez vous demander à quoi sert de modifier les modèles d'un thème parent. La modification de la feuille de styles d'un thème parent permet un contrôle très puissant sur l'apparence du site Web, mais elle ne permet pas d'ajouter de nouveaux contenus, de modifier la structure de site sous-jacente ou de modifier le fonctionnement du thème. Pour cela, il convient de modifier les modèles.

Remplacer les modèles parents

Lorsque le thème enfant et le thème parent contiennent le même modèle, c'est le fichier thème enfant qui est utilisé, car prioritaire. Ce processus de remplacement du fichier du modèle parent d'origine est appelé *overriding*.

Bien que le remplacement de chacun des fichiers du modèle parent puisse décourager à utiliser un thème enfant – parce qu'une mise à jour du parent n'améliorera pas le thème enfant –, il est parfois utile de procéder ainsi.

La manière la plus simple de personnaliser un modèle spécifique dans un thème enfant est de copier du dossier du thème parent vers le dossier du thème enfant. Une fois le fichier copié, il peut être personnalisé de sorte que le thème enfant reflète ces modifications.

Un bon exemple de modèle qui peut être ainsi remplacé est le fichier *footer.php*. La personnalisation du pied de page permet de véhiculer une image de marque spécifique au site.

Ajouter de nouveaux modèles

Un thème enfant peut remplacer les fichiers des modèles parents existants, mais il peut également proposer des modèles qui n'existent pas dans le parent. Bien qu'il ne soit pas absolument nécessaire de créer un thème enfant pour cela, cette option peut ouvrir de nouvelles possibilités pour vos conceptions.

Par exemple, cette technique s'avère très utile avec les modèles de page.

Le thème Twenty Sixteen a un modèle de page par défaut : *page.php*. Comme on peut s'y attendre, ce modèle de page crée une mise en page d'une seule page pour le contenu et comporte une barre latérale à droite avec le contenu à gauche, comme le montre la Figure 11.6.

Figure 11.6 : Le modèle de page du thème Twenty Sixteen.

La mise en page a été intentionnellement conçue de cette façon pour créer un modèle de page qui ressemble au reste du site, à savoir avec la barre latérale sur la droite et le contenu sur la gauche. Cependant, on aimerait pouvoir disposer d'une mise en page pleine largeur, sans barre latérale, afin d'intégrer une vidéo, ajouter un forum, ou ajouter d'autres contenus qui nécessitent toute la largeur de l'écran.

Si vous souhaitez personnaliser ce modèle et le remplacer par celui du thème Twenty Sixteen, il suffit de créer un nouveau modèle de page avec le même nom de fichier que celui que vous remplacez (dans ce cas, *page.php*) et d'ajouter les modifications de style à ce fichier. WordPress utilisera la nouvelle page PHP de votre thème enfant par défaut, en ignorant complètement celle qui existe dans le dossier du thème parent.

Supprimer des modèles

Vous vous demandez peut-être pourquoi il peut être nécessaire de supprimer un modèle d'un parent. C'est une bonne question ! Malheureusement, le thème Twenty Sixteen ne fournit pas un bon exemple. Par conséquent, vous allez devoir faire preuve d'imagination.

Imaginez que vous créiez un thème enfant construit à partir d'un thème parent appelé *Exemple Parent*. Le thème *Exemple Parent* est bien conçu, et un thème enfant en découle tout naturellement. Le thème enfant fonctionne exactement comme vous le voudriez, mais il demeure un problème.

Dans le thème *Exemple Parent*, le modèle *home.php* fournit une page d'accueil fortement personnalisée qui ne ressemble pas à une page de blog standard. Il fonctionne très bien, mais ce n'est pas exactement ce que vous voudriez pour votre site. Vous aimeriez avoir une page d'accueil de type blog tout à fait standard. Si le fichier *home.php* n'existait pas dans le thème *Exemple Parent*, tout fonctionnerait parfaitement.

Il n'est pas possible de supprimer le fichier *home.php* sans modifier le thème. Vous devez donc utiliser une astuce : au lieu de supprimer le fichier, remplacez le fichier *home.php* et émulez le fichier *index.php*.

Vous pensez peut-être que copier et coller le code du fichier *index.php* du thème *Exemple Parent* dans le fichier *home.php* du thème enfant est une bonne approche. Bien que cela fonctionne, il existe une meilleure façon de procéder : vous pouvez indiquer à WordPress d'exécuter le fichier *index.php* de sorte que les modifications apportées à ce fichier soient respectées. Cette seule ligne de code dans *home.php* du thème enfant est tout ce qui est nécessaire pour remplacer *home.php* par *index.php* :

```
<?php locate_template( array( 'index.php' ), true ); ?>
```

La fonction *locate_template* est quelque peu magique. Si le thème enfant fournit un fichier *index.php*, alors il est utilisé. Sinon, le fichier parent *index.php* est utilisé.

Cela produit le même effet que d'enlever le fichier *home.php* du thème parent. Le code *home.php* est ignoré et les modifications apportées à *index.php* sont respectées.

Modifier le fichier *function.php*

Les thèmes enfants peuvent disposer d'un modèle spécifique pour les fonctions, à savoir le fichier *functions.php*. Mais contrairement aux modèles, le fichier *functions.php* d'un thème enfant ne remplace pas le fichier *functions.php* du thème parent.

Lorsqu'un thème parent et un thème enfant ont chacun un fichier *functions.php*, les deux fichiers (parent et enfant) sont exécutés. Le fichier *functions.php* du thème enfant s'exécute en premier et le fichier *functions.php* du thème parent, en deuxième. Cela est intentionnel car il permet au thème enfant de remplacer les fonctions définies dans le thème parent. Toutefois, cela ne marche que si les fonctions sont configurées pour permettre cela.

Le fichier *functions.php* du thème Twenty Sixteen définit une fonction appelée *twentysixteen_setup*. Cette dernière gère la configuration de nombreuses options du thème et active certaines fonctionnalités supplémentaires. Les thèmes enfants peuvent remplacer cette fonction pour modifier la configuration par défaut et les caractéristiques du thème.

Les lignes de code suivantes résument la façon dont le fichier enfant *functions.php* permet de le faire :

```
if ( ! function_exists( 'twentyfifteen_setup' ) ):
function twentyfifteen_setup() {
// etc…
}
endif;
```

L'instruction *if* protège le site en cas de conflit de code et permet à un thème enfant de définir sa propre version de la fonction.

Dans le thème enfant Twenty Sixteen, vous pouvez voir comment la modification de cette fonction affecte le thème. Ajoutez une nouvelle fonction *twentyfifteen_setup* qui ajoute uniquement la prise en charge des images à la une (images en vedette) pour les articles :

```
<?php

function twentyfifteen_setup() {

add_theme_support( 'post-thumbnails' );

}
```

Le résultat de cette modification est que le thème enfant ne prend plus en charge d'autres fonctionnalités spéciales de WordPress, telles que le style d'éditeur personnalisé, la génération automatique des flux et l'internationalisation. La démonstration de cet exemple est qu'un thème enfant peut fournir sa propre version de fonctions.

Préparer un thème parent

WordPress facilite la création de thèmes parents. WordPress fait le plus gros du travail, mais vous devez suivre certaines règles pour qu'un thème parent fonctionne correctement.

Les termes « feuille de styles » et « modèle » ont été employés de nombreuses fois dans des contextes différents. Typiquement, dans un thème, la feuille de styles fait référence à un fichier CSS et le modèle fait référence à un fichier de modèle. Cependant, ces mots ont également une signification spécifique lorsque vous travaillez avec des thèmes parents et enfants. Vous devez comprendre la différence entre une feuille de styles et un modèle lorsque vous travaillez avec des thèmes parents et enfants.

À l'origine, les thèmes enfants ne pouvaient remplacer que le fichier *style.css* d'un thème. Le parent fournissait les différents modèles ainsi que le fichier *functions.php*. Quant aux thèmes enfants, ils fournissaient uniquement la feuille de styles. Les capacités des thèmes enfants ont évolué tout au long des différentes versions de WordPress, rendant l'emploi de ces termes pour les thèmes parents et enfants quelque peu confus.

Imaginez deux thèmes : un parent et un enfant. Le code suivant se trouve dans le fichier *header.php* du thème parent et charge une feuille de styles supplémentaire fournie par le thème enfant :

```
<link type="text/css" rel="stylesheet" media="all" href="<?php
bloginfo('stylesheet_directory') ?>/reset.css" />
```

La fonction *bloginfo* renvoie des informations sur l'emplacement du répertoire des feuilles de styles. Le site est hébergé à l'adresse `http://example.com`, et le parent est le thème actif. Il produit la sortie suivante :

```
<link type="text/css" rel="stylesheet" media="all"
href="http://example.com/wp-content/themes/Parent/reset.css" />
```

Si le thème enfant est activé, la sortie sera :

```
<link type="text/css" rel="stylesheet" media="all"
href="http://example.com/wp-content/themes/Enfant/reset.css" />
```

L'emplacement se réfère maintenant au fichier *reset.css* du thème enfant. Cela fonctionnera uniquement si, dans chaque thème enfant, figure une copie du fichier *reset.css* du thème parent. Mais procéder de la sorte est un peu lourd et n'est pas une bonne idée. Au lieu d'utiliser l'argument *stylesheet_directory* pour la fonction *bloginfo*, il est préférable d'utiliser l'argument *template_directory*. Le code ressemble donc à ceci :

```
<link type="text/css" rel="stylesheet" media="all" href="<?php
bloginfo('template_directory') ?>/reset.css" />
```

Dorénavant, tous les thèmes enfants chargeront le fichier parent *reset.css* car la fonction *bloginfo('template_directory')* retourne toujours le répertoire du thème parent, même lorsque le thème enfant est actif (il n'est donc plus nécessaire de faire de multiples copies).

Chapitre 12

WordPress en tant que système de gestion de contenu

DANS CE CHAPITRE :

- **Définir une page statique en page d'accueil.**
- **Ajouter un blog à votre site.**
- **Définir différents modèles pour les pages de votre site.**
- **Créer de nouveaux modèles de barre latérale et de pied de page.**
- **Définir des styles personnalisés pour les articles, les catégories et les mots-clés.**
- **Prendre en charge les fonctionnalités intégrées dans un thème.**
- **Optimiser votre site pour les moteurs de recherche.**

WordPress n'est pas simplement une plateforme de blogging, c'est aussi une solution complète pour construire votre propre site Web. WordPress est un puissant système de gestion de contenu (CMS) qui est flexible et suffisamment extensible pour exécuter un site Web à part entière.

Un système de gestion de contenu ou CMS (pour *Content Management System*) est un système utilisé pour créer et maintenir un site complet. Il comprend des outils pour publier et modifier des pages, ainsi que pour rechercher et récupérer l'information et le contenu stocké en base de données. Un CMS vous permet de maintenir votre site Web sans grande connaissance de HTML. Vous pouvez créer, modifier, récupérer et mettre à jour votre contenu sans jamais toucher à la programmation requise pour ces tâches.

Ce chapitre vous montre différentes façons d'utiliser WordPress pour gérer votre site Web, avec ou sans un blog. Il présente différentes configurations de modèles qui vous permettront de créer des sections distinctes de votre site. Nous verrons également comment utiliser la première page de votre site comme une page statique (une page qui n'est pas mise à jour dynamiquement, chronologiquement, comme un blog peut l'être) ou un portail (une page qui contient des extraits d'autres sections de votre site, avec des liens vers ces sections).

Il est également possible d'ajouter des outils à votre site qui étendent les fonctions de base de WordPress, en intégrant des éléments, tels qu'un magasin de commerce électronique, des galeries de photos ou des communautés sociales. Le Chapitre 15 recommande quelques extensions à ajouter à WordPress pour répondre à ces différents besoins. Enfin, ce chapitre vous explique comment utiliser les fonctionnalités internes à WordPress pour commencer à l'utiliser comme un outil de CMS complet.

Créer la page d'accueil de votre site Web

Lorsque vous visitez un blog qui fonctionne grâce à WordPress, le blog apparaît généralement sur la page d'accueil. Un blog est habituellement constitué d'articles triés du plus récent au plus ancien, avec des liens vers les archives des articles (par mois ou par catégories). Cette configuration est typique d'un site WordPress. Le blog de cuisine de la Figure 12.1 contient tous les attributs d'un bon blog WordPress.

Figure 12.1 : Ce blog de cuisine est configuré typiquement comme un site de type blog.

La page d'accueil de l'Association française des maîtres restaurateurs (*http://www.maitresrestaurateurs.com/*) fonctionne grâce à WordPress mais ne contient pas de blog en tant que tel (Figure 12.2). Elle n'affiche pas d'articles ; elle propose en lieu et place de la page d'accueil le contenu d'une page statique.

Figure 12.2 : La page d'accueil de l'Association française des maîtres restaurateurs.

Ces deux sites fonctionnent sous WordPress, alors comment leurs pages d'accueil peuvent-elles différer à ce point ? La réponse se trouve dans les modèles ainsi que dans le Tableau de bord de WordPress.

Vous utilisez des pages statiques pour créer du contenu que vous ne souhaitez pas afficher sous forme de blog, c'est-à-dire sous forme d'articles triés dans l'ordre chronologique, mais comme une partie de votre site (telle qu'une page de biographie, une page de services, une page Contact, *etc.*).

Créer une page d'accueil est un processus en trois étapes : créer une page statique en tant que telle, concevoir graphiquement la page comme la page d'accueil de votre site, personnaliser la page pour qu'elle ressemble à un site Web plutôt qu'à un blog.

Avec cette méthode, vous pouvez créer un nombre illimité de pages statiques, ce qui vous permet de réaliser en finalité un site Web. Vous n'avez même pas besoin d'un blog sur le site à moins que vous ne souhaitiez en inclure un.

Créer une page statique

Pour afficher une page statique comme page d'accueil de votre site, vous devez créer cette page. Suivez ces étapes :

1. **Cliquez sur menu Pages, puis sur Ajouter.**

   La page Ajouter une nouvelle page apparaît et vous pouvez écrire une nouvelle page pour votre site WordPress, comme à la Figure 12.3 (reportez-vous au Chapitre 7 pour connaître les différences entre une page et un article).

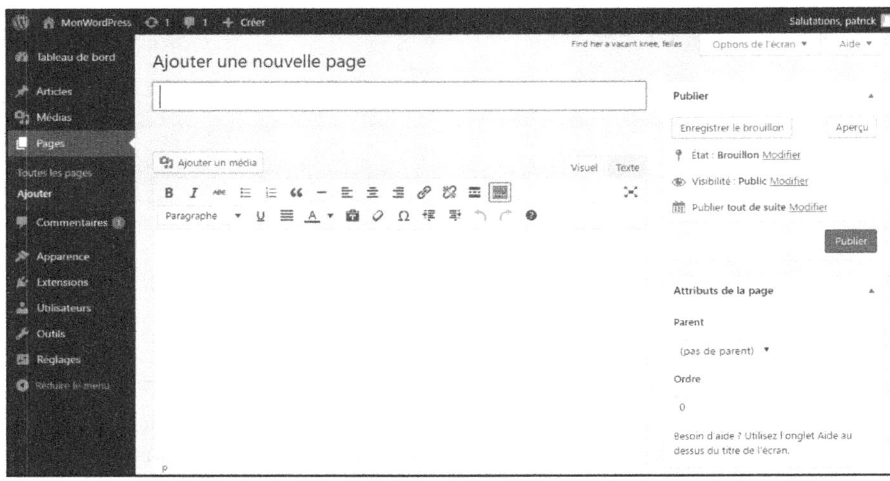

Figure 12.3 : Créez la page statique que vous souhaitez utiliser en tant que page d'accueil.

2. **Dans le champ Titre, saisissez un titre pour la page.**
3. **Saisissez le contenu de votre page dans la boîte de saisie.**
4. **Modifiez les options pour cette page.**

   Toutes les options disponibles sont détaillées au Chapitre 7.

5. **Cliquez sur le bouton Publier.**

   La page est enregistrée dans votre base de données et publiée sur votre site WordPress avec sa propre URL (ou *permalien*). L'URL pour la page statique est composée de l'URL de votre site, suivie du titre de votre page. Par exemple, si vous avez intitulé votre page « A propos de moi », alors l'URL de la page est `http://votredomaine.com/a-propos-de-moi` (voir le Chapitre 8 pour plus d'informations sur les permaliens).

Désigner une page statique en tant que page d'accueil

Ensuite, vous devez indiquer à WordPress que vous souhaitez que la page statique serve de page d'accueil à votre site. Suivez ces étapes :

1. **Cliquez sur le menu Réglages, puis sur Lectures pour afficher la page Options de lecture.**
2. **Dans la section La page d'accueil affiche, sélectionnez l'option Une page statique.**
3. **Dans le menu déroulant Page d'accueil, sélectionnez la page statique que vous souhaitez utiliser comme page d'accueil.**

   Sur la Figure 12.4, j'ai choisi d'afficher une page statique, et la page « Ma page d'accueil » est celle que j'ai sélectionnée pour cela.

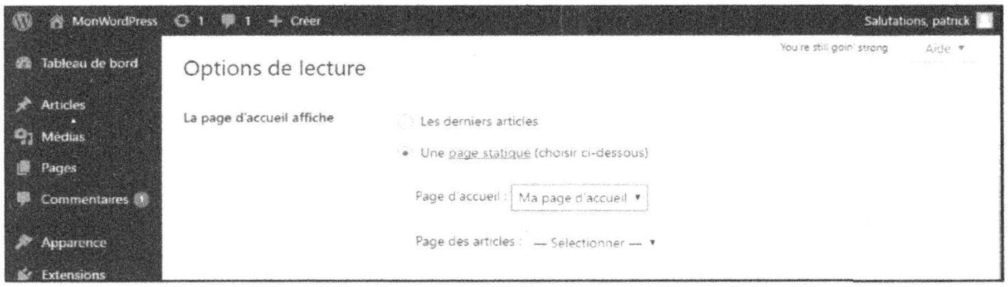

Figure 12.4 : Sélectionnez la page à afficher comme page d'accueil.

4. **Cliquez sur le bouton Enregistrer les modifications.**

   WordPress affiche la page que vous avez sélectionnée à l'étape 3 comme page d'accueil de votre site. La Figure 12.5 représente mon site qui affiche la page que j'ai créée comme page d'accueil.

Figure 12.5 : WordPress affiche la page que vous avez sélectionnée comme page d'accueil.

Mettre en forme la page d'accueil

L'utilisation d'une page statique comme page d'accueil vous permet d'être créatif avec le design et la mise en page du site, en attribuant un modèle de page et/ou en utilisant différents widgets pour obtenir des types de contenus différents, tels que ceux présentés dans la liste suivante :

- **Fonctionnalités d'images :** Plus loin dans ce chapitre, nous verrons comment ajouter une fonctionnalité intégrée à WordPress appelée *Image à la une*. Cette fonctionnalité permet d'associer une image particulière à un article. Cela s'avère extrêmement efficace pour illustrer un article et lui donner un fort impact visuel. Par exemple, vous pouvez créer un modèle qui inclut les titres et les extraits de vos derniers articles (si vous utilisez des articles) et les afficher dans le corps ou la barre latérale, accompagné d'une image en miniature. Pour cela, vous devez utiliser la fonction *WP_Query()* de l'exemple ci-dessous, qui affiche les quatre postes les plus récents de votre site :

```
<?php
$the_query = new WP_Query ( 'posts_per_page=4' );
```

```
while ( $the_query->have_posts() ) :
$the_query->the_post();
?>
<a href="<?php the_permalink() ?>" rel="bookmark" title="Permanent Link to
<?php the_title_attribute(); ?>"><?php the_title(); ?></a>
<?php
if ( has_post_thumbnail() ) { the_post_thumbnail( 'thumbnail' ); }
the_excerpt();
endwhile;
?>
```

» **Témoignages :** De nombreux professionnels aiment inclure des témoignages de clients sur leurs sites Web, et l'un des meilleurs endroits pour le faire est la première page afin que vos visiteurs puissent immédiatement voir les témoignages de vos clients satisfaits. Vous pouvez accomplir cette tâche facilement avec une extension pour WordPress appelée Easy Testimonials (`https://fr.wordpress.org/plugins/easy-testimonials/`). Une fois cette extension installée, vous pourrez inclure des témoignages sur votre page d'accueil à l'aide d'un widget (elle vous permet également de créer une page de témoignages complète qui affiche l'ensemble des témoignages – n'oubliez pas de lire la documentation de l'extension !).

» **Portfolio :** Les concepteurs de sites Web aiment montrer une page qui présente les projets qu'ils ont menés. Les photographes utilisent un affichage de type Portfolio pour leurs photographies. Vous pouvez réaliser un affichage de portfolio en utilisant les catégories WordPress, les fonctionnalités liées aux images et la fonction *WP_Query()*.

Créez une catégorie *Portfolio* (par exemple) dans votre Tableau de bord WordPress (sélectionnez Articles puis sur Catégories) et créez des articles associés à cette catégorie. Veillez à attribuer une « image à la une » aux articles. Les images peuvent être des captures d'écran qui représentent le travail de conception que vous avez fait, ou une photographie que vous avez prise, ou toute autre image qui reflète un travail achevé. Ajoutez une taille spécifique pour les images dans le modèle de fonctions (*function.php*), puis en utilisant la fonction *WP_Query ();*. Insérez ces lignes de code dans votre modèle de page d'accueil pour afficher uniquement les images du portfolio :

```
<?php
$the_query = new WP_Query ( 'posts_per_page=3&category_
name=portfolio' );
while ( $the_query->have_posts() ) :
$the_query->the_post();
?>
```

```
<a href="<?php the_permalink() ?>" rel="bookmark" title="Permanent Link to
<?php the_title_attribute(); ?>"><?php the_title(); ?><?php if
( has_post_thumbnail() ) { the_post_thumbnail( 'portfolio' ); }
?></a>
<?php endwhile; ?>
```

Ajouter un blog à votre site Web

Si vous souhaitez ajouter un blog à votre site sans pour autant l'afficher sur la page d'accueil, vous pouvez y parvenir *via* le Tableau de bord de WordPress.

Créer une page blanche pour le blog

Pour créer un blog pour votre site, vous devez d'abord créer une page vierge :

1. **Cliquez sur menu Pages, puis sur Nouvelle page.**

   La page Ajouter une nouvelle page apparaît et vous pouvez écrire une nouvelle page pour votre blog WordPress.

2. **Saisissez un nom pour la page dans la zone de texte Titre.**

   Compte tenu que cette page sera la page principale de votre blog, entrez *Blog*, par exemple (voir le Chapitre 5 pour plus d'informations sur les permaliens).

3. **Ne saisissez pas de contenu pour la page.**

   La zone de texte reste vierge ici car vous ne souhaitez pas afficher de contenu de la page sur votre blog, mais plutôt vos articles.

4. **Cliquez sur le bouton Publier.**

   La page est sauvegardée dans votre base de données et publiée sur votre site WordPress.

Vous disposez maintenant d'une page vierge dont l'URL est `http://votredomaine.com/blog`. Vous devez spécifier que cette page est la page de votre blog, comme nous allons le voir dans la section qui suit.

Affecter la page en tant que blog

Pour désigner votre nouvelle page vierge comme la page qui accueillera vos articles, suivez ces étapes :

1. **Cliquez sur le menu Réglages, puis sur Lecture pour afficher la page Options de lecture.**

   La page Options de lecture s'affiche (Figure 12.4).

2. **Dans le menu déroulant Page des articles, sélectionnez la page que vous venez de créer.**

   Par exemple, sélectionnez la page Blog en tant que page pour les articles.

3. **Dans la section Les pages du blog doivent afficher au plus, saisissez le nombre d'articles que vous souhaitez afficher.**

   Cette option détermine le nombre d'articles que vous souhaitez afficher à la fois sur une page. Si vous saisissez *5*, la page du blog affichera les cinq derniers articles que vous avez saisis.

4. **Cliquez sur le bouton Enregistrer les modifications.**

   Les options que vous avez modifiées sont sauvegardées, et votre blog apparaît dorénavant à l'adresse `http://`*`votredomaine.com`*`/blog` (où *votredomaine.com* correspond à votre nom de domaine actuel).

Cette méthode consistant à utiliser l'adresse */blog* ne fonctionne que si vous utilisez des permaliens personnalisés (reportez-vous au Chapitre 5 si vous voulez en savoir plus sur les permaliens). Si vous utilisez les permaliens par défaut, l'URL de la page de votre blog sera différente ; elle ressemblera à quelque chose comme `http://votredomaine.com/?p=4` (où 4 est l'identifiant de la page que vous avez créée pour votre blog).

Vous pouvez créer un lien vers votre blog en l'ajoutant à votre menu personnalisé. Pour savoir comment construire votre propre menu personnalisé, consultez le Chapitre 10.

```
<a href="http://votredomaine.com/blog">Visitez mon blog !</a>
```

Créer des modèles personnalisés pour obtenir différents modèles

Au Chapitre 9, nous avons vu comment utiliser des modèles WordPress spécifiques pour obtenir différents types d'affichage pour le contenu de votre site Web. En utilisant des modèles de pages et de catégories, vous pouvez fournir une expérience utilisateur différente en définissant le style avec CSS et les fonctionnalités du site avec les fonctions.

Les sites Web qui vendent des produits ou des services – ou des sites Web d'actualités qui mettent l'accent sur des articles, du contenu et de la publicité – utilisent des pages ou des contenus différents pour obtenir une mise en page originale et variée, le tout au sein du même site Web. Ce concept est courant sur les sites Web qui offrent plus qu'un simple blog.

Le modèle de page par défaut (*page.php*)

Le modèle de page standard (*page.php*) du thème par défaut de WordPress affiche un contenu positionné sur la gauche et une barre latérale située sur la droite (Figure 12.6).

Le modèle de page par défaut qui crée ce type d'affichage utilise des fonctions WordPress de base pour appeler, c'est-à-dire inclure, les fichiers d'en-tête, de contenu, de barre latérale et de pied de page.

Créer un modèle de page spécifique pour les catégories

Vous pouvez utiliser le modèle de page *page.php* du Listing 12.1 pour définir la mise en page et le style de toutes les pages de votre site Web, offrant ainsi un style standard et cohérent aux visiteurs de votre site. Cependant, si votre site Web publie également un portfolio qui présentent les travaux réalisés, vous voudrez probablement que cette page ait un style différent du reste du site, principalement parce qu'elle propose des images de votre travail.

Figure 12.6 : Un style de présentation standard à deux colonnes.

Pour ce faire, créez par exemple une catégorie *Design Porfolio* sur votre site et, pour chaque entrée que vous souhaitez afficher dans le portfolio, créez un article et attribuez-le à la catégorie *Design Porfolio*. La Figure 12.7 montre comment ma page Portfolio (`http://webdevstudios.com/portfolio`) s'affiche dans un navigateur Web. Vous pouvez voir que la page est composée principalement d'images miniatures sur lesquelles on peut cliquer pour être redirigé vers des articles qui fournissent une étude de cas sur les projets présentés.

Figure 12.7 : Ma page Portfolio, qui utilise un fichier de modèle de catégorie.

Listing 12.1 : Un exemple de page par défaut (**page.php**).

```
<?php
/**
* The template for displaying all pages.
*
* This is the template that displays all pages by default.
* Please note that this is the WordPress construct of pages
* and that other 'pages' on your WordPress site will use a
* different template.
*/
get_header(); ?>
<div class="site-content-wrap">
<div id="content" class="site-content">
<div id="primary" class="content-area col">
<main id="main" class="site-main" role="main">
<?php while ( have_posts() ) : the_post(); ?>
<article id="post-<?php the_ID(); ?>" <?php post_class(); ?>>
<div class="entry-content">
<?php the_content(); ?>
<?php
wp_link_pages( array(
'before' => '<div class="page-links">' . __( 'Pages:', 'wds7' ),
'after' => '</div>',
```

```
) );
?>
</div><!-- .entry-content -->
</article>
<?php endwhile; // end of the loop. ?>
</main><!-- #main -->
</div><!-- #primary -->
<?php get_sidebar(); ?>
</div><!-- #content -->
</div><!-- .site-content-wrap -->
<?php get_footer(); ?>
```

Pour réaliser cette présentation, créez un modèle spécifique pour la catégorie Design Porfolio : *category-design-portfolio.php*. Chaque article que vous créez et affectez à la catégorie *Design Porfolio* s'affiche dans le format que vous avez défini dans le modèle *category-design-portfolio.php* de votre dossier de thème.

Si vous souhaitez que la page Portfolio affiche uniquement une liste d'images, attribuez une « image à la une » à chaque article du portfolio puis, dans le modèle *category-design-portfolio.php*, suivez ces étapes en utilisant le code illustré dans le Listing 12.2 :

1. **Dites à WordPress d'afficher chaque article du portfolio mais « l'image à la une » de ces articles uniquement (pas de texte).**
2. **Affectez un lien à chaque image vers l'article en question.**

Le code pour créer l'affichage dans un style « Portfolio » ressemble au Listing 12.2.

Listing 12.2 : Un exemple de modèle de catégorie (**category-design-portfolio.php**).

```
<?php get_header(); ?>
<div id="main" class="fullwidth">
<?php if (have_posts()) : while (have_posts()) : the_post(); ?>
<div id="post-<?php the_ID(); ?>" <?php post_class(); ?>>
<div class="entry">
<a href="<?php the_permalink(); ?>"><?php the_post_thumbnail( 'thumbnail' );
?></a></div>
<?php endwhile; else: ?>
<p><?php _e('Sorry, no posts matched your criteria.'); ?></p>
<?php endif; ?>
</div>
</div>
<?php get_footer(); ?>
```

Comparer les modèles de page et de catégorie

Les différences entre le modèle de page par défaut du Listing 12.1 et le modèle utilisé pour les catégories (voir Listing 12.2) sont subtiles. Elles sont expliquées dans le Tableau 12.1.

Tableau 12.1 : Différences entre les modèles de page et de catégorie

Élément	Dans le modèle de page ?	Dans le modèle de catégorie ?
Appelle le modèle d'en-tête *<?php get_header(); ?>*	Oui	Oui
Disposition à deux colonnes	Oui	Non
Appelle le titre de la page/article *<?php the_title(); ?>*	Oui	Non
Appelle le contenu page/article *<?php the_content(); ?>*	Oui	Non
Appelle les fonctions images *<?php the_post_thumbnail(); ?>*	Non	Oui
Appelle le modèle de la barre latérale *<?php the_sidebar(); ?>*	Oui	Non
Appelle le pied-de-page *<?php the_footer(); ?>*	Oui	Oui

Les différences entre la mise en page par défaut et la mise en page de la catégorie Portfolio ne sont qu'un exemple de la puissance des thèmes WordPress. Les thèmes permettent de définir différents types d'apparences, de mises en page et de design pour vos contenus. Cette fonctionnalité vous aide à créer des sites Web uniques pour vos clients ou pour vous-même, et résume à elle seule toute la puissance du CMS WordPress.

Extraire le contenu d'une seule catégorie

WordPress vous permet de créer vos propres requêtes et de récupérer toutes les données que vous souhaitez grâce à la fonction *WP_Query();*. Par exemple, si vous cliquez sur une catégorie, WordPress sait qu'il doit afficher la liste des dix derniers articles de cette catégorie, dans l'ordre chronologique (*10* est la valeur par défaut). Chacun de ces éléments est un paramètre de la requête. Pour cela, vous devez placer la fonction *WP_Query();* avant la boucle.

Par exemple, la fonction *WP_Query();* vous autorise à spécifier la catégorie des articles que vous souhaitez récupérer. Ainsi, si vous disposez d'une catégorie nommée *WordPress* et que vous souhaitiez afficher les trois derniers articles de cette catégorie sur votre page d'accueil, votre colonne latérale ou partout ailleurs, vous utiliserez cette fonction pour y parvenir.

Les paramètres de la fonction

La fonction *WP_Query();* comprend plusieurs paramètres qui vous permettent de préciser les articles que vous souhaitez récupérer par catégorie, par date, et ainsi de suite.

Voici deux exemples de paramètres que vous pouvez utiliser avec la fonction *WP_Query();* :

- *posts_per_page=X :* Permet d'indiquer à WordPress combien d'articles vous souhaitez afficher. Si vous souhaitez afficher seulement trois articles, saisissez ***posts_per_page=3***.
- *category_name=X :* Permet d'indiquer à WordPress que vous souhaitez afficher les articles de la catégorie dont le nom est spécifié en argument. Pour afficher les articles de la catégorie *toto*, saisissez ***category-name=toto***.

La fonction *WP_Query();* dispose de tellement d'arguments qu'il est impossible d'en dresser ici la liste. Je vous conseille de visiter la page suivante sur le Codex de WordPress afin de prendre connaissance de toutes les combinaisons possibles : `https://codex.wordpress.org/Class_Reference/WP_Query`

Ajouter la fonction *WP_Query();*

Sélectionnez la catégorie des articles que vous souhaitez lister et repérez l'identifiant de cette catégorie. Après avoir fait cela, vous êtes prêt à utiliser la fonction *WP_Query();* pour votre modèle. L'identifiant de catégorie est généralement le même que le nom de la catégorie, sauf qu'il est en minuscules avec des mots séparés par des tirets. Par exemple, la catégorie *Livres* a un identifiant de *livres*. Pour en être sûr, visitez la page Catégories de votre Tableau de bord en sélectionnant Articles puis Categories, cliquez sur le nom de la catégorie que vous souhaitez utiliser et repérez son identifiant. La ligne de code pour afficher cinq articles de la catégorie *Livres* ressemble à ceci :

```
<?php $the_query = new WP_Query( 'posts_per_page=5&category_name=livres' ); ?>
```

Cependant, cela n'est pas suffisant. La fonction *WP_Query();* doit être utilisée dans la boucle de WordPress (voir le Chapitre 9 pour plus d'informations sur les boucles *While*). Suivez ces étapes pour inclure la fonction *WP_Query();* dans la boucle de votre modèle :

1. **Cliquez sur le lien Éditeur dans le menu Apparence.**

   La page Modifier les thèmes apparaît.

2. **Cliquez sur le modèle dans lequel vous souhaitez afficher le contenu.**

   Par exemple, si vous souhaitez afficher le contenu dans une colonne latérale, sélectionnez le modèle Colonne latérale (*sidebar.php*).

3. **Localisez les balises *</ul>, </div>* ou *</aside>* en bas du modèle du thème que vous utilisez.**

   Si vous utilisez le thème Twenty Sixteen, la balise finale se trouve ici : *</aside><!-- .sidebar .widget-area -->*.

4. **Saisissez le code suivant directement avant la balise *</aside>* finale :**

```
<?php
$the_query = WP_Query( 'posts_per_page=5&category_name=livres' );
while ($the_query->have_posts()) : $the_query->the_post();
?>
<a href="<?php the_permalink() ?>" rel="bookmark" title="Permanent Link to
<?php the_title_attribute(); ?>"><?php the_title(); ?></a>
<?php
the_excerpt();
endwhile;
?>
```

À la première ligne, j'ai indiqué *posts_per_page=5&category_name=livres*. Vous pouvez modifier ces nombres en fonction de vos besoins. Le *5* correspond au nombre d'articles que vous souhaitez afficher (il n'y a pas de limite !), et *livres* correspond à l'identifiant de la catégorie que vous souhaitez utiliser.

5. **Cliquez sur le bouton Mettre à jour le fichier.**

   Les modifications que vous avez apportées sont sauvegardées dans le modèle *sidebar.php*.

Créer des modèles de colonne latérale et de pied de page

Vous pouvez créer des modèles de colonne latérale ou de pied de page distincts pour les différentes pages de votre site en utilisant simplement la fonction *get_template_part*. Lorsque vous utilisez la fonction *get_template_part*, vous indiquez à WordPress que vous souhaitez inclure un fichier spécifique dans une page spécifique.

Le code qui permet d'intégrer le modèle standard de colonne latérale (*sidebar.php*) dans les autres modèles, comme le modèle de page d'accueil (*index.php*), ressemble à ceci :

```
<?php get_sidebar(); ?>
```

Et, pour créer une page et utiliser une colonne latérale qui contient des informations différentes que celles imposées par le modèle standard Colonne latérale (*sidebar.php*), suivez ces étapes :

1. **Créez un nouveau modèle de colonne latérale avec un éditeur de texte tel que Bloc-notes.**
2. **Sauvegardez le fichier sous le nom *sidebar-second.php*.**
3. **Téléchargez *sidebar-second.php* dans le dossier *themes* de votre serveur Web (par exemple, */wp-content/themes/votre_theme/*).**

   Reportez-vous au Chapitre 3 pour plus d'informations sur FTP. Le modèle apparaît maintenant dans la liste des fichiers de thèmes dans la page Éditeur (connectez-vous à votre Tableau de bord WordPress, cliquez sur le menu Apparence, puis sur Éditeur).

4. **Pour inclure le modèle *sidebar-second.php*** dans l'un de vos modèles de page, localisez ce code :

   ```
   <?php get_sidebar(); />
   ```

5. **Remplacez-le par ce code :**

   ```
   <?php get_template_part('sidebar', 'second'); ?>
   ```

En utilisant cette fonction *get_template_part*, vous pouvez inclure n'importe quel fichier dans vos modèles WordPress. Cette méthode permet de créer des modèles de pied de page pour les pages de votre site, par exemple. Pour cela, créez d'abord un nouveau modèle nommé *footer-second.php*. Localisez ensuite le code suivant dans votre modèle :

```
<?php get_footer(); ?>
```

et remplacez-le par ce code :

```
<?php get_template_part('footer', 'second'); ?>
```

Ce chapitre vous donne quelques exemples pratiques associés au thème par défaut Twenty Sixteen. Le but est de vous montrer comment créer un site Web entièrement fonctionnel avec une plateforme CMS. Reportez-vous au Chapitre 9 pour en savoir plus sur les modèles.

Styles personnalisés pour les catégories, les mots-clés et les articles mis en avant

Le Chapitre 9 explique comment assembler un thème WordPress élémentaire qui utilise la boucle *while*. Vous pouvez utiliser une balise HTML personnalisée pour afficher des styles sur mesure pour les articles mis en avant, les catégories et les balises de votre blog. Cette balise *div* particulière ressemble à ceci :

```
<div <?php post_class() ?> id="post-<?php the_ID(); ?>">
```

La partie intéressante de cette balise *div* est la fonction *post_class()*. Cette partie dit à WordPress d'insérer une balise HTML particulière dans votre modèle qui permet d'utiliser CSS afin de produire des styles personnalisés pour les articles mis en avant, les catégories et les mots-clés.

Pour suivre facilement cette section, vous devriez lire les chapitres précédents de ce livre, si ce n'est déjà fait : il est préférable de connaître les fonctionnalités de base de WordPress pour pouvoir publier de nouveaux messages sur votre site, y compris les différentes options que vous pouvez définir pour vos articles, telles que les catégories, les balises et les paramètres.

Par exemple, j'ai publié un article en spécifiant les options suivantes :

- Mettre cet article en avant.
- Le ranger dans une catégorie nommée *WordPress*.
- Lui associer l'étiquette *News*.

Grâce à la fonction *post_class()* de mon modèle, WordPress insère une balise HTML qui me permet d'utiliser CSS pour styliser les articles mis en avant ou les articles auxquels sont associés certains mots-clés ou qui sont rangés dans certaines catégories. WordPress insère cette balise HTML dans mon article :

```
<div class="post sticky category-wordpress tag-news">
```

Le Chapitre 10 décrit les sélecteurs CSS et les balises HTML, et la manière de les assembler pour générer des styles pour votre thème WordPress. Je peux maintenant aller dans le fichier de ma feuille de styles pour y définir les styles pour les sélecteurs suivants :

» *.post :* Utilisez ce sélecteur pour définir le style à appliquer par défaut à tous les articles de votre blog. Le code CSS pour ce sélecteur est :

```
.post {background: #ffffff; border: 1px solid silver;
padding: 10px;}
```

Ce style s'applique dorénavant à tous les articles : un fond blanc avec un bord argenté fin et un espace de 10 pixels entre le texte et le bord de l'article.

» *.sticky :* Mettre en avant un article sur votre page d'accueil permet d'attirer l'attention dessus, aussi voudrez-vous utiliser un style CSS différent pour le distinguer du reste de vos articles :

```
.sticky {background: #ffffff; border: 4px solid red;
padding: 10px;}
```

Ce style s'applique dorénavant aux articles mis en avant : un fond blanc avec un bord rouge plus épais et un espace de 10 pixels entre le texte et le bord de l'article.

» *.category-wordpress :* Comme je parle beaucoup de WordPress sur mon blog, mes lecteurs apprécient que je leur fournisse un indice visuel leur permettant de savoir qu'un article traite de ce sujet. Je peux le faire avec CSS en indiquant à WordPress qu'il doit afficher une petite icône WordPress en haut à droite de tous les articles de la catégorie *wordpress* :

```
.category-wordpress {background: url(wordpress-icon.jpg) top right
no-repeat; height: 100px; width: 100px;}
```

Le code insère un graphique – *wordpress-icon.jpg* – de 100 pixels de haut et 100 pixels de large en haut à droite de chaque article que j'ai assigné à la catégorie *wordpress* sur mon blog.

» *tag-news :* Je peux styliser tous les articles marqués avec l'étiquette *News* de la même manière que j'ai stylisé ceux qui relèvent d'une certaine catégorie :

```
.tag-news {background: #f2f2f2; border: 1px solid
black; padding: 10px;}
```

» Ce style s'applique dorénavant aux articles marqués avec l'étiquette *News* : un fond gris clair avec un bord fin noir et un espace de 10 pixels entre le texte et le bord de l'article.

Utiliser la fonction *post-class()* combinée avec CSS pour créer des styles dynamiques pour les articles de votre blog est aussi facile qu'amusant !

Ajouter des fonctionnalités aux thèmes

Le noyau de WordPress offre un certain nombre d'outils utiles qui peuvent être facilement ajoutés à un thème pour donner à ce dernier plus d'options de personnalisation.

Cette section couvre trois des fonctionnalités les plus populaires, à savoir :

- les messages personnalisés ;
- les formats d'articles ;
- les images à la une.

Chacune de ces fonctionnalités fait partie du noyau WordPress. Cependant, elles ne sont pas nécessairement activées par défaut. En activant ces fonctionnalités dans votre thème WordPress, vous ajoutez de nouvelles fonctionnalités à votre site.

Vous activez la prise en charge de ces fonctionnalités dans le thème que vous utilisez, à différents niveaux :

- **Au niveau du noyau WordPress :** Ajout de la prise en charge par votre thème de la fonctionnalité en modifiant le fichier *functions.php* de votre thème.
- **Au niveau des fonctions :** Ajout des fonctions nécessaires à vos modèles pour afficher les fonctionnalités qui ont été précédemment activées.
- **Au niveau des modèles :** Dans certains cas, vous devrez créer des modèles spécifiques pour tirer avantage de ces fonctionnalités supplémentaires.

Les sections suivantes parcourent chacune de ces fonctionnalités, dans cet ordre : tout d'abord vous apprendrez à intégrer la fonction de base dans votre thème ; puis dans un second temps, vous ajouterez de nouvelles fonctions à vos modèles. Enfin, si nécessaire, vous créerez un modèle spécifique à votre thème pour pouvoir profiter de ces fonctionnalités ajoutées.

Les types de messages personnalisés

Par défaut, WordPress est fourni avec deux types de contenus : les articles et les pages.

Les types de messages personnalisés et les taxonomies personnalisées ont étendu les fonctionnalités du système de gestion de contenu (CMS) de WordPress.

Les types de messages personnalisés permettent aux développeurs de créer de nouveaux types de contenus, tels que des genres pour les critiques de films ou des saisons pour les recettes (par exemple, les recettes d'automne, de printemps ou d'hiver), qui sont distincts des catégories et des balises.

Les articles et les pages sont des contenus simples et génériques. Une page se compose d'un contenu intemporel qui a une structure hiérarchique, car une page peut avoir un parent. Un article consiste en un contenu qui est répertorié dans l'ordre linéaire (et non hiérarchique) en fonction de la date de sa publication, et un article peut être organisé en catégories et étiquettes.

Comment faire pour avoir un format hybride ? Que faire si vous voulez que le contenu n'apparaisse pas sous la forme d'un article linéaire et n'ait ni catégories ni étiquette, mais affiche en revanche la date de publication ? Les types de messages personnalisés permettent de personnaliser les types de contenus.

Les possibilités qu'offrent les types de messages personnalisés sont infinies, mais voici quelques idées pour relancer votre imagination :

- galeries photos ;
- podcasts ou vidéos ;
- critiques de livres ;
- coupons et offres spéciales ;
- calendrier des événements.

Créer un type de message personnalisé

Pour créer et utiliser des types de messages personnalisés sur votre site, assurez-vous que votre thème WordPress contient le code et les fonctions appropriés. Dans les étapes suivantes, vous allez créer un type de publication personnalisé que vous appellerez, par exemple, *Generic Content* (contenu générique). Vous trouverez ensuite des informations détaillées sur les différents paramètres que vous pouvez utiliser avec les types de publication personnalisés :

1. **Dans votre Tableau de bord, sélectionnez Apparence, puis Éditeur.**
2. **Cliquez sur le modèle *function.php*.**

   Le modèle s'ouvre dans l'éditeur de texte.

3. **Ajoutez le code ci-dessous au bas du fichier.**

   Faites défiler le fichier jusqu'en bas et incluez le code suivant :

```
// ADD CUSTOM POST TYPE
add_action( 'init', 'create_post_type' );
function create_post_type() {
register_post_type( 'generic-content',
array(
   'labels' => array(
       'name' => __( 'Generic Content' ),
                      'singular_name' => __( 'Generic Content' )),
   'public' => true)
   );
}
```

4. **Cliquez sur le bouton Mettre à jour le fichier pour enregistrer les modifications apportées au fichier *functions.php*.**

   $3La fonction *register_post_type();* peut accepter plusieurs arguments et paramètres, qui sont détaillés dans le Tableau 12.2. Vous pouvez utiliser une variété de combinaisons d'arguments et de paramètres pour créer un type de publication spécifique. Vous trouverez plus d'informations sur les types de messages personnalisés sur la page Codex de WordPress à l'adresse suivante : `https://codex.wordpress.org/Function_Reference/register_post_type`

Après avoir complété ces étapes, un menu Generic Content est ajouté au menu de navigation de gauche du Tableau de bord, comme illustré à la Figure 12.8.

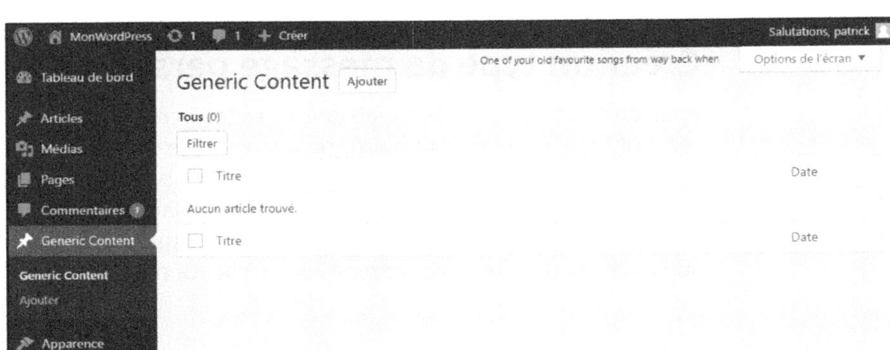

Figure 12.8 : Le menu Generic Content apparaît dans le Tableau de bord.

Tableau 12.2 : Arguments et paramètres de la fonction register_post_type();

Paramètre	Information	Arguments	Exemple
label	Le nom du type de message personnalisé.	aucun	*'label' => __('Generic Content'),*
description	La description du type de message personnalisé qui est affichée sur le Tableau de bord.	aucun	*'description'=> __('Description du type de contenu Générique'),*
public *show_ui* *publicly_queryable* *exclude_from_search*	*Public* définit si le type est public ou privé. *Show_ui* affiche ou non l'écran d'administration. *publicly_ queryable* indique si les requêtes peuvent être exécutées ou non. *exclude_ from_search* permet d'exclure les messages contenant ce type de publication des résultats de recherche.	*True* ou *false*	*'public' =>true,* *'show_ui' =>true,* *'publicly_queryable' =>true,* *'exclude_from_search' =>false,*
*menu_* *position*	Définit la position du menu dans le Tableau de bord ; par défaut, les types de messages personnalisés apparaissent après le menu Commentaires du Tableau de bord.	aucun	*'menu_position'=> 25,*
menu_icon	Définit une icône personnalisée dans le menu du Tableau de bord.	aucun	*'menu_icon' =>get_stylesheet_ directory_uri() . '/images/generic content.* *png',*
hierarchical	Le type de post est hiérarchique (par exemple, *page*).	*True* ou *false*	*'hierarchical'=> true,*
query_var	Contrôle si ce type de message peut être utilisé avec une variable de requête, telle que *query_posts*.	*True* ou *false*	*'query_var' =>true,*

Paramètre	Information	Arguments	Exemple
capability_type	Définit les autorisations pour les utilisateurs d'éditer, de créer ou de lire le type de publication personnalisé.	*Post* Donne les mêmes capacités pour ceux qui peuvent éditer, créer et lire des articles.	*'query_var' =>post,*
supports	Définit quels modules sont disponibles pour ce type de publication dans le Tableau de bord.	'title' 'author' 'thumbnail' *'excerpt'* *'trackbacks'* *'custom-fields'* *'comments'* *'revisions'* *'page-attributes'* *'post-formats'*	*'supports' =>* *array('title',* *'editor',* *'excerpt',* *'customfields',* *'thumbnail'),*
rewrite	Réécrit la structure du permalien pour le type de post.	*True* ou *false*	*'rewrite' =>array('slug'=> 'my□ content', 'with_front'* *=> false),*
taxonomies	Utilise les taxonomies existantes de WordPress (catégories et étiquettes).	Categorie *post_tag*	*'taxonomies'=> array('post_ tag','category'),*

Vous ajoutez et publiez du nouveau contenu à l'aide du nouveau type de message personnalisé comme vous le feriez lors de l'écriture et la publication d'articles ou de pages. Le contenu publié n'est pas ajouté à la liste chronologique des articles du site, mais est traité comme un contenu distinct, tout comme les pages statiques.

Lorsque vous affichez le permalien pour le type de message personnalisé, vous voyez qu'il adopte le nom *Generic Content* utilisé comme une partie de la structure du permalien. Le permalien ressemble à ceci : `http://votredomaine.com/generic-content/nouvel-article`.

La Listing 12.3 vous donne un exemple réel utilisé pour l'un de mes clients, un Théâtre. Ce site utilise des *affiches personnalisées* pour créer un contenu personnalisé pour les spectacles que le théâtre produit chaque saison. Référez-vous aux paramètres du Tableau 12.2 en même temps que vous lisez les lignes du Listing 12.3 pour voir comment les types de messages personnalisés pour ce site ont été créés et appliqués.

Listing 12.3 : Exemple de type de message personnalisé.

```
// ADD CUSTOM POST TYPE: SHOWS
add_action( 'init', 'create_my_post_types' );
function create_my_post_types() {
register_post_type( 'shows',
array(
'labels' => array(
'name' => __( 'Shows' ),
'singular_name' => __( 'Show' ),
'add_new' => __( 'Add New Show' ),
'add_new_item' => __( 'Add New Show' ),
'edit' => __( 'Edit' ),
'edit_item' => __( 'Edit Show' ),
'new_item' => __( 'New Show' ),
'view' => __( 'View Show' ),
'view_item' => __( 'View Show' ),
'search_items' => __( 'Search Shows' ),
'not_found' => __( 'No shows found' ),
'not_found_in_trash' => __( 'No shows found in Trash' ),
'parent' => __( 'Parent Show' ),
),
'public' => true,
'show_ui' => true,
'publicly_queryable' => true,
'exclude_from_search' => false,
'menu_position' => 10,
'menu_icon' => get_stylesheet_directory_uri() . '/img/nrt-shows.
png',
'hierarchical' => true,
'query_var' => true,
'rewrite' => array( 'slug' => 'shows', 'with_front' => false ),
'taxonomies' => array( 'post_tag', 'category'),
'can_export' => true,
'supports' => array(
'post-thumbnails',
'excerpts',
'comments',
'revisions',
```

```
'title',
'editor',
'page-attributes',
'custom-fields')
)
);
}
```

Pour ajouter des menus qui pointent vers des messages personnalisés, cliquez sur Apparence puis sur Menus, et cliquez sur l'onglet *Options d'écran* dans le coin supérieur droit de cette page. Pour notre exemple, vous verrez une case à cocher Generic Content. Cochez cette case pour créer des menus qui font référence à vos messages personnalisés, et non pas uniquement aux pages, articles et liens hypertexte.

Créer un modèle pour un type de message personnalisé

Par défaut, les types de messages personnalisés utilisent le modèle *single.php* de votre thème, sauf si vous créez un modèle spécifique. Vous pourriez trouver le modèle standard *single.php* limité pour vos messages, selon le type de contenu que vous souhaitez inclure et les styles CSS que vous souhaitez appliquer.

Dans la section précédente, nous avons vu comment créer un message personnalisé nommé *Generic Content*. Après création, le menu Generic Content apparaît dans le Tableau de bord (voir Figure 12.8). Sélectionnez Generic Content puis Ajouter, et publiez un nouveau message. Par exemple, ajoutez un contenu accompagné d'un titre. Étant donné que le type de contenu générique n'a pas encore de modèle spécifique, il utilise le modèle *single.php* et les messages qui en résultent ne diffèrent pas de la norme.

Si le message *page non trouvée* s'affiche lorsque vous essayez d'accéder à une nouvelle entrée de type de message personnalisé, réinitialisez vos paramètres de permaliens. Sélectionnez Réglages puis Permaliens du Tableau de bord WordPress, et cliquez sur le bouton Enregistrer les modifications. Cela force WordPress à réinitialiser les permaliens pour votre site et ajoute les nouveaux formats de lien personnalisés.

Pour créer un modèle spécifique au type *Generic Content*, ajoutez un nouveau modèle *single-generic-content.php* (*generic-content* est le premier argument passé à la fonction *register_post_type* de la section précédente).

Dans cet exemple, le fichier de modèle spécifique est donc *single-generic-content.php*. Toutes les modifications apportées à ce modèle ne sont affichées que pour les instances du type de message *Generic Content*.

La structure de base pour *single-generic-content.php* pour le thème Twenty Sixteen est :

```
<?php get_header(); ?>
<div id="primary" class="content-area">
<main id="main" class="site-main" role="main">
<?php // Start the loop.
while ( have_posts() ) : the_post();
   // Include the page content template.
   get_template_part( 'content', 'generic' );
   // End the loop.
endwhile;
?>
</main><!-- .site-main -->
</div><!-- .content-area -->
<?php get_footer(); ?>
```

La création d'un fichier *content-generic.php* permet une personnalisation facile de la boucle *while*.

Les formats d'articles

Les formats d'articles (ou *post formats*) sont une fonctionnalité propre aux thèmes WordPress. Les formats d'articles offrent la possibilité de personnaliser l'affichage d'un article très simplement. Ajouter des formats d'articles personnalisés dans votre thème vous permet de personnaliser l'affichage du contenu différemment. Contrairement aux messages personnalisés, vous ne pouvez pas créer différents formats d'articles, car WordPress les a déjà créés pour vous (Figure 12.9) ; vous décidez quel format d'article utiliser dans votre thème.

Les formats d'articles ne sont disponibles uniquement si le thème WordPress le supporte. Si tel n'est pas le cas, consultez la section « Ajouter la prise en charge d'un format d'article », plus loin dans ce chapitre.

Figure 12.9 : La liste des formats personnalisés.

La liste suivante décrit les formats de publication proposés par WordPress :

- **Par défaut :** Affiche vos messages de blog de la manière par défaut – en tant qu'article de blog ordinaire sans formats spéciaux spécifiques.
- **En passant :** Il s'applique à un court message (mais pas un message complet) pour partager une idée ou une idée aléatoire. En règle générale, un format *En passant* est partagé sans titre ou sans catégories ni étiquettes. C'est tout simplement une pensée partagée sur votre blog.
- **Image :** Utilisé pour afficher une image, par exemple dans un blog photo. L'image peut proposer un texte ou une légende associé à l'article.
- **Vidéo :** Affiche une vidéo, généralement intégrée à un lecteur vidéo (à la YouTube) afin que vos lecteurs puissent simplement cliquer pour lire la vidéo sans quitter votre site.
- **Citation :** Affiche une citation sur votre blog. Souvent, les utilisateurs incluent la citation avec une signature pour sa source.
- **Lien :** Affiche un court message qui fournit un lien que vous trouvez utile et que vous souhaitez partager avec vos lecteurs. Ce format d'article contient souvent un titre et parfois un peu de texte qui décrit le lien que vous partagez.
- **Galerie :** Galerie d'images dans laquelle on peut cliquer sur chaque image pour accéder à une version plus grande. Souvent, ces formats d'articles ne contiennent pas de texte et affichent uniquement une galerie (mais ils peuvent avoir un titre).
- **État :** Fournit une mise à jour de statut courte, généralement limitée à 140 caractères ou moins (pensez à Twitter !).
- **Son :** format d'article pour le partage de fichiers audio ou de podcasts. Habituellement, un post audio contient très peu de texte et inclut des éléments tels qu'un lecteur audio intégré pour que les visiteurs puissent écouter des fichiers audio.

» **Discussion :** Transcription d'une conversation en ligne qui peut être formatée pour ressembler à une fenêtre de *chat* (ou messagerie instantanée).

Pour voir un exemple utile et réel de formats de post en pratique, il faudrait modifier le style CSS de chaque format. Si vous ne le faites pas, votre site aura exactement le même aspect, quel que soit le format d'articles coché (voir « Utiliser un modèle pour les formats d'articles »).

Si vous avez besoin d'un format différent qui n'est pas disponible, pensez à l'ajouter en tant que type de message personnalisé à la place, comme nous avons appris à le faire précédemment.

Ajouter la prise en charge d'un format d'article

Pour ajouter la prise en charge des formats d'articles dans votre thème (en supposant qu'il ne propose pas déjà cette fonctionnalité, ce qui est le cas du thème par défaut de WordPress), vous devez d'abord ajouter un appel de fonction à votre modèle *functions.php*.

Après avoir suivi ces quelques étapes, je vous montre la magie qui se produit sur la page Ajouter un nouvel article de votre Tableau de bord WordPress. Mais suivez d'abord les étapes ci-dessous pour ajouter un support de format d'article à votre thème :

1. **Dans votre Tableau de bord, sélectionnez Apparence, puis Éditeur.**
2. **Cliquez sur le modèle *function.php*.**

   Le modèle s'ouvre dans l'éditeur de texte.

3. **Ajoutez le code ci-dessous dans une nouvelle ligne avant la balise *?>*.**

```
add_theme_support( 'post-formats', array(
'aside',
'chat',
'gallery',
'image',
'link',
'quote',
'status',
'video',
'audio'
) );
```

Cet exemple de code ajoute des formats de publication au thème. Vous pouvez inclure uniquement les formats que vous pensez utiliser dans votre thème et oublier les autres.

4. **Cliquez sur le bouton Mettre à jour le fichier pour enregistrer les modifications apportées au fichier *functions.php*.**

Vous ne remarquez pas de modification immédiate de votre site lorsque vous enregistrez votre nouveau fichier de fonctions avec le support des formats d'articles. Pour voir ce que WordPress a ajouté à votre site, cliquez sur Apparence puis sur Articles et, enfin, sur Ajouter pour créer un nouvel article. La boîte Format apparaît alors à droite de la page et répertorie les différents formats que vous venez d'ajouter à votre thème, comme le montre la Figure 12.10.

Vous voyez également une option Par défaut qui est le format utilisé si vous ne sélectionnez pas de format spécifique pour votre article.

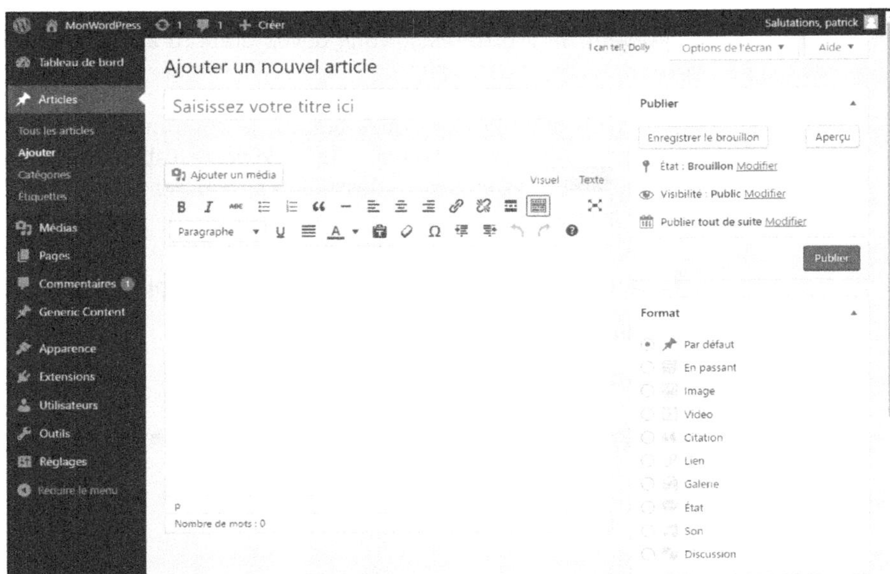

Figure 12.10 : Les différents types de formats du thème par défaut Twenty Sixteen.

Utiliser un modèle pour les formats d'articles

L'ajout du support de format d'articles à votre thème n'est pas suffisant. Vous devez fournir un style unique pour chaque type de format. Si vous ne le faites pas, vos différents formats d'articles se ressembleront au point que vous vous demanderez à quoi ils servent !

Vous pouvez personnaliser l'affichage pour vos formats d'articles de deux façons :

» **Contenu :** Pour chaque format, vous pouvez spécifier le contenu que vous souhaitez afficher. Par exemple, si vous ne souhaitez pas afficher de titre pour le format *En passant*, supprimez la fonction qui l'appelle.

» **Style :** Chacun de vos formats possède sa propre classe CSS. Utilisez ces classes CSS pour fournir des styles uniques pour les polices, les couleurs, l'arrière-plan et les bordures à vos différents formats de publication. J'explique dans l'encadré « *Post class defined* » comment, à travers une balise HTML, utiliser CSS pour créer des styles personnalisés.

POST CLASS DEFINED

Dans le thème par défaut Twenty Sixteen, consultez le modèle *content.php*. À la ligne 11, se trouve cette ligne de code :

<article id="post-<?php the_ID(); ?>" <?php post_class(); ?>>

La fonction *post_class();* indique à WordPress d'insérer une balise HTML spécifique dans votre modèle. Cette balise HTML vous permet d'utiliser CSS pour créer des styles personnalisés pour les articles, les catégories, les étiquettes et les formats d'articles. Consultez « Styles personnalisés pour les catégories, les mots-clés et les articles mis en avant », un peu plus haut dans ce chapitre, pour en savoir plus à ce sujet. Par exemple, vous pouvez attribuer à un article les propriétés suivantes :

» Mettre un article en « avant ».

» Le classer dans une catégorie *WordPress*.

» Lui associer l'étiquette *News*.

WordPress va insérer le code suivant :

<article class="post sticky category-wordpress tag-news">

De même, pour les formats d'articles, si vous publiez un article à l'aide du format *image*, la fonction *post_class()* indique que ce message doit être formaté pour un affichage d'image :

<article class=»post type-post format-image»>

Combinez ces informations avec CSS et HTML (voir Chapitre 10) et vous pourrez fournir des styles personnalisés pour chacun des types, catégories et étiquettes que vous avez configurés sur votre site.

Dans les étapes suivantes, vous allez créer un fichier *index.php* simplifié à utiliser sur votre site et supportant les formats d'articles. Ce modèle n'est qu'un exemple à suivre et à consulter lorsque vous créerez votre modèle personnalisé. Suivez ces étapes :

1. **Ouvrez votre éditeur de texte préféré, tel que le Bloc-notes (PC) ou TextEdit (Mac).**

2. **Saisissez le code du Listing 12.4 pour créer un modèle simple de format d'article.**

   J'ai ajouté à ce listing des numéros de lignes qui sont en fait des commentaires (en PHP, les lignes qui comment par // sont des commentaires). Ils me serviront uniquement à vous expliquer la signification de chaque ligne de code.

3. **Sauvegardez le fichier sous le nom de *index.php* sur votre ordinateur.**
4. **Téléchargez ce fichier dans */wp-content/thèmes/votre_theme* et remplacez le fichier *index.php* existant.**

Listing 12.4 : Un modèle simple de format d'article.

```
<?php get_header(); ?>  //1
   <?php if (have_posts()) : ?>  //2
   <?php while (have_posts()) : the_post(); ?>  //3
   <div id="post-<?php the_ID(); ?>" <?php post_class(); ?>>  //4
   <?php  //5
   if ( has_post_format( 'aside' )) {  //6
   echo the_content();  //7
   }  //8
   elseif ( has_post_format( 'chat' )) {  //9
   echo '<h3>';  //10
   echo the_title();  //11
   echo '</h3>';  //12
   echo the_content();  //13
   }  //14
   elseif ( has_post_format( 'gallery' )) {  //15
   echo '<h3>';  //16
   echo the_title();  //17
   echo '</h3>';  //18
   echo the_content();  //19
   }  //20
   elseif ( has_post_format( 'image' )) {  //21
   echo '<h3>';  //22
   echo the_title();  //23
   echo '</h3>';  //24
   echo the_post_thumbnail('image-format');  //25
   echo the_content();  //26
   }  //27
   elseif ( has_post_format( 'link' )) {  //28
   echo '<h3>';  //29
   echo the_title();  //30
   echo '</h3>';  //31
   echo the_content();  //32
   }  //33
   elseif ( has_post_format( 'quote' )) {  //34
```

```
echo the_content();  //35
}  //36
elseif ( has_post_format( 'status' )) {  //37
echo the_content();  //38
}  //39
elseif ( has_post_format( 'video' )) {  //40
echo '<h3>';  //41
echo the_title();  //42
echo '</h3>';  //43
echo the_content();  //44
}  //45
elseif ( has_post_format( 'audio' )) {  //46
echo '<h3>';  //47
echo the_title();  //48
echo '</h3>';  //49
echo the_content();  //50
}  //51
else {  //52
echo '<h3>';  //53
echo the_title();  //54
echo '</h3>';  //55
echo the_content();  //56
}  //57
?>  //58
</div>  //59
<?php endwhile; else: ?>  //60
<?php endif; ?>  //61
<?php get_sidebar(); ?>  //62
<?php get_footer(); ?>  //63
```

Voici une explication de ces lignes de code :

- » Ligne 1 : Fonction qui inclut tout le code du fichier *header.php* à votre thème.
- » Lignes 2 et 3 : Indiquent le début de la boucle (voir Chapitre 9).
- » Ligne 4 : Fournit des balises HTML et CSS à l'aide de la fonction *post_class ();* pour chacun de vos différents articles.
- » Ligne 5 : Démarre le début d'une fonction PHP.
- » Lignes 6-8 : Fournissent du contenu pour le format de *Aside* (*En passant*).
- » Lignes 9-14 : Fournissent du contenu pour le format *Discussion*.
- » Lignes 15-20 : Fournissent du contenu pour le format *Galerie*.

- Lignes 21-27 : Fournissent du contenu pour le format *Image*.
- Lignes 28-33 : Fournissent du contenu pour le format *Liens*.
- Lignes 34-36 : Fournissent du contenu pour le format *Citation*.
- Lignes 37-39 : Fournissent du contenu pour le format *Etat*.
- Lignes 40-45 : Fournit du contenu pour le format *Vidéo*.
- Lignes 46-51 : Fournissent du contenu pour le format *Son*.
- Lignes 52-57 : Fournissent du contenu pour tous les autres formats.
- Ligne 58 : Termine la fonction PHP.
- Ligne 59 : Ferme la balise *div* HTML qui a été ouverte à l'étape 4.
- Lignes 60 et 61 : Ferment la boucle *while* et le *if*.
- Ligne 62 : Cette fonction appelle le code du fichier *sidebar.php*.
- Ligne 63 : Cette fonction appelle le code du fichier *footer.php*.

Le Listing 12.4 n'est qu'un exemple et n'inclut pas de balises HTML ou de classes CSS sophistiquées. Je l'ai volontairement fait simple de sorte que vous puissiez apprendre à définir vos propres modèles de formats d'articles. Vous pouvez voir dans ce listing que certains formats affichent le titre – fonction *the_title();* – alors que d'autres ne le font pas.

Cependant, ils contiennent tous la fonction qui permet d'afficher le contenu du message : *the_content();*. Comme nous l'avons déjà vu, vous pouvez jouer avec les modèles pour personnaliser vos formats d'articles.

Les images à la une

L'image « à la une », également appelée *Post Thumbnails* ou encore *Featured Image*, est une fonctionnalité de WordPress qui sert à représenter le sujet abordé dans un article. Comme son nom l'indique, quand bien même une publication contient plusieurs photos, c'est la photo à la une qui s'affichée en page d'accueil et qui sera mise en évidence.

Pour faire simple, la fonctionnalité d'image à la une équivaut à commencer la rédaction d'un article par l'ajout d'une image avant tout ajout de texte, pour afficher une image en tête d'article.

De nombreux thèmes proposent un carrousel en page d'accueil. Un carrousel (appelé également *slider*, *diaporama* ou encore *slideshow*) est un élément graphique, généralement des images défilant les unes après les autres. Un carrousel se construit généralement à l'aide de plusieurs articles composés chacun d'une image à la une.

Il est fastidieux d'associer des images à un article et que celles-ci aient toutes une taille correcte. Idéalement, il faudrait, avant d'inclure une image à la une dans un article WordPress, que les utilisateurs l'ouvre dans un programme de retouche d'images (comme Photoshop) pour la recadrer et la redimensionner. Quel travail laborieux !

Que diriez-vous d'un système de gestion de contenu qui redimensionne vos images aux dimensions exactes que vous spécifiez ? Oui, WordPress le fait avec seulement quelques ajustements !

Par défaut, lorsque vous téléchargez une image dans WordPress, il crée trois versions de l'image en fonction des dimensions définies dans la page Réglages, Médias du Tableau de bord (Figure 12.11) :

- Taille des miniatures : 150 x 150 pixels.
- Taille moyenne : 300 x 300 pixels.
- Grande taille : 1024 x 1024 pixels.

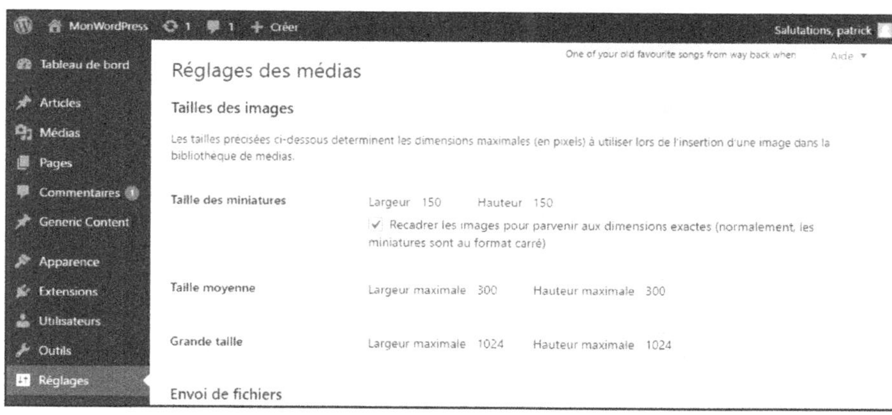

Figure 12.11 : La taille par défaut des images miniatures.

Ainsi, lorsque vous téléchargez une image, vous obtenez quatre tailles de la même image stockée sur votre serveur Web : miniature, moyenne, grande et l'image d'origine (pleine taille) que vous avez téléchargée. Les images sont recadrées et redimensionnées de façon proportionnelle et, lorsque vous les utilisez dans vos messages, vous pouvez généralement définir la taille de votre choix (voir Chapitre 6).

Lorsque vous créez un article, vous pouvez désigner une image comme image à la une. Ceci est utile pour créer des thèmes de magazine qui sont populaires sur les sites WordPress.

Ajouter la prise en charge des images à la une

L'ajout de la prise en charge des images à la une nécessite une seule ligne de code à ajouter aux fonctions de votre thème (*functions.php*) :

```
add_theme_support('post-thumbnails');
```

De nombreux thèmes, y compris les thèmes par défaut de WordPress, ont déjà la fonctionnalité d'image à la une configurée. Si un thème que vous utilisez (ou créez) ne fonctionne pas, vous pouvez l'ajouter avec le code précédemment fourni.

Après avoir ajouté cette ligne (si nécessaire), vous pouvez utiliser l'image à la une pour vos articles avec la fonction appropriée lors de la création d'un article.

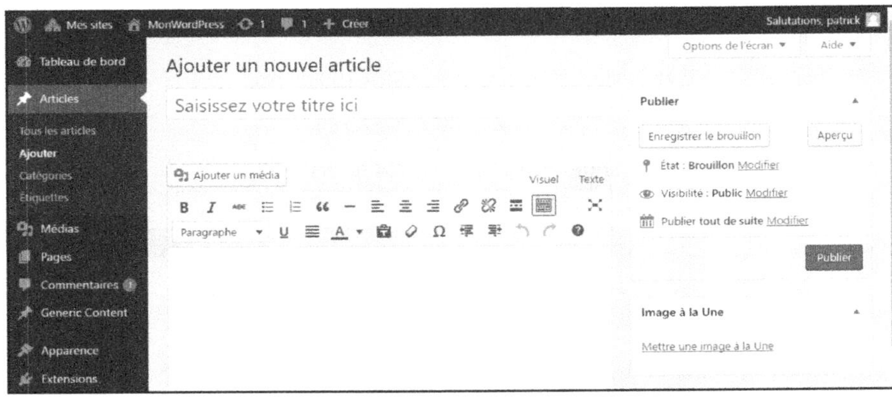

Figure 12.12 : La fonctionnalité d'image à la une est située à droite de l'écran.

Après avoir ajouté une image à la une à vos messages, assurez-vous également d'ajouter la fonction adéquate dans vos modèles afin que l'image à la une s'affiche sur votre site dans la zone que vous souhaitez. Ouvrez votre modèle *index.php*, par exemple, et ajoutez la ligne de code suivante pour inclure la taille par défaut de l'image à la une d'un article :

```
<?php if ( has_post_thumbnail() ) { the_post_thumbnail( 'thumbnail' ); ?>
```

La première partie de cette ligne de code vérifie si une image à la une est associée à l'article. Si tel est le cas, l'image s'affiche. Si une image à la une n'existe pas pour cet article, il ne se passe rien. Vous pouvez également inclure d'autres tailles d'image par défaut (définies dans le Tableau de bord – voir Figure 12.11) en utilisant ces fonctions :

```
<?php if ( has_post_thumbnail() ) { the_post_thumbnail( 'medium' ); ?>
<?php if ( has_post_thumbnail() ) { the_post_thumbnail( 'large' ); ?>
<?php if ( has_post_thumbnail() ) { the_post_thumbnail( 'full' ); ?>
```

Ajouter une taille personnalisée aux images

Si les tailles d'image par défaut prédéfinies dans WordPress ne vous satisfont pas et si vous souhaitez afficher des images avec des dimensions qui varient des valeurs par défaut dans une zone de votre site, WordPress permet d'ajouter des tailles d'images personnalisées dans le fichier de fonctions de votre thème. Vous devez utiliser ensuite la fonction *the_post_thumbnail* pour afficher l'image à la une dans votre thème.

Pour ajouter une nouvelle taille d'image de 600 x 300 pixels, modifiez le fichier *functions.php* de votre thème et ajoutez cette ligne de code :

```
add_image_size( 'custom', 600, 300, true);
```

Cette ligne indique à WordPress qu'il doit créer une version d'image qui sera recadrée et redimensionnée à 600 pixels de large et 300 de haut.

Notez les quatre paramètres suivants dans la fonction *add_image_size* :

- **Nom :** Donnez à la taille de l'image un nom unique que vous pourrez employer plus tard dans votre fonction. Dans mon exemple, j'ai donné à la nouvelle taille d'image le nom *custom* (« personnalisé », en anglais)
- **Width :** Spécifiez la largeur de l'image en pixels. Dans cet exemple, j'ai défini la largeur à 600 pixels.
- **Height :** Spécifiez la hauteur de l'image en pixels. Dans cet exemple, j'ai défini la largeur à 300 pixels.
- **Crop :** Ce paramètre facultatif indique à WordPress s'il doit recadrer l'image aux dimensions exactes ou effectuer un redimensionnement proportionnel de l'image (les arguments acceptés sont *true* ou *false*).

Pour ajouter cette taille d'image personnalisée à votre modèle, procédez comme vous l'avez fait pour les tailles standard, sauf pour le nom de l'image défini entre parenthèses que vous devez adapter. Pour ajouter la taille d'image personnalisée *custom*, utilisez cette fonction :

```
<?php if ( has_post_thumbnail() ) { the_post_thumbnail( 'custom' ); ?>
```

Optimiser votre site pour les moteurs de recherche

L'optimisation pour les moteurs de recherche (SEO, pour *Search Engine Optimization*) est la pratique qui consiste à préparer votre site pour qu'il soit facile aux moteurs de recherche de le parcourir et de conserver son contenu dans leur système afin de le faire apparaître à la meilleure place possible dans les résultats de recherche.

Si vous visitez la page du moteur de recherche Google sur `http://google.com` et que vous effectuiez une recherche sur les mots-clés *WordPress blog design*, vous noterez que mon propre site E.Webscapes apparaît dans les cinq premiers résultats qui vous sont retournés (du moins, à l'heure où j'écris ces lignes). Ces résultats peuvent changer du jour au lendemain, si bien qu'au moment où vous lisez ces lignes, quelqu'un d'autre peut parfaitement avoir pris cette position convoitée. La réalité avec le classement dans les résultats des moteurs de recherche, c'est que rien n'est jamais acquis.

L'objectif de l'optimisation pour les moteurs de recherche est de vous assurer que *votre* site est classé à la plus haute position possible étant donné les mots-clés que vous pensez que les gens vont utiliser pour le trouver. Une fois que vous avez atteint une telle position, l'objectif suivant est de la conserver. Reportez-vous au livre *Optimiser son référencement Web Pour les Nuls* de Peter Kent (Éditions First), pour quelques informations importantes qui vous permettront de conserver une bonne position en optimisant votre site.

WordPress est bien préconçu pour créer un environnement favorable aux moteurs de recherche, c'est-à-dire leur permettant d'examiner vos archives, vos catégories, vos pages. Cet environnement est constitué d'une base de code propre, d'un contenu qui est facilement mis à jour *via* l'interface de WordPress et d'une solide structure de navigation.

Pour pousser plus loin l'optimisation pour les moteurs de recherche, vous devez personnaliser cinq éléments de vos articles, pages et modèles :

- **Les permaliens personnalisés :** Utilisez des permaliens personnalisés plutôt que les permaliens par défaut de WordPress pour faire figurer des mots-clés pertinents dans les URL de vos articles et de vos pages.
- **Les titres des articles et des pages :** Donnez des titres explicites aux articles et aux pages de votre site en utilisant des mots-clés.
- **Le texte :** Remplissez les articles et les pages de votre blog de mots-clés pour les moteurs de recherche afin que ces derniers puissent trouver et indexer ces articles et ces pages. Gardez votre site à jour en employant des phrases et du texte explicites qui aident les moteurs de recherche à deviner les mots-clés qu'il convient d'associer à votre site.
- **Les noms des catégories :** Utilisez des noms explicites pour les catégories que vous créez dans WordPress pour faire figurer des mots-clés dans les URL des pages de ces catégories, si jamais vous utilisez des permaliens personnalisés.

» **Les images et les balises ALT :** Ajoutez un attribut *alt* pour décrire les images de votre site. Vous pouvez le faire facilement en remplissant le champ Texte alternatif dans l'outil de téléchargement d'images de WordPress.

Implanter des mots-clés dans votre site

Si vous cherchez à améliorer le classement de votre site, je vous recommande vivement d'utiliser des permaliens personnalisés. Avec ces permaliens, vous insérez automatiquement des mots-clés dans les URL de vos articles et de vos pages, permettant ainsi aux moteurs de recherche d'inclure ces articles et ces pages dans leurs bases de données sur ces sujets. Si votre site est hébergé par un fournisseur d'accès qui a activé le module *mod_rewrite* d'Apache, vous pouvez utiliser ce système de permaliens personnalisés pour votre site WordPress.

Les mots-clés constituent la première étape de votre périple pour améliorer votre classement. Les moteurs de recherche dépendent des mots-clés, et les gens utilisent les mots-clés pour rechercher du contenu.

Le système de permaliens par défaut de WordPress est plutôt disgracieux. Lorsque vous regardez le permalien d'un article, vous notez une URL qui ressemble à ceci :

```
http://votredomaine.com/p?=105
```

Cette URL ne contient pas de mots-clés. Si vous adoptez un système de permaliens personnalisés, l'URL de votre article intègre automatiquement le titre de ce dernier pour fournir des mots-clés, ce que les moteurs de recherche adorent par-dessus tout. Un permalien personnalisé ressemble à ceci :

```
http://votredomaine.com/titre-de-votre-article
```

J'explique comment activer et utiliser les permaliens personnalisés dans le détail au Chapitre 4.

Optimiser les titres de vos articles pour le bonheur des moteurs de recherche

L'optimisation pour les moteurs de recherche ne dépend pas seulement de la manière dont vous configurez votre site. Elle dépend aussi de vous, l'auteur du site, et plus particulièrement de la manière dont vous présentez le contenu.

Pour présenter le contenu d'une manière qui permette aux moteurs de recherche de cataloguer votre site facilement, vous pouvez donner à vos articles et à vos pages des titres qui font sens et qui sont en rapport avec le contenu présenté. Si vous rédigez un article sur un certain sujet, vérifiez que le titre de cet article contient au moins un ou deux mots-clés qui évoquent ce sujet. Cette pratique permet de donner aux moteurs de recherche plus de munitions pour classer votre site dans les recherches qui portent sur le sujet en question.

Un article dont le titre est « Le livre que je lis » ne va permettre à personne de savoir de quel livre il s'agit, si bien que les gens qui cherchent des informations sur ce livre auront des difficultés à trouver votre article.

Si vous intitulez l'article « WordPress pour les nuls : mon avis », vous fournissez des mots-clés dans le titre que WordPress insérera automatiquement dans l'URL (si vous utilisez des permaliens personnalisés), donnant ainsi aux moteurs de recherche trois bonnes occasions de bien vous classer :

- Il y a des mots-clés dans le titre de votre article.
- Il y a des mots-clés dans l'URL de votre article.
- Il y a des mots-clés dans le contenu de votre article.

À mesure que votre site sera de plus en plus présent dans les moteurs de recherche, de plus en plus de personnes trouveront votre site et votre audience en sera d'autant plus accrue.

Écrire du contenu en pensant aux lecteurs

Lorsque vous écrivez des articles et des pages, et que vous souhaitez vous assurer qu'ils apparaîtront sur la première page de résultats des moteurs de recherche, vous devez garder vos lecteurs à l'esprit.

Lorsque les moteurs de recherche visitent votre site pour passer en revue son contenu, ils ne font pas attention à l'apparence de ce dernier. Ce qu'ils cherchent, ce sont des mots – qu'ils vont « aspirer » pour les enregistrer dans leurs bases de données. Vous, l'auteur du site, vous devez vous assurer que vos articles et vos pages utilisent les mots et les phrases sur lesquels vous souhaitez attirer l'attention des moteurs de recherche.

Par exemple, si votre article porte sur une recette à base de tomates vertes frites, vous devez ajouter un mot-clé ou une phrase que vous pensez que les gens vont utiliser lorsqu'ils effectueront une recherche sur le sujet. Si vous pensez que les gens saisiront *recette à base de tomates vertes frites* dans leur moteur de recherche, alors faites-la figurer dans le contenu ou le titre de votre article.

Un titre tel que « Une recette que j'adore » n'est pas aussi efficace que « Une recette à base de tomates vertes frites », n'est-ce pas ? En faisant figurer ce groupe de mots dans le contenu de votre page ou de votre article, vous donnez aux moteurs de recherche une double ration de mots-clés.

Voici un autre exemple : j'ai écrit une fois un article sur une éruption cutanée que j'ai développée sur mon doigt, sous ma bague. J'ai écrit cet article il y a approximativement un an, sans avoir vraiment l'idée d'attirer une foule de lecteurs. Cependant, il semble que beaucoup de femmes de par le monde souffrent du même problème, car un an plus tard, cet article était toujours commenté au moins une fois par semaine. Lorsque les gens font une recherche Google avec les mots-clés *rash under my wedding ring* (éruption cutanée sous mon alliance), mon article apparaît en première position parmi 370 000 résultats possibles.

C'est comme cela que les meilleurs blogs fonctionnent ! J'ai réussi à résoudre mon problème d'éruption sur le doigt car une Australienne a trouvé mon blog avec Google, lu mon article et laissé un commentaire avec une solution qui a fonctionné. Qui a dit que les blogs étaient inutiles ?

Créer des catégories qui attirent les moteurs de recherche

Un conseil de SEO peu connu aux utilisateurs de WordPress : les noms que vous donnez aux catégories que vous créez sur votre blog fournissent des mots-clés qui attirent les moteurs de recherche comme le miel attire les abeilles.

Les moteurs de recherche voient aussi vos catégories comme des mots-clés qui rendent compte du contenu de votre site. De ce fait, il est important d'utiliser des noms de catégories qui sont bien en relation avec ce contenu.

Si vous publiez parfois des articles sur vos recettes préférées, vous pouvez faciliter le travail des moteurs à la recherche de recettes en créant des catégories spécifiques pour ces recettes. Au lieu d'une catégorie *Recettes préférées*, vous pouvez créer de multiples catégories dont les noms correspondent aux recettes dont vous parlez : *Recettes à la casserole*, *Recettes de dessert*, *Recettes de bœuf* ou *Recettes de poulet*, par exemple.

Donner des titres évocateurs à vos catégories n'aide pas seulement les moteurs de recherche, mais également vos lecteurs.

Vous pouvez créer une catégorie nommée *Recettes préférées* et y ajouter des sous-catégories (ou catégories enfants) dont les noms fournissent plus d'informations sur les types de recettes au sujet desquelles vous écrivez.

Les catégories utilisent le système de permaliens personnalisés. Les liens vers vos catégories WordPress constituent donc une source de mots-clés pour aider les moteurs de recherche – et finalement, leurs utilisateurs – à trouver le contenu. Si vous utilisez un permalien personnalisé pour une catégorie, l'URL de cette dernière ressemblera assez à ceci :

```
http://votredomaine.com/category/nom_categorie
```

La partie *nom_categorie* de l'URL permet d'offrir des mots-clés aux moteurs de recherche.

Utiliser l'attribut *alt* pour les images

Lorsque vous utilisez l'outil de téléchargement d'images de WordPress pour inclure une image dans votre article ou dans votre page, vous pouvez saisir une description de l'image dans le champ Texte alternatif. Ce texte est automatiquement converti en ce qu'on appelle l'attribut *alt*.

Le but réel de l'attribut *alt* est de fournir une description de l'image aux personnes qui, pour une raison ou une autre, ne peuvent pas voir l'image. Par exemple, dans un navigateur qui n'affiche que du texte, les visiteurs peuvent ainsi visualiser la description, c'est-à-dire le contenu de l'attribut *alt*, ce qui leur permet de comprendre ce que contient l'image qu'ils auraient pu voir. Cette balise assiste aussi les personnes qui ont des problèmes de vue et qui s'appuient sur une technologie de lecture du texte à l'écran, car le contenu de l'attribut *alt* peut alors être lu. Vous pouvez en apprendre plus sur l'accessibilité de votre site aux personnes handicapées en vous référant à `https://www.w3.org/WAI/intro/people-use-web/Overview.html`.

Enfin, un autre avantage de l'attribut *alt* est que les moteurs de recherche se fondent sur son contenu pour affiner l'indexation de votre site. Ce qui suit est le code qui insère une image. La partie *alt* en gras vient illustrer mon propos :

```
<img src="http://votredomaine.com/image.jpg" alt="Ceci est une balise
alt dans une image" />
```

Les moteurs de recherche collectent donc cet attribut *alt* dont ils considèrent que le contenu a valeur de mots-clés. L'outil de téléchargement de WordPress vous permet d'ajouter facilement cet attribut à vos images sans avoir à vous soucier de les ajouter vous-même dans le code, manuellement.

Si vous souhaitez modifier l'attribut *alt* d'un article déjà écrit, ouvrez ledit article et appuyez sur l'image en question. Cliquez sur l'icône en forme de stylo (Figure 12.13).

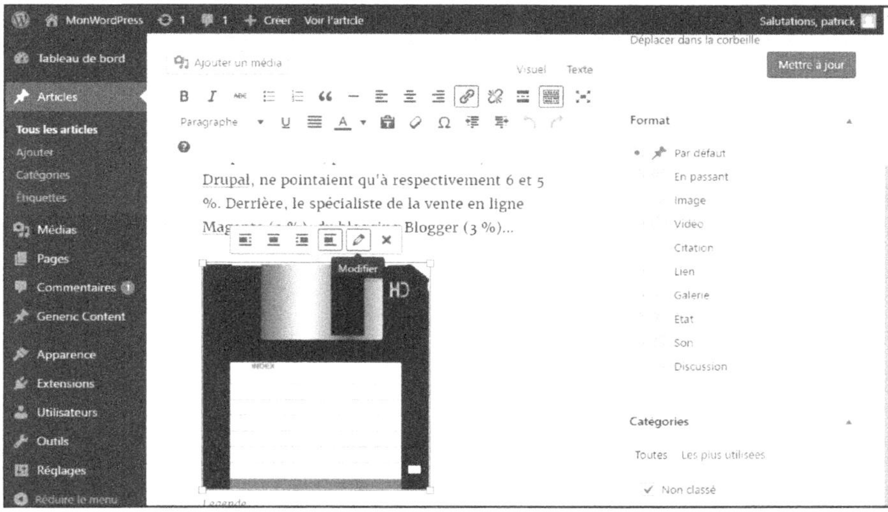

Figure 12.13 : Modifiez l'attribut alt d'une image d'un article.

Remplissez simplement le champ Texte alternatif comme le montre la Figure 12.14.

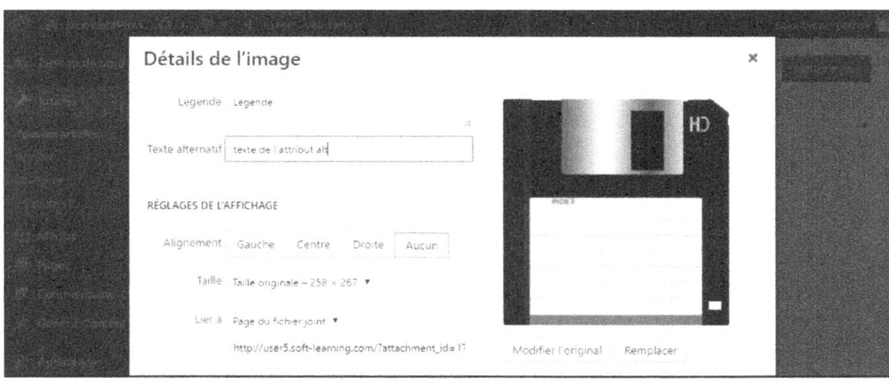

Figure 12.14 : Saisissez le texte dans la zone Texte alternatif.

Chapitre 13

Hébergement de plusieurs sites avec WordPress

DANS CE CHAPITRE :

- » **Héberger plusieurs sites.**
- » **Explorer les considérations d'hébergement Web.**
- » **Activer les fonctionnalités réseau de WordPress.**
- » **Administrer et gérer un réseau.**
- » **Se protéger des spammeurs.**

Ce chapitre vous présente la fonction réseau intégrée au logiciel WordPress, qui vous permet d'ajouter et de maintenir plusieurs sites au sein d'une même instance WordPress. Vous découvrirez comment configurer la fonctionnalité réseau de WordPress, explorer les paramètres et les configurations, comprendre le rôle d'administrateur réseau et déterminer la configuration qui vous convient (voulez-vous des sous-répertoires ou des sous-domaines ?).

Avec les fonctionnalités réseau activées, les utilisateurs de votre réseau peuvent exécuter leurs propres sites au sein de votre installation WordPress. Ils ont également accès à leur propre Tableau de bord avec les mêmes options et fonctionnalités que vous avez pu voir dans les chapitres précédents. Ce serait d'ailleurs probablement une excellente idée d'acheter une copie de ce livre pour chaque membre de votre réseau afin que tout le monde puisse se familiariser avec le Tableau de bord WordPress et ses fonctionnalités !

Les services d'hébergement Web

Ce chapitre suppose que le logiciel WordPress est déjà installé, s'exécute correctement sur votre serveur Web et que ce dernier répond aux exigences minimales requises pour exécuter WordPress (voir Chapitre 2).

Avant d'activer la fonctionnalité réseau WordPress, vous devez déterminer comment vous allez l'utiliser. Vous disposez de plusieurs options :

- Gérer juste les quelques blogs ou sites Web WordPress dont vous disposez.
- Exploiter un réseau complet composé de plusieurs centaines de sites différents et de multiples utilisateurs.

Si vous envisagez d'exécuter seulement quelques sites avec la fonction de réseau WordPress, votre situation d'hébergement actuelle est probablement bien adaptée (voir le Chapitre 3 pour plus d'informations sur les services d'hébergement Web). Cependant, si votre projet est d'héberger un grand réseau avec des centaines de blogs et de multiples utilisateurs, vous devriez envisager de contacter votre hébergeur et d'augmenter votre bande passante, ainsi que de lever les limitations d'espace disque sur votre compte.

Le meilleur exemple d'un grand réseau multisite, avec des millions de sites Web et d'utilisateurs, est le service hébergé de WordPress.com. Sur WordPress.com, les gens sont invités à s'inscrire pour obtenir un compte et à démarrer un site Web en utilisant la fonctionnalité réseau.

Lorsque vous activez cette fonctionnalité sur votre propre domaine et activez la fonctionnalité d'enregistrement de l'utilisateur (décrite plus loin dans ce chapitre), vous invitez les utilisateurs à :

- créer un compte ;
- créer un site sur votre installation WordPress (sur votre domaine) ;
- créer du contenu en publiant du contenu ;
- télécharger des fichiers multimédias tels que des photos, audio et vidéo.

En plus des mesures de sécurité nécessaires, du temps et des tâches administratives qui entrent dans la gestion d'une communauté de sites Web, vous devrez vous préoccuper d'autre chose. En effet, la création d'une communauté augmentera l'utilisation des ressources, la bande passante et l'espace disque sur votre serveur Web. Si vous dépassez les limites attribuées par votre hébergeur, vous risquez de devoir faire face à un coût d'hébergement élevé. Assurez-vous donc d'anticiper vos besoins en bande passante et en espace disque avant d'exécuter un grand réseau sur votre site Web (je vous aurai averti !).

Beaucoup de communautés réseau WordPress commencent par rêver d'être une communauté importante et active – soyez réaliste quant à la façon dont votre communauté opérera afin de faire le bon choix d'hébergement pour vous et votre communauté.

Les petites communautés multisites peuvent être facilement installées sur une solution de serveurs mutualisés, tandis que les communautés plus grandes et plus actives devraient vraiment envisager un serveur dédié pour leur fonctionnement. La différence entre les deux réside dans leur nom :

» **Serveur mutualisé :** Vous avez un compte sur un serveur qui contient plusieurs autres comptes. Pensez à la vie en appartement. Un immeuble a plusieurs appartements et plusieurs personnes y vivent, toutes sous le même toit.

» **Serveur dédié :** Vous disposez d'un compte et de votre propre serveur. Ce serveur est dédié à votre compte et votre compte est dédié au serveur. Pensez au propriétaire d'une maison qui ne partage pas son espace de vie avec quelqu'un d'autre.

La solution de serveur dédié est un investissement plus coûteux pour votre communauté de blogs, alors que la solution de serveur mutualisé est la plus économique. Votre décision doit se fonder sur vos estimations réalistes de la taille et l'activité de votre communauté. Vous pouvez passer d'une solution de serveur mutualisé à une solution de serveur dédié si votre communauté devient plus grande que prévu ; cependant, il est plus facile de commencer avec la bonne solution pour votre communauté dès le début du projet.

Activer les fonctionnalités réseau

WordPress rend très simple l'activation des fonctionnalités réseau, mais il nécessite de modifier un fichier sur votre serveur Web appelé *wp-config.php*. Procédez comme suit pour démarrer le processus :

1. **Téléchargez le fichier *wp-config.php* de WordPress.**

   Utilisez votre client FTP pour télécharger une copie de ce fichier qui se situe à la racine de votre serveur Web vers votre ordinateur. Pour plus d'informations sur FTP, reportez-vous au Chapitre 3.

2. **À l'aide de votre éditeur de texte préféré, ouvrez le fichier *wp-config.php*.**

   Les utilisateurs de PC peuvent utiliser le Bloc-notes pour modifier le fichier ; les utilisateurs de Mac peuvent passer par TextEdit.

3. **Trouvez la ligne *define('DB_COLLATE', '');* et cliquez à la fin de cette ligne.**

   Appuyez sur Entrée pour créer une nouvelle ligne vide.

4. **Tapez *define('WP_ALLOW_MULTISITE', true);*.**

   Enregistrez le fichier sur votre ordinateur sous la forme *wp-config.php*. Votre fichier *wp-config.php* devrait sensiblement ressembler au mien, illustré au Listing 13.1.

5. **Téléchargez le nouveau fichier sur votre serveur Web dans votre répertoire d'installation WordPress.**

6. **Accédez à votre Tableau de bord WordPress avec votre navigateur.**

7. **Cliquez sur le menu Outils, puis sur Configuration.**

   Une page appelée Création du réseau se charge dans la fenêtre de votre navigateur, comme à la Figure 13.1.

Si vous avez des extensions installées et activées sur votre installation WordPress, désactivez-les avant de procéder à la configuration réseau : WordPress ne vous permettra pas de continuer jusqu'à ce que vous désactiviez toutes vos extensions.

Avant de procéder aux étapes finales de l'activation de la fonctionnalité réseau WordPress, vous devez procéder à quelques réglages sur votre serveur Web. Vous devez également prendre une décision sur la façon dont les sites multiples au sein de votre réseau seront gérés. Ces configurations doivent être en place afin que vous puissiez exécuter le réseau WordPress avec succès. Si vous pouvez effectuer vous-même ces configurations et si vous avez accès aux fichiers de configuration Apache, cette section vous concerne. En revanche, si vous ne savez pas comment procéder, si vous n'êtes pas à l'aise avec ces ajustements ou si vous n'avez pas accès à la configuration de serveur Web, demandez à votre hébergeur de l'aide ou embauchez un consultant pour effectuer cette tâche.

Listing 13.1 : La configuration de **wp-config.php** avec la prise en charge des fonctionnalités réseau.

```
<?php
/**
 * La configuration de base de votre installation WordPress.
 *
 * Ce fichier contient les réglages de configuration suivants : réglages MySQL,
 * préfixe de table, clés secrètes, langue utilisée, et ABSPATH.
 * Vous pouvez en savoir plus à leur sujet en allant sur
 * {@link http://codex.wordpress.org/fr:Modifier_wp-config.php Modifier
 * wp-config.php}. C'est votre hébergeur qui doit vous donner vos
 * codes MySQL.
 *
```

```
 * Ce fichier est utilisé par le script de création de wp-config.php pendant
 * le processus d'installation. Vous n'avez pas à utiliser le site web, vous
 * pouvez simplement renommer ce fichier en "wp-config.php" et remplir les
 * valeurs.
 *
 * @package WordPress
 */

// ** Réglages MySQL - Votre hébergeur doit vous fournir ces informations. ** //
/** Nom de la base de données de WordPress. */
define('DB_NAME', 'mywordpress');

/** Utilisateur de la base de données MySQL. */
define('DB_USER', 'mywordpress');

/** Mot de passe de la base de données MySQL. */
define('DB_PASSWORD', 'NK8TEcRUcmbrBdLY');

/** Adresse de l'hébergement MySQL. */
define('DB_HOST', 'localhost');

/** Jeu de caractères à utiliser par la base de données lors de la création des ta-
bles. */
define('DB_CHARSET', 'utf8mb4');

/** Type de collation de la base de données.
  * N'y touchez que si vous savez ce que vous faites.
  */
define('DB_COLLATE', '');
define('WP_ALLOW_MULTISITE',true);

/**#@+
 * Clés uniques d'authentification et salage.
 *
 * Remplacez les valeurs par défaut par des phrases uniques !
 * Vous pouvez générer des phrases aléatoires en utilisant
 * {@link https://api.wordpress.org/secret-key/1.1/salt/ le service de clefs secrètes
de WordPress.org}.
 * Vous pouvez modifier ces phrases à n'importe quel moment, afin d'invalider tous les
cookies existants.
 * Cela forcera également tous les utilisateurs à se reconnecter.
 *
 * @since 2.6.0
 */
```

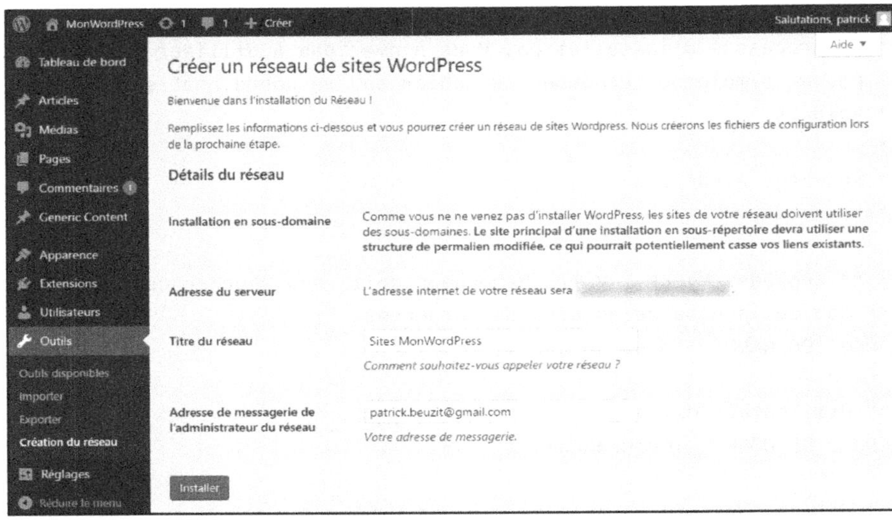

Figure 13.1 : La page Créer un réseau de sites de votre Tableau de bord WordPress.

DNS (*domain name server*)

La fonctionnalité de réseau WordPress vous donne deux façons différentes d'exécuter un réseau de sites sur votre domaine. Vous pouvez utiliser l'option de sous-domaine ou l'option de sous-répertoire. L'option la plus populaire (et la structure recommandée) est la solution des sous-domaines. Avec l'option de sous-domaine, le nom d'utilisateur du blog apparaît en premier, suivi de votre nom de domaine. Avec l'option de sous-répertoire, votre nom de domaine apparaît en premier, suivi du nom d'utilisateur du blog. Lequel choisir ? Le choix vous appartient. Vous pouvez constater que les URL de ces deux options sont différentes en comparant les éléments suivants :

- Un sous-domaine ressemble à ceci : `http://`*`utilisateur`*`.votredomaine.com`
- Un sous-répertoire ressemble à ceci : `http://votredomaine.com/`*`utilisateur`*

Si vous souhaitez utiliser un sous-domaine pour chaque site de votre réseau WordPress, vous devez ajouter un enregistrement *wildcard* à vos enregistrements DNS. Vous devez ajouter un enregistrement de nom d'hôte pointant vers votre serveur Web dans l'outil de configuration DNS disponible dans votre logiciel d'administration de serveur Web. L'enregistrement du nom d'hôte ressemble à ceci : **.votredomaine.com* (où *votredomaine.com* est remplacé par votre nom de domaine réel).

Apache *mod_rewrite*

Apache (`http://httpd.apache.org`) est un serveur Web qui s'exécute sur votre hébergement. Cependant, tout le monde n'a pas accès aux fichiers de configuration d'Apache. Habituellement, la seule personne qui a accès à ces fichiers est l'administrateur du serveur Web (il s'agit habituellement de votre hébergeur). Selon votre propre compte de serveur Web et votre configuration, vous pouvez avoir ou ne pas avoir accès aux fichiers de configuration d'Apache.

Le module Apache qui est nécessaire au réseau WordPress pour créer des permaliens personnalisés (voir le Chapitre 5 pour plus d'informations sur les permaliens) est appelé *mod_rewrite*. Ce module doit être configuré et activé sur votre serveur.

La configuration du module *mod_rewrite* est fonction du système d'exploitation utilisé (RedHat, Ubuntu, *etc.*). Aussi, procédez à des recherches sur Internet pour savoir comment l'activer sur votre propre serveur.

PHP

Cette section vous apprend à modifier la configuration PHP sur votre serveur Web. PHP doit avoir les configurations suivantes en place dans le fichier *php.ini* sur votre serveur Web pour exécuter un WordPress multisite sur votre serveur :

- Configurez PHP pour ne pas afficher de messages d'erreur dans la fenêtre du navigateur du visiteur (ce réglage est généralement déjà désactivé par défaut).
- Vérifiez si votre PHP est compilé avec des contrôles de limite de mémoire. Vous pouvez trouver cela en recherchant le texte *memory_limit* dans le fichier *php.ini*. Habituellement, la limite par défaut est 8 Mo. Augmentez la limite mémoire à au moins 32 Mo, voire 64 Mo, pour éviter les erreurs de mémoire PHP lors de l'exécution d'un WordPress multisite.
- Les variables globales doivent être réglées sur *Off*. Habituellement, il s'agit du paramètre par défaut. Une façon simple de configurer ceci est d'ouvrir le fichier *.htaccess* (trouvé sur votre serveur Web dans le même répertoire que celui où vous avez installé les fichiers WordPress multisite) et d'ajouter les deux lignes suivantes au début du fichier *.htaccess* :

```
php_flag register_globals 0
php_flag display_errors 0
```

Installer le réseau sur votre site

La page Créer un réseau de sites WordPress contient des options remplies automatiquement (voir Figure 13.1). L'adresse du serveur, par exemple, est extraite de votre installation et n'est pas modifiable. Le titre du réseau et l'adresse e-mail de l'administrateur sont également extraits de votre base de données, car votre site WordPress initial est le site principal du réseau.

Suivez ces étapes pour terminer l'installation de la fonctionnalité multisite. Veillez à avoir votre programme d'éditeur de texte préféré à portée de main, car vous allez modifier des fichiers lors de cette procédure :

1. **Cliquez sur le bouton Installer en bas de la page Création d'un réseau du menu Outil de votre Tableau de bord WordPress.**

   Cela ouvre la page Activer le réseau dans le Tableau de bord, comme illustré à la Figure 13.2

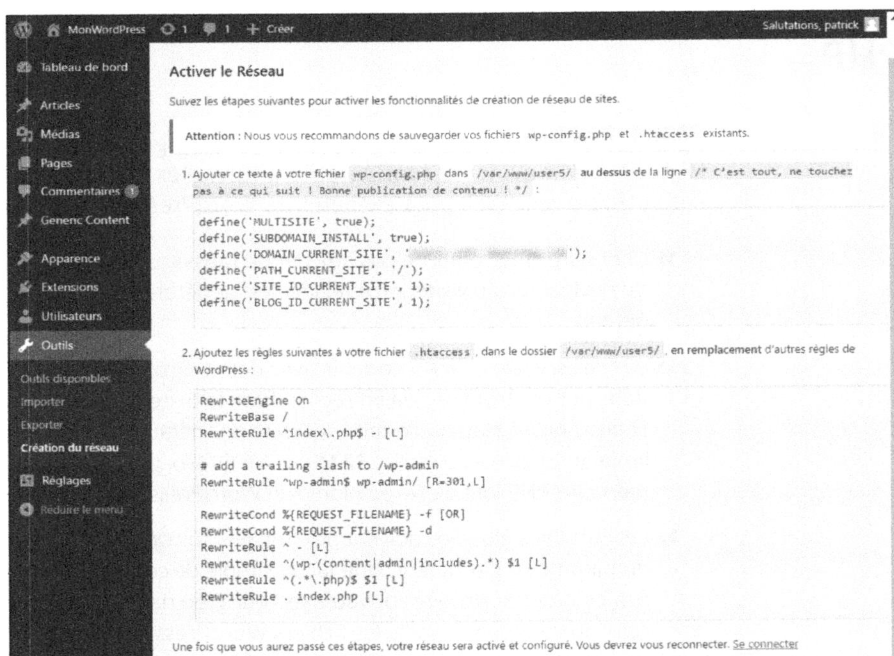

Figure 13.2 : Activation des fonctionnalités réseau.

2. **Apportez les modifications demandées par WordPress. Ouvrez le fichier *wp-config.php*.**

   Ajoutez le texte affiché par WordPress dans votre fichier *wp-config.php* (voir Figure 13.2). Ces lignes ressemblent à ceci :

```
define('MULTISITE', true);
define('SUBDOMAIN_INSTALL', true);
define('DOMAIN_CURRENT_SITE', 'www.votredomaine.com');
define('PATH_CURRENT_SITE', '/');
define('SITE_ID_CURRENT_SITE', 1);
define('BLOG_ID_CURRENT_SITE', 1);
```

Ce code fournit des paramètres de configuration pour WordPress en lui indiquant si des sous-domaines sont utilisés, quelle est l'URL de base et le chemin d'accès actuel de votre site Web. Ce code attribue également un ID unique de 1 à votre site Web et blog pour le site d'installation principal de votre réseau WordPress.

Si vous souhaitez utiliser des sous-domaines, modifiez cette ligne de code ainsi :

```
define ( 'SUBDOMAIN_INSTALL', true);
```

Si vous souhaitez utiliser un sous-répertoire, modifiez cette ligne de code ainsi :

```
define ( 'SUBDOMAIN_INSTALL', false);
```

Assurez-vous que vous avez la configuration Apache *mod_rewrite* activée sur votre serveur avant de le faire.

3. **Remplacez les règles de votre fichier *.htaccess* par les lignes de code proposées par WordPress.**

   Reportez-vous à la Figure 13.2.

4. **Revenez à votre Tableau de bord WordPress et cliquez sur le lien Se connecter en bas de la page**.

   Enregistrez le fichier sur votre ordinateur sous la forme *wp-config.php*. Votre fichier *wp-config.php* devrait sensiblement ressembler au mien, comme illustré à la Figure 13.2.

5. **Téléchargez le nouveau fichier sur votre serveur Web dans votre répertoire d'installation WordPress**.

   Connectez-vous au Tableau de bord comme vous le faites habituellement.

Explorer le menu du Tableau de bord de l'administrateur réseau

Une fois le réseau WordPress entièrement activé et configuré, vous pouvez voir un nouveau lien dans le menu en haut à droite de votre Tableau de bord WordPress, appelé *Mes sites*. Dans cette partie du livre, je vais vous montrer comment devenir administrateur de réseau et vous expliquerai tout ce que vous devez savoir sur l'administration réseau de votre nouveau réseau WordPress.

Si vous placez le pointeur de la souris sur le lien *Mes sites*, le sous-menu Admin du réseau apparaît (Figure 13.3). WordPress a séparé les fonctionnalités du menu Admin du réseau des autres fonctions du menu Tableau de bord (Admin du site) pour que vous puissiez savoir quelle partie de votre site vous gérez.

Par exemple, pour effectuer des actions qui portent sur votre propre site – la publication de messages ou de pages, la création ou la modification de catégories, *etc.* –, vous travaillerez sur le Tableau de bord habituel. Toutefois, si vous gérez l'un des sites du réseau, les extensions, les thèmes ou les utilisateurs enregistrés, vous travaillerez dans la section Admin du réseau du Tableau de bord.

Il est important de garder à l'esprit la différence entre l'administrateur du site et le Tableau de bord d'administration réseau.

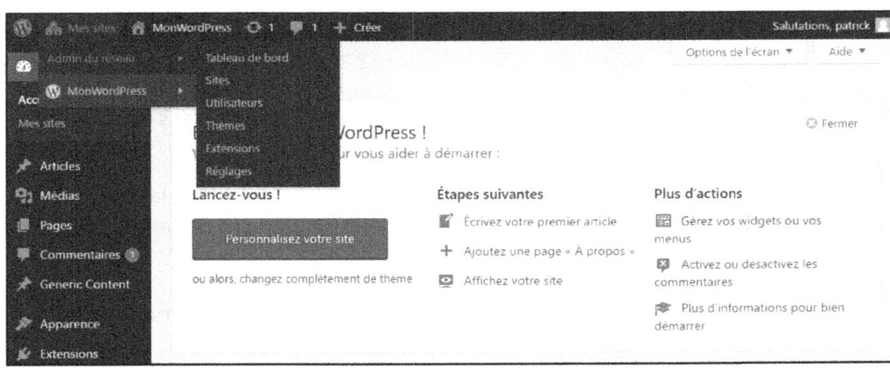

Figure 13.3 : Le sous-menu Admin du réseau.

Le Tableau de bord d'administration réseau, accessible en cliquant sur Admin du réseau puis sur Tableau de bord (Figure 13.4), ressemble au Tableau de bord WordPress habituel, sauf que les modules affichés appartiennent au réseau de sites. Les options vous permettent de créer un nouveau site, de créer un nouvel utilisateur et de rechercher des sites et des utilisateurs existants. Évidemment, vous ne réaliserez pas cette recherche si vous n'avez pas encore d'utilisateurs ou de sites. Toutefois, cette fonction sera extrêmement utile lorsque vous aurez une communauté d'utilisateurs et de sites dans votre réseau.

Le Tableau de bord d'administration réseau est configurable, tout comme le Tableau de bord standard, et vous pouvez déplacer les modules et modifier les paramètres des modules. Reportez-vous au Chapitre 4 pour plus d'informations sur l'organisation des modules du Tableau de bord.

La fonction de recherche des Utilisateurs du menu Utilisateurs vous permet de rechercher des noms d'utilisateurs et des adresses e-mail d'utilisateurs. Si vous recherchez l'utilisateur Lisa, par exemple, vos résultats incluent tout utilisateur dont le nom d'utilisateur ou l'adresse e-mail contient Lisa, afin que vous puissiez recevoir plusieurs retours à un mot ou une phrase de recherche. La fonction de recherche de sites renvoie tous les sites de votre réseau qui correspondent aux termes que vous avez recherchés.

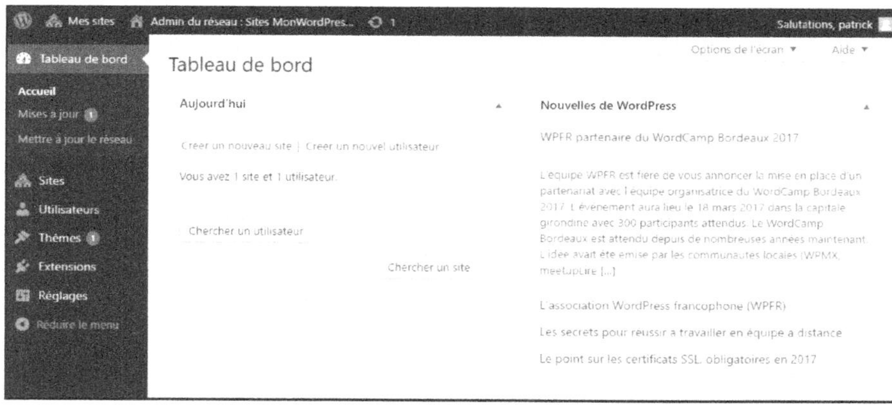

Figure 13.4 : Administration du réseau.

La page Admin du réseau propose deux liens utiles situés en haut à gauche :

- **Créer un nouveau site :** Cliquez sur ce lien pour créer un nouveau site dans votre réseau. Après avoir cliqué sur le lien, la page Ajouter un nouveau site s'affiche, sur laquelle vous pouvez ajouter un nouveau site (nous y reviendrons plus loin dans ce chapitre).
- **Créer un nouvel utilisateur :** Cliquez sur ce lien pour créer un nouveau compte d'utilisateur dans votre communauté. Après avoir cliqué sur le lien, la page Ajouter un utilisateur apparaît, sur laquelle vous pouvez ajouter un nouvel utilisateur à votre communauté (nous y reviendrons plus loin dans ce chapitre).

En outre, la page Admin de réseau affiche un compteur en temps réel du nombre de sites et d'utilisateurs créés dans votre réseau.

Gérer le réseau de sites

Comme indiqué précédemment, le Tableau de bord du réseau a son propre ensemble de menus distincts de ceux du Tableau de bord habituel. Cette section traite chaque élément du menu et vous fournit des explications quant à la façon de travailler avec les différents paramètres.

La liste complète des menus disponibles sur le Tableau de bord de la page Admin de réseau comprend :

- **Site :** Affiche des informations détaillées sur les sites de votre réseau.
- **Utilisateurs :** Affiche des informations détaillées sur les utilisateurs de votre réseau.
- **Thèmes :** Affiche tous les thèmes actuellement disponibles de sorte à les activer ou les désactiver pour votre réseau.
- **Extensions :** Gère (active ou désactive) les extensions à utiliser sur tous les sites de votre réseau. Ce menu peut être masqué à vos utilisateurs, selon votre convenance.
- **Réglages :** Configure les paramètres globaux de votre réseau.

Vous devez définir quelques paramètres importants pour votre réseau. Aussi la section suivante commence-t-elle par le menu Réglages, puis les autres menus seront abordés par ordre d'apparition sur le Tableau de bord.

Réglages

Cliquez sur le lien du menu Réglages du Tableau de bord. Cette page contient plusieurs options à configurer pour votre réseau (voir Figure 13.5).

Réglages de fonctionnement

La section *Réglages de fonctionnement*, illustrée à la Figure 13.5, contient le titre du réseau et le courriel d'administration réseau :

- **Titre du réseau :** C'est le titre de votre réseau global de sites. Ce nom est inclus dans toutes les communications concernant votre réseau, y compris les courriels que les nouveaux utilisateurs reçoivent lorsqu'ils s'inscrivent sur un nouveau site de votre réseau. Tapez le titre de réseau de votre choix dans la zone de texte.

- **Adresse de messagerie de l'administrateur du réseau :** Il s'agit de l'adresse électronique à laquelle toutes les correspondances de votre site Web sont adressées, y compris tous les e-mails d'inscription que les nouveaux utilisateurs reçoivent lorsqu'ils enregistrent un nouveau site et/ou un nouveau compte d'utilisateur dans votre réseau. Saisissez le courriel que vous souhaitez utiliser à ces fins dans la zone de texte.

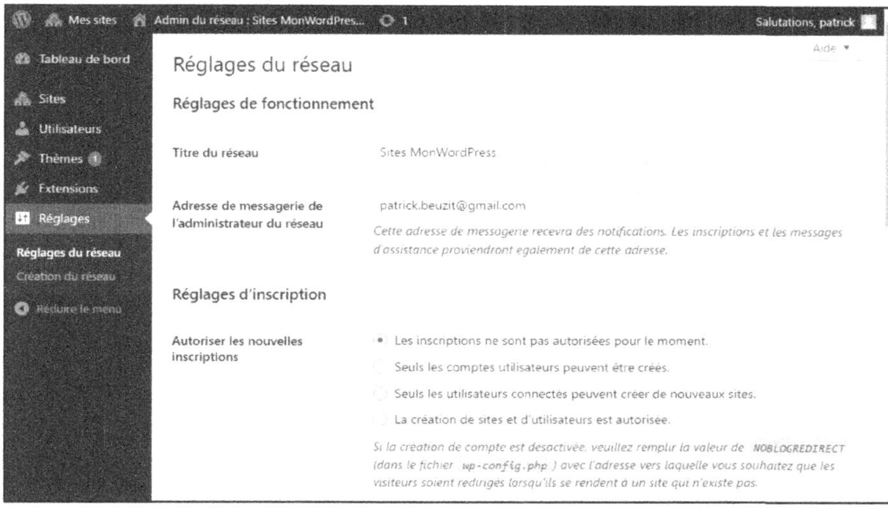

Figure 13.5 : La section Réglages du réseau.

Réglages d'inscription

La section *Réglages d'inscription* (Figure 13.5) vous permet de contrôler les options permettant aux utilisateurs de s'inscrire à votre réseau. L'option la plus importante est de savoir s'il faut autoriser ou non l'enregistrement ouvert.

Décidez de la manière dont vous voulez gérer l'enregistrement sur votre réseau et sélectionnez l'une des options suivantes en sélectionnant le bouton radio associé :

- **Les inscriptions ne sont pas autorisées pour le moment :** Interdit complètement l'enregistrement de l'utilisateur. Lorsque cette option est sélectionnée, les personnes qui visitent votre site ne peuvent pas s'inscrire à un compte d'utilisateur.
- **Seuls les comptes utilisateurs peuvent être créés :** Donne aux utilisateurs la possibilité de créer uniquement un compte utilisateur ; les utilisateurs ne seront pas en mesure de créer un blog au sein de votre réseau.

- **Seuls les utilisateurs connectés peuvent créer de nouveaux sites :** Permet aux utilisateurs existants, c'est-à-dire ceux qui sont déjà connectés, de créer un nouveau blog dans votre réseau. Cela désactive également complètement l'enregistrement de l'utilisateur. C'est une option que vous utiliserez si vous ne voulez pas que quelqu'un s'inscrive. Au lieu de cela, vous, en tant qu'administrateur du site, pouvez ajouter de nouveaux utilisateurs à votre propre discrétion.
- **La création de sites et d'utilisateurs est autorisée :** Permet aux utilisateurs d'enregistrer un compte et un site dans votre réseau pendant le processus d'inscription.

Ces options s'appliquent uniquement aux utilisateurs externes. En tant qu'administrateur du réseau, vous pouvez créer de nouveaux sites et de nouveaux utilisateurs à tout moment, à l'aide des options disponibles sur le Tableau de bord de l'administrateur (voir plus loin dans ce chapitre).

Les options restantes sous *Réglages d'inscription* sont les suivantes :

- **Notification d'inscription :** Une fois cette option cochée, un courrier électronique est envoyé à l'administrateur réseau chaque fois qu'un utilisateur ou un site est créé sur le système, même si c'est l'administrateur réseau qui crée le nouveau site.
- **Ajouter de nouveaux utilisateurs :** Une fois cette option cochée, les propriétaires de votre blog communautaire (c'est-à-dire les administrateurs de sites individuels) peuvent ajouter de nouveaux utilisateurs à leur propre blog communautaire.
- **Noms bannis :** Par défaut, WordPress interdit aux utilisateurs de s'enregistrer sous le nom de *www web root admin main invite administrator files blog*. Pour une bonne raison : vous ne voudrez sans doute pas qu'un utilisateur enregistre un nom d'utilisateur tel que *administrator* pour se faire passer pour l'administrateur réseau. Vous pouvez entrer un nombre illimité de noms d'utilisateurs que vous ne souhaitez pas autoriser sur votre site.
- **Enregistrement réservé aux noms de domaines :** Avec cette option, les seules personnes habilitées à créer un site sont celles disposant d'une adresse de messagerie liée à certains noms de domaines. À utiliser dans une école ou un environnement d'entreprise dans lequel les étudiants ou les employés ont leur propre adresse e-mail et à qui vous fournissez leur propre site.
- **Noms de domaines bannis :** Permet d'interdire la création de sites aux personnes dont l'adresse de messagerie est liée à certains noms de domaines. Par exemple, si vous tapez *gmail.com* dans le champ, toute personne tentant de s'inscrire avec une adresse Gmail sera refusée.

Réglages des nouveaux sites

La section *Réglages des nouveaux sites* est une liste configurable de paramètres par défaut qui s'appliquent lorsqu'un nouveau site est créé. Il s'agit notamment des textes qui apparaissent dans les courriels de bienvenue, sur la première page de l'utilisateur et sur la première page d'un nouveau site, comme le montre la Figure 13.6.

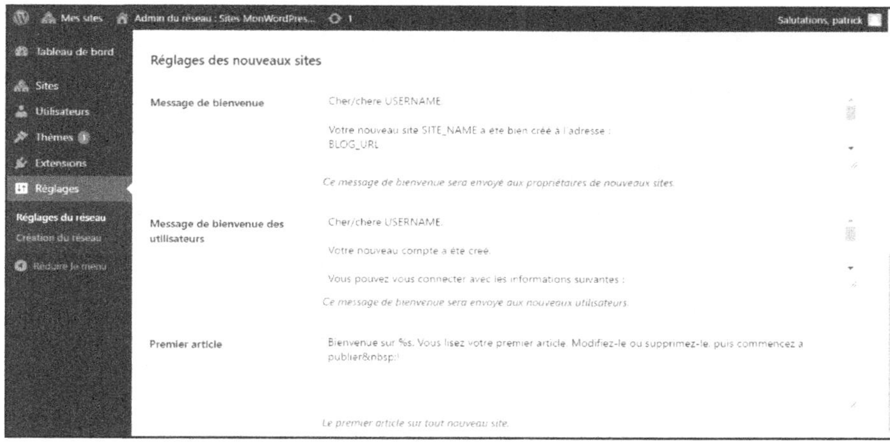

Figure 13.6 : La section Réglages des nouveaux sites.

- **Message de bienvenue :** Il s'agit du texte de l'e-mail que les propriétaires des nouveaux sites reçoivent une fois leur inscription terminée. Vous pouvez laisser le message par défaut si vous le souhaitez. Vous pouvez également personnaliser le texte de l'e-mail.

  Ci-dessous, quelques variables que vous pouvez utiliser dans le corps de l'e-mail et qui ne sont pas entièrement expliquées dans la page Options du site :

  - *SITE_NAME :* Insère le nom de votre site WordPress.
  - *BLOG_URL :* Insère l'URL du site du nouveau membre.
  - *USERNAME :* Insère le nom d'utilisateur du nouveau membre.
  - *MOT DE PASSE :* Insère le mot de passe du nouveau membre.
  - *BLOG_URLwp-login.php :* Insère l'URL de connexion du site du nouveau membre.
  - *SITE_URL :* Insère l'URL de votre site WordPress.

- **Message de bienvenue des utilisateurs :** Ceci est le texte de l'e-mail que les utilisateurs nouvellement enregistrés reçoivent après avoir terminé le processus d'inscription. Les variables utilisées dans le point précédent s'appliquent également à cette configuration de messagerie.

- **Premier article :** C'est le premier article par défaut affiché sur chaque site nouvellement créé dans votre réseau. WordPress vous fournit un texte que vous pouvez laisser tel quel ou personnaliser.
- **Première page :** Similaire au paramètre *Premier article*, il s'agit du texte par défaut affiché sur la page de chaque site nouvellement créé dans votre réseau (si vous laissez cette zone vide, aucune page par défaut ne sera créée).
- **Premier commentaire :** C'est le premier commentaire par défaut affiché sur le premier article. Tapez le texte que vous souhaitez faire apparaître en tant que commentaire.
- **Auteur du premier commentaire :** Tapez ici le nom de l'auteur du premier commentaire sur les nouveaux sites de votre réseau.
- **E-mail du premier commentaire :** Il s'agit de l'adresse e-mail de l'auteur du premier commentaire.
- **Adresse du premier commentaire :** Tapez ici l'adresse Web (URL) de l'auteur du premier commentaire ; le nom de l'auteur pointera vers l'URL indiquée.

Réglages d'envoi des fichiers

La section *Réglages d'envoi des fichiers* (Figure 13.7) définit les valeurs globales relatives au type de fichiers autorisés en téléchargement sur votre réseau (en utilisant la fonctionnalité de téléchargement de fichiers du menu Médias de WordPress). Les types de fichiers que les propriétaires de sites peuvent télécharger comprennent :

- les images ;
- les vidéos ;
- les documents ;
- les musiques.

La première option est *l'Espace de stockage du site*. Cette option correspond à l'espace que vous accordez aux utilisateurs pour stocker les fichiers qu'ils téléchargent sur leur site. Le volume par défaut est de 100 Mo.

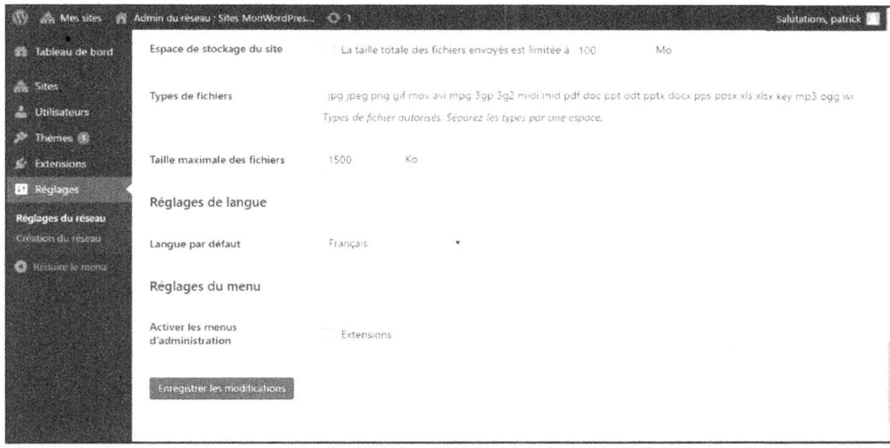

Figure 13.7 : La section relative aux réglages d'envoi des fichiers.

La deuxième option, intitulée *Types de fichiers*, définit les types de fichiers que vous permettez aux propriétaires de sites de télécharger sur leur propre site. Les utilisateurs ne peuvent pas télécharger les types de fichiers qui n'apparaissent pas dans cette zone de texte. Par défaut, WordPress inclut les types de fichiers suivants : *jpg*, *jpeg*, *png*, *gif*, *mov*, *avi*, *mpg*, *3gp*, *3g2*, *midi*, *mid*, *pdf*, *doc*, *ppt*, *odt*, *pptx*, *docx*, *pps*, *ppsx*, *xls*, *xlsx*, *key*, *mp3*, *ogg*, *wma*, *m4a*, *wav*, *mp4*, *m4v*, *webm*, *ogv*, *wmv*, *flv*. Vous pouvez supprimer tous les types de fichiers par défaut et/ou ajouter les vôtres.

La derrière option de cette section définit la taille maximale des fichiers téléchargés. Cette quantité est en kilo-octets (ko), et la taille du fichier par défaut est 1 500 ko. Cela signifie qu'un utilisateur ne peut pas télécharger un fichier qui est plus volumineux que 1 500 ko.

Réglages des langues

Cette section définit la langue par défaut des sites du réseau.

Réglages du menu

Par défaut, le menu d'administration des extensions est désactivé dans le Tableau de bord des sites du réseau (à l'exception de l'administrateur réseau). Cependant, l'administrateur réseau a toujours accès au menu Extensions. Cochez la case correspondante pour activer le menu d'administration des extensions pour vos utilisateurs réseau (voir Figure 13.7). Pour plus d'informations sur l'utilisation des extensions WordPress, reportez-vous au Chapitre 7.

Lorsque vous avez terminé complètement la configuration des paramètres de la page Réglages, n'oubliez pas de cliquer sur le bouton Enregistrer les modifications.

Sites

En cliquant sur le menu Sites du Tableau de bord d'administration réseau, vous accédez à la page Sites, qui vous permet de gérer vos sites individuellement. Bien que chaque site du réseau possède son propre Tableau de bord pour les tâches de base, telles que la publication ou la modification de thèmes, la page Sites permet de créer et de supprimer des sites, et de modifier les propriétés des sites de votre réseau. Modifier des informations à partir de cette page peut être pratique si vous rencontrez des problèmes d'accès au Tableau de bord de l'un des sites.

La page Sites répertorie tous les sites de votre réseau :

- **Adresse web :** L'URL du site. Par exemple, dans la Figure 13.8, vous voyez deux sites : le principal et un site de réseau. Le site de réseau est répertorié avec le chemin d'accès *www.nomdedomaine/cuisine* (configuration en sous-répertoire dans cet exemple).
- **Dernière mise à jour :** Date à laquelle le site a été mis à jour (ou publié pour la dernière fois).
- **Inscription :** La date à laquelle le site a été enregistré dans votre réseau.
- **Utilisateurs :** Le nombre d''utilisateurs associés au site.

Figure 13.8 : La page Sites fait apparaître le site principal et un site en réseau.

Lorsque vous placez le pointeur de la souris sur l'adresse Web d'un site de votre réseau, vous voyez une liste de liens qui vous aident à gérer ledit site :

- **Modifier :** Lien qui permet de modifier les aspects de chaque site (Figure 13.9)
- **Tableau de bord :** Lien vers le Tableau de bord du site.
- **Désactiver** : Cliquez sur ce lien pour marquer le site à désactiver dans votre réseau. Un message apparaît alors dans une nouvelle fenêtre, vous

demandant de confirmer votre intention de désactiver le site. Cliquez sur le bouton Oui pour confirmer. Il est possible de réactiver un site en cliquant sur le lien Activer (le lien Activer apparaît uniquement pour les sites marqués comme désactivés).

- **Archiver** : Cliquez sur ce lien pour archiver le site de votre réseau, ce qui l'empêchera d'être vu par les visiteurs. Lorsque l'on visite le site, un message indique qu'il n'existe plus. Il est possible de désarchiver un site en cliquant sur le lien Désarchiver (le lien Désarchiver apparaît uniquement pour les sites marqués comme archivés).
- **Indésirable** : Un clic sur ce lien marque le site en tant que spam et empêche les utilisateurs d'accéder au Tableau de bord. Lorsque l'on visite le site, un message indique qu'il a été archivé ou suspendu. Il est possible d'indiquer que le site n'est plus indésirable en cliquant sur le lien N'est pas un indésirable (ce lien apparaît uniquement pour les sites marqués comme indésirables).
- **Supprimer :** Cliquez sur ce lien pour supprimer définitivement le site de votre réseau de sites. Une fois supprimé, il n'est plus possible de récupérer le site.
- **Visiter :** Cliquez sur ce lien pour visiter le site en ligne dans votre navigateur Web.

En général, vous utiliserez la page Modifier uniquement lorsque les paramètres ne seront pas disponibles dans le Tableau de bord du site. Cela vous permettra de configurer les options qui apparaissent sous chacun des quatre onglets, comme le montre la Figure 13.9.

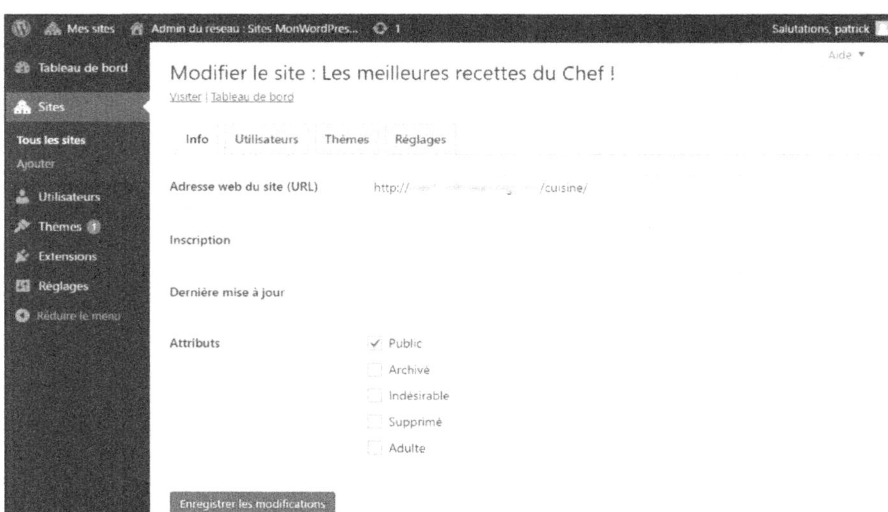

Figure 13.9 : La page d'édition d'un site.

- **Info :** Sous cet onglet, vous pouvez modifier le domaine, le chemin, la date d'enregistrement, la date de mise à jour et les attributs du site (Public, Archivé, Indésirables, Supprimé, Adulte).
- **Utilisateurs :** Sous cet onglet, vous pouvez gérer les utilisateurs qui sont affectés au site.
- **Thèmes :** Sous cet onglet, vous pouvez activer les thèmes du site. Cette fonctionnalité est particulièrement utile si vous avez des thèmes qui ne sont pas compatible en réseau (voir la section « Thèmes », plus loin dans ce chapitre). Les thèmes cochés sont visibles depuis le Tableau de bord du site.
- **Réglages :** Les paramètres sous cet onglet couvrent tous les paramètres de base de données pour le site que vous éditez. Vous ne devriez pas avoir besoin de modifier ces options depuis cet onglet car, en tant qu'administrateur du réseau, vous avez la possibilité d'accéder à chacun des Tableaux de bords des sites, à partir desquels vous pouvez procéder aux différents réglages.

Depuis le Tableau de bord, dans le menu Sites, vous disposez d'un lien Ajouter qui permet, comme son nom l'indique, d'ajouter un nouveau site. Remplissez les champs Adresse du site, Titre du site et l'e-mail de l'administrateur, puis cliquez sur le bouton Ajouter un site. Si l'e-mail de l'administrateur que vous avez saisi est associé à un utilisateur existant, le nouveau site est affecté à cet utilisateur dans votre réseau. Si l'utilisateur n'existe pas, un nouvel utilisateur est créé et un courrier électronique est envoyé avec une notification. Le site est immédiatement accessible. L'utilisateur reçoit un courriel contenant un lien vers son site, un lien de connexion, son nom d'utilisateur et son mot de passe.

Utilisateurs

En cliquant sur le lien du menu Utilisateurs du Tableau de bord d'administration réseau, vous accédez à la page Utilisateurs, où vous pouvez voir une liste complète de membres ou utilisateurs de votre réseau. La page Utilisateurs (Figure 13.10) répertorie les informations suivantes sur chaque utilisateur :

- **Identifiant :** C'est le nom de connexion que l'utilisateur saisit quand il se connecte à son compte dans votre communauté.
- **Nom :** Il s'agit du nom réel de l'utilisateur, tiré de son profil. Si l'utilisateur n'a pas fourni son nom dans son profil, ce champ est vide.
- **Adresse de messagerie :** C'est l'adresse e-mail que l'utilisateur a saisie lors de son inscription sur votre site.
- **Inscription :** Il s'agit de la date à laquelle l'utilisateur s'est inscrit.

» **Sites :** Si vous activez plusieurs sites dans votre réseau WordPress, ce champ répertorie tous les sites auxquels l'utilisateur est membre.

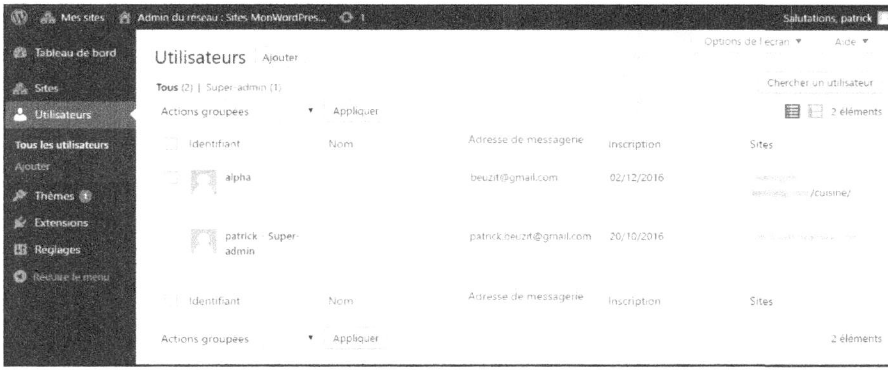

Figure 13.10 : La page Utilisateurs.

De la même manière que la page Sites, vous pouvez ajouter, supprimer et gérer les utilisateurs du réseau, en cliquant sur le lien Modifier ou Supprimer qui apparaît sous leur nom lorsque vous laissez le curseur de la souris sur cette zone.

Pour supprimer un utilisateur, placez simplement le curseur sur son nom et cliquez sur le lien Supprimer. Un nouvel écran apparaît avec une page vous indiquant de transférer le contenu associé à cet utilisateur et vers un autre compte d'utilisateur (le vôtre, probablement). Ensuite, cliquez sur le bouton Confirmer cette action et WordPress supprime l'utilisateur du réseau, de façon permanente. Cette action est irréversible, alors soyez certain de votre décision avant de cliquer sur ce bouton !

Vous pouvez également modifier les informations de profil d'un utilisateur en cliquant sur le lien Modifier qui apparaît sous son nom. En cliquant sur ce lien, vous accédez à la page Modifier l'utilisateur, illustrée à la Figure 13.11, où figurent plusieurs options, qui se trouvent être (la plupart du temps) les mêmes que celles que vous avez configurées pour votre propre profil au Chapitre 4.

La seule différence avec la page de votre profil est un paramètre nommé Donner les privilèges de super-admin à cet utilisateur pour le réseau. Cette option est désélectionnée par défaut ; toutefois, si vous cochez cette case, vous accordez à cet utilisateur les privilèges d'administrateur réseau pour votre réseau. Fondamentalement, cela signifie que l'utilisateur a exactement les mêmes accès et permissions que vous !

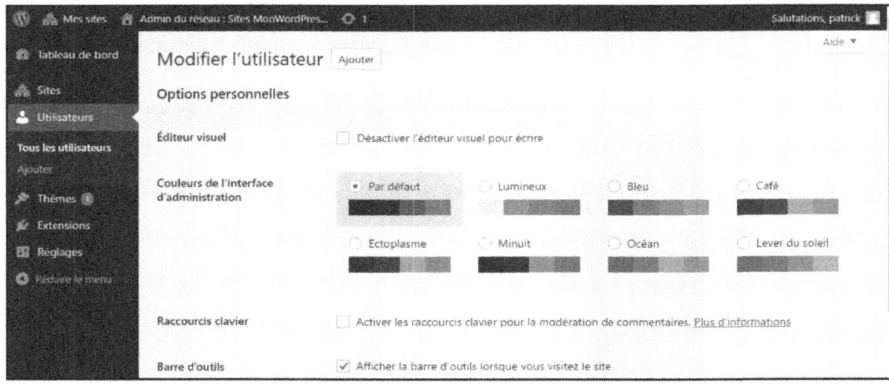

Figure 13.11 : Modifications de profil d'un utilisateur.

Enfin, dans le menu Utilisateurs du Tableau de bord d'administration réseau, vous voyez un lien appelé Ajouter ; cliquez sur ce lien pour ajouter un nouvel utilisateur (Figure 13.12). Remplissez les champs Identifiant et Adresse de messagerie de l'utilisateur que vous souhaitez ajouter. Le nouvel utilisateur reçoit une notification par e-mail l'alertant du nouveau compte, de l'URL du site, de son nom d'utilisateur et de son mot de passe (généré au hasard par WordPress au moment de la création du compte utilisateur).

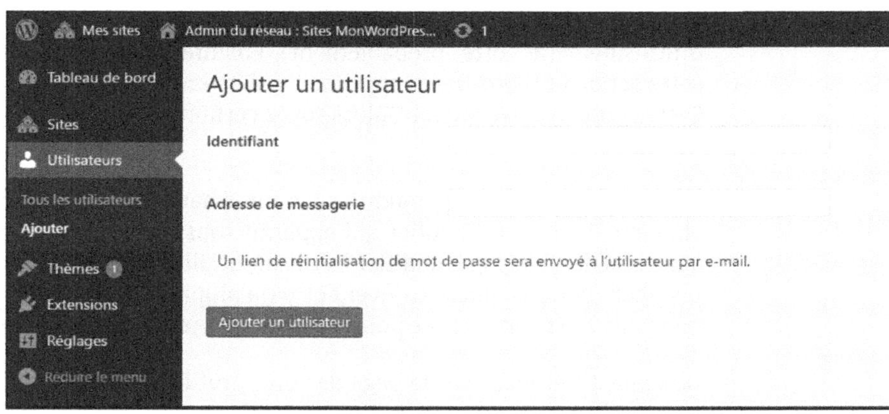

Figure 13.12 : La page Ajouter un nouvel utilisateur du Tableau de bord d'administration réseau.

Thèmes

Lorsqu'un réseau est activé, seuls les utilisateurs disposant d'un accès administrateur réseau ont l'autorisation d'installer de nouveaux thèmes dans le réseau. Après avoir installé un thème, vous devez l'activer dans votre réseau pour que le thème apparaisse dans le menu Apparence de chaque site, où les utilisateurs de votre réseau peuvent l'activer sur leur site s'ils le désirent.

Extensions

A priori, toutes les extensions WordPress fonctionneront sur votre réseau, à l'exception de certaines qui ne sont pas compatibles avec la fonctionnalité réseau. Consultez le Chapitre 7 pour obtenir plus d'informations sur la manière de trouver, d'installer et d'activer les extensions WordPress.

Lorsque vous accédez à la page Extensions de votre Tableau de bord d'administration réseau, vous remarquez que cette page correspond à la description du Chapitre 7, mais en y regardant de plus près, vous pouvez noter une subtile différence. Regardez la Figure 13.13, sous le nom des extensions. Voyez-vous le lien Activer sur le réseau ?

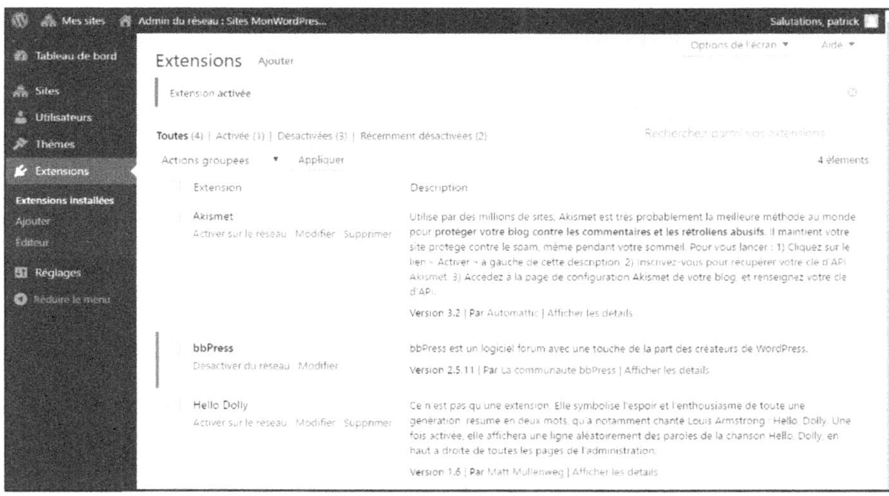

Figure 13.13 : La page Extensions du Tableau de bord d'administration réseau.

En tant qu'administrateur réseau, vous avez la possibilité d'activer certaines extensions pour qu'elles soient activées globalement, c'est-à-dire sur l'ensemble du réseau. Cela signifie que tous les sites de votre réseau disposeront de l'extension. Donc, si vous cochez l'option Activer sur le réseau, l'extension en question sera disponible pour tous les sites et, de fait, n'apparaîtra pas dans la page Extensions de chacun des sites, compte tenu qu'elle est installée par l'administrateur sans possibilité pour chaque site d'activer ou d'activer cette extension.

Dans l'exemple de la Figure 13.13, l'extension BBPress a été activée pour l'ensemble du réseau.

Toutefois, si vous vous connectez en tant qu'utilisateur de l'un des sites, vous ne verrez pas l'extension BBPress dans le menu Extensions. C'est normal, car l'extension est installée pour tout le monde et elle ne peut pas, de fait, être désactivée (Figure 13.14).

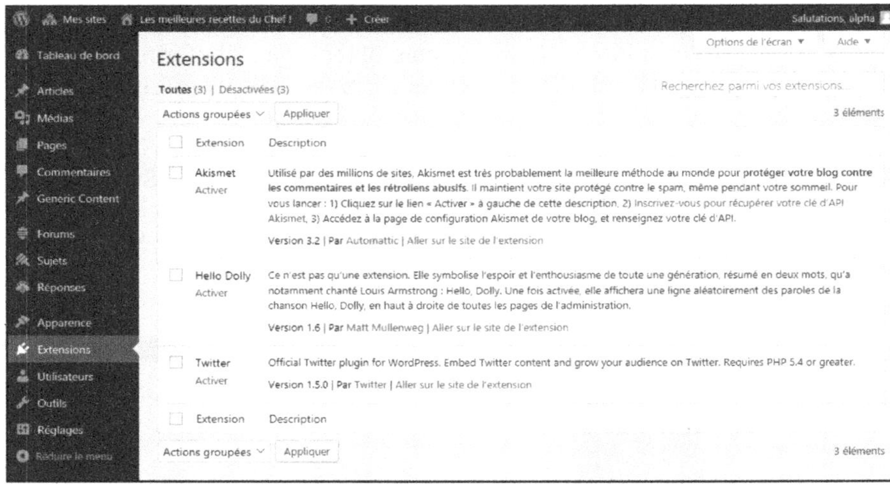

Figure 13.14 : Le Tableau de bord d'un des sites du réseau.

Si vous souhaitez proposer une extension à vos sites, mais laisser le libre choix aux utilisateurs de l'activer ou non, ne cochez pas l'option Activer sur le réseau. À titre d'exemple, l'extension Akismet n'a pas cette option cochée. Ainsi, si vous vous connectez sur le Tableau de bord de l'un des sites, vous verrez cette fois l'extension apparaître dans la page Extensions du Tableau de bord. Vous laisserez ainsi vos utilisateurs décider s'ils veulent activer ou non l'extension en question (voir Figure 13.14).

Si vous ne voyez pas le menu Extensions sur chacun des sites de votre réseau, dirigez-vous vers le Tableau de bord d'administration réseau, cliquez sur le menu Réglages puis sur Réglages du réseau, et vérifiez que l'option Activer les menus d'administration est cochée (Figure 13.15).

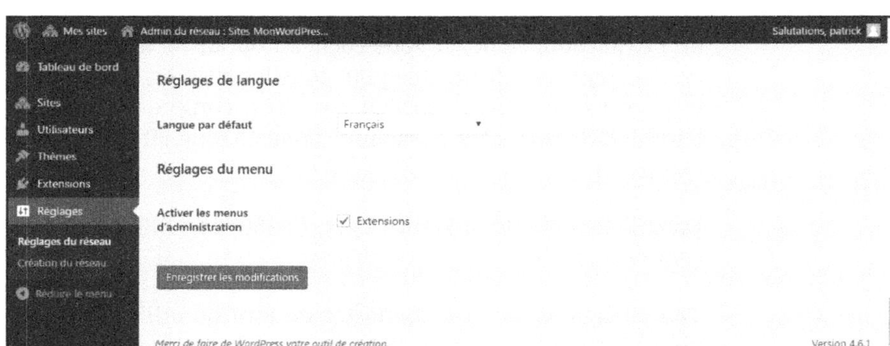

Figure 13.15 : L'administrateur peut masquer la page Extensions aux sites du réseau.

Mettre à jour le réseau

En cliquant sur le lien Mettre à jour le réseau du Tableau de bord d'administration réseau, vous pourrez mettre à jour votre logiciel WordPress pour l'ensemble des sites du réseau, afin qu'ils utilisent tous les mêmes fonctionnalités et la même version du logiciel.

Si le processus de mise à jour des sites réseau s'arrête, l'URL du dernier site mis à niveau apparaît sur la page Mettre à jour le réseau. L'administrateur réseau peut accéder au Tableau de bord du site où il peut reprendre la mise à jour, ce qui règle généralement le problème. Un utilisateur accédant à son Tableau de bord de site après une mise à niveau déclenche également le processus d'achèvement de la mise à jour.

Stopper les spams et les splogs

Si vous choisissez les inscriptions ouvertes qui autorisent tout membre du public à s'inscrire et à créer un nouveau site dans votre réseau, à un moment donné, les robots automatisés exécutés par des utilisateurs malveillants visiteront votre page d'inscription au réseau et tenteront de créer un ou plusieurs sites. Ils le font par des moyens automatisés, dans l'espoir de créer des liens vers leurs sites ou de remplir leur site dans votre réseau avec des spams. Ce type de blog ou site spam est un *splog* (parfois francisé en *splogue*).

Vous pouvez procéder à quelques réglages pour les ralentir considérablement ou empêcher ce genre de comportement.

Limiter les spams

Dans la section « Réglages d'inscription », précédemment dans ce chapitre, nous avons passé en revue quelques options telles que les zones dans lesquelles vous pouvez spécifier des adresses e-mail à autoriser ou à bloquer. La case à cocher Ajouter de nouveaux utilisateurs (Figure 13.16) arrête de nombreux spammeurs lorsqu'elle est désélectionnée (option par défaut). Lorsque les spammeurs accèdent au système pour mettre en place un site de spam, ils utilisent souvent cette fonction pour programmer de nombreux autres sites à l'aide de scripts automatisés.

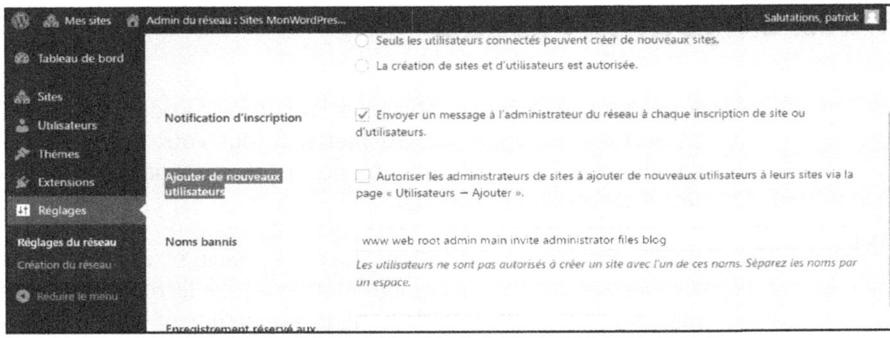

Figure 13.16 : Écran relatif aux réglages du réseau.

Les spammeurs trouvent souvent votre site *via* Google Search, et c'est là qu'ils trouvent le lien vers la page d'inscription. Vous pouvez empêcher Google et les autres moteurs de recherche d'analyser votre page d'inscription en ajoutant *rel = nofollow, noindex* dans le lien de page d'inscription. Pour ce faire, chaque fois que vous ajoutez un lien à votre page d'inscription, invitant les nouveaux utilisateurs à s'inscrire, utilisez le code HTML ci-dessous :

```
<a href="http://votredomaine.com/wp-signup.php" rel="nofollow,noin-
dex">Créez votre propre site WordPress</a>
```

Vous pouvez ajouter ce code à n'importe quelle page ou zone de widget pour demander aux visiteurs légitimes de créer un site de votre réseau.

Les extensions qui aident à prévenir les spams

Des extensions peuvent également vous aider à empêcher les spams de blogs. L'extension *Moderate New Blogs* interrompt le processus d'inscription de l'utilisateur et vous envoie (à l'administrateur réseau) une notification par courrier électronique indiquant qu'un utilisateur s'est inscrit à un site. Vous pouvez ensuite déterminer si le site est légitime. Téléchargez le plug-in sur `https://fr.wordpress.org/plugins/moderate-new-blogs/`.

Le plug-in *WangGuard* a été écrit principalement pour arrêter les sploggers et empêcher les signatures de spam sur un site WordPress – avec ou sans la fonctionnalité réseau activée. Vous pouvez obtenir cette extension à `https://fr.wordpress.org/plugins/wangguard/`. Cette extension est gratuite pour une utilisation personnelle.

Chapitre 14

Mise à jour, sauvegarde et migration

DANS CE CHAPITRE :

- **Rechercher des notifications de mise à jour.**
- **Sauvegarder votre base de données avant la mise à jour.**
- **Mettre à jour automatiquement et manuellement WordPress.**
- **Migrer d'une plateforme différente vers WordPress.**
- **Effectuer un transfert de votre site Web vers un autre hébergeur.**

À un moment donné, vous devrez peut-être déplacer votre site, soit vers un nouveau serveur, soit vers un hébergement différent. Vous devrez également déplacer un blog d'une plateforme complètement différente vers WordPress. Vous constaterez que la mise à jour du logiciel WordPress est importante, tout comme les sauvegardes de votre site, afin de ne pas perdre des mois précieux ou des années de contenu et de travail.

Dans ce chapitre, vous découvrirez le système de notifications de mise à jour de WordPress et ce qu'il faut faire lorsque WordPress vous informe qu'une nouvelle version du logiciel est disponible. Ce chapitre explique comment mettre à jour la plateforme WordPress afin d'assurer le meilleur résultat possible, c'est-à-dire comment ne pas casser votre site Web après une mise à jour.

Ce chapitre traite également de la façon de déplacer un blog d'une autre plateforme de blogging (comme Movable Type ou TypePad) vers WordPress. Enfin, vous verrez comment sauvegarder vos fichiers WordPress, données et contenu, et les déplacer vers un nouveau fournisseur d'hébergement ou un autre domaine.

Notification de mise à jour

Lorsque vous vous connectez au Tableau de bord, vous pouvez voir le numéro de version dans le coin inférieur droit de l'écran. Donc, si quelqu'un vous demande quelle version vous utilisez, vous savez maintenant exactement où trouver cette information.

Vous avez installé WordPress et vous avez publié du contenu durant plusieurs semaines, voire durant plusieurs mois. Un jour, vous vous connectez et voyez un message en haut de votre écran du Tableau de bord que vous n'aviez jamais remarqué auparavant : *WordPress 4.7 est disponible ! Veuillez mettre à jour maintenant* (Figure 14.1).

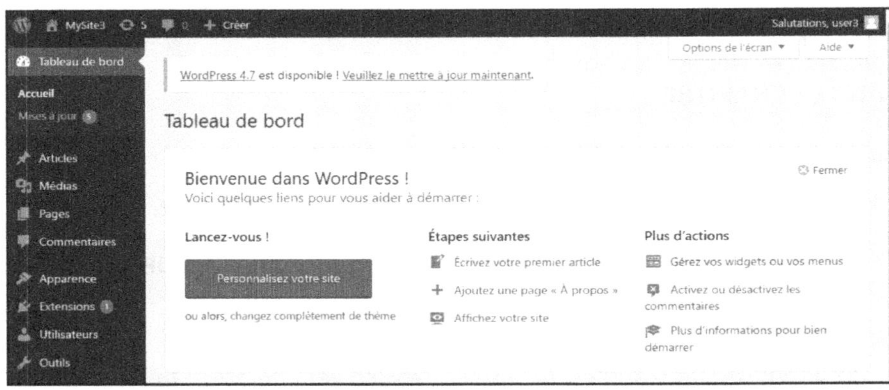

Figure 14.1 : Notification relative à la mise à niveau de WordPress.

Le message en haut de l'écran et la bulle de notification dans le menu Tableau de bord sont des indicateurs visuels de l'obsolescence de votre version de WordPress. C'est le signal que vous pouvez (et devez) mettre à jour le logiciel.

Le message en haut de votre Tableau de bord propose deux liens sur lesquels vous pouvez cliquer pour plus d'informations. Le premier, à la Figure 14.1, est appelé *WordPress 4.7*. En cliquant dessus, vous accédez à la page du Codex WordPress qui contient un certain nombre d'informations sur la mise à niveau de la version, telles que :

- informations relatives à l'installation et à la mise à niveau ;
- résumé du cycle de développement de cette version ;
- liste des fichiers révisés.

Le deuxième lien, *Pensez à faire la mise à jour*, vous amène à la page Mises à jour de WordPress du Tableau de bord WordPress, illustré à la Figure 14.2.

En haut de la page Mises à jour de WordPress figure un autre message : *Important : avant de faire une mise à jour, veillez à faire une sauvegarde de votre base de données et de vos fichiers. Pour obtenir de l'aide sur les mises à jour, lisez la page Mettre à jour WordPress.*

Les deux liens vous conduisent au Codex WordPress qui contient des informations utiles sur la création de sauvegardes et la mise à jour WordPress.

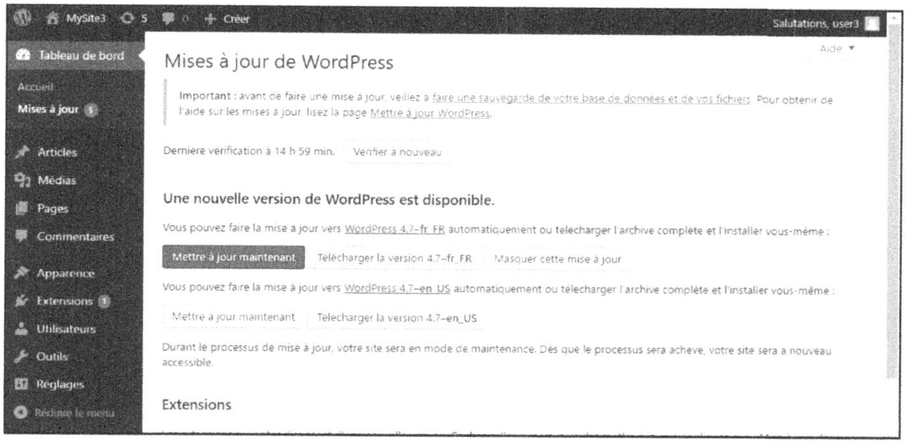

Figure 14.2 : Obtenez la dernière version de WordPress à travers la page Mises à jour de WordPress.

La page Mises à jour vous indique qu'une nouvelle version de WordPress est disponible et que vous disposez de deux façons différentes pour l'appliquer :

- **Automatiquement :** En utilisant le programme de mise à jour intégré à WordPress (c'est la méthode recommandée).
- **Manuellement :** En téléchargeant les fichiers et en les installant sur votre serveur.

Sauvegarder la base de données

Une étape que je vous recommande avant de mettre à jour votre installation de WordPress est de sauvegarder votre base de données. Cette étape n'est pas nécessaire, bien sûr, mais c'est un réflexe à prendre lorsque vous mettez à jour votre site Web. Assurez-vous qu'en cas de mise à jour qui se déroule mal, vous ayez une copie complète de toutes les données de votre site Web qui peut être restaurée en cas de besoin.

La meilleure façon de sauvegarder votre base de données est d'utiliser l'interface d'administration PhpMyAdmin fournie par votre fournisseur d'hébergement Web.

PhpMyAdmin est un outil de gestion et d'administration de bases de données interface fourni par de nombreux hébergeurs. Pour créer une sauvegarde de base de données à l'aide de l'interface phpMyAdmin, procédez comme suit :

1. **Connectez-vous à PhpMyAdmin.**

   En règle générale, vous accédez à `http://votredomaine.com/phpmyadmin` pour afficher l'écran de connexion à PhpMyadmin. Entrez votre nom d'utilisateur et votre mot de passe spécifiques au compte d'hébergement dans les champs de connexion et cliquez sur OK pour vous connecter.

2. **Cliquez sur la base de données que vous souhaitez sauvegarder (Figure 14.**3).

   Si vous avez plusieurs bases de données dans votre compte, le menu de gauche de PhpMyAdmin les affiche toutes. Cliquez sur celle que vous voulez sauvegarder.

3. **Cliquez sur l'onglet Exporter en haut de l'écran.**

   La page actualise et affiche l'écran de l'utilitaire de sauvegarde.

4. **Cochez la méthode d'exportation « rapide » et conservez le format SQL.**

5. **Cliquez sur le bouton Exécuter.**

   Un fichier sera automatiquement téléchargé sur votre ordinateur. Conservez-le précieusement !

Figure 14.3 : Sauvegarde de la base de données depuis l'interface PhpMyAdmin.

Une fois vos données de site Web WordPress sauvegardées en toute sécurité, vous pouvez procéder à la mise à niveau du logiciel WordPress. Si quelque chose se passe mal, vous aurez une copie complète du contenu de votre site Web, qui pourra être restauré si nécessaire.

Mettre à jour WordPress automatiquement

Pour mettre à jour WordPress automatiquement, procédez comme suit :

1. **Sauvegardez votre site WordPress et désactivez toutes les extensions.**

   La sauvegarde de votre site Web comprend la sauvegarde de votre base de données (voir la section précédente) et le téléchargement des fichiers cruciaux *via* FTP (voir Chapitre 3). Ces éléments cruciaux comprennent l'intégralité du dossier */wp-content*, qui contient vos extensions, thèmes et tous les supports (images, vidéos, documents, *etc.*) que vous avez téléchargés sur votre site Web. Téléchargez également une sauvegarde de votre fichier *wp-config.php*, situé à la racine de votre site.

2. **Désactivez toutes les extensions.**

   Cela vous garantit que les éventuels conflits d'extensions causés par la version mise à jour de WordPress ne peuvent pas affecter le processus de mise à niveau. Cela vous garantit aussi que votre site reste accessible après que la mise à jour est terminée. Vous trouverez plus d'informations sur le fonctionnement et la gestion des extensions au Chapitre 7. Pour les besoins de cette étape, vous pouvez désactiver les plug-in en procédant comme suit :

   a. Cliquez sur le lien Extensions du Tableau de bord.

   b. Sélectionnez toutes les extensions en cochant la case située à gauche de la colonne Extensions (Figure 14.4).

   c. Dans le menu déroulant en haut, sélectionnez Désactiver.

   d. Cliquez sur le bouton Appliquer.

3. **Cliquez sur le bouton Mettre à jour de la page Mises à jour de WordPress (voir Figure 14.2).**

   Ceci recharge la page avec l'historique des mises à jour.

4. **Attendez d'être redirigé vers la page d'accueil.**

   La page d'accueil affiche une liste des nouvelles fonctionnalités de la version que vous venez d'installer.

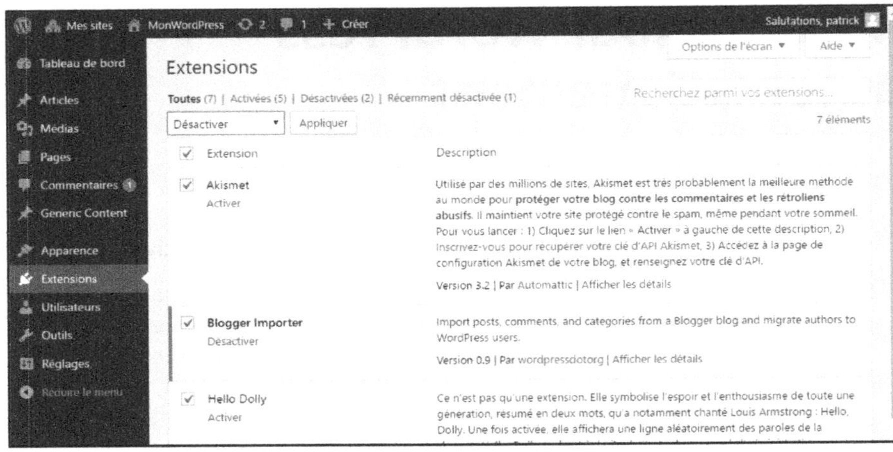

Figure 14.4 : Désactivez toutes les extensions en une seule fois.

Mettre à jour WordPress manuellement

La deuxième méthode – la moins utilisée – de mise à jour de WordPress est la méthode manuelle. C'est la méthode la moins utilisée principalement parce que la méthode automatique, vue dans la section précédente, est simple, rapide et fiable. Dans certaines circonstances rares, vous mettrez à jour WordPress manuellement parce que votre environnement d'hébergement Web ne pourra pas accueillir le processus de mise à niveau automatique, ou peut-être parce que vous voudrez juste connaître le processus de mise à jour manuel !

Pour mettre à jour WordPress automatiquement, procédez comme suit :

1. **Sauvegardez votre site WordPress et désactivez toutes les extensions.**

   Reportez-vous aux étapes 1 et 2 de la section précédente.

2. **Accédez à la page Mises à jour de WordPress et cliquez sur le lien Télécharger la version 4**.x.

   Cela vous permet d'enregistrer le fichier *.zip* du dernier package de téléchargement de WordPress sur votre ordinateur.

3. **Accédez au fichier *.zip*** sur votre ordinateur et dézippez le fichier.

   Utilisez un programme tel que Z-Zip (`www.7-zip.org`) pour décompresser les fichiers contenus dans un fichier *.zip*.

4. **Connectez-vous à votre serveur Web *via* FTP.**

Supprimez tous les fichiers et dossiers de votre répertoire d'installation WordPress existant, à l'exception de ce qui suit :

- le dossier */wp-content* ;
- le fichier *.htaccess* ;
- le fichier *wp-config.php*.

5. **Téléchargez le contenu du dossier */wordpress* – et non le dossier lui-même – sur votre serveur Web**.

   La plupart des logiciels clients FTP vous permettent de sélectionner tous les fichiers et de les glisser vers votre serveur Web. Si on vous propose d'écraser les fichiers cités à l'étape 4, refusez !

6. **Depuis votre navigateur, allez sur la page de votre site :** `http://`*`votredomaine`*`.com/wp-admin`.

   Ne paniquez pas ! Votre base de données doit également être mise à niveau vers la dernière version : au lieu de voir votre site Web, vous voyez un message vous indiquant qu'une mise à jour de la base de données est nécessaire.

7. **Cliquez sur le bouton Mise à jour de la base de données WordPress**.

   Cette action provoque la mise à niveau de la base de données MySQL associée à votre site Web. Votre navigateur charge la page de connexion WordPress. La mise à niveau est maintenant terminée et vous pouvez continuer à utiliser WordPress avec toutes ses fonctionnalités récemment mises à niveau.

Si vous ne vous sentez pas à l'aise avec ces tâches d'administration telles que la mise à jour et la création de sauvegardes de base de données, vous pouvez engager quelqu'un pour effectuer ce travail pour vous : un membre de votre entreprise, un ami ou un consultant WordPress qualifié, par exemple.

Déplacer votre site existant vers WordPress

Vous avez donc un site Web sur un système de gestion de contenu différent et vous souhaitez déplacer votre site vers WordPress. Ce chapitre vous aide à atteindre cet objectif. WordPress vous permet de déplacer votre site Web à partir de plateformes telles que Blogger, TypePad et Movable Type. WordPress offre également la possibilité de transférer un site de n'importe quel système de gestion de contenu *via* les flux RSS, à condition que la plateforme que vous déplacez propose des flux RSS.

Pour certains systèmes de gestion de contenu, la plateforme WordPress fournit une extension rapide et facile à installer qui permet d'importer et d'utiliser le contenu immédiatement. Les fonctionnalités d'import sont proposées sous forme d'extensions, à installer uniquement si vous en avez besoin.

Migration

Les propriétaires de site Web ont de multiples raisons de déplacer leur site ou blog vers un système sous WordPress :

- **Simple curiosité :** L'utilisation de WordPress, et de toute la communauté des utilisateurs de WordPress, génère beaucoup de buzz. Les gens sont naturellement curieux de connaître ce qu'est le CMS WordPress.
- **Plus de contrôle de votre site Web :** Cette raison s'applique particulièrement à ceux qui ont un site sur Blogger, TypePad ou tout autre service hébergé. Ces plateformes d'hébergement limitent ce que vous pouvez faire, qu'il s'agisse d'extensions ou de création de thèmes. Héberger son site sur son propre serveur vous permet d'y gagner à coup sûr. En outre, vous disposez d'un contrôle complet de vos données, vos archives et vos sauvegardes.
- **Facilité d'utilisation :** Beaucoup de gens trouvent l'interface WordPress plus facile à utiliser, plus compréhensible et beaucoup plus conviviale que beaucoup d'autres plateformes de blogs disponibles aujourd'hui.

Dans WordPress, les fonctions d'import sont proposées sous forme d'extensions. Les extensions sont directement intégrées à WordPress, mais elles peuvent également être trouvées et installées dans le répertoire d'extensions `https://wordpress.org/plugins/tags/importer`.

Vous pouvez importer du contenu à partir de plusieurs autres plateformes en installant d'autres extensions non nécessairement disponibles dans le répertoire officiel WordPress. Vous devrez peut-être procéder à des recherches sur Google pour les trouver.

Préparer le grand déménagement

Selon la taille de votre site (c'est-à-dire le nombre de messages et de commentaires que vous avez), le processus de migration peut prendre de 5 à 30 minutes. Comme pour tout changement majeur ou mise à jour que vous effectuez, peu importe où votre site est hébergé : la première chose à faire est de créer une sauvegarde de votre site. Vous devez sauvegarder les éléments suivants :

» **Archives :** Articles, pages, commentaires et rétroliens.

» **Modèles :** Fichiers de modèles et fichiers d'images ; faites cette sauvegarde en transférant le dossier */wp-content/themes* de votre serveur d'hébergement vers votre ordinateur personnel *via* FTP.

» **Extensions :** Fichiers des extensions ; sauvegardez-les en transférant le dossier */wp-content/plugins* de votre serveur d'hébergement vers votre ordinateur personnel *via* FTP.

» **Images :** Toutes les images que vous utilisez dans votre blog ; transférez-les vers votre ordinateur par l'intermédiaire de FTP (les images sont généralement stockées dans */wp-content/uploads*).

Le Tableau 14-1 vous donne des conseils sur les exportations depuis les plateformes de blogs du moment. Notez que vous devez êtes connecté à votre logiciel de blog pour réaliser ces exportations.

Tableau 14.1 : Sauvegarde de vos données de blog sur les plateformes majeures

Plateforme de blog	Sauvegarde
Movable Type	Cliquez sur le bouton Importer/Exporter depuis le menu de votre Tableau de bord, puis cliquez sur le lien Exporter. Lorsque la page est chargée, enregistrez-la sur votre ordinateur en tant que fichier *.txt*.
TypePad	Cliquez sur le nom du blog que vous souhaitez exporter, puis cliquez sur Importer/Exporter dans le menu Vue d'ensemble. Cliquez sur le lien Exporter au bas de la page. Lorsque la page est chargée, enregistrez-la sur votre ordinateur en tant que fichier *.txt*.
Blogger	Cliquez sur le blog à sauvegarder. Dans le menu de gauche, cliquez sur Paramètres, puis sur Autre. Dans la section Importer et sauvegarder, cliquez sur Sauvegarder le contenu puis Enregistrer sur l'ordinateur.
WordPress	Cliquez sur le lien Exporter du menu Outils du Tableau de bord ; la page Exporter s'ouvre. Choisissez vos options sur la page d'exportation, cliquez sur le bouton Télécharger le fichier d'export, puis enregistrez-le sur votre ordinateur.
Flux RSS	Pointez votre navigateur vers l'URL du flux RSS que vous souhaitez importer. Attendez qu'il soit complètement chargé (vous devrez peut-être régler votre flux pour afficher tous les messages). Affichez le code source de la page, copiez et collez ce code source dans un fichier *.txt* et enregistrez le fichier sur votre ordinateur.

Le script d'importation autorise une taille de fichier maximale de 128 Mo. Si vous obtenez une erreur de mémoire insuffisante, essayez de diviser le fichier d'import en plusieurs morceaux et téléchargez-les séparément. Le script d'import est assez intelligent pour ignorer les entrées en double, donc si vous avez besoin d'exécuter le script plusieurs fois pour réaliser l'import dans son ensemble, vous pouvez le faire sans vous soucier des doublons.

Convertir les modèles

Chaque programme de blogs a une façon unique de fournir du contenu et les données de votre blog. Les fonctions varient d'un programme à l'autre et ne peuvent être réutilisées. Chaque fichier de modèle nécessite une conversion *ad hoc*, de l'ancienne vers la nouvelle plateforme. Dans ce cas, deux options sont à votre disposition :

- Convertissez le modèle vous-même. Pour accomplir cette tâche, vous devez connaître les fonctions WordPress et les balises HTML. Si vous avez un modèle que vous utilisez sur une autre plateforme de blogs et que vous vouliez le convertir pour WordPress, vous devrez trouver les fonctions équivalentes sous WordPress. Les informations fournies dans les Chapitres 8 à 11 vous donnent plus d'informations sur les thèmes et les fonctions WordPress de base.
- Recourez à un consultant expérimenté de WordPress pour faire cette conversion.

Assurez-vous de sauvegarder les fichiers, images et feuilles de styles de votre précédent blog. Vous aurez besoin de ces fichiers pour convertir votre site dans WordPress.

Des centaines de modèles gratuits sont disponibles pour WordPress. Il est en effet beaucoup plus facile d'abandonner l'idée de remplacer l'ancien modèle par un nouveau et de chercher et installer un modèle WordPress gratuit à la place.

Déplacer votre site Web vers WordPress

Vous avez sauvegardé tous les éléments de votre ancien site Web ; le nouvel hébergement est prêt et configuré. Le jour du déménagement est arrivé ! Cette section vous explique comment déplacer votre site d'une plateforme extérieure vers WordPress. Cette section suppose que vous ayez déjà le logiciel WordPress installé et configuré sur votre propre domaine.

Recherchez la fonction d'importation dont vous avez besoin en procédant comme suit :

1. **Depuis le Tableau de bord WordPress, cliquez sur le menu Outils puis sur Importer.**

   La page Importer s'ouvre, répertoriant les plate-formes à partir desquelles vous pouvez importer du contenu (comme Blogger et Type mobile). La Figure 14.5 montre la page Importer du Tableau de bord WordPress.

2. **Cliquez sur le lien Installer de la plateforme de blogs avec laquelle vous souhaitez travailler.**

   Cela installera l'extension nécessaire à l'importation. Une fois installée, l'extension en question apparaîtra dans le menu Extensions de WordPress

Les sections suivantes fournissent quelques instructions d'importation pour les principaux systèmes de gestion de contenu les plus populaires (c'est-à-dire autres que WordPress). Chaque plateforme a ses propres méthodes d'exportation de contenu, alors assurez-vous de disposer de la documentation de la plateforme que vous utilisez.

Figure 14.5 : La page Importer du Tableau de bord WordPress.

Importer depuis Blogger

Blogger est l'application de blogs appartenant à Google (elle était auparavant appelée Blogspot).

Pour commencer le processus d'importation, suivez les étapes du début de la section « Déplacer de votre site Web vers WordPress ».

Connectez-vous au panneau d'administration WordPress, cliquez sur le menu Options puis sur Importer, et lancez l'importateur Blogger. Cliquez sur le lien Lancer l'importateur. Sélectionnez le fichier XML issu de la sauvegarde de votre blog Blogger. Cliquez enfin sur le bouton Envoyer le fichier et l'importer.

Importer depuis LiveJournal

WordPress.com et WordPress.org offrent un script d'importation pour les utilisateurs de LiveJournal, et le processus d'importation de LiveJournal vers WordPress est le même pour chaque plateforme.

L'importateur vous permet de vous connecter directement à LiveJournal et de télécharger tous vos articles et commentaires automatiquement. Il suffit de saisir votre identifiant LiveJournal et votre mot de passe afin de vous connecter à votre compte.

Par ailleurs, vous pouvez utiliser la page Export de journal de LiveJournal pour télécharger un mois de journal à la fois sans les commentaires. Les cases à cocher de cette page permettent de choisir les parties des entrées à exporter. Vous devez laisser la case Evénement cochée, car c'est l'option pour le texte principal de vos entrées.

Vos entrées sont enregistrées soit au format CSV soit au format XML. Ces formats sont utiles pour archiver vos entrées, mais pas conçus pour une lecture par un être humain.

Importer depuis Movable Type et TypePad

Movable Type et TypePad ont été créés par la même société, Six Apart.

Ces deux plateformes de blogs fonctionnent essentiellement sur la même base de code, la procédure d'import/export est donc sensiblement la même. Reportez-vous au Tableau 14.1 pour plus de détails sur la façon d'exécuter le processus d'exportation dans Movable Type et TypePad.

Connectez-vous au panneau d'administration WordPress, cliquez sur le menu Options puis sur Importer, et lancez l'importateur Movable Type ou TypePad. Cliquez sur le bouton Parcourir et double-cliquez sur le nom du fichier d'exportation que vous avez enregistré à partir de votre type Movable Type ou TypePad. Cliquez sur le bouton Envoyer le fichier et importer. Laissez le script d'importation opérer, ce qui peut prendre un certain temps.

Lorsque le script d'importation est terminé, vous pouvez attribuer des utilisateurs aux articles, en faisant correspondre les noms d'utilisateurs de type Movable Type ou TypePad avec les noms d'utilisateurs WordPress.

Importer depuis WordPress

Avec le script d'importation WordPress, vous pouvez importer dans WordPress le contenu d'un autre site WordPress, à la fois pour les deux versions hébergées et auto-hébergées de WordPress. WordPress importe tous vos messages, pages, commentaires, champs personnalisés et catégories dans votre site Web. Reportez-vous au Tableau 14.1 pour savoir comment utiliser la fonction d'exportation nécessaire et préalable à une importation.

Lorsque vous avez terminé l'exportation, connectez-vous au panneau d'administration WordPress cible, cliquez sur le menu Options puis sur Importer, et lancez l'importateur WordPress. Choisissez un fichier WXR (*.xml*) à mettre en ligne, puis cliquez sur Envoyer le fichier et l'importer.

Importer depuis un flux RSS

Si tout ce qui a été préalablement présenté échoue, ou si WordPress ne fournit pas le script d'importation dont vous avez besoin pour votre plateforme de blogs actuelle, vous pouvez importer vos données de *via* les flux RSS. Cette méthode permet d'importer uniquement les articles : vous ne pouvez pas importer des commentaires, des rétroliens, des catégories ou des utilisateurs (cette procédure d'importation ne fonctionne qu'avec la plateforme WordPress.org).

Reportez-vous au Tableau 14.1 pour plus d'informations.

Lorsque vous avez terminé l'exportation, connectez-vous au panneau d'administration WordPress, cliquez sur le menu Options puis sur Importer, et lancez l'importateur Flux RSS. Choisissez le fichier RSS à mettre en ligne et cliquez sur Importer.

Le Codex WordPress dispose d'une longue liste de scripts, d'extensions et de solutions de contournement pour importer du contenu en provenance d'autres plateformes. Il suffit d'aller sur `https://codex.wordpress.org/Importing_Content`. Le Codex WordPress est géré par un groupe de bénévoles. Lorsque vous vous référez au Codex, sachez que toutes les informations ne sont pas nécessairement à jour ou exactes, y compris les informations relatives à l'importation.

Déplacer votre site Web vers un autre hébergeur

Vous pouvez décider à un moment donné de changer de fournisseur d'hébergement. Si vous n'êtes-vous pas satisfait de votre hébergeur actuel, par exemple, ou s'il est tout simplement en cessation d'activité.

Transférer un site vers un autre hébergeur est une réalité à laquelle vous devrez peut-être faire face, un jour ou l'autre. Transférer un site Web existant, avec tout son contenu, ses fichiers et ses données, d'un hôte à l'autre, peut sembler une tâche intimidante. Cette section devrait vous faciliter les choses.

Vous pouvez procéder de deux façons :

- » Manuellement, en sauvegardant votre base de données et en téléchargeant les fichiers essentiels.
- » En utilisant une extension pour automatiser la tâche autant que possible. Évidemment, utiliser un outil pour automatiser le processus est le moyen le plus facile, mais au cas où vous auriez besoin de le faire manuellement, la section suivante vous donne toutes les instructions nécessaires.

Créer une sauvegarde et déplacer un site manuellement

La section « Sauvegarder la base de données », précédemment dans ce chapitre, décrit étape par étape la façon de sauvegarder votre base de données à l'aide de PhpMyAdmin. Suivez ces étapes et vous aurez une sauvegarde de votre base de données avec tout le contenu récent que vous avez publié sur votre blog.

Ce « contenu » est en fait le contenu que vous (ou d'autres) ont écrit ou tapé dans votre site *via* le panneau WordPress, tel que :

- » les articles, les pages et les types de messages personnalisés ;
- » les liens, les catégories et les étiquettes ;
- » les options des pages et des articles, telles que des extraits, l'heure et la date, des champs personnalisés, des catégories, des balises et des mots de passe ;
- » la configuration de WordPress réalisée depuis le menu Réglages du Tableau de bord ;

» tous les widgets que vous avez créés et configurés ;

» toutes les options des extensions que vous avez configurées.

D'autres éléments de votre site Web ne sont pas stockés dans la base de données : vous devez les télécharger, *via* FTP, à partir de votre serveur Web :

» **Fichiers multimédias :** Ce sont les fichiers que vous avez téléchargés à l'aide de la fonctionnalité de téléchargement des médias (les images, les vidéos, les fichiers audio et les documents). Les fichiers multimédias se trouvent dans le dossier */wp-content/uploads/* ; connectez-vous à votre serveur Web *via* FTP et téléchargez ce dossier sur votre ordinateur.

» **Extensions :** Bien que tous les paramètres relatifs aux extensions soient stockés dans la base de données, les fichiers des extensions qui contiennent le code de programmation ne le sont pas. Ces fichiers se trouvent dans le dossier */wp-content/plugins/* ; connectez-vous à votre serveur Web *via* FTP et téléchargez ce dossier sur votre ordinateur.

» **Fichiers des thèmes :** Les widgets et les options que vous avez définis pour votre thème actuel sont stockés dans la base de données ; toutefois, les fichiers de modèles de thèmes, les images et les feuilles de styles ne le sont pas. Ils sont stockés dans le dossier */wp-content/themes* ; connectez-vous à votre serveur Web *via* FTP et téléchargez ce dossier sur votre ordinateur.

Maintenant que vous avez votre base de données et les fichiers WordPress stockés en toute sécurité sur votre ordinateur, les déplacer vers un nouvel hôte implique simplement d'inverser le processus :

1. **Créez une nouvelle base de données sur votre nouveau compte d'hébergement**.

   Vous trouverez la procédure de création d'une base de données au Chapitre 3.

2. **Importez votre sauvegarde de base de données dans la nouvelle base de données que vous venez de créer :**

   a. Connectez-vous à PhpMyAdmin de votre compte d'hébergement.

   b. Cliquez sur le nom de votre nouvelle base de données dans le menu de gauche.

   c. Cliquez sur l'onglet Importer situé en haut.

   d. Cliquez sur le bouton Choisissez un fichier et sélectionnez la sauvegarde de base de données à partir de votre ordinateur.

   e. Cliquez sur le bouton Exécuter de sorte à importer les données sauvegardées.

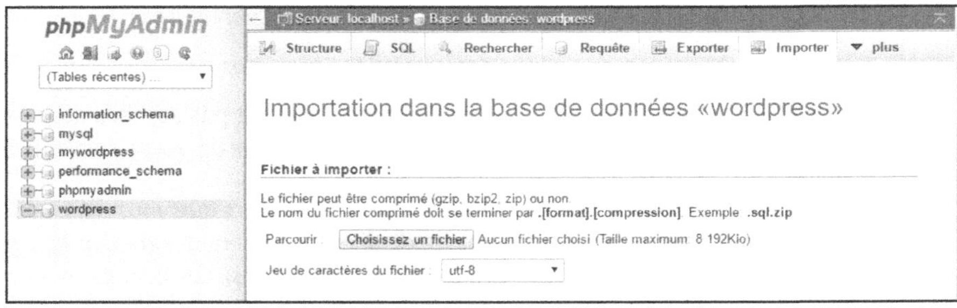

Figure 14.6 : Importation de la base de données WordPress.

3. **Installez WordPress sur votre nouveau compte d'hébergement.**

   Reportez-vous au Chapitre 3 pour savoir comment installer WordPress.

4. **Modifiez le fichier *wp-config.php* pour inclure vos nouveaux nom de base de données, nom d'utilisateur et mot de passe.**

   Vous trouverez la procédure de création d'une base de données au Chapitre 3.

5. **Chargez tout ce que vous avez téléchargé depuis le dossier */wp-content/* vers votre nouveau compte d'hébergement.**

6. **Depuis votre navigateur Web, accédez à votre domaine.**

   Votre site Web devrait fonctionner et vous pouvez vous connecter au Tableau de bord WordPress en utilisant le même nom d'utilisateur et le même mot de passe que votre WordPress précédent car ces informations sont stockées dans la base de données que vous avez importée.

Utiliser une extension pour sauvegarder et déplacer un site WordPress

J'utilise l'extension BackupBuddy pour déplacer un site WordPress d'un environnement d'hébergement à un autre. Cette extension n'est pas gratuite ni disponible dans le répertoire des extensions WordPress, mais elle réalise une sauvegarde complète de votre site. Son utilisation est simple et vous pourrez ainsi déplacer un site en quelques minutes. Vous pouvez l'acheter depuis l'URL `https://ithemes.com/purchase/backupbuddy/`.

Il existe toutefois d'autres solutions gratuites, telles que l'extension BackWPup qui vous permet de faire un *backup* complet de votre site. Cette extension peut être utilisée pour sauvegarder votre installation complète, y compris le dossier /*wp-content/*, et peut proposer un service de sauvegarde externe, tel que Dropbox, S3, FTP; *etc.* L'extension génère un unique fichier *.zip* de sauvegarde que vous pouvez facilement réutiliser pour une restauration. Téléchargez la dernière version sur `https://wordpress.org/plugins/backwpup/`.

5 Les dix commandements

DANS CETTE PARTIE...

Cette dernière partie vous propose de découvrir dix extensions que vous pouvez installer pour étendre les fonctionnalités de votre site existant WordPress. Découvrez également dix thèmes gratuits pour WordPress pour rendre votre site Web encore plus attrayant !

Chapitre 15

Dix extensions pour WordPress

DANS CE CHAPITRE :

- **Trouver des extensions utiles pour WordPress.**
- **Utiliser des extensions pour améliorer votre site.**

Dans ce chapitre, j'ai dressé la liste de dix des extensions les plus populaires pour votre site. Cette liste n'est en aucun cas exhaustive ; des centaines d'excellentes extensions pour WordPress peuvent vous fournir de multiples moyens d'étendre les fonctionnalités de votre site. Si ces dix extensions vous paraissent insuffisantes, vous pourrez en trouver bien plus dans le répertoire officiel des extensions WordPress (`https://wordpress.org/plugins/`).

Le Chapitre 7 donne des informations pour localiser, télécharger, désarchiver, installer, activer et gérer les extensions WordPress.

JetPack

Développeur : Mark Jaquith

`https://fr.wordpress.org/plugins/jetpack/`

Jetpack n'est pas une simple extension ; c'est une suite d'extensions qui connecte votre site Web hébergé par WordPress.org avec le site hébergé WordPress.com, et vous apporte beaucoup de fonctionnalités que les utilisateurs de WordPress.com connaissent bien.

Croissance du trafic

- Plan du site.
- Partage automatique de réseaux sociaux.
- Articles connexes pour garder les visiteurs sur votre site plus longtemps.
- Amélioration de la distribution sur WordPress.com.
- Gestion centralisée.

Sécurité

- Protection contre les attaques de force brute.
- Surveillance de la disponibilité.
- Authentification unique.
- Mises à jour automatiques des extensions.

Administration du site

- Tableau de bord centralisé et multiplateforme.
- Installation et gestion en masse des extensions.
- Mises à jour automatiques des extensions.
- Éditeur de contenu simplifié.

Création de contenu

- Réseau de diffusion du contenu à haute vitesse pour les images.
- Édition facile de CSS.
- Formulaires de contact.
- Galeries d'images personnalisées.

Parce que Jetpack fonctionne et est hébergé sur le serveur WordPress.com, les mises à jour de cette collection d'extensions se produisent automatiquement Pour utiliser Jetpack, vous devez disposer d'un compte WordPress.com.

Subscribe to Comments

Développeur : Mark Jaquith

`https://fr.wordpress.org/plugins/subscribe-to-comments/`

L'extension Subscribe to Comments ajoute une très ingénieuse fonctionnalité à votre site, qui permet à vos visiteurs de s'abonner à des articles particuliers. Lorsqu'ils le font, ils reçoivent une notification par e-mail chaque fois qu'un visiteur ajoute un commentaire à cet article. Cette fonctionnalité permet de garder vos lecteurs informés de manière vivante et active !

Cette extension comprend un gestionnaire de désabonnement que vos utilisateurs peuvent utiliser pour se désabonner à certains articles, bloquer toutes les notifications ou même modifier leur adresse e-mail de notification.

S'il est une autre extension à connaître, c'est certainement TablePress ! Cette extension permet de créer des tableaux sur votre site, un peu à la façon d'Excel. Aucune connaissance HTML n'est requise, une interface intuitive vous permet de modifier les tableaux créés avec la possibilité de les personnaliser grâce à CSS (`https://wordpress.org/plugins/tablepress/`).

Contact Form 7

Développeur : Takayuki Miyoshi

`https://fr.wordpress.org/plugins/contact-form-7/`

Contact Form 7 vous permet de créer des formulaires dans vos pages et vos articles. Vous pouvez même avoir plusieurs formulaires sur une page. Les formulaires fournissent toute une série de fonctionnalités sur votre site :

» **Des formulaires de contact :** Un visiteur remplit un formulaire de contact avec son nom, son e-mail et un message. Lorsque le visiteur clique sur le bouton Envoyer, le message vous est envoyé par e-mail.

- **Des questionnaires :** Un formulaire avec des questions adressées aux visiteurs du site. Les questions sont posées par l'auteur du site et elles sont suivies de cases à cocher pour permettre au visiteur de répondre.
- **Envoi de contenu :** Les lecteurs peuvent envoyer des images, de l'audio, des fichiers vidéo par e-mail.

Lorsque cette extension est activée, cliquez sur l'option Contact Form 7 dans le Tableau de bord pour charger la page relative aux réglages de l'extension. Les options proposées vous permettent de modifier le style de vos formulaires.

Également incontournable, l'extension Gravity Forms a su s'imposer comme une solution de référence en matière de création de formulaires. Son interface est intuitive grâce à un éditeur *drag & drop* (glisser-déposer). Gravity Forms est gratuite mais dispose d'options payantes. Beaucoup d'utilisateurs WordPress conseillent cette extension et ne jurent que par elle !

All in One SEO Pack

`https://fr.wordpress.org/plugins/all-in-one-seo-pack/`

Presque tout le monde est concerné par l'optimisation pour les moteurs de recherche (SEO) dans le monde des sites Web. Les bonnes pratiques en matière de SEO aident les moteurs de recherche (Google, Yahoo! et Bing) à trouver facilement le contenu de votre blog dans leurs bases de données. Votre blog peut ainsi apparaître dans les résultats de recherche.

All in One SEO Pack vous aide à ajuster votre site pour parvenir à ce beau résultat. Il crée automatiquement des titres optimisés et génère des mots-clés HTML pour chacun de vos articles.

All in One SEO Pack dispose d'une sympathique page d'options où vous pouvez spécifier toutes sortes d'informations sur votre site, dont des mots-clés et la manière de formater les titres des articles ou des pages dans votre site pour faciliter le travail d'indexation des moteurs de recherche.

Une autre extension incontournable est Yoast SEO. Elle fait partie des solutions les plus complètes en son genre. Néanmoins, cette extension étant complexe, il faut savoir la paramétrer afin de profiter pleinement des fonctionnalités proposées. Vous trouverez de nombreux tutoriaux sur Internet pour vous aider dans cette démarche : `https://fr.wordpress.org/plugins/wordpress-seo/`.

WP-DB-Backup

Développeur : Austin Matzko

`https://fr.wordpress.org/plugins/wp-db-backup/`

Tout au long de ce livre, je vous ai rappelé de sauvegarder vos fichiers. Dans mon travail, j'encourage toujours mes amis et mes clients à faire des sauvegardes.

WP-DB-Backup est une extension qui fournit un moyen très facile de créer une sauvegarde de votre base de données MySQL. Souvenez-vous, la base de données contient toutes les données importantes de votre blog : vos articles, pages, liens, catégories, commentaires, rétroliens et paramètres.

Si quelque chose survient à votre base de données et si vous n'avez pas de sauvegarde, vous devrez reprendre tout à partir d'une page blanche. Alors, faites-vous une faveur : sauvegardez régulièrement votre base de données en utilisant cette extension.

Vous pouvez choisir d'envoyer la sauvegarde à une adresse e-mail de votre choix, la télécharger sur votre ordinateur, la stocker sur un serveur Web, dans un dossier de sauvegarde à l'intérieur de votre dossier *wp-content*.

Vous pouvez aussi programmer des sauvegardes toutes les heures, tous les jours, toutes les semaines et vous faire envoyer ces fichiers de sauvegarde par e-mail.

WP-DB-Backup est une excellente solution pour avoir la conscience tranquille. Si une catastrophe survient sur votre serveur Web, vous disposerez d'une sauvegarde du contenu de votre blog bien à l'abri sur votre ordinateur.

Avec plus de 2 200 notations en 5 étoiles sur le répertoire des extensions WordPress, UpdraftPlus est une solution de backup complète qui permet la planification des sauvegardes et l'exportation sur des services tiers comme Dropbox ou Google Drive. L'essayer, c'est l'adopter !

WP Super Cache

Développeur : Automattic

`https://fr.wordpress.org/plugins/wp-super-cache/`

WP Super Cache crée des fichiers HTML statiques à partir de votre contenu dynamique WordPress. Pourquoi est-ce utile ? Sur un site à fort trafic, avoir des versions en cache de vos messages et pages peut considérablement accélérer le temps de chargement de votre site Web.

Une version mise en cache signifie simplement que le contenu est converti en pages HTML statiques (par opposition au contenu créé dynamiquement tiré de votre base de données *via* une série de commandes PHP) qui sont ensuite stockées sur le serveur. Ce processus facilite les efforts du serveur Web pour afficher le contenu dans les navigateurs de vos visiteurs.

WooCommerce

Développeur : Automattic

`https://fr.wordpress.org/plugins/woocommerce/`

Le e-commerce est la pratique de la vente de produits ou services sur Internet. L'extension WooCommerce pour WordPress vous donne la possibilité de faire exactement cela. Que vous vendiez des T-shirts, des affiches ou tout autre bien matériel ou immatériel, WooCommerce vous offre la possibilité de configurer des produits et d'accepter des transactions de paiement sur votre site Web.

Voici quelques-unes des fonctionnalités de haut niveau que vous apprécierez avec l'extension WooCommerce :

- **Accepter les paiements :** Vous pouvez accepter les paiements de vos clients *via* PayPal ou une carte de crédit.
- **Configurer l'expédition :** Si vous vendez des produits matériels qui nécessitent une expédition, la fonctionnalité d'expédition WooCommerce vous donne plusieurs options, y compris la configuration de la livraison gratuite ou forfaitaire.
- **Gérer l'inventaire :** Vous pouvez gérer facilement des biens matériels ou numériques (comme la musique). Il est également possible d'assigner des gestionnaires de magasins pour gérer l'inventaire au jour le jour pour les grands magasins en ligne.
- **Créer des rapports d'exécution :** Gardez une trace de vos ventes et gérez le stock de votre magasin avec les rapports de WooCommerce.
- **Exécuter des campagnes marketing :** Vous pouvez exécuter une multitude de campagnes marketing avec une gamme de remises, de coupons, de limites d'utilisation et de restrictions de produits et/ou d'utilisateurs.
- **Configurer les taxes :** WooCommerce vous permet de configurer assez simplement les paramètres liés aux taxes.

WooCommerce propose également une variété d'*add-ons*, appelés Extensions, qui vous permettent d'étendre votre plateforme de commerce électronique à votre guise. WooCommerce est le module « e-commerce » *leader* de la plateforme WordPress vous permettant de transformer votre site vitrine en un site marchand. Vous trouverez également sur Internet de magnifiques thèmes spécialement conçus pour WooCommerce.

Google XML Sitemaps

Développeur : Arne Brachhold

`https://fr.wordpress.org/plugins/google-sitemap-generator/`

Cette extension vous permet de créer un *site map* compatible Google (un *site map* est, littéralement en anglais, le « plan d'un site Web »). Chaque fois que vous créez une nouvelle page ou un nouvel article, le site map est mis à jour et soumis aux principaux moteurs de recherche, dont Google et Yahoo!. Cette extension aide les moteurs de recherche à trouver et cataloguer un nouveau contenu sur votre site, de sorte que ce contenu apparaisse dans les résultats de recherche plus rapidement.

En tapant dans le moteur de recherche Google *site:votredomaine.com* (sans *http://* ni *www*), vous obtiendrez la liste des pages de votre site Web référencées par Google !

Google Analytics Dashboard for WP

Développeur : Alin Marcu

`https://wordpress.org/plugins/google-analytics-dashboard-for-wp/`

La popularité croissante de WordPress a généré une grosse demande pour les statistiques que la plateforme fournit *via* son Tableau de bord.

Google Analytics Dashboard est une extension complète pour vos statistiques. Vous pourrez connaître les principales statistiques de Google Analytics directement sur le Tableau de bord de votre WordPress. Plusieurs statistiques vont pouvoir être affichées dans un onglet et ainsi vous épargner d'aller sur votre compte Google.

Sucuri Security

Développeur : Daniel Cid

`https://fr.wordpress.org/plugins/sucuri-scanner/`

Avec la montée en popularité du logiciel WordPress, des hackers anonymes profitent de la méconnaissance des règles de sécurité d'un grand nombre d'utilisateurs WordPress pour injecter du code et des logiciels malveillants dans les thèmes, les extensions et les fichiers insécurisés et obsolètes de WordPress.

Sucuri Security est une extension facile à installer et à utiliser qui permet, en outre, de renforcer la sécurité d'un site WordPress en un clic, de bloquer certaines IP « douteuses » qui tentent d'accéder à votre site, de surveiller en temps réel l'activité et les modifications qui pourraient intervenir sur vos dossiers et fichiers afin de supprimer un malware éventuel.

Par défaut, il est possible de tester autant de couples identifiant-mot de passe que souhaité pour se connecter à votre page d'administration WordPress. Les pirates profitent de cette faiblesse pour tenter de se connecter frauduleusement. Installez l'extension Login LockDown pour restreindre le nombre de tentatives autorisées pour un certain laps de temps. Téléchargez cette extension ici : `https://wordpress.org/plugins/login-lockdown/`.

Chapitre 16

Dix thèmes gratuits pour WordPress

DANS CE CHAPITRE :

» **Trouver de bons thèmes pour WordPress.**

» **Utiliser des thèmes pour styliser votre site.**

La liste ci-dessous n'est en aucun cas exhaustive. Les Chapitres 8, 10 et 11 vous offrent davantage de ressources pour trouver un thème qui conviendra à vos besoins.

J'ai gardé ces critères à l'esprit pour choisir les thèmes suivants :

» **Ergonomie :** Vous pouvez utiliser ces thèmes tels quels, mais ils peuvent généralement vous offrir bien plus si vous les personnalisez. Toutefois, le fait est que vous n'êtes pas obligé de le faire.

» **Compatibles avec les widgets :** Les widgets sont merveilleux, et ils vous rendent la vie incroyablement plus facile en vous donnant accès au glisser-poser et en vous permettant de contrôler le contenu qui apparaît dans la colonne latérale.

» **Gratuit :** Je veux ne présenter que des thèmes que vous pouvez trouver facilement et utiliser sans avoir à payer un centime.

» **Code valide :** Un ensemble de standards pour le design et le code sur le Web – nommé standards W3C et développé par le World Wide Web Consortium (`http://w3c.org`) – sert de guide de conformité pour le code de tous les sites. Même si vous ne l'avez pas remarqué, le code XHTML valide permet de s'assurer que le thème que vous utilisez est conforme à ces standards, et vous êtes ainsi à peu près certain que votre blog ne générera pas d'erreurs dans différents navigateurs.

Ces choses étant dites, je vais vous présenter les dix thèmes gratuits pour WordPress que vous pouvez utiliser sur votre site. Les sites Web mentionnés pour chacun de ces thèmes proposent une démonstration du thème, ce qui vous permet de voir ce thème en action.

Si le répertoire de thèmes WordPress vous paraît insuffisant, vous trouverez davantage de ressources sur les plateformes ci-dessous :

Plateforme	URL
AppThemes	`https://www.appthemes.com/themes/`
BizzThemes	`http://bizzthemes.com/themes/`
CyberChimps	`http://cyberchimps.com/`
Elegant Themes	`http://www.elegantthemes.com/`
Gabfire	`http://www.gabfirethemes.com/`
Magazine3	`http://magazine3.com/`
MyThemeShop	`https://mythemeshop.com/`
Plateforme WP Digital	`https://www.plateformewpdigital.fr/`
RocketTheme	`http://www.rockettheme.com/wordpress/themes/`
SiteMile	`http://www.theme-junkie.com/`
StudioPress	`http://www.studiopress.com/`
ThemeForest	`https://themeforest.net/search?category=wordpress`
Themify.me	`http://themify.me/`
WooThemes	`http://www.woothemes.com/product-category/themes/`
WordPress.org	`https://wordpress.org/themes/`
ZigzagPress	`http://zigzagpress.com/`

AccessPress Lite

Designer : Access Keys

`https://fr.wordpress.org/themes/accesspress-lite/`

AccessPress Lite est la déclinaison gratuite du thème AccessPress. Ce thème WordPress présente un certain nombre de fonctions intéressantes, parmi lesquelles :

- Le *responsive design* (votre site WordPress sera accessible indifféremment sur un PC, un smartphone ou une tablette).
- Le thème AccessPress Lite est compatible avec BuddyPress, l'extension WordPress de forum très populaire.
- Le thème WordPress AccessPress Lite prend en charge les *sticky posts*. Cette option permet de mettre une visibilité prioritaire à un article.
- Choisissez votre logo et une image de fond personnalisée pour rendre votre site unique.

  AccessPress Lite vous permet de placer des menus qui pointent vers des articles, des pages ou des liens personnalisés.
- Vous pouvez placer une image à la une, au milieu d'un article, pour égayer son contenu.

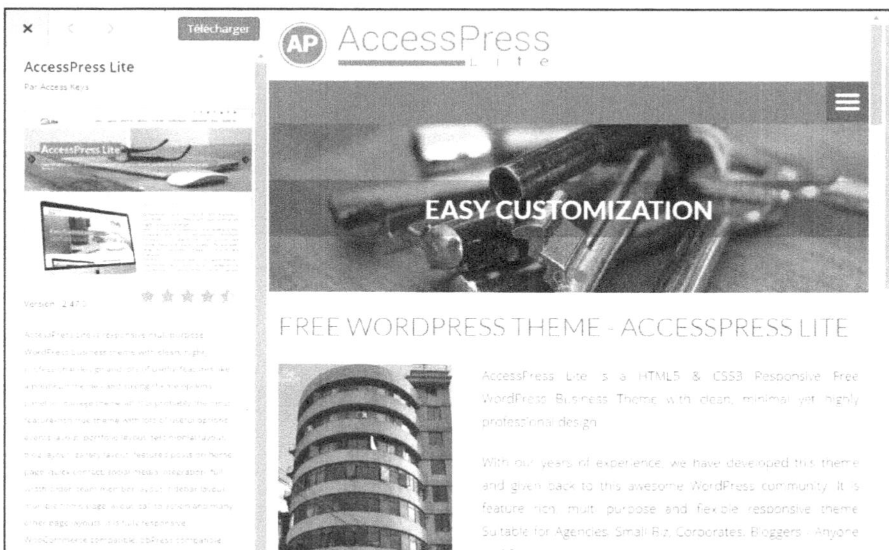

Figure 16.1 : Le thème AccessPress Lite par Access Keys.

Alizee

Designer : Athemes

`https://fr.wordpress.org/themes/alizee/`

Alizee est un thème fondé sur un affichage « vignettes », proche du design du réseau social Pinterest. Il dispose d'une image d'en-tête, et propose quatre mises en page d'accueil, la possibilité de choisir parmi les polices de caractères de Google, le logo personnalisé et le téléchargement d'un *favicon* (une icône à gauche de l'URL dans la barre d'adresse de votre navigateur). Alizee dispose d'une barre latérale sur la page d'accueil personnalisable.

Figure 16.2 : Le thème Alizee d'Athèmes.

Customizr

Designer : Nikeo

`https://fr.wordpress.org/themes/customizr/`

Customizr est un thème WordPress polyvalent et facile à personnaliser, donnant instantanément un look professionnel à votre présence en ligne. Customizr permet à quiconque de créer un beau site Web, rapide et compatible avec tous les navigateurs et appareils mobiles. Customizr fonctionne très bien avec les principales extensions WordPress comme WooCommerce (e-commerce), bbPress (Forum), Jetpack (collections de widgets) et bien d'autres encore. Noté 5 étoiles par des centaines d'utilisateurs et avec une communauté très active d'utilisateurs et de développeurs, le thème Customizr est une solution sûre et fiable pour publier le contenu de votre site WordPress.

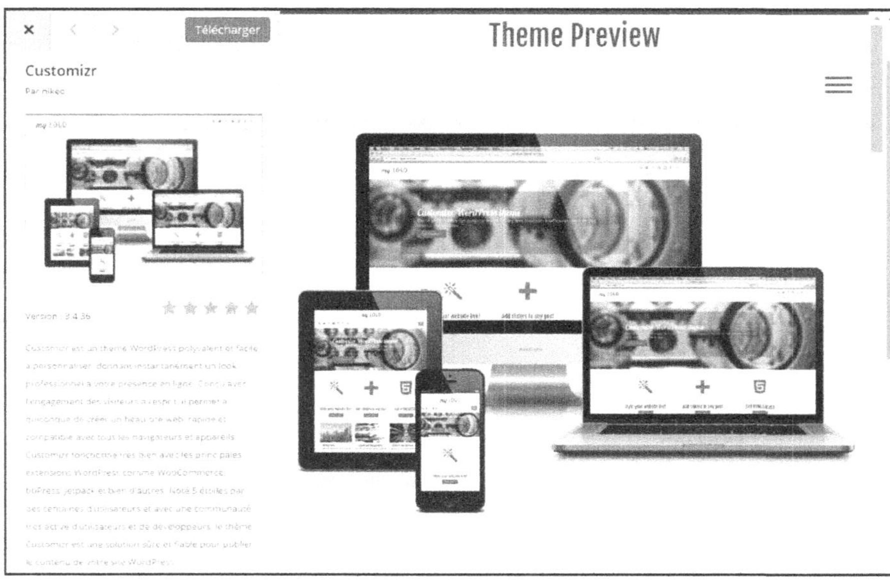

Figure 16.3 : Le thème Customizr par Nikeo.

Engrave (Lite)

Designer : ThinkUpThemes

`https://fr.wordpress.org/themes/engrave-lite/`

Engrave Lite est la déclinaison gratuite du thème professionnel Engrave. Le thème est *responsive design*, disposant d'options de personnalisation qui permettront de réaliser un site ou un blog original, sans toucher au code. Le thème est également livré en version pleine largeur. Ajoutez facilement un logo à votre site et créez une page d'accueil visuellement réussie à l'aide du système de mise en page intégré.

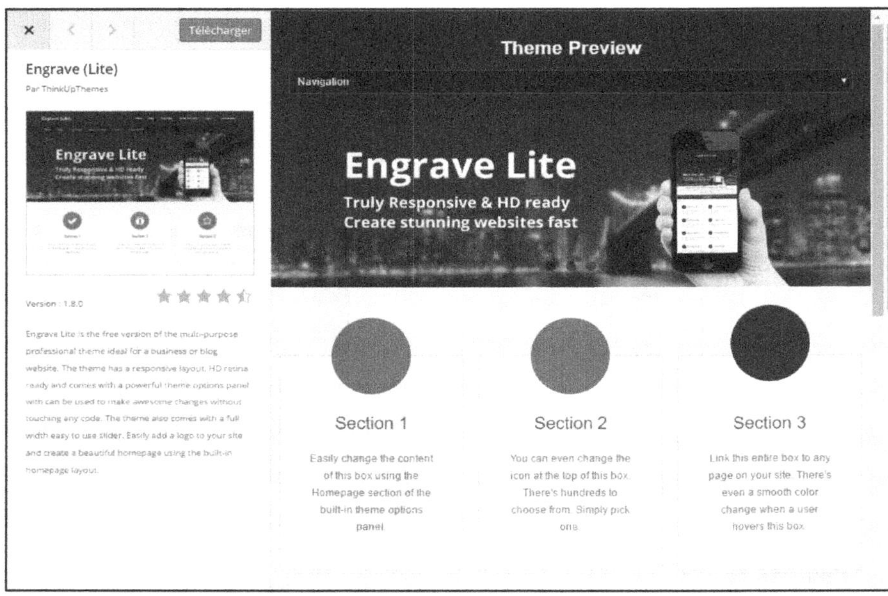

Figure 16.4 : Le thème Engrave par ThinkUpThemes.

Evolve

Designer : Romik84

`https://fr.wordpress.org/themes/evolve/`

Evolve est un thème WordPress polyvalent qui a été récemment reconçu pour être *responsive design*. Ce thème se veut moderne avec un design lisse et axé sur les détails. Il propose, en outre, plus d'une centaine d'options prêtes à rendre votre site absolument unique ! Evolve vous permet d'intégrer une carte Google Maps à la page de contact.

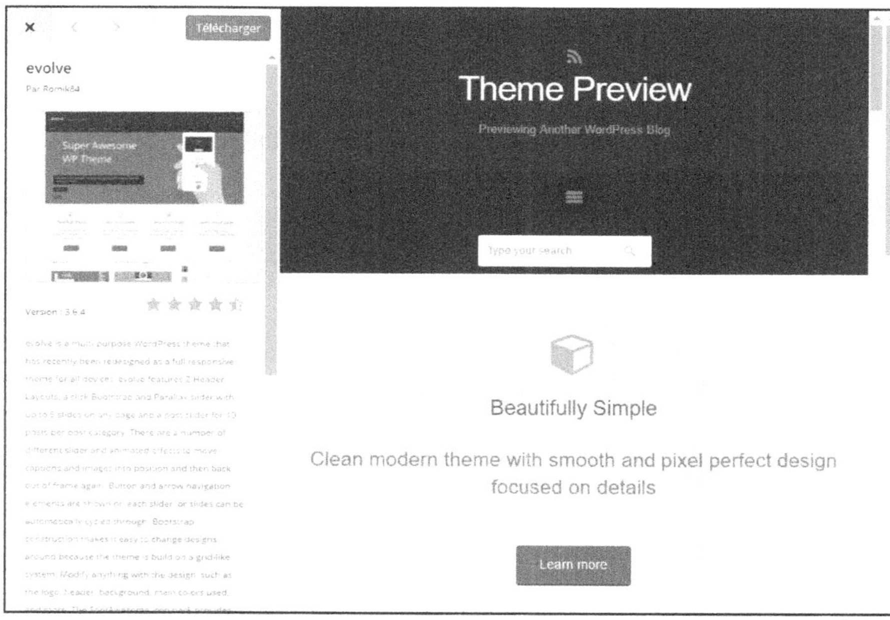

Figure 16.5 : Le thème Evolve par Romik84.

Hueman

Designer : Nikeo

`https://fr.wordpress.org/themes/hueman/`

Hueman est un thème WordPress *responsive*, c'est-à-dire adapté aux mobiles, qui permet de réaliser des blogs, des magazines et des sites Web d'entreprises. Il a été conçu pour un bel affichage des images et du contenu textuel. Il est conçu pour être rapide et facile à utiliser.

Ces options sont nombreuses : choix d'affichage des colonnes latérales suivant la nature de la page ou des articles, possibilité de modifier les couleurs du thème, affichage d'icônes pour les réseaux sociaux, plusieurs widgets disponibles, *etc.*

Le thème Hueman vous aide à attirer et retenir plus de visiteurs, c'est la raison pour laquelle il est déjà utilisé par plus de 70 000 sites actifs dans le monde et qu'il a reçu des centaines de notes 5 étoiles.

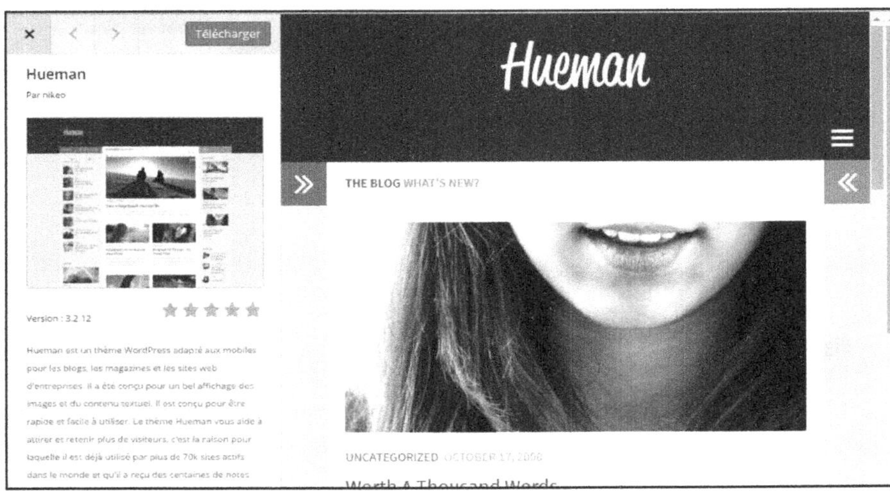

Figure 16.6 : Le thème Hueman par Nikeo.

i-excel

Designer : Marsian

`https://fr.wordpress.org/themes/i-excel/`

I-excel est un thème beau, élégant et flexible avec plusieurs fonctionnalités premium. Ce thème hautement personnalisable peut être utilisé pour des sites Web d'affaires, des portfolios ou des sites Web personnels.

Le côté *responsive design* de i-excel le rend approprié à la fois pour les écrans de bureau de grande taille et les petits écrans de smartphones.

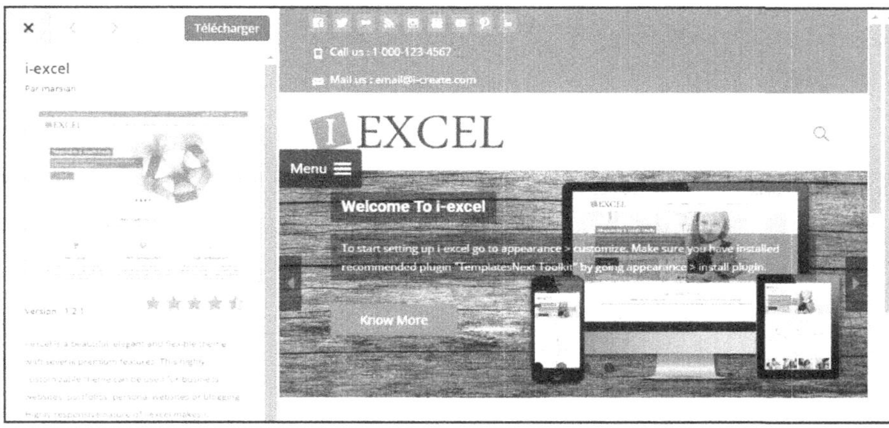

Figure 16.7 : Le thème i-excel de Marsian.

Interface

Designer : Theme Horse

`https://fr.wordpress.org/themes/interface/`

Interface est un thème simple, clair et *flat responsive Retina* (le Retina vous garantit un affichage HD quel que soit l'écran utilisé). Il est facilement personnalisable avec de nombreuses options de thème. L'interface propose une page d'accueil qui se décline en deux formats : étroit et large, 4 mises en page pour chaque article ou page, et 5 modèles de page et 8 zones de widgets.

Interface prend en charge les extensions populaires telles que Breadcrumb NavXT (fil d'ariane), WP-PageNavi (interface de navigation de pagination avancée) et Contact Form 7 (formulaires Web).

Vous n'allez sûrement pas pouvoir échapper aux notions de *flat design* et de *responsive*. Le *flat design* est une solution graphique qui va à l'essentiel : un style épuré sans effets inutiles, une page d'accueil stratégique, des aplats de couleurs et de grandes zones définies pour bien mettre en avant vos informations.

Le *responsive design* est une solution technique pour que la mise en page d'un site soit modifiée en fonction de la taille de l'écran sur lequel il est visionné.

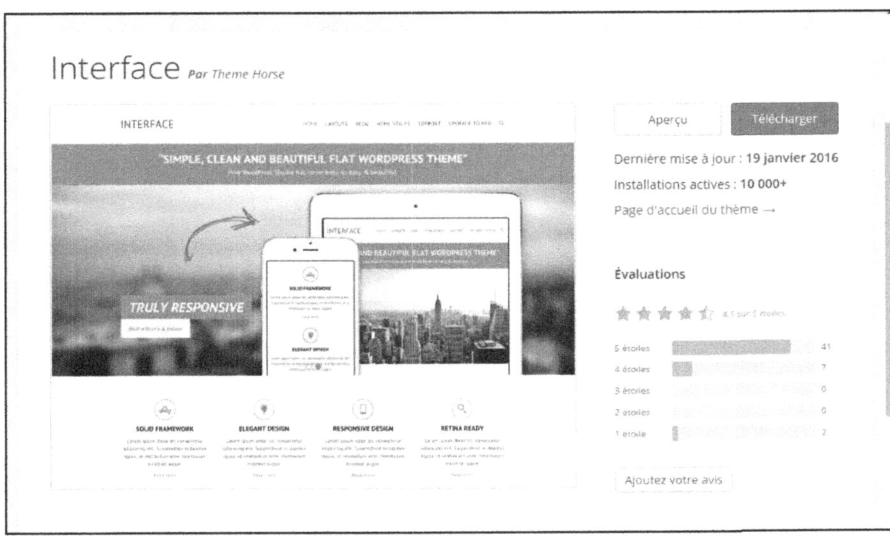

Figure 16.8 : Le thème Interface par Theme Horse.

iTheme 2

Designer : Nick La

`http://themify.me/themes/itheme2`

iTheme est un thème conçu par des amoureux du Macintosh. Ce thème simule les éléments du design et les fonctionnalités du système d'exploitation de la machine, avec de magnifiques dégradés de bleu et des menus et des icônes comme inspirés du Mac. Ce thème dispose d'une colonne latérale totalement configurable qui vous permet d'utiliser les widgets de WordPress ; lorsqu'ils apparaissent sur votre blog, vous pouvez glisser-déposer ces widgets dans la colonne.

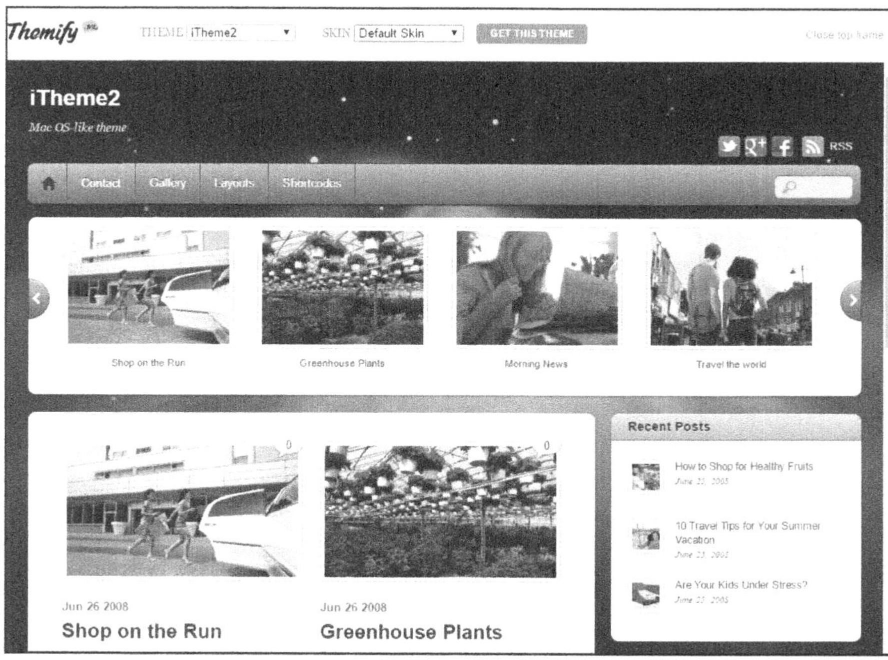

Figure 16.9 : Le thème iTheme 2 par Nick La.

New Genn

Designer : Venkat Raj

`https://wordpress.org/themes/newgenn/`

NewGenn est livré avec un design moderne, élégant et réactif. Ce thème convient particulièrement aux besoins de petites ou moyennes entreprises ou pour la réalisation de portfolios personnels. Vous pouvez facilement composer la mise en page en utilisant le glisser-déposer. Vous trouverez d'autres thèmes tout aussi intéressants sur `http://www.webulousthemes.com/themes`.

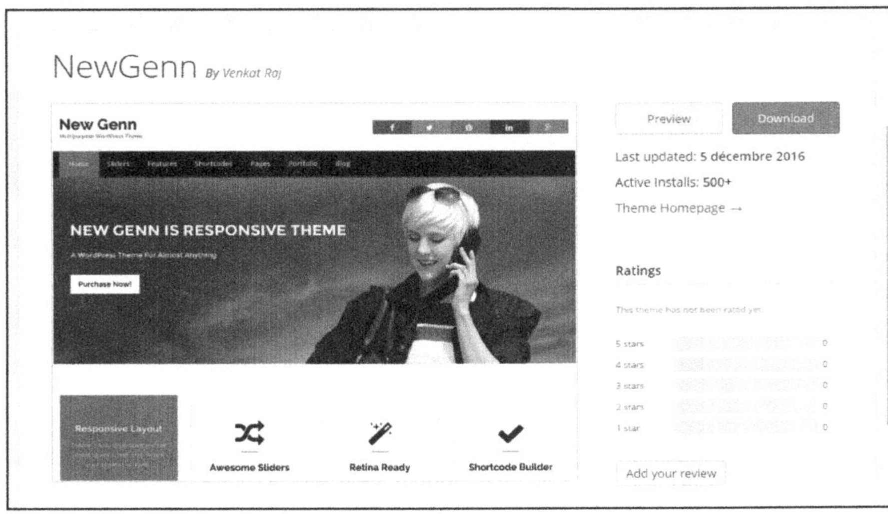

Figure 16.10 : Le thème New Genn par Venkat Raj.

Index

D

E

F

G

H

I

J

M

N

O

P

R

W

Achevé d'imprimer en France par EPAC Technologies
N° d'édition: 4550414330417
Dépôt légal: janvier 2017